LE SAGE EN COVR

DE MATTEO PEREGRINI.

PAR

PIERRE DE MARCASSVS.

A MONSEIGNEVR MESSIRE

PIERRE SEGVIER

Chancelier de France.

A PARIS,

Chez

PIERRE ROCOLET Imprimeur & Libraire ordinaire du Roy; au Palais en la galerie des Prisonniers, aux armoiries du Roy & de la ville.

Et PIERRE LAMY en la grande Sale du Palais, au second pilier.

M. DC. XXXVIII.

Auec Priuilege du Roy.

A
MONSEIGNEVR

MONSEIGNEVR MESSIRE
PIERRE SEGVIER
CHANCELIER
de France.

MONSEIGNEVR,

*Encore que l'homme ne soit qu'vn
peu moins que les Anges, il est tou-
tefois infiniment moins que Dieu. La disproportion qui est entre l'ouurage & l'ouurier ne peut
auoir des bornes. De tout temps elle a esté infi-
nie: elle l'est encore, & la doit estre à iamais. En*

ce vaste & prodigieux esloignement de ces deux choses si contraires, il arriue par fois que Dieu approche si fort de l'homme, ou l'homme si fort de Dieu, que sans crime ils peuuent estre pris l'vn pour l'autre. Quoy que c'en soit cette merueille n'arriue iamais qu'en faueur des Sages. Pour estre de ce nombre il faut, ou que Dieu s'abaisse iusqu'à nous, ou que nous nous esleuions iusqu'à Dieu. Les mesmes moyens dont il se sert pour descendre, nous seruent à nous pour monter. Il est vray qu'ils luy sont tousiours, & naturels & presens, & qu'à nous ils sont estrangers, & ne se donnent qu'à nos sueurs, & à nos peines. La sagesse seule nous les peut acquerir. Aussi certes est-elle le iuste temperament, le sel, & l'ame de tout ce qui est bien. Cette Reyne de l'esprit humain contient en elle toutes les autres vertus, & toutes les autres vertus la contienent. Si quelqu'vne s'en esloigne tant soit peu, elle n'est plus ce qu'elle estoit: elle passe en son contraire. Comme elle ne sçauroit estre sans elles, elles ne sçauroient estre sans elle. Elle est leur appuy, elle est leur ame, elle est leur vie; & de sa seule absence depend leur mort. Ainsi il arriue que Dieu est vn sage à iamais, & le sage vn Dieu pour certain temps. L'instabilité des affaires humaines, ny la capricieuse humeur de la fortune ne sçauroient

faire naistre d'occurrence où cette proposition ne
se trouue veritable. Que le monde tombe, le sage
demeure tousiours debout. Toutes choses luy sont
presentes: il est present à toutes choses. En l'vn
& en l'autre temps il est inuincible, ou ne peut
estre vaincu que par luy-mesme. S'il recognoist
quelque empire, c'est celuy de la raison. Tout cede à sa conduitte: & les choses mesmes les plus
opiniastres à luy resister, par leur propre suitte
vont insensiblement où il veut. Ce Dieu mortel,
MONSEIGNEVR, dont ce liure nous repre-
sente l'idée, pouuoit estre assés conceu par les seules
actions de vostre vie, mais comme il se rencontre peu
de gens capables d'en recognoistre l'excellence, peu
de gens se sont hazardés d'en faire le portraict.
Aussi n'est-il pas iuste qu'il soit permis à tout le
monde de peindre Alexandre. En vn si beau sujet
de parler il n'appartient qu'à la Renommée d'ouurir la bouche & de se faire escouter. Aussi à ne
pas mentir n'a t'elle point manqué à son deuoir en
cette rencontre. En effect à qui n'a t'elle pas appris
auec quelle seuerité, & auec quelle douceur tout
ensemble vous aués fait regner la Iustice dans le
plus venerable, & plus auguste Senat de la terre?
Presidé dans vn tribunal, où s'il est permis de le
dire, il assiste moins d'hommes que de dieux?

auec quelle merueilleuse d'exterité vous aués tousiours tenu d'accord deux choses, si opposées que l'o-
beïssance, & le pouuoir absolu? Par combien
d'escüeils vous aués heureusement conduit nostre
vaisseau? de combien de syrtes vous l'aués sauué?
à combien de ports vous l'aués rendu? & de combien d'illustres despouilles vous l'aués enrichi? Vne
mediocre intelligence ne se seroit iamais desmeslée
de toutes ces difficultez, & celle qui auroit esté aussi
parfaite que la vostre ne s'en seroit demeslée qu'au
domage, ou au deshonneur de celuy pour qui elle
les auroit entreprises, si la passion du bien public
ne l'eust accompagnée en tous lieux. Pour vous,
MONSEIGNEVR, qui ne considerés autre
auantage que celuy de cet Estat, à qui n'est-il pas
visible qu'en la dignité, où vous auez esté appelé
par le plus iuste choix, & le plus iudicieux qui ait
iamais esté fait de chose du monde, & où le timon
est si perilleux à tenir, vous agissez encore au-
iourd'huy pour le salut commun des hommes, &
ne laissez de bien à faire que celuy qu'vn plus
grand bien vous deffend? Autrefois il est arriué que la ioye de ceux qui ont tenu le mesme rang
que vous, a esté la tristesse des affligez, la non-
chalance le trauail des miserables, & les diuertissemens la ruine des mal-heureux. A present

l'on peut dire le contraire. Vos inquietudes naif-
sent de la passion que vous auez de rendre le repos à ceux qui en sont priuez. Vos veilles ne
visent qu'à faire dormir tout le monde en seurté:
& vos occupations ne sont iamais si violentes,
que lors que vous songez que vous allez rendre
moins occupez ceux qui ne le sont que trop pour
s'oster de dessus la teste la misere qui les accable.
Vostre maison est comme vn sanctuaire, où toutes choses sont aux dieux. Vous pouues faire la
reueüe de vostre bien en plein marché sans craindre que personne y remarque rien du sien. Tout
ce que vous en auez, est ou à la vertu de vos
peres, ou à la vostre. La fortune à beau y ietter les yeux, elle n'y sçauroit rien voir,
que sans mentir elle puisse soustenir estre à elle.
Cette peste du genre humain; cet interest qui
inspire des lachetez aux plus grands courages,
est vn obiect, sur lequel vous n'auez iamais
tourné voz yeux. Comme l'Autheur de la
Nature, de qui le sage est l'inuiolable imitateur
n'ayant besoin de rien à tout fait pour ses creatures, vous n'estes à vous, que pour estre à autruy: & ne receuez iamais de si grandes satisfactions, que lors que vostre patrie en reçoit
de vous. Au nombre infini des bien-faitz

dont toute la France vous est redeuable adiou-
ftés encor cestuy-cy. Tirez la Grece, cette illustre mere de tant de grands esprits, & de tant
de grands cœurs, de l'ingrat oubli des tenebres.
Ne souffrez plus que toute dispercée qu'elle
est en mille & mille endroicts, accessibles à bien
peu de gens, elle meure dans l'impatience qu'elle a de paroistre à vos yeux toute renoüee, &
en l'ordre & en la pompe qu'elle doit estre. Ses
actions sont si belles, si genereuses & si escla-
tantes qu'elles ne souffrent de comparaison auec
autres du monde. Les importantes negotiations
de ses Ministres, ses conseils, les miraculeux
effects de sa prudence, tant de sang espargné
ou respendu si a propos : ces fameuses batailles
de Mantinee, de Sagre, de Potidee, de Syra-
cuse, de Coronee, d'Arginouses, d'Erynee,
de Cynopheme, de Salamine, de Platees, de
Leuctres, de Pyle, de Mycale, de Pactole,
de Cyzique, d'Epipolis, des Termopiles, de
Tanagre, de Nemee, de Marathon, & vne
infinité d'autres sont-ce pas des choses ou à releuer
l'esclat de ce que nous auons desia fait, ou a nous
donner des lumieres bien considerables pour ce qui
nous reste encore à faire? Certainement l'histoire en
est si memorable, si pleine d'illustres exemples,

si riche en maximes, si copieuse en iudicieux stratagemes, en rencontres, en attaques, en sieges, en combats, en traittez honorables, en genereuses retraittes, & si esclatante en trophées, qu'elle merite bien qu'vn si grand homme comme vous luy tende fauorablement la main, pour luy donner l'asseurance de paroistre au iour. En cette occasion, MONSEIGNEVR, puis que vous estes l'asyle des bonnes choses, continués à nous monstrer que vous en sçauez faire la difference. Cette glorieuse vengeresse du temps & de l'oubli n'attend que vostre secours. Deux ou trois, seulement, au nombre desquels on me fait l'honneur de me mettre, la peuuent conduire où tant de monde la desire. Quand il vous plairra vous la verrez partir. Vous ne l'aurez pas si tost appellée que vous en pourrez gratifier cet Empire : & auec luy tous ceux qui auecque vous font profession d'aymer les bonnes disciplines. Comme i'ay l'aduantage de luy auoir donné l'estre, vous aurez la gloire de le luy auoir conferué pour iamais. Faittes le, MONSEIGNEVR. Ce Sage que ie vous presante vous en coniure : & i'ay opinion qu'il ne sera pas esconduit. L'hommage qu'il vous

ĕ

rend eſt trop conſiderable.   Voyez s'il ſçauroit l'eſtre d'auantage puis qu'en ſe donnant à
vous, il vous donne vous-meſme à vous-meſme, de qui ie ſuis inuiolablement,

MONSEIGNEVR,

Le tres humble, tres-obeïſ-
ſant & tres-fidelle ſer-
uiteur,
DE MARCASSVS.

TABLE DES CHAPITRES.

LIVRE I.

LIVRE II.

LIVRE III.

LIVRE IV.

F I N.

Acheué d'Imprimer le vingt quatriesme
iour de Decembre mil six cens
trente sept.

LE
SAGE EN COVR.

LIVRE I.

*Ce que c'est que faire la Cour, & d'où
la coustume en est venuë.*

CHAP. I.

A qualité de Roy, est vn abregé de tout ce
qu'il y a de bon, de beau, & de grand dans
le monde. La gloire, la puissance, & les richesses; en vn mot tout ce qui se trouue de
plus aimable, & de plus digne d'estre regardé sont vrais suiets de louanges deuës aux
Rois. La veuë des choses grandes est vn
meslange d'estonnement & de plaisir. La beauté rauit les affections à soy, & le bien les attire. L'abondance des choses
dont on fait vne estime extraordinaire, n'a que trop d'admira-
teurs & de suiuants; & la necessité court où l'affluance l'inuite.
C'est de là à mon aduis que du commencement les hommes sont
demeurez rauis de l'esclat de la Cour : & qu'en voulant satisfaire à leur propre desir, ils ont esté contraints de satisfaire à
tout ce que demandoit le goust & la necessité des Princes. De
quelque costé que la grandeur se tourne elle void en assez bon
nombre des yeux qui la regardent. Elle se repaist d'aplaudis-

A

remens, & plus elle a de spectateurs, plus elle semble croistre.
Au reste la felicité se gouste par les tesmoignages qu'elle a de
ce qu'elle est : autrement elle est defectueuse : & l'appuy de
l'authorité souueraine n'est autre chose que le respect, & l'o-
beissance qu'on luy rend.

On a raison de douter si la maiesté des puissances souuerai-
nes, ou quelque autre consideration ont eu assez de force sur
les esprits des hommes pour les obliger à leur faire la cour.
On demeure d'accord que l'amour de leur propre bien & l'interest seul, ont esté les vrais suiets qui les ont rauis à eux-
mesmes, & donnez à autruy. A cause dequoy il semble que
la Cour n'est autre chose qu'vne affluance de certaines personnes que la passion de leur propre bien a rangez autour des
Grends pour les honorer & seruir. Celuy qui fait le plus en cela,
sans doute se rend plus aisé le chemin par lequel on arriue aux
bien-faicts qui sont dispensez par les mains des Princes.

Quiconque desire venir à bout de ses dasseins, doit commencer par ceux de son maistre. Il n'est pas permis à vn Courtisan d'attendre l'effect de son intention, si auparauant cela, il
n'a plainement satisfaict à celle du Prince. A la verité c'est hazarder quelque chose : mais en matiere de risques, il semble que
la moindre marche tousiours la premiere. Apres que tu auras
rendu autant de seruice que tu dois, espere de la courtoisie : mais
ne pretens rien auec iustice. Nulle obligation n'estraint les
Grands auec leurs inferieurs : Tout le bien qu'ils font n'est que
pure faueur. Leur affection porte le nom de Grace, non pource
que ceux pour qui ils ont de la bonne volonté leur sont agreables :
mais parce qu'elle est vne pure liberalité, & non aucun deuoir.

C'est elle qui est la clef sous laquelle le Prince tient enfermé
tout ce que les Courtisans esperent. C'est elle qui est le seul but
où aspirent tous les soins de la maison du Roy. D'où vient que
pour arriuer au bon-heur d'estre veu de bon œuil de son Souuerain, il conuient aller par vn chemin difficile au possible, plein
de seruitude, de sueur, & de tromperie. Les fourbes, & bien
souuent la violence, les armes à la main, en defendent l'entrée.
Tout y est desagreable, tout herissé d'espines tres-poignantes :
rien exempt de peril, & auec cela rien sur quoy l'on puisse s'appuyer pour éuiter de tomber.

La faueur est vne chose dont on embrasse plus souuent l'ombre que le corps. Elle repose en vn lieu infiniement esleué. Le sentier par lequel on va à elle est fort estroit, & fort glissant. On On n'y peut estre que bien peu de temps : & quand on y est il est impossible de s'en retirer promptement. De sorte que la plus part du temps on est contraint de se laisser tomber pour auoir le col rompu.

Sainct Augustin nous monstre bien la miserable condition de ce genre de vie, d'où il a essayé de retirer les esprits les plus sages. Di moy, ie te prie, dit ce grand personnage, à quoy tu aspires auecque tant de peines ? L'esperance du Courtisan sçauroit-elle estre plus grande que la grace qu'il attend de celuy auquel il fait la cour ? Qu'y-a-t'il en elle qui ne soit plein de fragilité & de danger ! Par combien de hazards va-t'on à vn plus grand que soy ? & combien de temps peut-on durer aupres de luy, apres que l'on y est paruenu ? Dieu, auoit accoustumé de dire Nestorius, a mis deuant nos pieds les malheurs : & les felicitez au milieu des trauaux & des peines.

A la Cour les peines sont au milieu des peines : les miseres au milieu des miseres, & tout cela sous l'apparence specieuse d'vn bien. En fin tout l'estude du Courtisan s'occupe à supporter des calamitez pour en auoir tousiours de plus grandes.

Plus le suiet est releué, plus les infortunes luy sont sensibles. Tousiours les mal-heurs sont plus cruels à supporter aux choses plus nobles. Ce qui est le plus eleué est le plus viuement frappé. Les desastres sont plus funestes aux grandes ames qu'aux autres. Par là il n'est pas fort mal-aisé d'establir ceste croyance : que de tous ceux qui sont à la Cour, il n'y en a point dont la condition soit pire que celle des gens de bien & des sages. D'où vient que Sainct Augustin semble n'auoir pas mauuaise grace d elouer le Philosophe Nebridius de ce qu'il fuyoit la cognoissance des Grands.

De la seruitude de la Cour.

CHAP. II.

LA plus parfaite idee de la souueraine puissance, est de suspendre entierement de sa volonté toutes les choses dont elle tire le titre qu'elle porte. On ne peut point nommer partie du Royaume, ce qui dans le Royaume ne depend point de la volonté du Prince. C'est vne chose contraire à l'humeur de celuy qui regit vn Estat, de voir prés de luy des choses qui ne sont pas à luy. S'il en a, ce luy sont tout autant de reproches de la foiblesse, qui l'empesche de s'en rendre le maistre. Le plus grand obstacle qu'il ait à se tirer ceste espine de l'esprit, c'est la liberté qu'ont les siens, de vouloir, ou de ne vouloir pas ce qu'il veut. Quiconque est libre est maistre de soy. Voila pourquoy la premiere passion qui esclatte dans l'esprit des Rois, c'est la haine qu'ils ont pour la liberté de leurs suiets.

La bonne volonté des hommes est la possession la plus precieuse que les hommes puisent auoir. Il n'y en a point de plus necessaire pour celuy qui gouuerne. La grandeur de son Empire luy doit estre moins chere, que cette richesse animee. Nulle abondance de thresors n'est comparable à elle. L'authorité absolue, ny la puissance souueraine, ne tirent point leur fermeté, ny de l'affluance de l'or, ny de l'effort des armes, ny de la vaste estenduë des terres : elles la tirent de la disposition des esprits qui veulent ce que veut leur Prince. D'où vient que l'extreme passion de soubmettre à soy les volontez d'autruy, n'est pas vn vice de celuy qui commande ; mais vne necessité de son regne.

Comme il ne se peut pas faire que les Grands n'en ayent tousiours le dessein, il est impossible qu'ils n'ayent beaucoup de peine à le faire reussir. A parler sainement la volonté est hors des prises de la violence. Pour faire vne si chere conqueste ils se seruent de plusieurs moyens, & de plusieurs ruses. L'esperance, la crainte, les caresses, & les menaces en ce nombre tiennent la principale place. Secondées de la preſence du ſouuerain, elles ne ſont pas touſiours ſans effect. La creance qu'on a de n'eſtre pas deſcouuert, ou la ſatisfaction de ſe voir eſloigné, donnent vne grande aſſeurance à ſe licencier. C'eſt de là que les penſées des hommes tirent certaines eſperances de leur liberté entiere: & l'opiniaſtreté de ceux qui ſont aux frontieres eſt vn fruict qui vient de cette tige.

Si toute la vie des ſuiets ſe paſſoit à la preſence de leur ſouuerain, il n'y en auroit pas vn qui ne s'eſtudiaſt à ſe conformer à ſes volontez. Comme il eſt impoſſible que le Prince ſoit iamais abſent de ſa Cour, il eſt impoſſible qu'il ſoit preſent à tout ſon Royaume. La Cour eſt comme l'ombre de ſa preſence. De ſorte que la puiſſance qui n'eſt au monde que pour dominer, paſſant de l'authorité Royale au Royaume, rencontre la Cour la premiere, l'humilie, & la rend du tout ſuiette à ſoy : de là plus elle s'auance vers les limites de ſa domination, plus elle perd de ſes forces & deuient foible. Ainſi la liberté qui n'eſt au pis aller que bleſſée ailleurs, meurt à la Cour par la premiere atteinte qu'on luy donne.

Toute force fait plus d'effect, moins elle s'eſloigne de ſon principe. Le feu bruſle ce qu'il touche: eſchauffe ce qui eſt prés de luy : & ne fait qu'eſclairer ce qui en eſt loing. Poſſible la preſence du Prince ne ſeroit elle pas encor aſſez puiſſante pour fermer tous les chemins qui conduiſent à liberté, n'eſtoit que l'auarice des courtiſans, prodigue de leur propre threſor, luy en rend l'entrepriſe plus aiſée. Cette ſale paſſion les contraint de mettre tout leur ſoin à deſcouurir ce qui luy eſt le plus agreable. Ils ſont à l'enuy à qui le deuinera le mieux. Ils n'ignorent pas : & c'eſt là leur premiere inſtruction que tout veſtige de liberté eſt contraire au deſſein de celuy qui pretend à vne parfaitte domination : contraire à l'appuy de la ſouueraine puiſſance. Faire trop le familier auec ſon Prince, eſt retenir quelque eſpece d'eſprit libre, & tout en meſme temps chercher du mal. A la Cour il n'eſt pas permis d'en auoir aucune teinture : ſi ce n'eſt pour donner occaſion de rire. La liberté des bouffons en fait foy. D'où vient qu'on s'efforce autant qu'on peut de donner des

preuues d'vne affection feruile. On va iufqu'au dernier efforé,
pour monftrer fa captiuité le plus accortement qu'il eft poffible. Il n'eft point d'animal qui ne fe tourmente pour deffendre fa liberté. A la Cour c'eft la propre volonté qui fe met
elle mefme dans les lacs dans lefquels elle eft eftreinte & en-
chaifnée.

Lors que les Poëtes ont affigné aux autres malheurs vne
demeure feparée de celles de la feruitude, ils n'ont peut eftre
pas pris garde qu'il n'eft point de mal qui ne foit moins funefte qu'elle. Poffible eurent-ils peur de donner des tefmoignages trop euidens au menfonge : & creurent d'abord que le
lieu ne faifoit point d'enfer : mais bien la condition de la vie.
On eft en doutte fi les damnez prendroient plaifir à mourir:
mais on ne doutte point que la feruitude ne faffe defirer la
mort.

Du commencement la Cour fut le berceau ; & puis la
demeure de l'efclauage. Seruir & faire la cour furent au monde tout en mefme temps. Si ce n'eft qu'il foit plus vray que
toute feruitude eft vne efpece de faire la cour : & que faire
la cour eft la plus parfaite de toutes les feruitudes. La Cour
n'a point de recoin où l'on n'en voye quelques nouuelles ef-
peces. La gloire de leurs triomphes eft empreinte aux paroles,
aux vifages, & aux fonges mefmes. De toutes parts paroiffent
les defpouilles, & les trophees de la liberté captiue. Tout ce qui
s'y dict, & tout ce qui s'y faict font des chofes concertees. Les
fentimens y font fans mouuement: ils ne fe remuent point fi on
ne les remue. S'il y a du repos, de la peine, de la vertu ou de la
malice où il n'y a point d'election, on les voit dependre de la volonté & du commandement d'autruy. Comme on n'y re-
cherche aucun reconfort, il n'eft point de peine qu'on y refufe: & on n'y met point de difference entre le trauail & le repos : on ne fonge qu'à plaire à autruy. Depuis le commencement iufqu'à la fin il n'y a qu'vne feule eftude, qui eft de fe rendre agreable au Prince : & l'on n'a aucun égard ny à comme, ny
à quand, ny a pas vne autre circonftance.

Que la seruitude est mal-aisée à suppor-
ter au Sage.

CHAP. III.

LE Sage n'est esclaue que de son bon sens. Et certes c'est bien la raison que celuy qui ne void rien au dessus de luy que Dieu seul, ne se voye au dessous de personne. Dieu est Dieu par sa sapience. Sa vie est pure science. Qui est celuy, s'il est permis de parler ainsi, qui aura part à sa Diuinité si ce n'est le Sage ? Celuy qui n'a point de borne à son estre est vrayement Dieu : & comme dit Aristote, le sage est vn Dieu parmy les hommes. Si l'on peut parler hardiment sans crime, Dieu est vn sage à iamais ; & le sage est vn Dieu pour certain temps. Que les autres qualitez disputent tant qu'elles voudront entre-elles de la palme, pourueu que la sagesse ne soit iamais de la partie que comme Iuge & Reyne. Là beauté terrestre estant vn don du ciel, & seul thresor de la nature se faict reuerer, & par d'agreables tromperies se rend absolue maistresse des cœurs. L'honneur qui se gaigne dans les combats tire les grands Heros du nombre du vulgaire ; l'esclat des ayeuls passe à leurs neueux & leur sert d'ornement. L'or, beau & estimable de soy, rend maistre des autres celuy qui le possede. Deuant le pouuoir souuerain s'incline tout autre pouuoir ; pource qui est de la sagesse, l'experience nous monstre combien tous ces auantages luy cedent.

La fortune auec le temps foule au pied la beauté : efface la splendeur des familles illustres : humilie la valeur : esbranle & renuerse comme il luy plaist les Empires. Mais posé le cas que les vents & les tempestes ruynent l'agreable douceur des colines, & que leur cruauté s'exerce contre les monts, celuy d'Olimpe pour estre au dessus du royaume des nues ne craint point de pareilles atteintes. Que toutes les choses les

plus releuées foient fuiettes aux iniures de la fortune : la fageffe feule efleuee hors la portee de fes coups, & paffe fa vie dans
vne tranquillité eternelle.

Qu'vne puiffance foit grande, qu'elle s'efleue tant qu'il luy
plaira : qu'vn royaume eftende bien au loin les bornes defa
domination ; l'vn & l'autre n'egaleront iamais la condition
d'vn efprit fage. Quels que foient les limites d'vn vafte Empire dans ce petit poinct du monde ou partagé ou defchiré
entre les hommes & par le feu, & par le fer, ils ne peuuent
eftre que montagnes ou riuieres. A ceux qui fçauent, le vafte tour de l'vniuers eft vn efpace de peu d'eftendue. L'efprit
efloigné de l'ignorance penetre iufqu'au centre de la terre,
parcourt la grandeur infinie des cieux, & fe promene à l'entour de l'vn & de l'autre Pole. Il n'a perfonne qui le trauerfe,
perfonne qui l'arrefte, perfonne qui luy reproche d'auoir paffé les bornes qu'il ne deuoit pas paffer. Il eft hors de la iurif-
diction du temps : le prefent luy fert, le paffé & l'aduenir.

Voila quelles font les plantes precieufes ou fleurift la grandeur de l'efprit du Sage, qui de foy n'eft fufceptible d'aucune
crainte, ny efmeu d'aucune efperance, esbranlé par quelqu'autre paffion que ce foit. Luy feul fçait comme hors de
foy il n'y a rien digne de foy, & la refolution qu'il a de ne ceder qu'à la raifon, en luy eft vn rempart inesbranlable à toutes fortes d'efforts.

Ce qui fait qu'on obeyt à autruy eft vn argument que l'on
fçait moins que celuy à qui l'on obeyt. De tout temps ce caractere là a mis la difference qu'il y a entre vn efclaue & vn
homme libre, & cela au poinct de leur naiffance. Toute la nature qui n'a pas d'intelligence eft fuiette à celle qui en a. La feule liberté des chofes qui n'ont point d'entendement, eft de feruir à leurs intelligences. Ceux doncques qui foufmettent le Sage à autruy, tordent & fuppriment fa condition. Ils le traittent
en coquin, & en homme qui n'a point de fens.

Eft-il de mifere égale à celle de foufmettre le plus digne
au moins digne, le libre à l'efclaue ? Eft-il raifonnable qu'vn
homme viue à l'appetit d'vn autre à qui la liberté eft preiudicia-
ble, & qui deuroit viure luy-mefme au gouft de celuy qui vit

au

au sien ? Le pouuoir que chacun a sur soy, est funeste aux ignorans : ce qui se remarque aux enfans, & aux fols. Ce qu'vn
aueugle peut faire de mieux c'est de suyure qui le conduit. Et
peut-il au contraire arriuer d'infortune plus grande à vn homme qui void que d'estre guidé par vn aueugle ? O combien de
raisons fortes, & valables deffendent la seruitude à ceux qui
sont sçauans?

Que le Sage est seul dispensateur & maistre de son temps.

CHAP. IIII.

LA nature a voulu que la perte du temps fut sans remede,
pour obliger les hommes a en auoir vn plus grand soin. C'a
esté elle la premiere qui a esté auare, & fort retenuë à le dispencer. Ce n'est pas qu'en cela elle ait tesmoigné aucune vi-
lainie : ce qu'elle en a fait, n'a esté que pour nous apprendre
a estre bons mesnagers d'vne chose qui nous eschappe d'elle-
mesme. La foiblesse humaine pendant que nous sommes dans
le berceau, ou que nous dormons, nous desrobe la meilleure partie de ce bien qu'elle nous a assigné durant le cours du peu d'espace que nous viuons. Ce qui nous en reste est si precipité,
& fuit si viste, qu'il semble que la iouïssance nous en soit enuiee
par celle qui nous l'a donnee. D'où vient que les deffences que
ceux de Sparthe faisoient de se promener apres le repas nous
sembleront possible moins rigoureuses. Et sans mentir ce seroit vne peine digne de ceux qui ne tiennent point conte du
temps, que de n'en auoir point du tout. Quiconque en est prodigue fait vn outrage au plus precieux don que le ciel nous face.

Plus le suiet est noble, plus le temps qui luy apartient est estimable. Les choses basses cessent d'estre auecque moins de
domage. On n'en reçoit pas beaucoup de celles dont la duree
n'estoit pas beaucoup importante. La nature n'a pas voulu que le
ciel peut perdre du temps: son repos eust esté la ruine de tout ce

quieſt. Ainſi la perte que le vulgaire en fait n'eſt d'aucune conſideration au prix de celle que les grands eſprits en peuuent faire. Si à ſainement parler la vie de l'homme, lors qu'elle eſt telle qu'elle doit eſtre, n'eſt autre choſe qu'vne habitude de parfaite intelligence, la vie de beaucoup de gens ſera-elle pas vne certaine eſpece, & par maniere de dire vn certain meſlange de
mort? Il eſt donc vray qu'à vn homme ſage qui eſt eſleué au
plus haut degré de l'excellence humaine, les heures & les mo-
ments ſont des choſes plus cheres, & plus precieuſes qu'à nul
autre. Quelque exacte precaution qu'il mette a s'empecher de
n'en point perdre, elle ne ſera iamais aſſés grande pour luy donner les moyens d'en retenir tout autant qu'il luy en faut : ny
pour en rendre le comte qu'on luy en demande. Le temps auquel on ne fait rien, n'eſt pas plus perdu que celuy qui ſe paſſe à
autre choſe qu'à ce quel'on doit. Celuy-là n'eſt pas ſeulement
mal employé qui ſe conſume en des occupations de neant :
mais encore celuy qui ſe coule apres des eſtudes qui en merite
ne reſpondent ny à la vertu, ny à la qualité des perſones. L'employ de l'eſpée conſiſte a executer ce que la colere de celuy qui
la porte demande d'elle, à venger vne offence, & procurer la victoire. Qui en cieroit du bois, ou coupperoit du bled luy feroit iniure. Quand Earinus s'en ſeroit ſerui contre les mouches,
il leur auroit fait moins de mal, qu'il n'auroit appreſté à rire : &
Domitian a qui appartenoit le ſoin de l'Empire, euſt eu moins
de blaſme de paſſer tous les momens de ſa vie dans l'oiſiueté.
Quiconque fait moins qu'il ne peut, perd le temps en quelque
façon. Le commun peuple appelle temps perdu les heures
qu'on pouuoit employer plus vtilement que l'on ne les a employées.

N'eſt-il donc pas vray que celuy qui donne ſon temps à la
diſcretion d'vn autre, l'employe mal, l'abandonne, & n'en tient
point de compte? Qui eſt-ce qui luy reſpond que le Prince le luy
partagera a de bons employs? Il ne ſert de rien qu'il ſoit vray,
qu'à la court vne bonne partie du temps ſe paſſe dans le repos.
Ce repos eſt vn deuoir bien plus inſuportable qu'vne occupation importante. C'eſt vne attante touſiours preſte à obeir :
vne patience qui attend quelque commandement. Toutes les
occaſions à s'en ſeruir, tant ſoit il peu pour ſoy, ſont deſrobées

par l'importunité de ceux auec qui l'on est le plus souuent.

Et certes quand il n'y auroit autre chose ceste verité doit suffire: que l'authorité du temps qui est à nous, mise en depost entre les mains d'autruy, est la premiere arre de nostre captiuité :
veu que la franche disposition que chacun a de son temps, est l'a-
me de sa liberté, dont le sage est obstiné gardien.

De la seruitude des mœurs.

CHAP. V.

LA bien-vueillance est vn moyen pour auoir du support,
& vn remede contre l'offence. C'est pour ceste raison que
chacun veut paroistre affectióné à celuy qui luy peut ou nuyre,
ou proffiter. C'est vn sentiment commun à la plus part du monde, que celuy qui croit estre aimé doit aimer, ou du moins ne
pas hayr. L'amour est le pere du bien-faict : en la mesme sorte
que l'outrage est le fils de la haine, & quelquesfois aussi du mespris. L'amitié ou naist de la ressemblance des mœurs, ou l'a fait
naistre. La nature rend amis ceux qui ont mesmes inclinations,
& mesmes gouts. Les premiers elemens de la discipline d'a-
mour ordonnent de se rendre ployable aux façons de viure
d'autruy. La premiere teinture de cet art, veut que nous croyós
que ceux-là s'estimét aimez de nous, lors que nous nous accom-
modons à leurs humeurs. Pren garde à ce nombre infini de
gens qui font profession d'estre amis, tu verras qu'ils ont des
mœurs soupples comme de la cire. Ceux qui sont seuères, &
opiniastres, sont odieux à tout le monde. Leur genre de vie à
laquelle ils ont leur goust trop ataché, est condamné par les
autres.

Le premier dessein doncques du courtisan, est de s'estudier
à bien recognoistre les mœurs & les inclinations de son Prince. Toutes portent quand & soy vn commandement absolu.
Elles sont les poles sur lesquels roulent & les esperances & les
craintes. Apres le Prince vienent les fauoris. On les suit auec
des deuoirs tres-religieux. Aussi certes a ton autant de suiet de

les aprehender tousiours, comme on en a d'en esperer rarement,
Et sans mentir à parler vniuersellement, il n'y a point de seurté
a estre veu de mauuais œil, mesme des plus impuissans. Il n'est
point de force si petite qui ne soit en estat de pouuoir nuyre. Il
peut arriuer souuent que les inclinatiõs des Grands sont vicieuses. Les vice est voisin des grandes fortunes. Beaucoup de
gens se retienent, & s'empechent de faire du mal, ou pource
qu'ils ne sçauroient, ou pource qu'ils n'en peuuent faire : mais
il en est bien peu qui n'en font point, pource qu'ils n'en veulent
point faire. Ce qui manque au Prince en ceste rencontre est
souuent supleé par les fauoris. Ceux qui s'esleuent aupres des
Grands, pour la plus part font seruir les autres de degrez pour y
monter : action qui n'est pas tant à leur aduantage que l'on pourroit dire. En ceste rencontre, quiconque n'a aucun egard à la
condition des personnes a plus de chemins à prendre. C'est
pourquoy il arriue & plustost, & plus souuent, au bout de son
dessein. Pour ce qui est du reste de la Court, au dire d'vn ancien
c'est vne masse enorme, ou rarement s'imprime aucune marque
de vertu. Voila la compagnie que tu dois auoir tous les iours.
Quelle paix, ou quel plaisir auras-tu auec elle, si tu ne te conformes à son humeur?

C'est pour ces raisons que le sage doit ou fuir la Court, ou renoncer à la vertu. On ne sçauroit tout en mesme temps faire
la Court à ceste belle Reyne, & auoir sa volonté engagee à celle
d'vn autre. On laisse les choses dont on ne fait point de cas, ou
dont la possession est ennuyeuse. Pour ce qui est de la vertu, elle est ce qu'il y a de plus pur, de plus incomparable, & de plus re
leué en tout ce que nous auons de biens. Elle ne donne iamais
aucun degout. Au contraire elle rend quiconque l'estime, tousiours plus amoureux d'elle. Que le sage renonce donc premierement à luy-mesme, puis il luy sera permis de renoncer à tout
ce qui est honnoste. La vraye intelligence n'est autre chose que
fuir le mal : & la vraye sagesse autre chose qu'vne inuiolable ob-
seruance de la Iustice. Celuy-là seul se peut veritablement nommer sage qui a l'intelligence, & qui agit selon les maximes de la
vertu : qui immuable en ses propositions vit en quelque maniè-
re semblable à Dieu : du moins autant que la condition d'homme le peut souffrir.

Si doncques la vie du Courtisan est du tout contraire à ceste loüable fermeté ; le sage demeurera tousiours constant en sa resolution de demeurer tousiours esloigné de la Court.

De la fatigue de la Cour.

CHAP. VI.

LA passion de paroistre affectioné au seruice du Prince, & de luy donner de parfaictes asseurances d'vne parfaicte captiuité, nourrit dans l'esprit des Courtisans vne souffrance infatigable, & les porte a s'offrir à des peines volontaires. D'où vient qu'on leur en fait bonne mesure. Aussi celuy-là n'a pas mauaise grace, & n'a pas mal frappé le but, qui les compare à des asnes : entre lesquels, au dire d'vn autre, ceux qui sont les plus faits au trauail, & de leur naturel les plus nais à la patience, sont ceux de Sirie : comme les courtisans le sont par election. Quiconque ne postpose sa vie, à la satisfaction de plaire au Prince, ne merite pas d'en estre aimé. Celuy qui commande à ceux qui font vanité de trouuer l'occasion de luy donner des preuues de leur parfaite seruitude, n'a aucun egard ny au temps, ny aux contraintes qu'il impose. Plus l'entreprise est incommode & malaisée, plus le Prince trouue de la facilité à l'enioindre : d'autant que c'est là la matiere sur laquelle s'exerce la plus ardante passion que l'on puisse auoir de seruir. Veiller les nuicts toutes entieres : n'apprehender ny la faim ny la soif, & ne se soucier non plus du froid que du chaud, sont argumens d'vn esclauage tres-zelé. Les Courtisans les plus accors recerchent auec ardeur les moyens de faire passer au prix de leurs peines leur affection pour veritable, qui toutesfois a plus besoin de ces effors, moins elle est ce qu'elle veut paroistre. C'est alors qu'elle est plus audacieuse, & qu'elle crie auecque vanité.

Pourueu que ta vertu l'enioigne à mon audace,
Il n'est ny feu, ny nege où mon ardeur ne passe.
Point de rangs ennemis, qu'au prix de mon trespas
Ie ne face trembler à l'abord de mes pas.

Il n'eſt point de genre de flatterie ſi pernicieux que celuy qui
la veut faire paſſer elle-meſme pour fidelité. A la Court on croit
que c'eſt vn mal-heur de voir que le Prince eſpargne noſtre repos. S'il commande à vn autre ce que ie pouuoy faire, ou il ne
priſe point mes actions, ou elles ne luy plaiſent point, ou il eſtime plus celles des autres. En vn mot c'eſt vn congé tacite : & ne
reſte plus rien que le deſeſpoir.

Ceſte importune ardeur des Courtiſans inuite le Prince à les
eſtrangler meſme au moindre caprice qui luy en prend : & ſans
craindre le nom d'iniuſte. On ne fait ny tort ny violence à quiconque y prend plaiſir. Mais quelqu'vn me dira qu'vne ame
noble ne ſera point infectee du poiſon de ſemblable rage : &
qu'elle prendra plaiſir à trauailler pour ſon maiſtre : mais ſeulement aux occaſions ou la dignité de ſa condition ne ſera point
offenſee.

Il eſt vray, mais cela-meſme luy ſera vn commandement de
ſe retirer. Qui abhorre les peines, ou en fait difference, ne fait
point eſtat de la faueur. La gloire des grands eſt de pouſſer au
trauers de la flamme & du fer, leurs Courtiſans ny plus ny moins
que des cheuaux. Plus le Courtiſan eſt de condition releuee,
plus le Prince prend plaiſir à l'eſprouuer : c'eſt de luy qu'il attend les plus fortes marques d'vne ame ſeruile. Ou l'on a plus de
ſuiet de doutter, c'eſt-là qu'on cerche des plus grandes aſſeu-
rances.

L'eſprit du ſage eſt vne choſe precieuſe. Sa condition n'eſt
que pour commander en Roy. Pour ce qui eſt de l'action des
membres, elle n'eſt que pour ſeruir. Que la vigueur du corps
agiſſe où celle de l'eſprit eſt foible. En cela la nature ſemble en
auoir eſté la maiſtreſſe. Rarement voit-on qu'elle ait ioint la
force du corps auec celle de l'eſprit. La plus part du temps les
plus excellens eſprits ſont dans des corps fort delicats, & rarement dans des corps robuſtes. Et il eſt vray que chaſque choſe en agiſſant ſe doit ſeruir de ce qu'elle a de plus excellent en
elle.

Des inquietudes.

CHAP. VII.

Ille inquietudes affligent moins le corps, qu'vne seule n'afflige l'esprit. Plus ce qui est offencé est releué , plus l'offence est grande. L'œil ne sçauroit souffrir la moindre ordure. Si la Court ne trauailloit que le corps, & qu'elle ne gênast point l'esprit, la misere qui s'y souffre seroit deffectueuse, faute de la meilleure partie par qui seule elle est capable de se rendre accomplie. Mais elle tourmente si fort l'homme au dedans, qu'elle l'emplit de toutes sortes de douleurs. Là l'esprit alleché par l'amour de son propre bien, & infecté du poison de ceste sale passion, ne trouue iamais de repos. Les pretentions qu'il a, la crainte, l'esperance, & les autres fleaux domestiques, le tourmentent & le reduisent à n'en pouuoir plus. A la fin le corps surmonté par sa propre foiblesse cesse d'agir, & tombe dans son repos. Pour ce qui est de l'esprit, il est infatigable à son dommage. A l'exemple des entrailles de Titie fecondes en vigueur, mesme en leur plus grande foiblesse, il est incessemment affligé, & rongé par de nouueaux soings. Ces excez de maux, passent encore iusques au corps, & le pis est que quand les membres cherchent du soulagement, les inquietudes de l'esprit l'empechent d'en trouuer. Et certes il n'est que trop veritable, que

Du pourpre & des Palais le lustre nompareil
Oste aux cœurs le repos comme aux yeux le sommeil.

La liberté de pouuoir dormir à son aise ne se tire iamais.

Des pensers importuns de qui l'aisle eslancee,
Vole apres le tracas d'vne Court insensee.

Là on desire tousiours, & rarement on y obtient ce que l'on desire. Cela estant, est-il pas vray que ceste passion d'auoir, dont les esprits sont eternellement enflamez, est d'elle mesme vne misere extreme? Qui ne souhaite rien est content, il n'a rien dont il ait suiet de se plaindre. Plus la passion d'acquerir est grande, plus elle s'esloigne de son repos. Le desir n'est-il pas fils de la necessité & du mescontentement? S'il est vray, comme il l'est, que la vie de la Court n'est autre chose que desir, ne sera-elle pas par mesme moyen toute mescontentement?

Cet impatient desir d'honneur & de bien, neantmoins à mon auis, seroit vn mal-heur encor suportable s'il estoit seul. Mais le pire de tous ses maux, est de se voir combatu & par l'esperance, & par la crainte. L'vne l'assaut, & le met par terre: & l'autre le releue & le soustient: puis tout de nouueau le liure à la mercy de la crainte, & tout deschiré qu'il est, & a demi viuant, par elle mesme il a du temps à prendre de nouuelles forces. Voila quelle est ceste guerre domestique, qui tousiours liure ores à l'vne, ores à l'autre de ces deux passions, nourrit dans le cœur des Courtisans vn secret enfer. De ceste source sortent mille soins mordans, qui ne vienent point l'vn apres l'autre, mais à la foule. Tout en vn mesme temps on a besoin de songer comme on doit seruir: comme on despencera ce que l'on a: comme on acquerra ce que l'on n'a pas: comme on rendra vains les efforts de ceux qui trauersent nostre fortune, comme on surmontera la haine, & l'enuie: comme on debusquera ceux qui sont le plus en faueur: & comme on arrestera ceux qui s'efforcent d'y paruenir. Le salut de chacun ne consiste pas tant a prendre garde à soy, comme à nuyre à autruy: ny tant à donner qu'à parer. D'où vient que ce contraste est plustost vne necessité de la vie des Courtisans qu'aucun vice de leurs personnes.

La vie tranquille est la vie du Sage. La premiere paix qu'il a, est celle qu'il a auec luy-mesme: & puis celle qu'il a auec les autres. Les preuues du proffit que l'on fait auecque la Sagesse paroissent en la tranquillité des passions. Il se trouue tout plein de gens sçauans sans elle: mais non pas des Sages.

De l'emulation.

CHAP. VIII.

L A faueur du Prince est ceste belle Penelope, autour de laquelle se fait vn eternel combat à qui raportera les fruicts
de ses

de ses seruices. Chacun veut estre le premier, & pas vn ne veut auoir de compagnon. Il semble qu'il ne se peut pas faire que plusieurs en ayent egalement la iouissance. Voila pourquoy le bon-heur de l'vn est le mal-heur de l'autre. C'est vne matiere où le second clou ne sçauroit entrer s'il n'en chasse le premier. Vn lieu ou l'vne des balances ne peut hausser si l'autre ne baisse. Quiconque s'y eleue asseure sa condition sur la bassesse de quiconque est au dessous de luy. Là la misere des vns se renforce en la grandeur des autres. On n'y peut biene sperer que de la ruine d'autruy. De la vient que les plus grands tiennent le pied sur la gorge aux moindres : & que les moindres veillent à la desfaicte des grands: & font tout ce qu'ils peuuent pour les exterminer. Ils aprehendent leur authorité. En ceste sorte plus on est esleué : moins on a suiet de dormir en repos. Il n'est celuy qui ne puisse nuyre auec bien plus de facilité, qu'il ne peut seruir. Les vns ne seruent pas parce qu'il ne peuuent, les autres parce qu'ils ne le veulent pas. Pour ce qui est de nuyre tous en peuuent auoir & la volonté & la puissance. Le pis qui peut arriuer en ce desordre, est d'auoir des pretextes de le pouuoir faire auec iustice. Chacun deffend son interest: & personne ne s'amuse a deffendre celuy d'autruy: ou a prendre querelle contre celuy qui le blesse. Chacun n'y est que pour soy. La conseruation de leur propre fortune aigrit les grands contre les petits: & la passion de se deliurer de leur misere, aigrit les petits contre les grands. Monstrueux tribunal ou la Iustice plaide la cause de l'Iniustice!

Mais tout cela n'est encore rien. La guerre qui se fait entre ceux dont la fortune est egale, est bien plus cruelle. Les vns & les autres ont des pretentions enragées, & n'en demordent iamais. En premier lieu il n'est point de parti, tant mauuais soit-il, dans lequel ils ne tachent de ietter leurs concurrans. Si leur mauuaise fortune les empesche d'aller deuant, les voila resolus de les deschirer a belles dents. Ils en viennent aux cousteaux : & son prets de perdre la vie auant que de demeurer derriere.

Vaincre son esgal en pareille occurrance est vne eschantillon du plaisir que goustent les ames heureuses. De toutes les choses qui deplaisent le plus, il n'y en a pas vne qui deplaise si fort que d'estre comparé & paroistre le moindre. Ceste passion est si forte qu'elle esclatte aux bestes, & peut mesme beaucoup sur leur

naturel. Ce qui fe peut remarquer aux cheuaux qui courent la
bague. Aux occafions mefme peu importantes, comme aux
jeux on a du defplaifir a eftre vaincu. Voila la raifon pour laquelle on regarde toufiours de mauuais œil la gloire de ceux,
auec qui on eftoit en egale condition: & voila pourquoy auffi on
repute heureux celuy qui en pareil aduantage n'eft point fur-
monté: & encore plus ceux a qui il côuient tourner la tefte pour
voir ceux qui autresfois eftoient autant qu'eux. Il arriue bien
rarement quel'on ne change point en changeant de fortune fous
la faueur du Prince.

De cefte contentieufe enuie de deuancer fon compagnon
naiffent les appas qui obligent le luxe, & la pompe à fe tenir en
leur plus fuperbe appareil. Les combats & mille autres mal-
heurs tirent leurs torrens de cefte fource. En toutes les chofes
creées eft empreint vn aueugle defir de la diuinité: qui eft de
reffembler à l'excellence de Dieu, autant que leur condition
le permet. Il n'eft point de vice qui ne foit appuyé de quelque
femence de vertu. C'eft là le fouftien de l'ambition, & de l'e-
mulation. D'autant que l'vne & l'autre font vne certaine de-
mangaifon qui porte les efprits à la iouiffance de ce qui eft le
plus eminent en la condition humaine.

S'efleuer au deffus de fon imperfection par fa propre valeur,
& fans fonger au preiudice d'autruy, eft par le chemin de la vertu, laiffer derriere foy fa baffeffe. Le defir en eft tres-iufte : le
projet tres-releué: & la nature ne fçauroit donner à l'homme vn
plus noble fentiment. Si toutes les chofes vifoient à vn but fi
honorable que celuy-là, qui eft celuy auquel elles font capables
d'arriuer, l'vniuers certes en feroit, & plus heureux, & plus ac-
compli : il n'y auroit rien à defirer. Cefte voye eft ouuerte à
tout le monde. Il n'y a ny obftacle, ny peril fi la malice ne le fait
naiftre. Mais fe vouloir tirer du pair pour humilier les autres:
chercher à s'efleuer fur les ruines de fes femblables: procurer de
la grandeur pour foy, affin de l'auoir en horreur, ou l'enuier en
vn autre: faire tout ce que l'on peut pour s'auancer, afin d'eftre
craint, & de ne pas creindre: & ne vouloir eftre admiré que
pour affouir fa paffion plus promptement, font des chofes contre tout deuoir. Il n'eft point de raifon qui ne les condamne.
Auec cela ie ne voy pas qu'à la cour, il y ait d'autre parti que ce-

luy-là. La proffession de faire la cour porte ceste consequence auec soy: que personne ne fait aucun progrez qu'à la ruine d'vn autre, ou de plusieurs. Aussi est-il mal-aisé de voir comme en l'aquest que l'vn fait, l'autre ne perd point. C'est pour ce suiet que la Iustice ne veut pas, & que la necessité ne permet point, qu'il y ait aucun chemin sans embuche ; aucune voye ou l'on puisse passer en seurté.

Apres cela sera-ce vne retraite digne du sage, celle où la seule asseurance gist en la misere ? ou de necessité il luy faudra à sa honte ceder à vn inferieur, ou viure mal-heureux,

Entre gens desarmez dans vne guerre estrange.

De l'amour & de la foy de la Cour.

CHAP. IX.

L'Amour n'y la foy n'ont point de lieu, ou l'interest regne. C'est luy qui est l'esprit & l'ame de la Cour. Autre que luy n'y lie, n'y n'enchaine les cœurs, & les volontez. De quelque costé qu'il penche, il tire à soy les affections turbulentes, & les mauuais desseins. Il corrompt les inclinations, & altere l'amour & la haine : les change & tourne comme il luy plaist. Au moindre signe il metamorphose mille visages, & mille cœurs. Son mouuement suit celuy de la fortune. Tout vent le secoüe, & de son bransle tout de nouueau il produit sur le theatre du monde mille personnages inesperez. Cet amour qui court auec tant d'inconsideration apres son bien n'aspire à rien auec tant de passion, comme il aspire à la bien-veuillance d'autruy. Et à ne pas mentir ce n'est pas sans raison, puis qu'il n'est qu'au pouuoir de la fortune ou d'vn autre que nous, de nous faire ou acquerir, ou euiter les biens & les maux qui ne dependent point de nous. Ceux qui ayment assistent : & personne ne nuit que ceux qui hayssent ou qui mesprisent. Ainsi l'esprit enseueli dans son propre interest, qui n'est amy que de son bien, ne laisse point d'effort qu'il ne face, pour se faire aymer de tous, ou

pour empefcher du moins que perfonne ne luy veu ille du mal
Il n'ignore point cet auis,

Defires-tu qu'on t'aime ? il faut te rendre aimable.

Bien que cefte maxime ne foit pas mauuaife, il ne nous fera pas
accroire que fon deffein foit bon. Quelle partie a t'il en luy capable d'attirer à foy l'amour d'autruy? Sans doutte il s'eft imagi-
né qu'en cela il en va de mefme qu'en l'vfage des momons, ou
des mafcarades: que le vray amour fe deguife, que la foy & les
autres biens peuuent prendre tel vifage qu'il leur plaift, en forte
qu'il ne fe trouue point de differance entre la fauffeté, & la verité. A cela nous pouuons dire : Prens garde à toy pauure brebis: ne hazarde point ta vie dans ce bois, qui norrit vne infinité de loups, fous la reffemblance de ceux qui te reffemblent. Si
le hazard t'y conduit, le moindre mal qui te peut arriuer, c'eft
de paroiftre brebis feulement & n'en auoir toutesfois que la
feule apparance. Si l'on t'aborde auec vn vifage compofé, doux,
aimable à voir, & efclattant de fauffe ioye, tu pences auoir
trouué vn autre toy-mefme? Le changement de fa fortune, ou
celuy de la tienne t'aprendra que ta fote credulité ta deceu. La
profperité de celuy que tu croyois ton amy, ou ta propre mifere feront la veritable preuue de ce que tu t'imaginois fçauoir.
En cefte alchimie il n'y a point de plus affeuree couppele que
celle là. A fon couché il eftoit la moitié de ton ame. A fon
leuer il demande qui tu es. Si eftant monté a vne haute fortune il t'oublie, n'en fois point fafché : imagine-toy qu'en cela tu
gaignes beaucoup plus que tu n'y pers. Si l'oubli qu'il a de toy
l'empeche de te faire du bien, le mefme oubli l'empechera de te
faire du mal, fi ce n'eft que fon intereft l'y oblige. D'autres iu-
geroient que le moyen de fe deffendre de toutes ces tromperies, feroit de ne fe fier à perfonne, & de receuoir vne bien-
veuillance apparante auec les mefmes affections auec lefquelles
on nous la prefante: & en faire de mefme de la haine qui paroift.
Cefte couftume eft affez familiere aux Courtizans: outre que
l'experience a defcredité toutes ces fourbes. Chafcun tire de
luy-mefme le iugement qu'il fait des autres. En cela il n'y a de
trompé que ceux qui s'imaginent pouuoir tromper. Cefte
efpece de malice à cela de bon, qu'elle fe defcouure elle mefme.
Les trompeurs fe perfuadent qu'ils ne vendent leurs fineffes

que ce qu'elles valent. Deforte que ce qui du commencemeṅ
ne ſe pratiquoit que pour faire paſſer le faux pour le vray, ne ſe
pratique a preſant que pour en faire vn meſlange & vne confufion. Mais pour tout cela le menſonge ne tient pas la place de la
verité, n'y la verité celle du menſonge : du moins dans les eſprits a qui la crainte ne perſuade rien que ce qu'ils doiuent ſe
perſuader eux-meſmes. Voila l'abominable vſage qui gaſte le
cõmerce de la ſocieté humaine. D'où vient bien ſouuent qu'v-
ne pure verité paſſe pour vne accorte diſſimulation : & la ſincerité meſme, s'il eſtoit poſſible de la faire autre qu'elle n'eſt, porteroit le nom de ſotiſe, & de ſtupidité. Quiconque s'y fie, fait
il autre choſe qu'aller au deuant du coup que luy deſcharge ſon
ennemy ? Certes c'eſt mettre ſes poules à la garde du renard.
Comment eſt-il poſſible que la loyauté trouue de la ſeurté parmy les tromperies, puis que les tromperies meſmes n'en trou-
cuent pas chés leurs ſemblables? Si le faucon a à ſe garder du fau-
on, vn pigeon s'en tiendra t'il aſſeuré?

La verité eſt la premiere qualité dont on peut loüer les gens
de bien. Le deuoir du ſage eſt de ne point mentir. Vne ame
enflamee de l'amour de la Philoſophie eſt mortelle ennemie des
impoſtures. Et voudriés-vous auſſi que ceux qui poſſedent vn
grand ſçauoir fuſſent homicides de la ſageſſe?

Des moyens d'entrer en faueur.

CHAP. X.

LEs Princes ſont auares de leur faueur. A peine ouurent-ils
les mains lors qu'ils la diſpencent. Ils ſçauent que la rareté
rend les choſes plus cheres. C'eſt par là qu'ils font trouuer doux
les trauaux qu'ils impoſent : & qu'ils raffinent les ſoins de ceux
qui aſpirent à leurs bonnes graces. Plus tard on y paruient, plus
on donne à ce que leur condition demande. Voila comment
leur faueur ſe depart à peu de gens, & apres de longues peines.
Celle du ciel ne couſte qu'vn ſeul deſir : celle des puiſſances ſou

ueraines s'achepte au prix de mille sueurs, & de la vie : & a la
fin n'est point liurée. De peu qui s'en rendent dignes, le moindre est souuent le plus heureux. Le demeurant y trouue plus
d'espines. Les meschans y rencontrent tant de chemins, que
le nombre leur en rend l'entreprise plus facile. Les voyes des
gens de bien sont estroittement enfermées dans les bornes de
l'honnesteté : & par consequent plus mal-aisées à tenir ; & les
peines que l'on y prend la plus part du téps sont infructueuses.
De tous les sentiers qui promettent de conduire aux bonnes
graces du Prince, à mon auis le premier est, de s'attacher à ses
inclinations. Il semble que naturellement nous sommes for-
cés d'aimer ceux qui se plaisent à mesmes choses que nous.

Les Princes peuuent auoir beaucoup de goûts differans ny
plus ny moins que le reste des hommes. En ceste carriere les
Courtizans ont encore autant de moyens pour arriuer à leur
faueur. Sous le regne de Vitellius on ne voyoit que des pro-
fusions aux banquets ; le luxe alors estoit la seule porte pour
entrer en credit. Et certes à parler vniuersellement, tous les
Grands ne sont iamais plus aises, que lors que leurs Courtisans
font de la despece & sont magnifiques en toutes choses. Ceux
qui ont le cœur bon ne sont pas long-temps à se rendre agreables aux grands guerriers : aux chasseurs, ceux qui se plaisent à
la chasse. Ceux qui ayment les lettres ayment les sçauans. Du
temps de Leon dixiesme le Tibre estoit vn mont de Parnasse.

Vne excessiue ardeur de seruir, semble à bon escient vn
moyen tres-asseuré pour arriuer à la faueur. C'est vne maxime de la politique des Roys : d'auãcer en puissance d'autant plus
vn homme, qu'il est prompt à obeir. Outre ces deux voyes,
il y en a tout plein d'autres : mais elles sont encloses dans de plus
estroittes bornes : comme d'estre l'instrument des plaisirs du
souuerain : ou de l'abondance de ses finances. La simpathie y
peut aussi beaucoup, comme aussi la vertu qui est le seul chemin que le sage doit tenir.

Ie ne me ferois pas beaucoup aux seruices que mes ance-
stres auroient rendus : & moins encore à l'amitié qui auroit
esté entre celuy qui est en pouuoir & moy, lors que tous deux
nous estions de condition priuée : encore moins aux deuoirs,
& aux assistances qu'il auroit tirées de mon affection en la bas-

ſeſſe. Le nom d'obligation odieux à tout le monde, eſt en abomination aux Princes. Eſtre obligé & eſtre ſuiet eſt vne meſme choſe, ou du moins la matiere ou demeurent empreintes
les marques d'vne obligation receuë. L'vn eſt ſeruile: & l'autre comme vn reproche d'auoir eſté dans la neceſſité. Si nous
n'aimons mieux dire auec le Comedien,

Qu'en prenant vn bien faict on vend ſa liberté.

Les grands viuent comme s'ils ne manquoient de rien : & que
tout fut en abondance chés eux. Ce que les autres font pour leur
ſeruice, quitte le nom de bienfaict, & prend celuy d'obeiſſance
& de deuoir. S'ils l'agreent c'eſt vn pur teſmoignage de leur
grace, & non de ce qu'ils doiuent. Lors que les hommes priués
donnent, ils conferent vn bien-fait : & les Princes lors qu'ils reçoiuent. De ſorte que plus les ſeruices qu'on leur rend ſont importans, plus la faueur qu'ils font de les agreer eſt grande. Plus
on hazarde entre les mains de la fortune, plus on luy eſt obligé
quand elle n'oſte rien. O mal-heureuſe condition ! Seruir les
Princes eſt ſe rendre leur obligé. La munifence priuée qui s'e-
xerce en leur endroit, n'oblige que celuy qui l'exerce, s'il arriue
qu'ils la reçoiuent de bon cœur.

Les ſeruices receus dans la condition priuée, s'effacent par
la ſplendeur d'vne nouuelle grandeur. Souuent la haine en eſt la
recompence, & rarement la grace. Autrefois il eſt arriué qu'vn
gentil-homme a eſté mal-voulu d'vn grand, pour luy auoir pre-
ſté de l'argent, lors que ſa fortune n'eſtoit pas ſi releuée. Le teſmoignage d'auoir eſté dans la neceſſité, leur eſt vn ſouuenir inſuportable. Ils ne l'ont iamais deuant les yeux, qu'ils ne ſe ſentent reprocher leur miſere paſſée.

Vne occaſion peu diſſemblable ſupprime dans l'eſprit de
ceux qui arriuent tout frechement à leur grandeur, la memoire
de leurs plus familiers amis. Le ſouuenir de leur baſſeſſe paſſée
eſt vne poignante eſpine dans l'eſprit des hommes altiers : ie
vous laiſſe à pencer quel plaiſir on leur fait de le reueiller. L'a-
mi qu'vn grand a eu pendant qu'il n'eſtoit pas ce qu'il eſt, ſe
peut-il preſenter deuant luy, ſans luy remettre quand & quand
deuant les yeux le mediocre eſtat auquel il eſtoit auparauant ?
La mauuaiſe fortune eſt facheuſe à tout le monde. Elle eſt inſuportable aux ames hautaines : meſme en leur proſperité le

souuenir d'auoir esté mal-heureux les afflige. Possible est-il
vray que l'auoir esté ne leur deplaist pas tant, comme de voir
ceux qui le peuuent certifier. Voila pourquoy ils font tout ce
qu'il leur est possible pour en effacer entierement la memoire:
& voila comment quelquefois c'est vn crime d'auoir esté leur
amy: du moins si c'en est vn que de n'en pouuoir estre veu
sans les faire rougir. Encor qu'il arriue souuent a plusieurs de
s'esleuer a quelque haut degré de fortune, ou qu'estant desia
grands, ils paruiennent à de nouuelles grandeurs, il ne faut pas
pour cela qu'vn amy en espere rien, ou s'il en espere, ce doit
estre peu de chose. Les vieux amis ne font point du tout de
fortune, ou la font bien petite auec ceux qui depuis peu sont
deuenus grands. Ceux-qui se repaissent de contraires esperances sont artisans de leur propre mal-heur. Est-il rien de si
dur à supporter, que de deuenir esclaue de celuy auec qui l'on
viuoit en qualité d'amy. Certes il est bien mal aisé que l'ancienne familiarité s'accoustume à des respects qu'elle n'auoit
pas accoustumé de rendre. Comme le peu de cognoissance
que l'on a d'vn homme, accroit son estime, la cognoissance l'a-
moindrit. Bien souuent la grande fortune de ceux que l'on cognoist, excite plustost l'enuie, que l'admiration. Vn homme
qui ne fait qu'arriuer à sa grandeur, vse plus librement de son
authorité à l'endroit de ceux qui ne luy sont pas cognus, &
semble qu'on ne peut commander à des gens qui nous sont familiers, en quelque basse condition qu'ils soyent, sans quelque crainte & retenuë. Vn homme esleué en dignité depuis
peu, ne se plaist à rien tant qu'aux tesmoignages de ce qu'il est:
& les plus grands qu'il en puisse auoir consistent en l'oubli qu'il
conçoit de ses anciens amis.

Il n'est que des egaux que l'amitié conioint,
Ou qu'elle rend egaux quand ils ne le sont point.

Ne cognoistre point ses familiers amis, est leur reprocher l'i-
negalité qui est fraischement sutuenuë entr'eux, & ceux qui
faisoient profession de leur estre amis. De ne les vouloir pas
tenir en qualité de seruiteurs, est en apparence quelque espece d'honnesteté, vn conseil, & vne raison que les maximes de
sa grandeur inspirent. De là se voit clairement la vanité de
ceux qui employent tant de soings, & tant d'ardeur à la con-
serua-

ſeruation de l'amitié de ceux qui courēt fortune d'eſtre grands.
L'Empire Romain n'en a que trop d'exemples. Ils ne ſçauroient ſe perſuader que la felicité de ſemblables amis ne leur
ſoit tres heureuſe. Toutes les raiſons de l'amitié les en rendent aſſeurez: mais à la fin l'experience leur aprend combien
leur attente eſt vaine.

Ce que c'eſt que ſuiure l'inclination du Prince.

CHAP. XI.

L'Amour de nous-meſme eſt celuy qui tient cher quiconque a de la paſſion pour meſmes choſes que nous. Et
certes il ſemble que c'eſt s'aimer ſoy-meſme que d'aimer ceux
qui ayment ce que nous aymons. Les yurognes ayment ceux
qui prenent plaiſir à s'enyurer. Les hommes cruels voyent de
bon œil ceux qui ayment le ſang. Et quiconque ayme ſon ſemblable en quelque maniere s'ayme luy-meſme : comme au contraire ceux qui ont de l'auerſion pour ceux qui leur reſſemblent, ſe condamnent eux-meſmes. La premiere marque de
la haine que l'on a pour ſoy, eſt de ſe plaire à ce que nous ne pra-
tiquons point, & qui eſt contraire à noſtre humeur. Ceſte
complaiſance ſi oppoſee à ce qui eſt de noſtre gouſt, eſt vne repugnance en la volonté : & l'amitié pourtant n'eſt autre choſe
qu'vn conſert, & vn accord de meſmes volontez. De la vient
que les Politiques ſe ſont perſuadés, que le premier, & plus
puiſſant moyen de gaigner les bonnes graces du Prince, eſtoit
de s'accommoder en tout à ſon humeur.

Mais poſé le cas que c'en ſoit vn tres-puiſſant, à mon aduis il
n'eſt pas ſeur. D'autres le peuuent croire foible. Et à ne pas
mentir s'il y a quelque choſe qui le rende tel, c'eſt l'excez qui
eſt en ſa force. Le Prince n'ignore pas ce qu'elle peut, ny ce
qu'elle prétend. Ceſt pourquoy il luy donne le nom d'intereſt,
& d'artifice : & non celuy d'amour ou d'inclination.

Voila comme c'eſt vne choſe tres-penible, que de ſuiure
touſiours les mouuemens d'autruy : du moins à quiconque y a

dé la repugnance: & comme en cela il n'eſt preſque pas poſſible
de faire que l'art reſſemble à la nature. Sur tout cet artifice eſt
mal-aiſé à pratiquer aupres des Grands. L'affluance de ceux
qui s'en meſlent, les fait tenir ſur leurs gardes. Bien ſouuent
plus ils ont de gens qui les eſtudient, plus ils leur en donnent
de matiere: & ſe rendent volages en leurs humeurs. Quelquesfois ils le font tout a deſſein, pour auoir le plaiſir de ſe voir imiter. Faire violance à ſa propre volonté eſt vne couruée bien
dure à tout le monde. Elle eſt intollerable aux ames genereuſes: & impoſſible aux ſages. Les cœurs bas n'y trouuent pas
tant d'eſpines. L'ignorance la plus part du temps rend aiſé ce
qu'elle ne cognoiſt pas. En ceſte ſorte, les ſots bien ſouuent
rencontrent le pire. Pour ce qui eſt de la generoſité de l'eſprit,
elle eſt inuincible. Ses volontez ſont liées auec ſes ſentimens.
Il n'eſt point d'artifice qui les en puiſſe d'eſtacher: point de force qui en deſface le nœud. La ſageſſe eſt elle meſme ſa propre
loy: & la chaſteté de Minerue pareillement inuiolable.

De la ſubjection.

CHAP. XII.

IL n'y a perſonne qui s'offence d'eſtre aymé: & c'eſt vne
choſe bien naturelle, d'auoir de la bonne volonté pour ceux
qui en ont pour nous. L'ardeur de ſeruir & de s'accommoder au
proffit d'vn autre, eſt vn argument tres-certain de l'amitié que
l'on a pour luy. En cette rencontre il ne ſe peut pas faire, que
le plaiſir que l'on reçoit ne ſoit point agreable, quand meſme la
perſonne de qui l'on le reçoit ne le ſeroit pas. De là nous tirons
vne conſequence, que la diligence & la promptitude que l'on
met à ſeruir autruy, ont le pouuoir d'en acquerir les bonnes
graces: & ſi en lieu du monde, tres-aſſeurement à la Cour.
Les Grands prennent plus de plaiſir a eſtre ſeruis, qu'a eſtre honorez. L'vn appartient aux Princes: & l'autre aux perſonnes
Illuſtres. Le Prince fait bien de l'honneur à beaucoup de gens:

mais il ne fert perfonne. Qui fert eft valet, & non maiftre. Cefte diligence & promptitude à feruir eft vne vertu qui n'appartient qu'à ceux qui font foubmis à l'empire des autres. Le
Prince ne trouue en fes fubiets rien qui luy plaife tant qu'elle.
C'eft elle qui fait la plus grande partie de fes threfors : & c'eft
elle qui eft le feul aliment dont fe repaift fa grandeur.

Auec tout cela il n'y a pas tant de feurté à la pratiquer comme on croiroit bien. Au contraire mon opinion eft, qu'il y a
du peril. Les efprits nais à la feruitude tous agreables qu'ils
font au fouuerain, ouurent le chemin au mefpris, & dés qu'ils
paroiffent tels, donnent des argumens tres certains de leur
baffeffe. Sans doutte on ne fait point difficulté de mettre le
pied fur la gorge à ceux de qui l'ame n'a point l'affeurance de
s'en deffendre. Comment vn efprit peut-il eftre genereux qui
liure tous fes foins, & toute fon eftude à la mercy de la fortune?
qui iette par maniere de dire toutes fes peines pour vn bien
douteux & incertain? Celuy qui a bonne opinion de foy ne fe
hazarde point, ou ne fe hazarde pas pour peu. S'il ne tient point
conte de fes trauaux, il ne merite point qu'on luy en fçache gré.
Il perd fa peine & luy-mefme fe condamne à la perdre. Les
cœurs nobles, ne produifent que des actions nobles, & font
recognuës telles par fa propre confcience.

Quand à ce qui eft de la faueur des Grands, toute incertaine
qu'elle eft, elle eft fi fort à eftimer qu'elle merite bien que l'on
fuë, & que l'on trauaille pour l'amour d'elle. Auffi certes eft-il
bien vray que la fubiection que l'on rend au Prince, eft vn deuoir fi honorable qu'il n'y en a point d'autre qui luy puiffe eftre
comparé.

Vous me dirés peut-eftre que les maximes de la fageffe deffendent la feruitude à ceux qui ont foin du bien public? A cela
ie vous refpons qu'elle le commande comme vne chofe & iufte, & honnefte: & qu'elle en donne mefme des preceptes. Mais
qui pourtant ne font que pour ceux à qui il eft plus expedient
de feruir que d'eftre libres : ou pour ceux à qui les bonnes graces du Prince font plus confiderables que fa propre franchife, &
le pouuoir qu'il a fur foy. Pour ceux qui par ce moyen peuuent
rendre leur condition meilleure : ou pour ceux qui ne fçauroient viure fans cela. A ceux-cy il eft honorable de tefmoi-

gner de la promptitude & de l'ardeur à seruir. Mais la sagesse
n'est point enfermée dans ces rigoureuses extremitez.

CHAP. XIII.

LE plaisir & la douleur sont les deux piuots sur lesquels
roulent les incertains mouuemens de nostre vie. Toute la
nature se laisse emporter au plaisir auec vne douce violence.
C'est pour luy que les hommes trauaillent ; que les oiseaux viuent, & que tous les animaux semblent auoir receu l'estre. Les
celestes intelligences mesmes entretiennent le monde dans vne
eternelle durée, & sont tousiours bandées apres des trauaux
infatigables, pour iouir de la douceur de ce bien. C'est pour
cela,

Que tout fuit la douleur, que tout aime la ioye.

Tout ce qui est iuste, tout ce qui est honeste, tout ce qui est
puissant de soy : & toute autre chose cedent à ceste agreable
contrainte. D'où vient que la faueur n'est pas plus ardamment
recherchée de ceux qui sont ou les ministres ou les instrumens
du plaisir, qu'ils le sont eux-mesmes d'elle. Antinoüs & Adrian :
Onon, & Commodus font foy, combien les Grands sont char-
mez des appas de ceste magie : & combien les courtizans qui la
sçauent bien pratiquer leur sont agreables. C'est par ce chemin
qu'Alexandre d'Epire paruint à la royauté. Et il n'y a pas si long
temps qu'il s'en est trouué qui pour prix de cet art ont acquis
du renom, de grandes alliances ; & le pour pre mesme. Que ne
peut-on pas esperer de ceste sorte de complaisance, si autrefois
la liberté Romaine s'en est veu foulée au pieds : & la glorieuse
Reyne de tous les Empires du monde, mise honteusement sous
le ioug?

Vous me dirés peut-estre que les autres voyes ont des suit-
tes tres-heureuses. Ie veux que cela soit. Quelques heureuses
qu'elles puissent estre, elles ne seront iamais neantmoins que

le fauory ne foit toufiours moindre que fon Prince. Pource celle-ci
elle eft capable de l'efleuer au deffus de tout ce qui eft au deffous
du Souuerain: & de s'efleuer elle-mefme au deffus de luy. Le
plaifir triomphe de l'orgueilleufe puiffance qui donne la loy à la
Maiefté mefme des Roys. Luy feul eft capable de mettre fous
fon obbiffance, ceux fous les pieds defquels les Empires tremblent. Quiconque eft efclaue de fon plaifir, le peut-eftre encore de ceux qui le luy procurent.

Auec tout cela il faut conclurre que tout ce qui eft agreable,
eft ce qui l'eft à caufe de foy, & non celuy dont on fait eftat à
caufe qu'il le procure. Le verre ne fe doit pas glorifier fi le vin
qu'il contient eft agreable à celuy qui le boit.

De tous ceux qui fe mettent aux bonnes graces du Prince par
de feruices infames, il n'y en a pas de fi dangereux que ceux qui
ne feruent qu'à renflamer fa colere. Dans les fatisfactions ou
l'ame trouue du contentement, il arriue quelquesfois qu'il y a
plus de plaifir a eftouffer le courrous, qu'il n'y en a à affouuir la
concupifcence. Il n'eft point de douceur egale à celle de donner à la haine ce qu'elle demande. Plufieurs Princes à la honte
de la iuftice, publient tout autrement comme la propre effance
de leur grand cœur confifte à ne point pardonner: & croyent qu'il
n'appartient qu'à des courages foibles & impuiffans d'efteindre
la colere; & qu'vn pouuoir qui ne fe faict pas craindre eft de
nulle confideration. Pour ce qui eft des defirs defordonnés,
bien fouuent ils tiennent lieu d'indignation & d'offence recoüe.
Combien de fois font-ils crimes à ceux qui poffedent des chofes dont le Souuerain a enuie. Au temps de Silla les richeffes
eftoyent des mesfaits aux riches: & la poffeffion d'vne belle
femme ne fut-elle pas vn crime à Vrie, ce fameux capitaine des
Hebrieux? La force va où la iuftice ne fçauroit arriuer. Il n'importe point comme quoy le bien qui eft enuié foit ofté. Autant vaut-il que ce foit par l'auarice de celuy qui gouuerne l'e-
ftat, que par vn coquin. Ceux qui par le fang des innocens fe
frayent vn chemin à la faueur, font pires que des bourreaux.
Ceux-cy immolent les coupables à la Iuftice: ceux-là font vn
facrifice à la trahifon des ames nettes de tout crime. La faueur
des derniers eft vne fraudulcufe cendre qui couure du feu. Les
mefchans ne fçauroient euiter les fleaux de la diuine Themis.

Entre tous les fcelerats, il n'y en a point de plus odieux à la diuine vengeance, que ceux-cy. Il n'eft pas mefme au pouuoir
du Prince de s'empecher d'auoir de la hàine pour eux. Augufte
aymoit les trahifons : mais il n'aimoit pas les traiftres. On regarde les miniftres de l'iniuftice auec des yeux qui leur repro-
chent leur mefchanceté. Neron confina Anicete en Sardaigne.
D'autres plus accorts que luy eftouffent cefte forte de gens par
quelque mesfait, & par vne iniuftice eftouffent mille iniuftices.
Mais c'eft trop s'efloigner de noftre but, que de parler de ces
chofes, dont l'horreur & l'abomination doiuent pluftoft eftre
dans le filence, que dans le blafme.

De ceux qui feruent à l'intereft du Prince.

CHAP. XIV.

IL n'eft point de force au monde au dire de Paufanias, qui ait
vn pouuoir fi abfolu fur l'efprit des hommes, qu'a celuy de
l'intereft. Il arrefte la prudence, & en fait tout ce qu'il luy plaift,
& Bacchilide veut qu'il n'y ait point de fageffe qui s'en puiffe
deffendre. C'eft vn forcier d'où procedent les plus grands prodiges, & les plus fpecieux enchantemens qui fe voyent dans la
vie humaine. L'auarice dont il naift ne trouue point de peines
tant foyent elles facheufes à fupporter, qu'elle ne rende tres-fa-
ciles, & dont ceux qui veulent auoir du bien ne facent bon marché. Il n'eft point de peril dont elle ne banniffe la crainte: de dure coruée qu'elle ne rende agreable: de hazard où elle ne face
trouuer de la feurté. En vn mot où l'efperance du bien efclatte,
c'eft là qu'efclatte auffi l'affeurance du falut. Qu'elle autre confideration nous pouuoit donner de la confiance à nous mettre à
la mercy de la mer & des vents? qui nous en pouuoit faire approcher la legereté, & la perfidie? Certes il eft bien vray ce que
dit Ariftodeme auec vn profond eftonnement, que l'argent eft
ce qui fait l'homme. Il n'eft point d'animal fi hargneux que la
pauureté. Dieu met le profit deuant les yeux à quiconque il

veut du bien? Par le moyen de l'argent on est beau. Par le moyen
de l'argent on est sage: & voila quelle est la veritable opinion
d'Iolaé. On croit que qui est riche n'ignore rien. C'est pour
cela que naturellement tout le monde est enclin à son profit.
Mais si la consideration des richesses est puissante dans l'esprit
des hômes, elle ne l'est iamais tãt, ny auec plus de raison, qu'aux
suiets où il y a plus de gloire, ou plus de necessité. Les excessi-
ues richesses aux hommes priuez tiennent lieu de soin, donnent des craintes: & bien souuent sont cause de leur ruine.
Quelquesfois on voit l'abondance, où l'occasion de s'en seruir
honorablement manque. Il n'y a bien souuent que les coffres
des Roys où l'or & l'argent perdent tout ce qu'ils ont de mauuais: & peuuent rendre meilleur tout ce qu'il y a de bien. C'est
là qu'ils sont les nerfs de la guerre: & la seurté de la paix. Où
l'espargne est mal garni, là manquent les fondemens des glorieuses entreprises. L'abondance des thresors iointe auec la
puissance des Roys & celle des Royaumes, est la seule baze de
la vie heureuse. Il n'appartient qu'aux Princes d'amasser des
thresors sans crainte. En leur mains seules, l'or & l'argent peuuent & esperer, & oser toutes choses. Le peu ne sçauroit entreprendre beaucoup. Vn grand estat ne peut subsister qu'auec
des grandes despences: du moins ne se peut-il pas dire heureux.
Voila pourquoy le desir d'auoir des richesses aux hommes priuez est vn blasme: aux Princes, vne necessité de leur condition.
D'où vient qu'ils sont emportez d'vne douce violance par tou-
toutes les voyes qui leur en peuuent fournir, & comme obligés
d'en tirer de tout ce qui se presente.

Le gain sent tousiours bon de quelque lieu qu'il viene.
Auoit accoustumé de dire Vespasian.

Ceste passion est vne necessité des Grands, qui promet d'extraordinaires faueurs à quiconque la seconde. De là plusieurs
estourdis ont pris le parti de se rendre vtiles à leur ruine: & se
sont persuadez qu'ils deuoient hazarder leur bien pour en auoir
les bonnes graces. D'autres ont crû, mesmes les plus habiles
d'entr'eux, qu'ils ne pouuoiét mieux tesmoigner l'ardeur qu'ils
auoyent à leur seruice, qu'en donnant leur propre substance.
Cela faisoit, comme ie pense, que le Prince ne se monstroit iamais en public parmi les Perses que tous ses suiets ne luy fissent

des presens? & que personne ne le pouuoit aborder les mains vuides. Donner aux Grands à mon aduis est recognoistre que tout ce que l'on possede vient d'eux. Ils preninent plaisir à ce qu'on leur presente: mais peut-estre n'en sçauent-ils pas de gré. Ils croyent qu'ils font honneur à ceux qui donnent peu; & que ceux qui donnent beaucoup; ne peuuent donner que fort peu de temps. Aussi est-il vray qu'en ceste sorte de munificence on peut dire que l'huile se consumera; que la lumiere s'esteindra; & qu'enfin le voyageur demeurera dans l'obscurité au milieu du chemin. Quand cela ne seroit pas, ie n'estime point que ceste maniere de tesmoigner son affection soit honorable à vn cœur genereux. Qui achepte les bonnes graces d'autruy, auouë tacitement luy-mesme qu'il en est indigne. Cet artifice ne doit estre pratiqué que par des ames mesprisables: & qu'elles le pratiquent pour ce qu'il vaut à leurs propres despens.

Ceux qui tendent de nouueaux pieges au bien d'autruy pour acroistre celuy du Prince, semblent tenir vne voye plus heureuse: mais neantmoins elle ne laisse pas d'estre perilleuse. Mile mains, & mile langues sont coniurées contre luy. Comment se peut promettre de la seurté celuy, la ruine duquel est souhaittée des Royaumes tous entiers? Le ciel conçoit vn iuste desdain contre luy: & de quelque mal heur qu'il se voye accablé Dieu est sourd à son secours. Ie veux bien que la consideration de son propre interest force le Prince à le voir de bon œil: la iustice ne luy permettra iamais d'aymer vne personne qui le rend luy-mesme odieux à tout son peuple. C'est vne chose infaillible & l'on n'en doit point doutter, que le Souuerain ayme plus ses finances, que ceux par la malice desquels elles luy sont acruës. S'ils sont en quelque consideration aupres de luy, c'est à cause d'elles.

De la simpatie.

CHAP. XV.

ENtre toutes les merueilles dont les causes sont incognuës, & qui suspendent le iugement des plus sçauans, la bien-

veuil-

vueillance qui paroiſt entre deux choſes, ſans que ce qui les
oblige à s'aymer paroiſſe, eſt celle qui ne ſouffre point de comparaiſon auec aucune autre. De moy ie croy qu'elle eſt vn eſchantillon du lien qui ioint toutes les parties de l'vniuers les
vnes auec les autres. Elle ſe voit aux plantes, aux animaux, &
aux choſes meſmes inanimées : l'Oliuier ſe plaiſt aupres du Fi-
guier: la Momie attire à ſoy les Poiſſons : les Cerfs & les Geli-
notes de bois les Loups & les Perroquets: les Paõs & les Colom-
bes s'aiment naturellement. Parmi les hommes il ſe voit des
exemples d'amour non moins prodigieux que ceux-là. Bien
ſouuent l'affection n'attend le iugement ny des ſens ny de la raiſon : mais toute aueugle qu'elle eſt, elle porte la haine d'vn coſté
& l'amour de l'autre: & tout cela ſans l'aide de quoy que ce ſoit,
que d'elle-meſme. Quelquesfois elle exerce vne tyrannie abſoluë ſur la volonté, contre le propre ſentiment de l'ame, & des
yeux: & tout cela meſme à la honte de ce qui eſt & beau & bon.

Quiconque à ce moyen pour aſſieger l'amitié des Roys, paruient bien toſt, & ſans beaucoup de peine, à la fin, où les autres
auec d'infinis trauaux s'efforcent en vain de paruenir. Il n'a que
faire de rendre aucune ſubiection, ny d'auoir aucun entreme-
teur. La fortune luy eſt tout ce qui luy faut. Les Princes,
pour eſtre dans vne condition ſi releuée n'ont pas le pouuoir de
reſiſter à ceſte vertu occulte, qui leur impoſe la neceſſité d'aymer ce qu'elle leur fait trouuer agreable. Au milieu de leurs delices, leurs affections n'ont point de chois ; & leurs plaiſirs leur
ſont à charge. Auec cela quelques foibles que ſoyent leurs paſſions, ils ne ſçauroyent s'empeſcher de leur plaire. Leur com-
plexion eſt ſi delicate qu'elle n'a aucune reſiſtance. Platane le
Lidien aimé de Xerces, donne la hardieſſe aux plus ſcelerats,
de ſe frayer vn chemin aux bonnes graces des Princes. Il y en
auoit mille qui auoyent auſſi bon ſens, & auſſi grand cœur que
Bentidius Baſſus. Entre tant neantmoins qui en cela aloyent
du pair auec luy, il fut le ſeul à qui la conformité qu'il y auoit
entre ſon genie & celuy de Cæſar, fit vn paſſage pour arriuer à
la Preture, à la dignité de Tribun, & au Conſulat,

Et la main à penſer des mulets ordonnée
De l'Empire Romain regit la deſtinée.

Tant peut ſur les grands courages ce violent cocher qui conduit nos affections. Il est vray que plus ce chemin est aisé, plus il est inaccessible à l'estude des hommes. Comme c'est vne pure liberalité du ciel, ou si vous voulez vne pure obligation de la fortune, elle est au dessus de toute prudence humaine. Quiconque la peut aborder est vrayment heureux. Iamais homme sage ny imprudent n'entreront à la Court auec la confiance de se voir comblez de ce bien. Mais quelqu'apparence qu'il y ait que de toutes les voyes qui seruent à obtenir les bonnes graces du Prince, celle-cy soit la moins espineuse, & la plus aisée, elle ne laisse pas neantmoins d'estre d'elle-mesme, & embarrassée, & en quelque façon perilleuse. Plus ceux qui s'y sont auancez ont de l'appuy & de la fermeté en leur fortune, plus ils esprouuent combien sont rudes les coups de l'enuie: plus ils ont d'occasion d'estre irritez contre ceux qui couroyent au mesme but qu'eux: outre que voir cueillir tout à loisir les fruicts ausquels nous auons aspiré auec tant de sueur, nous est vne espine dans le cœur. D'où vient qu'il leur sera mal-aisé, voire du tout impossible, de s'establir en paix dans la faueur de leurs maistres.

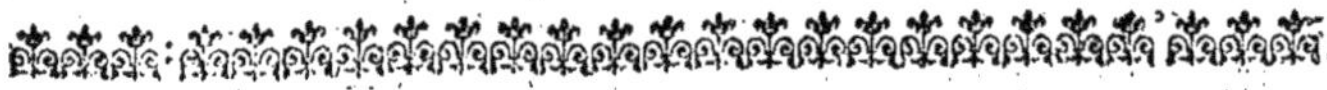

De la vertu.

CHAP. XVI.

IL n'est point de sentier tant estroit & facheux soit-il, où la vertu ne puisse facilement passer. Sa force est indomptable, & porte le titre de souueraine maistresse des entreprises les plus desesperées. Sa gloire consiste à entreprendre les couruées les plus mal-aisées: à ne rien apprehender, & d'vne audace nompareille fouler au pied tout ce que tout le monde craint. Ozer tout, & ozer rarement ou iamais en vain, est vn effect de son courage. Il n'est point de lieu si esleué ou sa vigueur ne monte. Elle seule est au dessus des iniures de la condition humaine: elle seule repousse les assauts de la fortune, & se moque de sa violence. Comme elle est le plus imperieux objet que le ciel ait iamais enuoyé sur la terre, elle rauit à soy les affections les plus

reuéches. Autre qu'elle ne fait ſi puiſſamment naiſtre l'amour.
Autre qu'elle n'a des appas pour ſe faire aymer de ſes ennemis.
Autre qu'elle n'a le pouuoir de donner de l'admiration à ſes re-
belles, n'y d'en tirer des eloges d'honneur. Qu'elle merueille
eſt-ce de voir les Grands esbloüis de l'eſclaſt de ſa ſplendeur,
eux qui touſiours ſont paſſionez des plus belles choſes? La rigueur de la fortune donne occaſion à beaucoup de gens de preferer les choſes vtiles aux choſes honneſtes. Pour ce qui eſt des
Grands ils n'ont aucun pretexte qui leur permette de ne pas
eſtimer la vertu ce qu'elle vaut. Auec cela la meſchanceté de
ce mal-heureux ſiecle eſt ſi grande, qu'aupres d'eux les perils
que court tout autre choſe ne ſont point perils, à comparaiſon
de ceux qu'elle y court. Aupres d'eux la ſageſſe rencontre mille obſtacles, ny plus ny moins que la valeur, que l'on peut nommer vne eſpée de ſageſſe.

Ceux qui ſçauent beaucoup, & par l'excellence de leur condition, & par les ſecours que l'on peut tirer d'eux ; & par le beſoin qu'on a de leur dexterité d'agir, plus que nuls autres, ſont
dignes d'eſtre conſiderez & aymez.

Le ſage Roy des Roys cede au ſeul Iupiter :
En richeſſe & beauté nul ne peut l'imiter.

A luy ſeul appartient d'entendre & de monſtrer aux autres,
quel eſt le deuoir de chacun dans la ſocieté humaine : ce que
l'on peut faire ou ne faire pas auec raiſon : ce qui eſt le mieux &
ce qui ne l'eſt pas : & en vn mot à luy ſeul appartient de deſcouurir à tous, les voyes ou les moins expoſées à la miſere, ou
les plus proches de la felicité.

Les grands meſurent l'excellence des hommes au pouuoir,
& au credit qu'ils ont ſur les autres hommes. Quiconque va à
eux par d'autres conſiderations court fortune d'en eſtre meſpriſé. La plus part d'eux aueuglez par la fumée de leur grandeur, ne ſçauroyent voir l'eſclat de la vertu : & tous yures qu'ils
ſont de leur amour, & enſeuelis dans la paſſion de ſatisfaire à
leurs apetits, apprehendent la raiſon, comme celle qui tra-
uerſe leur liberté : & au dire de Plutarque, fuyent la ſcience,
comme celle qu'ils penſent eſtre en eſtat de leur pouuoir commander. Sans doutte ils ne prenent point garde à ceſte ſi excellente ſentence d'Epicure qui dit, qu'obeir à la ſageſſe, eſt vne

parfaicte liberté. Ils ne sçauroyent trouuer bon, de voir à leurs
coftez ceux de qui la vie eft vne cenfure de la leur : de l'efprit
defquels, le leur apprehende le blafme qu'il peut donner à leurs
mauuaifes inclinations. Le premier fleau des coupables eft
leur propre confcience, & puis celle d'autruy. Quiconque fait
du mal voudroit eftre caché à luy-mefme. D'où vient que le
peu de fens eft aduantageux aux ignorans. Ils s'en feruent comme d'vn bouclier pour deffendre leur innocence: comme fi ce
n'eftoit pas vn plus grand crime, de faillir faute de ne fçauoir
pas, que de ne vouloir pas fçauoir. A la plufpart des Grands
la volonté tient lieu de volonté, & de raifon tout enfemble.
Puis que cela eft ; comment voulez-vous qu'ils voyent de bon
œil ceux de qui le deuoir eft de viure, & de monftrer aux autres comme ils doiuent viure eux-mefmes felon les maximes
de la raifon?

    Si le Prince ne veut point faire fon proffit des actions du fa-
ge, & qu'il ne fouhaitte l'auoir aupres de luy que pour dire qu'il
y eft, quelle grace en pourra efperer le fage, manquant de
moyen pour l'acquerir? Peut-il arriuer que le Prince ayme, le
merite & la beauté qu'il ne cognoift pas? Quiconque fçait
quelle eft la force de la vertu ne veut pas qu'elle demeure les
bras croifez. Si le Prince prend plaifir d'auoir aupres de luy des
gens intelligens: & que la neceffité de fa condition l'y oblige: ce
fera bien vn parti au fage fort honorable d'y eftre: mais non pas
le plus feur qu'il puiffe prendre.

    Si le Prince eft groffier il aura plus de fujet de hayr la fageffe,
que de l'aymer. Les ignorans defferent plus à leurs fens, qu'ils
ne defferent à leur iugement : de forte qu'il eft mal-aifé de leur
perfuader que ce qu'ils fe perfuadent eux-mefmes. Vn aueugle
ne peut fe rendre amoureux d'vne beauté qu'il ne voit pas:
ny l'impertinent ceder à la raifon dont il ne cognoift point la
force. Comment eft-il poffible que le Prince fe range au bon
parti s'il ne le voit pas? & comment l'opinion d'vn autre quelque bonne qu'elle foit, pourra telle preualoir fur la fienne? L'a-
mour qu'il a pour fes propres fentimens ne luy fera-t'il pas vne
crainte qui luy fera croire qu'on pretend fur fon authorité au
lieu de le bien confeiller? C'eft alors certes qu'il penfe qu'on
enuie fa liberté, & qu'on luy dreffe des embufches. Il n'eft

presque point d'ignorant qui ne s'estime plus sage que les sept
sages mesmes: & voila d'où vient l'obstination que d'ordinaire
ceste sorte de gens ont à reprouuer la raison.

Posé le cas que les Princes cognoissent leur foiblesse; il n'est pas
en leur pouuoir pour cela de souffrir les autres. Quelques estourdis qu'ils soyent, ils n'ignorent pas que l'ignorāce ne soit le pire
de tous les maux : qu'elle ne soit la racine d'vne infinité de mal-
heurs: le mouuemēt qui nous pousse à faire ce que nous pouuōs
de plus funeste contre nous : & ce qui est vne abomination extreme, qu'elle nous porte à demander à Dieu ce qui nous peut
arriuer de plus mal-heureux en tout le cours de nostre vie. Et
quand cela ne seroit pas, est il rien de plus honteux que ce qui
rabroüe la verité ? Ceux qui donnent de bons aduis aux ignorans, semblent leur reprocher leur ignorance, qui est la plus
cruelle offence que l'on puisse faire.

Ne sçauoir rien est vn mal-heur bien plus grand, que n'est
grand le besoin que nous auons de sçauoir beaucoup. Chacun
est obligé de sçauoir autant qu'il luy en faut pour en auoir assez
pour luy. Ceux qui ont vn estat à gouuerner en ont besoin autant qu'il en faut pour tous ceux qu'ils gouuernent. Voila pourquoy le Prince qui iournellement est aduerti des maladies de
son Estat, au lieu d'accourir aux remedes, cele le mal, & tache
de le dissimuler. Il n'a point honte de ne rien sçauoir : & en a
d'apprendre. Cela estant, quel moyen y a t'il que le sage luy
puisse donner aucun aduis qui luy soit agreable, puis qu'en luy
en donnant il luy remet deuant les yeux sa propre misere? Bien
au contraire de cela, il s'estudie à donner aux aduertissemens du
sage, le credit qu'il donneroit à vn esclaue. Il euite tout ce qui
luy peut faire acroire qu'il l'estime quelque chose de noble : &
veut qu'on se persuade qu'il ne luy manque rien de tout ce que
les plus illustres esprits possedent. C'est pour ceste raison que le
Philosophe sacré dit que les sages ne doiuent pas estre parmi les
ignorans, d'autant qu'ils courent fortune de s'en voir mesprisés.
La sagesse est vne chose sacrée, qui ne doit attendre des prophanes que des outrages.

Ce ne sera pas encore vn moindre deplaisir à mon aduis au sage d'auoir affaire à vn Prince de mediocre intelligence. C'est
vne plus grande peine d'estre occupé à l'erudition d'vn ieune

homme dont l'esprit n'est pas encore fait, qu'à celle des enfans qui n'ont point de iugement. A l'age de vingt & cinq ans l'homme est le plus malaisé à gouuerner. L'opinion qu'on a de sçauoir rend les esprits peu susceptibles de conseil: & il est plus fâcheux de traitter auec des personnes qui croyent sçauoir, qu'auec ceux qui ne sçachant rien, ne se hazardent point d'aller plus auant qu'ils ne peuuent. Entre toutes les especes d'ignorance il n'y en a point de pire que celle de ceux qui s'imaginent estre sçauans. Ne pas recognoistre son ignorance est vn plus grand mal, que l'ignorance mesme. Ce qui arriue facilement à ceux qui confondent le sçauoir auec son contraire. Si le Prince n'est donc pas sçauant il ne faut pas que les sçauans esperent de luy aucune fortune.

Mais encore ne sera-ce pas vne heureuse rencontre quand le Prince, dont l'esprit est monté à vn sublime degré d'intelligence, esleuera le sage au comble d'vn pouuoir excessif, & credit extraordinaire. Alors il arriue que la suffisance du souuerain est si remplie d'authorité & de vigueur, que sa condition en deuient orgueilleuse & insuportable; en sorte que l'emulation de ceux qui veulent suiure la grandeur de son ame, se rend vn escueil ou leur bon-heur se brize.

Des cœurs les plus hautains l'ardente ambition
S'aigrit au seul esclat de l'emulation
Au seul nom de plus grand le grand, Cæsar s'offance :
Et Pompée à bien peur que quelqu'vn le deuance.

Si le Prince se persuade que tu sçais moins que luy, il te mesprisera; s'il s'aperçoit que tu sçais plus, il ne pourra s'empecher de te voir de mauuais œil. Tousiours & à tous deplaist, de se voir le moindre : mais bien plus à celuy qui doit & pretend estre plus que nul autre : & se sentir obligé de croire autruy est vne chose plus insuportable, que de se sentir obligé de luy ceder en bon sens.

Rarement trouue-t'on qui le cede en esprit,

Et peut estre personne. C'est pour ceste raison que les plus accords politiques ont tant admiré cet aduertissement. Ne fay point le sage auec ton Prince. Par là il monstrent comme les conseils qui se donnent au Souuerain sont d'ordinaire timides & doutteux. Quiconque suspend ses sentimens semble plustost s'en remettre à ceux d'autruy que les approuuer. C'est vn respect qu'il rend à l'esprit de celuy qui le luy demande. Celuy qui parle sans rien conclurre ne hazarde rien. Au contraire en rendant hommage à l'opinion d'autruy, il se pare de l'enuie que peuuent causer les sinistres euenemens. Ce qui est vn grand aduantage à ceux qui sont aupres des Princes. Ceux qui ont le souuerain pouuoir en main, attribuent tousiours les mauuais succez à d'autres qu'eux : & les bons à leur fortune, ou pluftost à leur prudence. Ces raisons font que les Courtifans les mieux sensez estiment qu'aupres des Grands il n'est point de precaution egale à celle de conseiller lentement, & seruir auec promptitude. Ils se gardent de contredire, comme du feu. Aussi certes estre contredit en quoy que ce soit, dans l'esprit des Grands est vne des plus poignantes, & plus sensibles espines qui y puissent iamais entrer. Des trois parties, dont l'ame est composée, celle qui produit la raison est la plus delicatte. L'irascible, & la concupiscible sentent moins les outrages : & peut estre est-ce à cause que les deffauts de l'vne & l'autre, sont tousiours moindres que ceux de la raisonnable. Il est bien vray à mon aduis qu'estre aueugle est vn plus grand mal, qu'auoir le corps mal-fait; & estre ignorant vn plus notable mal-heur; qu'auoir des inclinations deprauées. Seroit-ce point que la partie raisonnable estant la plus noble de l'ame, rougit de sa stupidité ? ou parce que l'irascible, & la concupiscible sont qualitez qui appartiennent plus à la beste qu'à l'homme ? Il est vray que la raison est tout ce qui fait que l'homme est homme. Chascun paroist à soy-mesme, semblable à la partie par le moyen de laquelle il entend, & discerne le vray d'auec le faux ? C'est elle qui donne le prix à toutes choses; qui les rend estimables ou mesprisables. On prend tousiours garde à ce qui en fait la difference : & s'en remet-on tousiours à luy. Il n'importe pas qu'vn Ethiopien semble laid, pourueu qu'il soit beau en son genre. L'iniure qu'on luy fait en l'estimant laid, est semblable à celle que l'on fait à la raison, lors qu'on s'improuue. Quiconque deffend son opinion contre celle d'autruy, court fortune de s'exposer à sa colere. Des contradictions naissent souuent les degouts & les mespris. Ceux qui se tiennent tousiours sur le pied gauche, & qui ne veulent rien passer sans y trouuer à redire, sont bien les

gons les plus odieux qui soyent peut estre en toute la nature.
Ie ne sçay pas quelle en est la cause. si ce n'est qu'il soit indubitable que chascun prend plaisir à ce qui est à soy: & que sa naturelle inclination le porte à souhaitter auec ardeur que les autres s'y plaisent aussi bien que luy. Tous desirent qu'on ayme ce
qu'ils ayment eux-mesmes: si ce n'est qu'il soit encore plus indubitable que se voir contredit, soit comme vne declaration de
la foiblesse de son iugement. Celuy qui enseigne, aduertit, ou
conseille, accuse de peu d'intelligence: & arriue par mal heur
qu'il semble qu'il en ait le dessein, & que la cognoissance qu'il
a du deffaut d'autruy le luy ait inspiré. Qui contredit indirectement, monstre directement qu'on ne sçait pas ce que l'on
dit : & c'est là son intention. Sur tout les sentimens contraires
sont suspects lors qu'ils procedent d'vne personne qui a peu
d'affection pour nous. Le vice qui est en la volonté porte souuent à contredire: & tel n'ayme pas qui seroit d'autre aduis s'il
aymoit : ou du moins s'il n'estoit pas preocupé par la haine.
Alors la raison suit le caprice de l'appetit. Mais à parler sainement vn iugement bien reglé n'a rien de commun auec vne passion desreglée. Vn iuste sentiment ne s'accorde point auec vne
haine iniuste : encore moins vn amy doit-il plaire, lors qu'il
plaist quand il deuroit desplaire. Mal-aisement vn ennemy
peut-il approuuer aucun sentiment de son ennemy. Annibal
pouuoit bien craindre les stratagemes de Fabius: mais il n'estoit
pas en son pouuoir de les loüer. Il est mal aisé de se persuader
qu'il y ait rien de bon en celuy que nous n'aymons point. La raison est que le bien ne peut-estre haï. C'est là le vice du raisonnement qui adiouste du fiel aux aigreurs de la contradiction. Nous
auons plus d'inclination & plus de plaisir à penser mal de l'affection d'autruy, que de nostre iugement. Encor que nous ayons
des raisons tres-euidentes pour nous persuader que nos sentimens sont veritables, si ne sommes nous non plus asseurez de ne
pas offencer ceux que nous heurtons, que nous le sommes de
les ramener à nostre parti. Les fausses opinions ont le mesme
pouuoir à retenir l'esprit des ignorans, qu'à la science d'arrester
celuy des sçauans. L'arrogance naturelle des Princes, rend leurs
esprits plus sensibles à ce choq. Ils iugent de tout au gré de
leur authorité: & leurs raisons ne sont autres que celles de
leur

leur fouuerain pouuoir.

Il femble qu'on ne fçauroit contredire fans humilier la dignité des autres, & fans faire pompe & vanité de fon efprit. En vn mot c'eft vouloir monftrer que l'on eft plus que ceux de qui l'on condamne les opinions. A ceux qui pretendent en grandeur, toute autre grandeur que la leur eft odieufe. Il y a du danger à faire parade de fon bien à la veuë de ceux qui font au deffus de nous. Leur gloire hait toute autre gloire. Cela eftant comme eft il poffible qu'ils puiffent fouffrir celle qui fait outrage à la leur ?

Deformais on n'a plus fujet de douter fi le moyen que le fage doit tenir pour arriuer à la faueur, eft ou aifé, ou mal aifé, poffible, ou impoffible. S'il n'en a point d'autre que de dire librement fes fentimens, c'eft à la verité ne fe trahir pas foy-mefme, mais c'eft trahir ceux qui veulent eftre trahis. Pour ce qui eft de feconder autruy par de bons confeils, c'eft fans mentir vn des notables deuoirs de la prudence humaine. Pour tout cela il eft tout clair que quiconque en pratiquera l'art efperera en vain les bonnes graces de fon maiftre.

Les voyes de la prudence militaire ne femblent pas moins embarraffées, que celles des autres vertus. La vie qui fe paffe loin de la Cour, eft peu ciuilifée & affoiblit les appas de l'amour. En la mort des Grands Capitaines le Prince pleint la perte d'vn feruiteur, & non celle d'vn amy : plus fon propre dommage, que le trefpas d'autruy. On ne fçauroit aymer celuy de qui on peut auoir fujet de craindre. Vne valeur mediocre ne merite point la faueur : & vne exceffiue donne de l'apprehention. Les chefs dont la vertu eft tres-fignalée ne font pas moins formidables à leurs maiftres, qu'ils le font à leurs ennemis. D'où vient que les fouuerains par fois prennent la refolution de fe deliurer d'vne vie qui aura mille fois couru des notables rifques pour leur feruice, & ne font point confcience de fe baigner dans le fang qui aura mille fois efté refpandu pour leur propre deffence. Surene & Beliffaire nous en peuuent dire des nouuelles. D'autres nous pourroyent affeurer que Pallas fous les armes doit plus raifonnablement afpirer à la victoire qu'à la faueur de fon Prince. Et certes il eft vray que rien ne peut rendre agreables les perils de la vie comme le defir d'honneur. Voila pourquoy la

F

vertu militaire ſemble pluſtoſt vn chemin à la gloire, qu'aucun
paſſage pour arriuer à la faueur.

De la flatterie.

CHAP. XVII.

DE toutes les choſes qui ont accouſtumé de diſpoſer autruy à vouloir ce que nous voulons, & que ſans nous il
ne voudroit pas, celles qui ont autant de pouuoir que nulle autre, ſont la crainte, & les careſſes. Encore entre ces deux là à t'on
opinion que les careſſes ont beaucoup plus de force que la crainte. Celle-cy humilie les courages, & les affoiblit : celles-là viennent à bout de la prudence meſme. On obeït à l'vne en mur-
murant, & auec regret : & nous ployons ſous les autres de bon
cœur, & auec plaiſir. Les animaux meſmes tous priuez de iugement qu'ils ſont, s'y rendent dociles. Certes il eſt croyable
que la nature a mis ces ſemences d'agréement en nous, pour
nous rendre capables d'aſſuiettir les volontez des autres aux noſtres, & nous en faire les maiſtres. Les chiens & d'autres animaux auec eux, par elles ſe font aymer des hommes. C'eſt de
là que l'art de gaigner les affections d'autruy, ſi puiſſant, & ſi
fameux dans le monde, a tiré ſon origine. L'amour de nous-
meſme, & le fauorable iugement qui ſe fait de ce qui nous touche, ſont les deux traiſtres domeſtiques qui fauoriſent les agreables embuches qu'on nous dreſſe, & leur donnent accortement
l'entrée chés nous. Ceux qui nous font demonſtration de leur
amitié, & qui eſtiment ou font ſemblant d'eſtimer ce qui nous
regarde, ſont volontiers veüs de bon œil de nous. Ils nous ſont
tres-agreables, comme ceux qui donnent à noſtre affection des
teſmoignages de leur bonté, & de l'inclination qu'ils ont à nous
loüer. Ils nous ſemblent d'autres nous meſmes. Si donc il n'y
a point de doutte, que le principal but où viſent les Courtiſans,
eſt celuy de ſe faire aymer, & ſe rendre maiſtres des affections
de celuy qui l'eſt du bien où ils aſpirent, quelle autre choſe,

plus que la flatterie aura d'vsage parmi eux, ou leur fera plus necessaire? Sans elle tous les assaisonemens dont on peut satisfaire
au goust du Prince seront fades & incipides.

La flatterie rend toutes choses aisées. C'est elle qui est le fil
dont on est conduit par les aueugles destours du dedale de la
Cour. C'est elle qui empeche qu'on ne s'egare. Par elle on euite les escueils où l'on peut faire naufrage. Elle est l'huile auec
laquelle on amollit tout ce qu'il y a de dur: qui adoucit les rigueurs des plus facheuses couruées: qui donne de la vigueur à
nos pas: & nous fait vn chemin facile & agreable au trauers des
plus grandes difficultez. Sans sa force toute force est foible: &
sans elle tous effors sont sans effect. Elle seule en soustient beaucoup: & sans elle iamais personne n'arriua, & n'arriuera à la faueur. D'autres voyes la peuuent bien procurer; mais non pas la
conseruer. Allieurs on se roidit, & l'on s'irrite contre ses ri-
uaux. Pour ce qui est de la flatterie c'est auec raison qu'estant
puissante comme elle est, elle se moque de la contencieuse ardeur de ceux qui s'efforcent comme elle, de paruenir aux bonnes graces du Prince. Les autres qualitez peuuent auoir la reputation de seruir à quelque chose, & cela bien souuent à leur
grand dommage: celle-cy est estimée, comme estant deux fois
plus necessaire qu'aucune autre.

Le peu de moyens qu'il y a de se faire aymer du Prince, sont
les veritables sources d'où procedent tous les obstacles que les
Courtisans rencontrent en leur dessein. En ce contraste qui conque est veu de bon œil de son maistre, se peut venter d'estre au
bout de la carriere: ou du moins de n'en estre pas bien esloigné.
Si ceux qui vôt à la faueur trouuoyent de la bien-veuillâce dans
l'esprit des autres qui sont à la Cour comme eux, le chemin qu'ils
tiennent seroit sans peril. Mais quoy il n'est pas en leur pouuoir de s'en faire aymer. Ce leur seroit vn grand aduantage
de n'en estre pas hays. Mais ce seroit à eux vne temerité de
le desirer, & vne folie tres-signalée de l'esperer. Si les derniers
efforts de l'art qui sert à concilier l'amour, n'ont pas assez de
force pour les deffendre tout à fait de la haine, ce leur sera beaucoup de la porter aux moindres cruautez dont ils en peuuent
estre attaquez. Le seul moyen d'y reüssir à mon aduis doit
estre tiré de ceste maxime d'amour proposée par Hecaton.

Tu dois aimer le premier si tu veux qu'on t'aime. Mais cela seroit bon s'il y auoit de l'amour où l'interest regne. L'estude des concurrens est vne espece d'inimitié. Quand à ce qui est des grans, d'ordinaire leurs inclinations penchent beaucoup vers de gens de basse condition. Outre que le pouuoir absolu tient lieu d'offence enuers ceux sur qui il s'exerce : & est plustost vn sujet de courroux & d'enuie, que d'amour : Il semble que celuy qui est au dessus mesprise celuy qui est au dessous. D'où vient que rarement les grans ont des gens aupres d'eux qui les aiment sans interest.

Ne pouuoir, & estre obligé de necessité d'aimer le Prince, violentent les esprits des courtisans ; & les forcent à couurir accortement leurs inclinations d'vne bienueuillance tres-habile à dissimuler. La consideration de l'interest fait qu'on ne trouue rien d'agreable aux amis que son interest propre. Que peut de plus celuy, qui se donne luy mesme ? Cela estant est il pas vray que l'infructueuse amitié, qui se pratique à la Cour , est vne amitié seruile ? C'est elle qui est la flatterie mesme : cette abominable peste du genre humain.

C'est pour ces sujets là que les Courtisans sont si vigilens & si prompts à rendre tant d'honneurs & tant de respects qu'ils en rendent. C'est pour cela qu'ils s'accoustument à s'humilier, à parler d'eux & des choses qui les regardent auec des submissions extremes : & tout cela pour se rendre plus agreables à ceux à qui ils veulent plaire. Ils dependent entierement de la passion d'autruy. Pour faire plaisir à autruy ils sont prests de louer des sottises : de couurir le vice du nom d'honesteté , & s'il en est besoin de blasmer mesme la vertu. Pour cet effect ils mettent toute consideration sous les piez : ils n'ont aucun egard ny à ce qui est mal, ny à ce qui est iniuste : ce qui est bien seeant & ce qui ne l'est pas leur est vne mesme chose : en vn mot ils effacent tout deuoir de leur souuenir. Voila ce qu'exige d'eux la parfaitte discipline de l'amour seruile ; & voila quelle est l'ame de la veritable flatterie.

Ces manieres d'agir ont besoin d'vne plus grande accortise enuers le Prince, qu'enuers les concurrens. Et cela d'autant plus : qu'estre veu de bon œil de celuy là, importe beaucoup plus que l'estre de ceux cy : & que la haine de l'vn nuit plus

que celle des autres. Et bien que tous ces artifices pratiqués
ne feruiffent de rien, il eft certain qu'oubliez ils offanceroient
à bon efcient : & porteroient le Prince au mefpris: & les con-
concurrens à vne rage extreme.

Les grands trouuent vne extreme plaifir à eftre flattez. Ils
font merueilleufement aifes de voir en leurs fujets des tefmoignages d'vne ame feruile, & il eft vray que la flatterie en
eft la quint'efcence. Les grans courages ne fçauroient flatter:
& quiconque en abhorre l'vfage femble manquer de refpect
enuers le Prince, & le Prince mefme le croit ainfi. Vefpafian
courut rifque de la vie pour s'eftre monftré lent à flatter Neron : & Polipercon n'en ayant fceu pratiquer la baffeffe monftra combien l'opiniaftreté de ne fe vouloir point humilier
iufques là, eft vne iniure fenfible aux puiffances fouueraines.
Sigifmond faifoit vanité de haïr les flatteurs : neantmoins il
refpondit vn iour à vn ie ne fçay qui, qui eftoit de contraire
auis au fien, qu'il n'auroit pas l'hôneur d'eftre aupres de luy, s'il
ne fe fut accômodé à fon humeur. De là vient que la flatterie a
efté auec raifon cômunement eftimee le vray alimét des Princes. C'eft aupres d'eux feuls qu'elle eft precieufe. Les chofes
font en plus grande abondance où elles valent le plus : quelle
merueille eft ce donc de voir que la Cour eft le receptacle &
la propre demeure de cette commune pefte des efprits?

La couftume d'eftre flattés aux grans fe conuertit en nature.
Ils fuccent auec le laict les careffes, & les mignardifes. La fincerité leur eft vne qualité eftrangere, & inconuë. C'eft pour
cette raifon que Parifatis vouloit qu'on parlaft à eux auec des
paroles de foye. Et à ne pas mentir les pieges que cette douce
tromperie tend font fi attrayans, qu'il eft bien malaifé aux bons
mefmes de s'empecher de s'y laiffer prendre. Le bon Antifti-
rez difoit que la louange qu'on luy donnoit eftoit plus grande
que fon merite : mais que quelque exceffiue qu'elle fut, elle
ne laiffoit pas de luy plaire. Chacun tient extremement cher
d'eftre aimé de tout le monde. Quelle amitié peut-on efperer
de celuy à l'endroit duquel on eft auare des tefmoignages d'a-
mour, dont ceux mefmes qui ne l'aiment pas font prodiges enuers luy ?

Pour tout cela on ne peut pas dire que la flatterie foit vn

moyen asseuré pour paruenir au but où lon pretend. La consideration de son deuoir en deffend l'vsage au sage. Si elle
estoit ce qui merite la faueur du Prince, le nombre des fauoris
seroit bien grand. Pour s'estre rendu commune à tout le monde elle a perdu ses forces. Quelle prene tel habit qu'elle voudra, elle ne passera iamais pour sincerité. Quand on en vse
moderement elle est tenuë pour vne creance. Quand elle est
dans l'excez elle ennuye plus qu'elle ne plaist. Si son vsage le
plus delicat nous met à couuert des haines & des persecutions
les plus euidentes, & nous conserue la bien-veuillance que le
Prince depart à peu de gens, elle nous aura assez serui.

Mais quelque foible ou puissant instrument qu'elle soit de
nostre bien, elle est contraire à la dignité du sage. La necessité
qu'il y a de s'en seruir à la Cour, luy est vn pretexte tres-honora-
ble pour l'en esloigner. Autant que le feu est contraire à l'eau,
la lumiere aux tenebres, & la verité au mensonge: autant l'estude du sage l'est à celuy du flatteur. La sagesse est la plus fine &
plus precieuse pierre qui soit entre les brillans de la verité. Elle
porte pour deuise sur son estomac.

Qui pour mal ny pour bien n'a sceu iamais mentir.
La sagesse est vn concert de veritez. Son harmonie ne procede
que de trois cordes, l'esprit, la parole, & l'action. En ceste con-
sonance, aucune d'elles n'est discordante auec elle-mesme, ny
auec pas vne des autres: l'accort en est, & tout parfait, & tout
eternel. L'esprit tousiours conforme à luy-mesme, est celuy
qui conduit tous les mouuemens de leur musique. Auec luy
s'accorde tousiours la parole; & auec la parole l'action; & cela
sans que iamais il se trouue que la parole demente la parole, ny
l'action, l'action. Telle est la condition du sage. Esloigné d'elle il ne sçauroit porter que le nom de Sophiste. Outre cela puis
que Democrite estime que la flatterie est la propre fille de la
crainte, il est impossible que le sage s'accorde auec elle, puis qu'il
est vray qu'il ne craint rien.

Nous n'auons que trop clairement monstré comme tous les
moyens dont on se sert pour gaigner les bônes graces des Grans,
sont peu asseurez; & la plus grand part peu conuenables à la dignité du sage.

Comme le peu d'asseurance qu'il y a en la faueur vient du naturel & de l'interest du Prince.

CHAP. XVIII.

Vand il y auroit mille voyes pour arriuer à la faueur, il resteroit pour comble vne rencontre dont on ne viendroit iamais à bout. Les Princes, dit Polibe, n'ont point d'amis ny d'ennemis. Ils mesurent les vns & les autres à leur interest particulier. Et quand bien il arriueroit que quelqu'vn en fut veritablement aymé, il ne seroit pas pour cela hors la portée des coups de la fortune. La passion qu'ils ont pour ce qui les touche, ne leur permet ny d'aymer ny de hayr ouuertement. Leur amour & leur haine sont des choses qu'ils tiennent tousiours en suspens, & sur lesquelles on ne sçauroit asseoir aucun iugement certain. Sigismond auoit accoustumé de dire, Que qui ne sçauoit point dissimuler, estoit incapable de regner. Entre toutes les inclinations de Tybere, il n'y en auoit pas vne qui se peust comparer à la dissimulation: pas vne qu'il aymast si fort. Le visage le plus riant du Prince, ny l'œil le plus gay n'ont rien de quoy on puisse tirer vne parfaite confiance. Au milieu de leurs festins, entre le ris & les caresses, ils deffont & exterminent ceux que bon leur semble. Neron donna d'extraordinaires tesmoignages d'amour à Agripine au mesme temps qu'il s'en vouloit deffaire. Les Grands esleuent à de nouueaux honneurs ceux qu'ils ont resolu de ruiner. On couronne les victimes qu'on va sacrifier. Plus on veut qu'vne pierre se brise, plus il la faut ietter en haut. Puis que cela va de ceste sorte, quel argument reste t'il desormais aux Courtisans, pour s'asseurer des bonnes graces de leur maistre?

C'est vne maxime de la politique des Roys de caresser tout le monde. Bien souuent les frequentes demonstrations de bien-veuillance qu'ils donnent, tiennent lieu de recompence. Les souuerains ont plus suspects, ceux qu'ils ayment le plus,

S'ils font accorts, ils fçauent que les Courtifans flottent toufiours entre l'efperance & la crainte : qu'ils fubfiftent par ces
deux paffions : que celuy qui eft au bout de la carriere ne demande que du repos : qu'il abhorre le trauail, & qu'en fin il luy
prend vn degouft de ce qu'il trouuoit auparauant agreable : que
le miel eft doux quand il eft inftillé, & non quand il eft verfé :
quand on le goufte & non quand on l'auale : que l'abondance fait
enfin mal au cœur, fi elle ne fe rend pas du tout mefprifable. En
effect la majefté qui fe rend trop familiere eftouffe le refpect :
& en quelque façon amoindrit l'authorité. La faueur qui ne
laiffe aucune doutte dans l'efprit du fauori, nuit plus qu'on ne
penfe à celuy qui la luy depart. Elle engendre la licence, l'infolence, & à la fin la rebellion. La difpenfer de cefte forte eft
effacer la paffion de feruir aux vns, & affoiblir les efperances
aux autres : en vn mot c'eft les irriter, & offencer, en forte
qu'on n'en doit plus attendre qu'vne obeiffance peu zelée. Vn
Prince fage plus on luy rendra de fubmiffions, moins il fe laiffera fonder. Le ciel eft en haut : la terre en bas : en quelque lieu
que foit le cœur du Roy, il eft inefcrutable. Il importe gran-
dement au Prince de fufpendre egalement les efprits entre la
crainte, & l'efperance.

D'autres me diront qu'il y en a beaucoup qui fe font efleuez
iufqu'au throfne de la faueur : qu'ils ont eu vne telle affeurance
en elle, qu'ils ont ozé maiftrifer leurs propres maiftres ; & vfer
plus librement du Souuerain pouuoir, que le Souuerain mefme.
Ce font des purs effects de la fortune. Rarement le merite ou
l'efprit ont ils part en femblable bon-heur. Auec tout cela penfes
tu que cefte forte de gens-là foyent heureux ? Il n'eft point de
condition au monde plus incertaine & perilleufe que la leur,
plus proche du precipice : & il n'eft point de ruine plus affeurée
ny plus grande pour qui que ce foit que celle dont ils font mena-
cez eux-mefmes.

De

De l'inconstance de la faueur.

CHAP. XIX.

EN vain se tormante celuy qui cherche les moyens d'affermir sa fortune. Toute nostre vie n'est que mouuement.
Les feüilles des arbres ne sont pas tant secoüées par les vents,
que la condition humaine est trauersée par les Parques. Il n'est
point de temps si serain qu'à la fin les nués n'effacent : point de
santé qui ne deuienne maladie: point de force qui ne passe en
son contraire. Auec iuste raison Dieu abaisse ceux qui sont
esleuez, & esleue ceux qui sont abaissez. Il n'est rien qu'il ne
renuerse. Il semble neátmoins qu'en ceste si grande & si estrange confusion du monde, les choses basses soyent les moins su-
jettes au changement. Les moindres vents secoüent les plus
hautes cimes. Les racines & les troncs en sentent plus rarement la violence. La hauteur, escrit Mecenate, est celle mesme
qui estonne les choses les plus hautes. C'est elle qui les menace,
qui leur donne de la crainte, & qui tonne autour d'elles. Pseu-
dolus n'a point menti, quand il a dit que celuy qui cherche à
s'esleuer, cherche sa disgrace & sa cheutte. La tragœdie des
insolens fils de la terre, est vn symbole de l'indignation du ciel
contre ceux qui sont ambitieux de grandeur. Les causes supre-
mes s'esloignent de ceux, qui troublans leur ordre, s'efforcét de
surmonter les autres; & leur tournent le dos comme s'ils auoyét
l'audace de leur faire la guerre. Voila comme quoy il semble,
que ce soit vne fatilité aux gráds fauoris de durer peu de temps.
Leur arrogance accoustumée, l'enuie de leurs concurrans, le degout, ou les soubçons que le Prince conçoit d'eux, les changemens qui arriuent aux throsnes, & leur condition mesme sont
les fleches que le ciel descoche sur ces ambitieuses temeritez ;
les fleaux dont il les chastie.

G

Du danger qui arriue au fauori par sa propre arrogance.

CHAP. XX.

LA raison ne deffend pas si souuent à l'apetit, l'impuissance de s'empecher de desirer, comme beaucoup d'autres choses la luy deffendent. Apres de frequentes contradictions, à la fin elle se rend: se confesse vainquë ; & qui plus est se voit souuent reduitte à la necessité de le flatter. Quelquesfois mesme elle a recours à l'honnesteté, & en tire des pretextes pour se renger à son parti. Voila combien est douce la fumée de nos desirs. Quiconque certes voudroit deffinir la souueraine felicité, ne sçauroit mieux la deffinir qu'en disant qu'elle est ce qui ne nous laisse plus rien à desirer. En effect c'est elle qui est le but de toutes nos inclinations, & de toutes nos œuures. La passion d'acquerir des richesses, & des Empires : & l'ambition de commander aux autres, n'auroyent point de lieu, s'il auoit esté permis d'assouuir l'apetit des hommes, d'autres choses que celles-là.

> *Si vouloir & pouuoir, & pouuoir & vouloir*
> *Eusse esté mesme chose.*

Tant de risques que les hommes courent entr'eux seroyent ensevelies sous vn profond oubly. Le nom de la fortune mesme ne seroit plus au monde. Mais le ciel pour nostre bon-heur nous a reffusé ce parti. Ceux mesmes qui sont les plus aduäcez en puissance restent mescótens en la plus part de leurs desirs. En haine de quoy l'appetit ne laisse point la moindre vertu qui soit en luy, qu'il n'employe & ne face agir. Cet aiguillõ en luy est si puissant qu'il n'est point de raisõ si forte soit-elle, qui le puisse emousser.

> *Et l'or & le bon-heur aueuglent la raison.*

Mais plus que nulle autre chose la puissance l'aueugle. Et ce n'est pas sans sujet que le Psalmiste dit, que l'excez des honneurs esbloüit l'entédement de l'homme. La faueur n'est autre chose que se voir vis à vis de l'authorité royale. L'ardeur du desir, les difficultez, & la rareté de la chose, sont des impatiences qui ne lais-

fent aucune faculté en nous qu'elles ne reueillent, & facent agir.
Pour tout cela la rage de l'amour arriuée à la poffeffion de ce
qu'elle defiroit, ne deuient point loyauté. Le defir tout feul veut
auoir vn tefmoignage de fon pouuoir tout entier. Quelle raifon donc à le fauori de croire qu'il peut ce qui eft empeché par
de forts obftacles ? Certes fon entreprife fera pluftoft vne marque de fon impüiffance qu'aucun effect de fon bon iugement.
Qu'il face tout ce qu'il voudra, il y aura toufiours quelque chofe
à defirer en la faueur qu'il aura. A quoy eft bonne la force me dira t'il , fi on ne s'en fert ? Et faut-il prendre tant de peine à
trouuer vne fontaine pour n'y boire pas, en forte qu'il ne refte
encore de la foif ? Voyés combien eft puiffant le plaifir qu'on
prend à faire en ces occafions tout ce que l'on peut. On monte
à vn tel comble de vanité qu'on fe promet d'esbianler iufques à
la baze d'aimant, ou la vertu mefme eft affermie. Que la raifon
s'y oppofe tant qu'elle voudra, que la confideration de ce qui eft
honnefte s'efforce de l'empecher, la rage de fatisfaire à fon appetit fera toufiours la maiftreffe. Et quand cela ne feroit point
qu'eft-ce que ne peut la douceur qu'il y a à faire efclatter
fa vanité ? La pompe des contentemens eft plus douce que ne
font doux les contentemens eux-mefmes. Les plaifirs ont cela
de particulier en eux, qu'ils femblent croiftre en la cognoiffance
que les autres ont d'eux. Le plaifir que le Roy de Sardis auoit
à ioüir d'vne belle femme fut imparfait iufqu'à ce qu'il l'eut fait
voir à Giges. Les gouts fecrets ne valent iamais la moitié de
ceux qui ne le font pas.

Cefte furieufe paffion de rendre fa felicité publique, eft l'inftrument de noftre propre ruine. Dans les fuperbes feftins le
defir de vouloir contenter fon gouft de tout ce que l'on y fert,
fouuent caufe le flus de ventre: & l'enuie de faire la reueuë de fa
bonne fortune aiguife les dents de l'enuie. Le nombre
de ceux qui enuient eft auffi grand que celuy de ceux qui admirent. D'où vient qu'il nuict quelquesfois autant d'eftre admiré, que d'eftre mefprifé. Toute pompe eft odieufe: & propre aliment de l'enuie: mais fur tout celle qui s'eftalle aux yeux
de ceux qui courent en mefme lice que nous. La paffion d'eftre
confideré, eft vne efpece de triomphe qui reuffit plus à noftre
honte qu'à noftre gloire. Qui fait l'inuentaire de fon bien,

reueille les voleurs qui dorment, & se dresse luy-mesme des embuches.

Du danger qui arriue au fauori de l'enuie & de la haine.

CHAP. XXI.

TOutes richesses sont le propre aliment de l'enuie. Quiconque ne possede rien est à l'abry de sa rage. C'est auec iuste raison que Pallas l'auoit en horreur. Elle est ennemie de ceux que Dieu ayme: car tels paroissent ceux qui sont heureux. Il n'est point d'ame si encline à aymer qu'elle n'ose infecter de son venin. C'est vne qualité bien rare qu'vn amy en fortune sans qu'on luy porte de l'enuie. Mais ceste contagion n'est iamais en sa plus grande force, que lors que la felicité d'autruy est l'offence & la ruine d'vn autre. La faueur du Prince departie à vn, est iniure à vn autre. De sorte que l'enuie qui autrefois a esté vne fameuse marque des Telchines, ces anciens peuples de Sicile, à present est vne qualité particuliere aux Courtisans. C'est pour cela qu'on a dit du miserable damné.

Commun trespas & vice de la Cour.

Lors qu'vne Dame caresse vn de ses amans, elle fait outrage à l'autre. Que nous peut il arriuer de plus insuportable que de voir vn autre posseder ce que nous aymons? Plus nous souhaittions d'en iouïr nous-mesmes, plus nous entrons en colere contre celuy qui en iouït à nostre preiudice. Si le bien que nous cherissons est au pouuoir d'autruy, qu'auons nous à desirer, ou à craindre de pis? Les Courtisans font l'amour aux bonnes graces du Prince. Les rechercher en vain, leur est vne chose bien facheuse: & les voir possedées par vn autre, vn desplaisir insuportable. S'en voir priué est vne facherie qui se console par l'esperance: en voir vn autre possesseur, vn despit intolerable. Il ne reste plus rien à esperer. Deux amans ne sçauroyent egalement iouïr de mesmes delices : & le throsne de la faueur

n'en peut receuoir deux: Tout ce qui demeure à celuy qui a le
defefpoir de fon cofté, c'eft l'entiere ruine de fon riual. De fe
debufquer l'vn l'autre, cela ne fe peut que par la perte de l'vn.
Affin que l'vn demeure, il faut que l'autre tombe dans le precipice. Tous font bandez apres cela comme apres l'affaire la plus
importante qu'ils puiffent iamais auoir. Pour cet effect ils prenent garde à tout ce que l'on dit: remarquent tout ce qui fe
fait: & ne cherchent qu'à rendre coupable le fauori. Ils le noir-
ciffent par de fecrettes calomnies: & cela auec tant de d'exterité, qu'il n'y a que luy feul qui s'aperçoit de fon mal; & encore
bien tard. Orfin ne pouuoit s'imaginer d'eftre au nombre des
accufez, lors mefme qu'il eftoit dans celuy des condamnez.
Pour frapper plus impunement, ils rendent de grans honneurs,
& louent mefme ouuertement ceux qu'ils trahiffent fous main.
Et quand mefme le fauori fe metroit à couuert de toutes ces
embuches, les honneurs qu'on luy rendra, & les applaudiffemens qu'on faira en fa faueur luy feront des ennemis couuers
dont ils fe fentira enfin puiffament affailli. On prepare bien du
poifon auec du miel. Les accufations qu'on dreffe contre vn
fauori ont moins de creance dans l'efprit du Prince, que les exceffifs aplaudiffemens qu'il voit donner en fa confideration n'y
mettent de foubçon & de deffiance. Ce qu'on rend à la vertu
de celuy la, luy eft moins cher, que la precaution qu'il doit auoir
de luy mefme ne luy eft chere.

Le fauori peut bien efperer de reduire le Prince à la neceffité de changer de garde, mais il n'eft pas en fon pouuoir de
s'empecher de receuoir le coup. En ees rencontres les plus
fçauans Politiques ont opinion, que le mieux que l'on puiffe
faire pour fe deffendre de femblables mal-heurs, c'eft de diffimuler fa grandeur: de s'accouftumer à ce que les autres s'ac-
couftument: n'auoir point de cour ches foy: reffufer les ho-
neurs exceffifs: & n'en receuoir qu'autant qu'on en fait d'ordinaire aux autres Courtifans. Que la modeftie ne foit la meilleure garde que puiffe auoir la faueur, & qu'elle ne luy ferue de
bouclier tres-affeuré contre fes enuieux, c'eft chofe dont ie
n'eus iamais aucun fuiet de doutter. Dautres croyent que la
diffimulation dont on a befoin en cette occafion eft vne baffeffe d'efprit. A la verité il femble que diffimuler aux chofes qui

sont conües de tous, est vne action qui produit de la haine : & que celuy qui dissimule de cette sorte se moque des autres, & les veut prendre pour duppes, comme des gens tout affait deporueux de iugement, & qui ne voyent pas ce qui est veu de tout le monde. A ne pas mentir cet art n'est bon qu'a tromper ceux qui le pratiquent. Car par quel signe est il possible de donner à entendre le conttaire de ce que les actions rendent tres euident ? Vous me dires qu'à ces souppleces d'esprit, le fauori ioindra la munificence, qui d'elle mesme est assés capable de l'auancer dans son dessein. Vous adiouterés à cela que le bien qui est à nostre veüe, que nous esperons, & duquel nous n'apprehendons rien, deuroit plustost concilier l'amour que produire aucune enuie ? Escoutés ce que dit ce grand homme de Pelusie. Tant s'en faut que le bien-fait esteigne l'enuie, qu'elle l'allume. Pouuoir faire du bien est vne qualité qui n'appartient qu'aux grans & à Dieu.

Plus les choses sont excellantes, plus elles sont & desirees, & enuiees. Lors que les Courtisans reçoiuent quelque bien fait des grans fauoris, ils se souuienent tout en mesme temps du prix & de la dignité du lieu auquel ils ont si longuemeut aspiré en vain. Ils considerent l'excellance du bien dont vn autre iouit en desprit deux. Leur propre necessité, leur infortune, & leur misere se representent deuant leurs yeux. Ils s'imaginent que le fauori ne leur fait du bien que pour les affliger d'auantage : pour faire pompe de sa bonne fortune, & leur reprocher la bassesse de la leur. Dailleurs la munificence n'oblige point ceux qui n'ont aucun egard, n'y à honesteté, n'y à deuoir. Dion assomé par ceux qui tenoient de luy leur liberté, nous est vne tres-fidelle asseurance de la verité de cette proposition.

Il ne resteroit donc plus qu'vn moyen pour subsister, qui seroit de ne se fier, qu'a sa seule puissance ? Les concurrens ont beau auoir de l'enuie, si l'amour du Prince est le soustien de nostre salut, quel besoin auös nous d'autre support? La faueur bié affermie, renge à ce qu'elle desire les esprits les plus mal affectionez. Elle violente les affections ; fait retirer l'enuie, & la force à recacher tout son venin dans son sein. Elle est vne plege asseuree contre toutes sortes de disgraces : espouuante les courages de qui l'audace eust esté autrement disposee à cho-

quer celuy qui est agreable au Prince. L'authorité qui ne
peut arrester la violence des mauuais esprits, est foible, & de
peu de consideration. La faueur doit tirer à soy tout le reste.
La presence du Prince est ce qui donne la mesure à tout ce concert si estrange. Toutte la Cour compose son visage au sien.
Tibere aime Sejan, il n'est celuy que ne se monstre tres-affe-
ctioné à son seruice. Des qu'il a changé son amour en haine, la
sanglante tragedie qui suiuit cette mutation, nous monstre
quels furent les applaudissemens qu'on luy donna. Le cachet
des Courtisans est vne coppie de celuy du Prince. Ils ne sçauroient paroistre autres que luy. Ils ont beau hayr, beau enuier,
si cela desplaist au souuerain, leur haine & leur enuie seront ste-
riles : & il ne leur en reuiendra rien que de la creinte. La colere
du Lyon ne s'irrite point contre celuy qui s'en peut absolumét
deffendre. Toute temerité manque à lors d'asseurance. Le
courroux des grans fauoris porte la mort quand & soy.

C'est auantage neannoins ne leur est pas si seur, qu'ils s'en
puissent promettre vne indubitable deffence contre toute sorte d'infortunes. Aluarez de Luna & mille autres en font foy.
Ie veux que la force resiste à la force, elle ne sçauroit empecher que la fraude & l'enuie ne triumphent d'elle.

***

Que l'enuie est plus fatale aux bons.

CHAP. XXII.

LA *vertu de ses feux brusle & pert les courages:*
Qui de ses belles vertus effacent les ouurages.
Sa flame ne consume pas seblemét les enuieux: mais elle saisit encor tres-puissament l'esprit de ceux qui la regardent autrement
qu'ils ne deuroiét. C'est vne vertu bien rare de faire son proffit
de celle d'autruy: mais encore plus de ne la pas enuier. La propre marque de l'enuie est de naistre sans biens, aupres de celuy
qui en a en abondance. Plus le bié est estimable plus il est suscep-
tible du feu de cette peste. D'où vient que l'on peut dire que la

vertu est comme le berceau où tout ce qui est le prix reçoit les
premiers coups de l'enuie. Et certes on peut dire auec iuste
suiet qu'elle est, ce qui tache à violenter les bons, la fleche qui
se decoche contre ceux dont la vie est sans reproche. Pindare
fut constraint de dire qu'elle n'affrontoit iamais les miserables.
En effect qu'ont ils dont elle se puisse repaistre ? Quiconque à
la vertu iointe auec la faueur se dispose plus qu'aucun autre à se
deffendre des assauts de cette si puissante enniemie. Les meschans s'imaginent que le Prince les condamne & leur reproche
leur meschanceté, lors qu'il fauorise les bons. La splendeur
de la vertu ne rend pas seulement esclattans ceux qui la possedent : mais elle esclaire d'abondant les defformitez de ceux qui
sont vicieux. Beaucoup de gens restent mescontens de la differance que l'on fait des hommes : mais par dessus tous, ceux
qui en leur conscience sentent les poignans aiguillons de leurs
imperfections. Tout effect est presumé fils de sa cause. Celuy
qui tient la faueur à iuste titre, plus que nul autre à sa condition affermie. La baze en est inebranlable. Dela les enuieux
se trouuent forcez à secouer toutes les malices de leur art, &
les mettre en œuure de toute l'estenduë de leur pouuoir. L'enuie peut-estre agreable, lors qu'elle se tourne contre des fauoris
qui sont eux-mesmes esclaues d'vne ambition demesurée. L'esperance que l'on conçoit de leur prochaine, & indubitable ruine, est vn asseuré port pour ceux qui sont fachez de leur fortune, & qui trauaillent à la destruire : & encore pour ceux qui le
regardent en repos. Leur propre folie est celle qui trahit leur
bon-heur. C'est la plus puissante ennemie que leur felicité puisse auoir. Si ceste ficure oste le repos à l'enuieux, la moindre
preuue de son art est capable de le rendre content. Il n'est point
de main si foible soit-elle, qui ne puisse arracher vne ieune plante pour si aduancee qu'elle soit quand elle n'est pas bien prise.
Pour ce qui est des grands chesnes, dont les racines vont aussi
auant dans terre que leur sime s'esleue vers le ciel ; vne legere
secousse ne les sçauroit desraciner. Il faut beaucoup de peine,
il faut beaucoup de sueur pour les abattre. En ceste sorte contre ceux de qui la vertu s'est procuré les bonnes graces du Prince, l'enuie aiguise si fort ses venimeuses fleches, qu'elles le puissent frapper comme elle souhaitte.

Du danger qui arriue au fauori par la consideration de la dignité Royale.

CHAP. XXIII.

POsé le cas que l'affabilité, l'accortise, ou quelque autre plus puissante souppletie d'esprit soyent capables de maintenir le fauori dans l'amour des Courtisans, elles n'ont pas plus de felicité en elles que les autres voyes. C'est vne maxime de ceux qui sçauent le plus en ceste matiere, que le moyen d'estre aymé d'vne multitude est la ruine de celuy qui peut donner les bonnes graces de quiconque regit vn estat.

Senecque fut accusé d'auoir attiré à soy les affections du peuple. Il n'y a point de seurté pour les Grands d'auoir aucuns de leurs subjets trop puissant en amis. Mais plus que tout cela encore, ont ils à craindre vn fauori dont la fortune s'est esleuée trop haut. Sa puissance doit estre apprehandée : & auec elle le credit qu'il a parmi le peuple. Comme auant qu'il fut en faueur peu s'en faloit qu'il ne fut à charge au Prince, depuis qu'il y est, vne double necessité l'attache aupres de luy. Tout le monde donne des applaudissemens à celuy qu'il voit estre aux bonnes graces du Souuerain.

D'où vient que les plus aduisez d'entre les Grands ne donnent iamais la faueur toute entiere. Côme ils ne veulent point de compagnon, ils desirent estre aymez: mais aymez & craints tout ensemble. L'esperance, & la crainte sont les racines du gouuernement. Vn Prince bien sage ne relache iamais rien ny de l'vne, ny de l'autre. Si sans y prendre garde il a departi trop de faueur à quelqu'vn, ce qu'il en doit craindre luy fait bien tost corriger sa faute. Il luy tient la bride, & luy fait sentir combien son authorité est absolue. Toute consideration cede à la crainte que l'on a de son propre salut. On ne pardonneroit pas à vn fils duquel on auroit suiet de craindre. Le fauori court fortune d'estre entierement ruiné par la seule cognoissance que le Prince a

H

de l'exceſſiue puiſſance à laquelle il l'a eſleué. Le Souuerain qui
donne tout à celuy qui luy eſt cher, luy abrege le temps de ſa
bonne fortune. S'il ne ſuruient autre choſe, enfin il ſe laſſe de
luy, & le chaſſe. Dés qu'il luy a donné tout ce qu'il luy pouuoit
donner: ou que le fauori n'a plus rien à deſirer de luy, il arriue
qu'ils commencent à s'ennuyer l'vn de l'autre. A la fin on ſe de-
gouſte de toutes choſes, & puis on les meſpriſe.

L'indignation des parens des Roys à ſouuent eſté occaſion de
la diſgrace de beaucoup de fauoris. Apres le Prince ceux cy
auec iuſte ſujet pretendent aux premiers honneurs. Ils ne peuuent ſouffrir de voir des eſtrangers preferez à eux. Autant que
l'amour du Prince eſt grande enuers ceux qui ſont en faueur, autant eſt à leur endroit grande la haine de ceux qui ſont du ſang
Royal. Ils n'ont point trop de peine à la faire eſclatter. Le tiltre de Roy n'appartient qu'à vn ſeul : mais l'authorité en quelque façon en eſt commune à tous ceux qui le touchent de fort
pres. Ils ont mille mains, & mille langues à leur deuotion. Il
n'eſt point de ſujet qui ne ſoit à eux de bon cœur. La miſerable tragœdie de Simonet de Celle, & de Crondorfer ſeruira de
fidelle teſmoignage à mon opinion.

Finalement il eſt impoſſible de s'empecher de donner du nés
à terre au changement du Prince. Le premier ſoing des nouueaux Seigneurs, eſt de depoſer quiconque eſtoit en puiſſance
aupres de leurs predeceſſeurs. En cela ils veulent agreer à la
fortune: & renouuelent tout à fait le gouuernemét de leurs Eſtats.
Bien ſouuent les honneurs paſſez tiennent lieu de crime. Ceux
qui arriuent fraiſchement à la courbnne ont leurs amis: & ſe plaiſent à tout ce qui peut ſignaler leur nouuelle domination.

Voila comme vne grande fortune eſt generalement enuiée.
Si ce qui l'appuye luy manque, perſonne ne l'aſſiſtera, au contraire tout le monde luy courra ſus. Ainſi lors que le Prince
tombe, tout ce qui s'appuyoit ſur luy tombe pareillement. Pour
ce qui eſt du peuple il ayme les nouueautez. Il ne peut ſouffrir
qu'vn meſme fauori ait le credit continué, lors que le ſceptre
change de main. En vn mot pluſieurs ont eu eſchec dans ces accidens. Qui pouuoit beaucoup eſtoit craint, & perſonne ne
craint qui ne hayſſe. Aulabius de qui la puiſſance eſtoit egale à
celle de Conſtantin, fut fait mourir par Conſtance. Louys Vtin

fit eſtrangler Engaran ſi aymé de Louys le Bel.

*Du danger qui arriue au fauori par la condition
de ſa propre faueur.*

CHAP. XXIV.

Oute la nature ne ſubſiſte que par le mouuement. Ce qui
ne croit plus commence à decroiſtre. Rien ne peut demeurer au comble. Ce qui ne peut aller plus auant, neceſſairement retourne. Bien à peine les choſes du monde ſont arriuées à leur perfection, qu'elles commencent à decliner. Leur
durée eſt en forme de roüe, dont le tour eſt la meſure. Leur
ſubſtance n'eſt autre choſe qu'vne reuolution. La condition de
la roüe eſt de n'auoir aucun lieu où elle ſe puiſſe arreſter. Sa
montée ſe continuë par ſa deſcente. Nous voyons la verité de
noſtre propoſition aux plantes, & aux animaux. Si l'inſtabilité
de la nature eſt ſi grande, combien la ſera celle de la fortune?
Certes c'eſt elle qui a bon droit porte la volubilité pour ſa deui-
ſe. Celuy qui luy mit vne boule ſous le pied, l'a fort bien depein-
te, s'il ne la pas monſtrée tout à faict comme elle eſt.

*La boule ſous ſon pied nous monſtre clairement
Combien ſon humeur eſt ſujete au changement.*

Plus elle monte plus ſon vol eſt incertain & capricieux. La
moins eſleuée à comparaiſon de celle qui l'eſt le plus, ſemble
auoir quelque fermeté. C'eſt vne penſée du Poëte tragique
que la fortune eminente n'eſt point durable: comme ſi la baſſe
au prix de celle-cy auoit quelque apparence de durée.

Plus la hauteur s'eſleue, plus elle pert de ſa groſſeur & deuient
eſtroitte. Le poinct eſt le bout de la pyramide. Voila comme
toutes les grandeurs ſont de mauuaiſe garde: & voila comme il
y a moins de danger à ſe fier à la fortune ſupreme, qu'à pas vne
autre. De la derniere choſe qu'on a à deſirer en elle, il n'en reuſſit peut-eſtre qu'vne proſperité bien lente. La fortune ſe iouë
& ſe moque des vœus des mortels. Elle prend autant de plai-

H ij

fir à leur oster qu'à leur donner. Et l'Oracle ne pouuoit pas
mieux dire qu'il dit, lors qu'il parla à ceux de Meſſine en ces
termes. Seruez-vous de ce que la fortune vous preſente : Elle eſt propice aux vns, aux autres inhumaine. Qui veut aſſeurer la ſienne la doit planter en vn lieu vni, où elle ſe puiſ-
mouuoir à ſon plaiſir, affin de s'empecher de choir : à quoy
elle eſt merueilleuſement ſujete. Lors qu'elle tombe en ce lieu,
on la peut releuer ſans luy faire beaucoup, ou du tout point
de violence, & d'iniure. Elle eſt plus en butte aux outrages domeſtiques qu'à ceux qui luy peuuent venir d'ailleurs. Dans les
valées, la neige demeure en repos : ſur les montagnes elle eſt
agitée par les vents. Les endroits les plus abaiſſés ſont les plus
quois : à peine y ſent on aucune haleine de vent. La rage du vent
de midy, ny celle de la bize ne vont point là. Les monts les
plus eſleuez ſont les premiers qui ſe ſentent des outrages du
ciel. Les vents les battent inceſſamment, les pluyes, les neges,
& les autres tempeſtes tombent ſur eux : de là elles fondent ſur
les valées qui n'en reçoiuent point de dommage, ou bien peu.

La condition de la faueur tremble meſme en ſa racine. Les
tempeſtes de l'enuie la ſecoüent depuis le pied iuſqu'au ſom-
met. Que fera-ce de celle qui ne fait que naiſtre ? de celle qui a
fait quelque progrés ? & de celle qui eſt arriuée iuſqu'où elle
deſiroit arriuer ? Oronte penſe auoir aſſés bien crayonné le
portrait du fauori, lors qu'il dit, Les amis des Grands reſſemblent aux doigts de la main, lors qu'on s'en ſert pour conter.
Tantoſt ils valent dix mille, & tantoſt ils ne valent qu'vn.

De la cheutte du fauori.

CHAP. XXV.

Tout ce qui s'eſloigne du milieu, & va vers l'vne des deux
extremitez, court fortune de perir. Ce qui s'eſcarte trop
loing, tire droit à ſa ruine. Ce qui s'eſtend trop eſt en danger
de rompre. Pour eſtre bas on n'eſt pas aſſeuré de n'eſtre pas en-

glouti: & quiconque est esleué bien haut, a sur sa teste ce qui le peut faire choir. De là vient l'espouuante qui menace le sommet de ceux qui se font outre mesure esleuez dans les bonnes graces du Prince.

Du comble de la faueur on ne descend pas par les mesmes degrez par lesquels on y est monté. Bien souuent il n'y a rien entre vne grande & vne petite fortune. La bassesse à quiconque tombe n'est pas vne grande cheutte : mais simplement vne extremité de sa ruine. Ceux qui font au milieu de la roüe de la fortune, rarement & iamais sans vn effort extreme ne s'esleuent au comble de la faueur. S'il arriue qu'ils y montent, il ne leur est pas permis de s'y arrester: encore moins de s'en retirer prôptement. Ils s'y perdent, & ne s'y perdent iamais à demy. Les choses basses tombent sans se deffaire. Pour ce qui est des grandes, leur mauuais destin veut qu'elles ne descendent point : mais qu'elles soyent precipitées : & iamais precipitées qu'elles ne soyent entierement destruittes.

Qui tombe en beau chemin, ce qu'on voit rarement
Se peut sans grand effort releuer promptement.
Elpenor cheu du toict d'vn superbe edifice
Apparut aux enfers triste ombre à son Vlysse.

On abat facilement vn myrte : vne colomne ne donne point de peine à la mettre bas. L'vn & l'autre se peuuent tirer hors de leur assiete sans qu'on les offence : mais il n'est pas possible de renuerser vn pin sans le briser : ny vne tour sans la mettre en pieces. L'aulne au dire de Porphire fut estimé vn arbre funeste à cause de sa hauteur.

Le fauori ne doit point esperer qu'aucun souftienne sa ruine. Les grandes masses en tombant escrafent ceux qui se tiennet aupres d'elles. C'est en vain qu'on cherche de l'appuy pour des choses dont tout le monde souhaitte la cheute. Ne le pas secourir est vne espece de courtoisie. Chacun le pousse : chacun luy donne du pied : & chacun luy prepare ce qui le peut entierement effacer de la memoire des hommes. C'est vne fatalité, disoit Clitemnestre, que les hommes foulent aux pieds ceux qui tombét dans leur derniere ruine: & semble que cela se face auec quelque apparence de iustice. Quiconque se rit du mal-heur d'autruy approuue ce que le ciel a fait. Ermeas & Sejan nous monſtrent aſſés ce qui arriue de la cheute des fauoris. Quand vn cheſne eſt par terre tout le monde va faire du bois: vn grand fauori eſt il à bas, chaçun court à ſa deſpouille.

La Cour donc du commencement eſt le theatre où paroit la gloire des fauoris, puis apres elle eſt la tragique ſcene ou eſclatte leur miſere. Au temps plus eſloigné, & au temps peu reculé de nous Calir, Oliuier Dama, Pierre Vigne, Carraciolo, & mile autres en donnent des teſmoignages indubitables.

Si le fauori tombe par l'enuie de ceux qui aſpiroient à ſon bon-heur, quelque tombé qu'il ſoit, il n'aſſouuira point leur malice, s'il n'eſt tout affait ruiné. Elle n'eſt point contente s'il ne reçoit que quelque legere atteinte: elle veut qu'il ſoit percé d'outre en outre. Elle ne ſouhaitte pas qu'il s'amande: elle veut qu'il ſoit exterminé. En cette ſorte lors qu'il y penſe le moins, on le voit frappé d'vn coup de foudre auec vne telle violence, que les choſes qui eſtoient aupres de luy en demeurent eſtonnées.

Quelle proſperité de tant d'eſclat ſuiuie
Ne tombe ſous les coups du foudre de l'enuie?
Si l'intereſt du Prince l'a aigrie, il faut croire que la faute du fauori n'eſt pas mediocre. Celuy qui a pleu ne ſçauroit deplaire ſans quelque grande occaſion: du moins à ce que diſent les Iuriſconſultes.

L'indignation du ſouuerain en ces rencontres là ne ſçauroit tirer ſon excuſe que du delict de ſon fauori: & encore d'vn delict tres-ſignalé. Les fautes mediocres n'ont point accouſtumé d'eſtre punies en ceux qu'on aime. Le Prince croit qu'il apartient à ſa grandeur de diſſimuler les deffaux mediocres qui paroiſſent aux ſiens. Et quand cela ne ſeroit pas ſe pourroit il reſoudre à les punir en celuy qu'il a iugé digne des premiers honneurs. Il ne peut le iuger incapable de la grace, dont autrefois il l'a eſtimé capable, ſans que quelque ſignalée faute luy en donne le pretexte. Que le fauori ne ſe fie pas en ſon innocence. Il n'eſt pas malaiſé au Prince de luy dreſſer vn piege: meſme ſous couleur de le vouloir eſleuer à de nouueaux honneurs. Qui veut & peut chaſtier, ne manque point de moyens à rendre coupables ceux que bon luy ſemble. Il n'eſt que trop de partis où l'on n'eſt pas ſi toſt engagé, qu'il eſt impoſſible de s'en tirer sans blesser ce qui est iuste. Il est aussi facile au souuerain de deffaire ceux qu'il aime, mesme sous pretexte de deuoir, que de souffrir que d'autres prenent leur place. Soit que le fauori tombe par la malice de ses enuieux, ou par l'auersion de son maistre, il ne peut tomber sans se rompre le col. Cela estant, quel sera le conseil du sage qui prendra resolution de viure à la Cour?

Fuy des Palais des Grands la grandeur importune.
Sous le toit d'vn berger renferme ta fortune,
Là sans bruit & sans peur, ne viuant que pour toy,
Tu viuras plus heureux que fauory ny Roy.
Des lieux qui sont les plus esloignez de la terre
Tombent sur les mortels les esclats du tonerre.

Qu'il est malaisé de se retirer de la Cour.

CHAP. XXVI.

AVx esprits les plus sains, ces miseres sont tout autant d'auertissemens à se retirer de la Cour. En effect parmy tant de mal qui s'y fait, on deuroit faire cela de bien. Lors que les trauaux y ont espuisé les forces, ou que cette maniere de viure est tournee à degoust, ou qu'on voit quelque peril eminent, la retraite en deuroit estre permise. Il faudroit aprocher de la stupidité des bestes pour n'aimer pas mieux descendre, que tomber. Quiconque ne peut supporter vn fardeau, court fortune d'en estre accablé.

A la verité ce conseil est bon; mais plus necessaire que seur. Du commencement beaucoup de choses portent le nom de courtoisie, qui tout de bon puis apres passent en deuoir tres fascheux. Les grans tiennent à iniure qu'on se retire d'aupres d'eux. En effect on s'esloigne de ceux ou qu'on hait, ou qu'on n'aime pas, ou qu'on craint, ou qu'on iuge indignes d'estre seruis. Quoy que s'en soit le Prince n'y prend iamais plaisir. Toute nouueauté produit nouuelles occasions de contentement, ou de mescontentement.

Quand cela arriue il faut que le maiſtre ou le ſeruiteur
ſoient changez, & qu'ils ne ſoient plus dans l'eſprit l'vn de l'autre ce qu'ils eſtoient. L'vn eſt le pretexte de celuy qui quitte:
l'autre de celuy qui eſt quitté : & l'vn & l'autre ſont capables
d'engendrer de l'indignation dans l'eſprit du Prince. Cette raiſon a fait que beaucoup de gens craiſite de pis ſont reſtez,
bien qu'ils fuſſent accablez ſous le faix. Les ſeruiteurs ont
moins de peine à ſouffrir, qu'à fuir. Ils trouuent plus de conſolation à viure dans la miſere, qu'à courir riſque d'eſtre cha-
ſtiez en deſerteurs.

Le Bœuf qui hait le ioug, & le porte & l'endure.
Si la contrainte de ſe retirer, vient de l'aprehenſion de quelque mal à venir, beaucoup aimeront mieux fuir eſtroppiez
que reſter tout à faiſt aſſomez. D'autres s'auiſent trop tard de
la ruine qui pend ſur leur teſte. Ils ſont ſi auancez qu'il n'eſt
plus en leur pouuoir de tourner arriere. Alors la preuoiance
nuit plus qu'elle ne ſert. La playe à laquelle on a pris garde de
bône heure fait moins de mal, & donne temps à la prudence de
la pouuoir guerir. Le mal qui eſt preueu bien qu'ineuitable
porte quant & ſoy quelque eſpece de conſolation, & ſe
fait moins ſentir lors qu'il arriue. Seneque preueut bien ſon
mal-heur, mais trop tard. Il fit tout ce qu'il pût pour le ſupporter aueque patience ; mais ce fut en vain. La meſme choſe
arriue à qui s'engage plus qu'il ne doit dans la Cour.

*Que les ſuietz qu'on a de faire la Cour ne reſpon-
dent pas à condition du ſage.*

CHAP. XXVII.

NOus n'aprochons du feu, ſque lors que nous aubns beſoin ou d'eſtre eſchauffez, ou d'eſtre eſclairez. Et l'on
n'aproche les grans que pour en tirer de la gloire, ou du credit,
ou du bien : & rarement pour vne ſeule de ces choſes. L'enuie

qui

qui eſt là plus deteſtable de toutes les furies, & l'aiguillon qui
pouſſe la plus part du monde à la Cour.

Des palais des grans Roys le luſtre imperieux:
De beaucoup de mortels attire à ſoy les yeux
L'vn deſireux de gloire attand de ſon Monarque
Le ſuperbe ornement d'vne honorable marque,
Veut eſtre veu du peuple en pompeux appareil,
Eſtre de tout le monde eſtimé ſans pareil.
Enfin le ſeul honeur ſi viuement l'enflame
Que iamais il ne ſent de repos en ſon ame

Il y en a encore beaucoup, qui quoy qu'affamez d'honneur &
pleins d'ambition, ne laiſſent pas d'eſtre extraordinairement
paſſionnez de l'amour des richeſſes, comme de celles qui ſont
vne matiere tout à fait neceſſaire à faire paroiſtre leur pompe.

Ceux cy ſuiuent les Roys pour auoir des richeſſes
Dont leur humeur les porte à faire des largeſſes.

Cette execrable impatiance d'antaſſer de l'or ſur de l'or, rend
douces toutes les eſpines qui accompaignent la Cour.

Dautres cherchent de l'or pour aſſouuir leur faim.

Entre tous ces gens là, ceux qui ſe trauaillent pour la grandeur, font le plus grand nombre. Les vns ne la ſouhaittent que
pour leur gloire: les autres pour le bien: & beaucoup pour
auoir le moyen d'opprimer qui bon leur ſemble.

Cetui-cy ſuit l'orgueil des plus ſuperbes Roys
Pour mettre ceux qu'il veut ſous le ioug de ſes loix,
Quelqu'vn eſt il par terre? Aucun ne le releue,
Au domage d'autruy toute grandeur s'acheue.

Ce deſir de s'eſleuer par deſſus les autres, pour auoir le moyen
de leur tenir le pié ſur la gorge, eſt le piege où la ſuperbe eſt
enfermee: & de la paſſion de commander vient, la contrainte
de ſeruir que chacun s'impoſe. Tous naiſſent auec cette fatalité. Autre ardeur ne boult auec tant d'excez dans le cœur des
hommes. Au reſte il n'eſt rien qui ne ſerue à la puiſſance. Les
honneurs & les richeſſes ſont des choſes qui l'accompaignent
en tous lieux, & luy font homage. Tout ce qu'il y a de bon
& de beau dans le monde accourt à elle. Par elle tout ſouhait
trouue de la facilité en tout ce qu'il cherche: & par elle toute
crainte eſt vaine. Aprehender, & deſirer en vain, ſont deux

mal-heures qui n'appartienent qu'à l'impuissance. Pour ce qui est de la puissance elle est absoluë maistresse & du bien, & du mal.

Le centre de l'appetit humain est l'amour du bien, & la haine du mal. De là vient qu'on à creu qu'aux hommes la puissance tient lieu de tout. Quant au sage il ne souhaitte, & ne craint rien. Il vit content de luy mesme, qui est la chose du monde qu'il a à desirer le plus.

Le pourpre, ny les pierres precieuses, ny chose semblable, ne rendent la vertu ny plus illustre, ny plus belle. Plus que toutes les beautez du monde ensemble,

Toute pure qu'elle est, sans aucun ornement
Elle est des esprits sains le seul contentement.

Elle n'a pas le cœur asses bas pour mendier rien d'autruy. Quel besoin a le soleil d'aucune lumiere estrangere ? l'Ocean sera t'il plus enflé pour aucun lac, ou riuiere qui se descharge dans son sein ? La vertu depuis long temps a sous soy toutes les choses humaines. S'il y en a quelqu'vne qui soit hors de sa iurisdiction, elle ne luy appartient pas.

Que l'esclat de l'or & des honneurs esblouisse tant qu'il voudra les yeux du vulgaire, il n'a rein de comparable à elle. La grandeur d'vne ame vertueuse, hors de soy netrouue rien digne de son admiration. Le sage ne se plaist à auoir du bien qu'autant qu'il luy en faut pour son vsage. C'est de là que Papinian tiroit la deffinition qu'il faisoit de ceux qui sont veritablement sages. Ceux qui sont veritablement amoureux de la sagesse, disoit ce grand Iurisconsulte, ne sont point passionnez de l'amour des richesses. En auoir esté amoureux auec excés a esté à plusieurs vn tres-juste reproche d'auoir fait profession d'vne chose dont ils estoient du tout esloignez. De quoy peut en effect seruir ce qu'on a de trop ? Certes il n'appartient qu'aux furieux de se trauailler de gayeté de cœur pour des sujets dont on ne peut tirer aucune satisfaction. L'excez n'apporte que du trauail à qui le cherche, & de l'ennuy à qui le possede. Ce que la douleur, & la facherie en laissent, esloigné d'elles suffit à la vie humaine. Le reste au sage n'est que pure vanité. Vne claire intelligence, & vn cœur net de toutes sortes de vices, ont plus de contentemens solides que pas vne autre chose du monde.

En effect voila quelle est la deffinition du sage selon l'opinion
du Stoycien. Le sage est celuy qui est comblé de ioye, qui paisible & constant, vit vne vie de Dieu, autant que la condition
d'homme le peut permettre.

Les superbes edifices, ny les honneurs, n'amoindrissent en
rien la rigeur des soins. La fieure n'est pas moins violente dans
du pourpre, que sur la paille. Chacun a sujet d'estre content
pourueu qu'on ne l'empeche pas de viure en paix.

Aux corps, soit qu'ils soient mal, soit qu'ils se portent bien,
La noblesse, ny l'or ne proffitent de rien.

Rarement il semble que la deffence soit necessaire à celuy qui
n'a fait aucune offence. Il n'y a point d'apparence qu'vn homme qui ne fait mal à personne puisse auoir des ennemis. La
plus grande seureté qu'on sçauroit auoir concicte en la pureté de la conscience. Ceux qui sçauent beaucoup ne sçauent
nuyre à personne, & ne sçauent s'empecher de profiter à tout
le monde. Leur puissance quelque grande qu'elle puisse estre,
ne doit pas beaucoup estre consideree ny pour offencer autruy,
ny pour se deffendre eux mesmes, ny pour quelque autre
occasion que ce soit. Elle est tout à ceux qui ne viuent que
pour s'en seruir : & la sagesse est tout aussi à ceux qui viuent
selon la raison.

Que la fin des grans, & celle du sage sont fort differentes

CHAP. XXVIII.

EN ce temps cy les preceptes de bien viure doiuent leur
estime plus à la vanité que l'on fait de les auoir, qu'à leur
propre vsage. Les bons enseignemens de Focilide, de Theognis, & d'Hesiode sont loüez de tout le monde, mais pratiquez
de personne. Les loix de la iustice à present ne sont que matiere de mespris, & de risee. A chacun, sa passion tient lieu de

loy. Les ames les moins releuees reputent à iniure qu'on les
auertisse de leurs fautes. Plus le mal s'est accrû plus la temerité
des hommes s'est accruë contre le remede. S'il est resté dans le
monde quelque trace, d'innocence, elle est dans les cabanes des
bergers, ou dans les forets. Cette belle & incomparable Reyne n'a pour reffuge que la simplicité de ces gens rustiques.
 La Cour est la regle de la vie ciuile. Toutes les façons de
viure des autres sont prises sur le modelle de celles qui se pratiquent ches elle. Elles en sont les ombres. La constitution
des membres, d'où la vie qui anime tout le corps tire son principe, est la mesure de la complection de toutes les autres parties. Le cœur en est le Prince; & la Cour comme les entrailles de la societé ciuile.

On a laissé par escrit selon l'opinion d'Homere & de Simoni-
des, que la justice est vn art qui enseigne le moyen de s'emparer du bien d'autruy. D'autres ont dit que tout ce qui est vtile
au Souuerain est juste. Strabon du moins en fait foy. Trasi-
maque le croioit aussi. Les deportemens de Lysandre Roy de
Spatre tesmoignent qu'il n'estoit pas fort esloigné de ce sentiment. Il mesuroit la justice au compas de l'vtilité. L'epre-
cepte politique d'Euphemius s'accorde encore à cela. Possible
que cette consideration fit que le droit de regner voulut, que
noutes choses fussent permises aux Roys. En cette occasion il
ne fut pas d'auanture mal-aisé de bannir ce qui est honneste, d'où l'on auoit des-jà chassé ce qui estoit iuste : ou pour
mieux dire, d'où ce qui estoit iuste s'estoit bâni luy mesme. Les
Iuges parmi les Perses ne parloient iamais à leurs Roys qu'en
cette sorte. S'il vous plaist, il est juste. La belle mere de Caracalle authorisa cette façon d'agir aupres de son beau fils. Il n'y
a que trop de mauuais esprits qui sont souuent à l'oreille de leur
maistre pour luy dire que le Prince ne reçoit point la loy ; mais
qu'il la donne ; & qu'elle est tout ce qu'il luy plaist : que

La saincteté, le droit, la foy, la pieté
Tiennent dans son deuoir le vulgaire arresté
Qu'vn Prince imperieux & puissant tout ensemble
sace enuers ses sujets tout ce que bon luy semble:
Que le pouuoir d'vn Roy se paist auec raison
Quand du mal & du bien il fait comparaison.
Que le soin de garder tout ce qu'on croit honneste

Abat des grans Eſtats la plus ſuperbe teſte:
Que quiconque eſt pieux s'eſloigne de la Cour:
Qu'vn Sceptre & la vertu n'ont pas meſme ſejour.

Pompée ne ſe ſoucie pas beaucoup d'exercer mille cruautez
pourueu qu'il s'eſtabliſſe vne puiſſance ſouueraine ſur ſa patrie, & que tout en meſme temps il face paſſer ſa violence pour
vn eſchantillon de la bonne volonté qu'il fait ſemblant d'auoir
pour ſon peuple. Politique vrayement Egyptiene, non moins
deſirée & receuë, qu'elle eſt pernicieuſe: abominable tableau de
la raiſon d'Eſtat, qui bien qu'on die qu'elle n'eſt pas pour durer longuement, ne doit pas pourtant donner aucune conſolation à ceux qui en reſſentent les rigueurs. Elle fut dés que l'on
commença de regner, & il eſt à craindre qu'elle ſera tant qu'on
regnera. Tu as ſouhaitté d'eſtre innocent, diſoit le ſage Stoyque à Neron, qui eſt vne vertu qui n'eſt iamais encore tombée
en partage à pas vn Prince.

La ſageſſe regit les ſiens auec les reſnes de la iuſtice & de
l'honneſteté. En effect il eſt raiſonnable que ce qui eſt iuſte
plaiſe. Il n'eſt point de dommage quelque grand qu'il ſoit, qui
ne ſoit plus à deſirer qu'aucun gain iniuſte. Où la raiſon doit
eſtre reſpectée, où la vie meſpriſée. Eſt-il poſſible que le iugement qui apres Dieu tient le premier rang parmi les choſes les
plus eſtimables, puiſſe eſtre meſpriſé pour des bagatelles de nulle conſideration ? luy qui eſt la plus noble partie qui ſoit en
l'homme ? Si l'on ne tient point conte de la raiſon, la plus excellente de toutes les choſes du monde, de quoy tiendra t'on conte ?
Si ce qui eſt à eſtimer eſt negligé, eſtimera t'on ce qui ne merite
aucune eſtime ? Si nous rejettons ce qui eſt à nous, tiendrons-
nous cher ce qui n'eſt pas à nous ? Conſiderons tout ce qu'il y a
au monde hors de nous, nous ne trouuerons rien qui puiſſe
eſtre comparé à noſtre eſprit. Cela eſtant, le vray deuoir de
ceux qui ſçauent ce qu'vn grand homme doit ſçauoir, c'eſt de
tenir plus chere la garde de ce qui eſt iuſte, & de ce qui eſt honneſte, que celle de leur propre vie. C'eſt là le reſpect que nous
deuons rendre à ceſte ſi excellente qualité que nous tenons du
Ciel. Si donc l'intereſt ou quelque autre conſideration rendent
le Prince ſuſceptible des impreſſions, & des conſeils que des
mauuais eſprits leur peuuent donner, ce ſera pour neant qu'il

aura des fages aupres deluy. Et les fages mefmes rendus fpeſ
ctateurs des outrages qui feront faicts à la fageſſe, trouueront
cefte maniere de vie facheufe & indefcente à leur condition.
Cefte raifon tint Heraclite efloigné de la Cour : & s'y voyant
appellé par Darius, il fit cefte refponfe, Parmi les hommes il
n'y a point de iuftice.

Que les deſſeins de ceux qui ſont à la ſuitte de la Cour ſont peu conuenables à la condition du ſage.

CHAP. XXIX.

LA nature ne peut demeurer en repos. D'elle-mefme elle
eft portée à tout ce qui eft facile, & comme dit le bon vieil-
lard, Le chemin du vice eft affés aifé. Pour ce qui eft de celuy
de la vertu, il eft efpineux au poffible. Le fentier par où marchét
les dieux eft difficile & penible. Il y faut toufiours monter. Celuy de la malice eft vne continuelle defcente, pleine d'agreables
diuertiffemens. Quiconque neglige fa guerifon, empire facilement. Tout au contraire, en toutes chofes, à ce que croit
Amafis, ce qui eft le plus agreable eft le moins facheux à conduire à bout. Entre tous les contentemens de la vie, celuy qui fatisfait le plus eft celuy de l'amour. C'eft ce tyran, à la violence
duquel toute violence cede. C'eft luy qui par tout triomphe des
autres paffions : & qui par fois fait chanceler la prudence mefme, toute indomptable qu'elle eft. Comme vne autre Pallas, il
atterre les monftres les plus cruels, & les plus farouches. Pour
luy refifter, il n'eft point d'excez qui n'ait befoin de defployer
toutes fes forces. Voila comme quoy dans l'oifiueté qui eft le
veritable iardin des vices, il n'y a point de plante, ny plus frequente, ny qui y vienne plus heureufement que celle-là. Le peu
d'occupation que l'on y a, eft l'huile dont s'entretient la lampe
d'Amour.

Ainfi ce ieune Dieu croift au fein de fa mere,

Veus-tu sçauoir comment Ægiste est adultere?
Le mol excez de son loisir
Le fit songer à son plaisir.

L'oisiueté à t'elle plus d'empire ailleurs qu'à Gnide & à Paphe?
La vie qui n'a aucune occupation, & les retraittes de ceux qui
n'ont rien à faire, sont les vrais royaumes de Citherée. Où l'oisiueté est publique, là est le marché public des molles delices.
Les beaux cheueux, les ioües vermeilles, & les membres delicats, y font vn commerce tres-heureux. En toute la vie humai-
né, il n'est point de partie que l'oisiueté n'ait exposée à toutes
sortes de meschancetés, & de rufes. C'est elle qui a mis en vogue tout ce qu'il y a de mol, & d'effiminé dans le monde.

En recompence de sa liberté perduë, la Cour ioüit de beaucoup de loisir. Elle semble vne retraitte de gens qui n'ont rien
à faire. Cela fait que les Courtisans ont vne forte inclination à
chercher tout ce qui leur peut donner du plaisir. Tout le repos
qu'ils ont, leur est vn continuel soin à trouuer des occasions de
ioye. Ils y courent auec autant plus d'ardeur que le reste de
leur vie est plus ennuyeuse, & plus insuportable que nulle autre.
Tout contraire tire ce qui le reffait de son propre contraire. Le
trauail se soulage dans le repos: la bruslure s'adoucit par le froid:
& ce qui est amer par ce qui est doux. Vne tristesse excessiue
ne reçoit de consolation, que d'vne excessiue ioye. Ce n'est
donc pas merueille si la Cour est vne escole de plaisirs: puis que
la fencantise des Courtisans s'occupe à faire des sacrifices à Venus: & les moins genereux d'entre eux au Iupiter du Cyclope.

La partie de l'appetit, qui n'est point attaquée de la passion du
plaisir, demeure en proye à l'enragée amour de tout ce qui est
vtile. A la malice qui n'a ny assez d'oisiueté, ny assez de fache-
rié pour estre occupée, suruient la consideration de l'interest
qui la comble de soins, & d'inquietudes. La vie qui se passe
dans ce contraste, & qui n'est reglée que par ce qui est proffitable, ou plaisant, ne laisse point de lieu, non pas mesme à la moindre ombre d'honnesteté, si ce n'est,

Qu'vne malice heureuse ait le nom de vertu.

Alors on perd la memoire de ceste incomparable reyne: du
moins au commun dire de Tifis, car par tout il n'y a que trop de
meschans. Et vn autre adiouste: à la Cour rarement trouue t'on

des gens de bien. Cela eſtant quel reſpect, & quel honneur pourra eſperer là le ſage?

S'il n'eſt pas encore bien confirmé dans l'intelligence de ce
qui ſe doit, & ce qui ne ſe doit pas faire, ceſte pratique luy ſera
vne occaſion de ſe fouruoyer. Il eſt mal-aiſé de ne pas ceder à
la violence des vices qui aſſaillent en foule, & en ſi grand nombre. Vne pareille rencontre auroit d'abord mis hors d'aſſiette
l'eſprit de Lelius, celuy de Caton, & celuy de Socrate meſme.
Les richeſſes d'vn voiſin reueillent l'auarice de ſon voiſin. Quiconque vit auec des perſonnes delicattes, voit à la fin ſes mœurs
inſenſiblement eneruées. La compagnie de la malice eſt con-
tagieuſe. Il n'eſt point de ſi homme de bien qui par la frequentation ne ſe terniſſe de ceſte roüille.

Au contraire ſi le ſage eſt fermement eſtabli dans ſa ſageſſe,
il n'a que faire de craindre que la malice l'abatte. Tout ce qu'il
aura à prendre garde, ce ſera de ſe deffendre de la fureur que la
haine produit d'ordinaire. Quiconque vit auec des meſchans
doit les imiter ou ſe reſoudre à s'en voir hay. Le meſchant ne
ſe contente pas d'eſtre meſchant, il veut que le bon le ſoit autant
que luy: affin qu'entr'eux il n'y ait plus de difference. Les bons
prennent plaiſir à la bonté d'autruy: & en cela ils approuuent &
loüent la leur comme celle de leurs ſemblables. C'eſt pour ceſte
raiſon, à mon aduis, que dans la Comœdie vn valet eſtime que
ce n'eſt pas vn petit effect de prudence, que de s'accommoder à
l'humeur des autres, ſçauoir faire le mal & le bien: eſtre bon
auec les bons: & meſchant auec les meſchans. Teognis nous aſſeure que la ſobrieté eſt mal-ſeante à vn homme qui eſt parmi
des yurognes; & l'yurognerie à celuy qui eſt parmi des gens ſo-
bres. Platon meſme a iugé qu'il eſtoit neceſſaire à ceux qui viuent auec des meſchans, d'eſtre meſchans comme eux: paroiſtre
ce qu'ils paroiſſent: faire ce qu'ils font, & endurer ce qu'ils en-
durent. Alcibiade eſtoit delicat auec Tiſcaferne: en Thrace il
beuuoit: & lors qu'il eſtoit à Athenes, il s'accommodoit aux façons de viure du peuple.

Quant à ce qui eſt du ſage, il luy eſt impoſſible de ployer ſous
les mœurs, ny ſous les inclinations des autres. Il ne peut compatir qu'auec la raiſon, & auec ce qui eſt honneſte. Encore ſera
t'il moins en ſon pouuoir d'auoir de la bonne volonté pour les

meſchans:

meſchans : de meſme qu'il luy ſera impoſſible de n'en eſtre pas
haï. L'amitié que l'on ſe peut figurer entre les bons & les meſchans, eſt plus imaginaire que reelle. Il n'y en peut point auoir
du tout. La volonté des vns, eſt le contraire de la volonté des
autres : & l'amitié n'eſt autre choſe qu'vne rencontre de volontez qui conſpirent pour vn meſme deſſein.

Que ce qui regarde la dignité du ſage, eſt mal aſſeuré à la Cour.

CHAP. XXXI.

LE ſage n'a pas tant de ſujet d'aprehender des outrages en
viuant auec ceux qui ont des inclinations contraires aux
ſiennes, comme il en a d'apprehender de l'infamie. La frequentation des meſchans eſt egalement & honteuſe, & pre-
iudiciable. Le Poëte comique reprochoit à vn vſurier le danger qu'il y auoit a eſtre veu en public auec luy : & la riſque que
l'on couroit d'en rapporter de l'ignominie ; & de l'opprobre :
de perdre ſon credit, & d'acquerir de la mauuaiſe reputation.
Ceux meſmes qui ſont de la lie du peuple abhorrent la compagnie des gens de mauuaiſe vie : & le ſage prendra plaiſir de
viure auec eux ? Qui ne tient conte de ſon honneur, eſt le premier qui le fleſtrit.

Mais quelque grand que ſoit le peril que la dignité du ſage
court en ces mauuaiſes rencontres, celuy que le caprice du
Prince luy fait courir eſt encore plus grand. La ſplendeur de
la puiſſance Souueraine n'eſblouït pas ſi toſt ceux qui l'admirent, qu'elle eſblouït l'imagination du Souuerain meſme. L'e-
minence du throſne humilie & confond toute autre condition
moindre que la ſienne : & ne met point de differance entre
vn eſtat mediocre, & vn autre qui luy eſt beaucoup inferieur.
A comparaiſon du Soleil, peu s'en faut qu'vne eſtincelle & vn
flambeau ne ſoyent vne meſme choſe. Celuy qui eſt ſur la
ſime d'vne haute montagne ne ſçauroit dire quelle diſpropor-
tion il y a entre des Cyprès & des Viornes.

Plufieurs d'entre les grans croyent qu'il importe à leur grandeur de ne prendre pas garde à la condition de pas vn de
ceux qui font au deſſous d'eux. Souuent ils en veulent ignorer
& la qualité & le nom: & s'il arriue qu'ils le ſçachent ils prennent plaifir à faire femblant de ne les pas ſçauoir.

Dites luy qu'vn certain Aſtrologue ou Poëte.

A ce vain qui tenoit ce langage, il eſtoit aduis qu'il faiſoit le
Prince en feignant d'ignorer le nom d'vn homme qui luy eſtoit
familier, entre ſes plus familiers. Il aimoit mieux mendier des
furnoms de mefpris, que de l'appeller par ſon propre nom, bien
qu'il l'euſt preſant à ſa memoire. Cette forte de gens penfent faire vne reueuë de leur excellance, lors qu'ils font voir
qu'ils n'eſtiment rien les autres. Ceux qui abondent en choſes
precieuſes croyent qu'il y va du leur, de faire cas des cōmunes.
Ce n'eſt pas à dire neanmoins pour cela, que ceux qui ne daignent point regarder ce qui eſt commun, ſoient riches de ce
qui ne l'eſt pas. A ne pas mentir eux mefmes ſe trompent lour-
dement. Comme leur propre arrogance les aueugle, que font
ils autre chofe que publier leur ſotife, Et ſe rendre odieux &
ridicules à tout le monde? Cette vanité eſt bien plus familiere aux grans. Comme ce leur eſt vne chofe indifferante, que
les Courtiſans bleſſent, ou ne bleſſent point la bienſeance en
voulant paroiſtre, ils ne font ancune differance de quoy que
ce ſoit; mais laiſſent agir leur propre caprice. De dire qu'on
aura l'aſſeurance de chorquer leurs ſentimens c'eſt ce qu'on ne
ſçauroit faire ſans danger. Tout reffus condamne celuy qui
demande, & accufe d'inciuilité ſa requeſte: outre que denier
vne chofe à qui la peut arracher de nous par force, eſt pratiquer l'art de ſe pouuoir ruyner promptement ſoy mefme.

Poſſible que le grand, me dira quelqu'vn fera conſcience
de rien commander qui ſoit contre la dignité de celuy qui
doit obeïr: poſſible que pour tirer de nous ce qu'il demandera
il ſe feruira des careſſes, & que mefme aux careſſes il adiou-
ſtera des prieres. A cela ie refpons qu'il n'y a point moins de
hazard à ſe monſtrer peu obeiſſant aux commandemens du
Souuerain; qu'à ſes careſſes. Les perfuaſions de celuy qui
peut commander, ont autant de force que la neceſſité mefme.

Les prieres des Souuerains portent de la violance quand &
foy. Elles en tirent toute leur vigeur. Ne point consentir à ce
qu'ils veulent, est non seulement estouffer la grace deuë à de
longs trauaux, mais irriter leur colere, & appeller à soy vne
ruine euidente. Quiconque n'est point prompt à suiure leurs
sentimens, n'estime point leur faueur; & est tres asseuré de
tomber dans leur indignation, & dans sa disgrace. Mille com-
plaisances & mille seruices ne sont pas capables d'arrester le
moindre desgoust que le Prince conçoit de quelqu'vn. Les
Grands se sont persuadés de tout temps que ce n'est pas vne
petite faueur aux Courtisans, qu'on se serue deux. Tant qu'ils
peuuent estre seruis sans parler, ils ne daignent point prendre la
peine de commander. Les Courtisans les plus adroits au visage de leur Prince deuinent ce qu'il veut, & ce qu'il ne veut
pas.

En cette sorte le Courtisan ne peut faire vn plus grand despit à son souuerain, que de luy faire conoistre le moindre vestige de la liberté de son esprit; & quelle plus grande marque
en peut il faire paroistre que de s'opposer à la volonté de celuy
qui pretend auoir vne absoluë domination sur nous? Il n'y a
rien qui iustifie plus l'auantage qu'on a de n'estre esclaue de personne, que de heurter la volonté de celuy qui doit, & veut estre
le maistre.

Du danger qui peut arriuer à la dignité du sage par l'humeur du Prince.

CHAP. XXXII.

QViconque se resoud de passer sa vie à la Cour, face bonne
prouision de patience: & depouille en sorte tout ressen-
timent, qu'il n'y ait point d'offence qu'il ne puisse trouuer aussi
douce, que si c'estoit vne obligation. L'ancien Courtisan donna ce conseil, lors qu'interrogé comment il auoit vieilli à la

Cour, ou si rarement on auoit accoustumé de vieillir, il respon-
dit que s'auoit esté en souffrant des outrages, & en en rendant
graces. Ce mauuais destin exerce sa tyrannie sur les plus hup-
pez. C'est vne maxime de la politique des souuerains d'opprimer les ames les plus genereuses : & d'humilier le plus qu'ils
peuuent les esprits altiers. En effect on donne tousiours vn
champ plus libre aux Lapins, qu'aux Lyons. La condition releuee qui esclatte en la souueraine puissance fait trouuer cet
auis fort aisé. La mauuaise fortune rend les courages humbles,
& respecteux : & la bonne temeraires & desdaigneux. Le faste est l'essence de la Noblesse, & de la grandeur. Cette consideration a fait croire à Pallas qu'il valoit mieux supporter sa
mauuaise fortune, quand mesme on en deuroit estre acablé,
que de souffrir l'insolence des Grands, contre laquelle il n'y a
autre deffence que la bassesse du courage : comme il n'est rien
au contraire qui l'aigrisse plus, & qui la rende, & l'esprouue
plus farouche que la grandeur, & la generosité de l'esprit. La
gloire des superbes ne consiste pas à mettre le pié sur la gorge
aux choses basses : mais bien à presser, & fouler les plus releuees.
Le but de l'orgueil, est de faire pompe & vanité de l'ascendant
qu'il a sur tout autre chose. Le mespris de tout ce qu'il y a de
plus excellent, & de plus digne d'estre consideré dans le monde, est la seule matiere par laquelle on fait parade de sa grandeur. Mespriser ce qui est de grande valeur, est se vanter d'en
auoir en abondance de plus grand prix. En cela ces ames vaines n'ont pas tant la passion de paroistre releuees, comme de
faire voir que toutes les autres sont basses à comparaison d'elles. Voila pourquoy leur premiere estude est d'humilier les
plus hautes : & mettre sous les piez quiconque peut aller du
pair auec que leur splendeur. Par où l'on peut facilement iuger comme la Noblesse que la prudence donne à vne ame releuee, sera vne occasion au Prince de la mal traitter. Et certes
il n'y a point de doute que plus le Souuerain aura sujet de
craindre qu'estant comparé au sage, il ne paroisse le moins digne, plus son humeur sera disposee à le mespriser, ou du
moins à n'en tenir point de conte. L'outrage ne plaist à personne. Les dieux mesmes l'ont en horreur.
La nature donnant aux animaux des armes pour se deffendre,

femble les auoir obligez à la reuanche. Si elle eft naturelle aux bruttes mefme, que fera telle au fage?

Cette matiere a fait encore naiftre d'autres opinions. Quelques vns penfent que deux, ou plufieurs grandeurs ne fçauroient eftre enfemble fans qu'elles perdent quelque chofe de leur efclaft, & de leur gloire. En effect qui affemble des chofes nobles diminuë leur valeur. L'or aupres de l'argent eft plus efclattant, & fe fait plus regarder, qu'aupres de l'or mefmo.

Il eft encore de beautez en affes bon nombre, qui paroiffent plus de loin que de prés : & qui toute l'opinion qu'on a d'elles & le refpect qu'on leur porte, les doiuent à l'eloignement qu'il y a entre elles & ceux qui les confiderent. A ce propos Lacide inuité par le Roy Attalus de venir à la Cour, fit refponce que les peintures fe deuoient regarder de loin.

D'autre cofté plufieurs Grands pratiquent la couftume de ne conoiftre perfonne, de peur de faire tort à leur grandeur. En effect il y a quelque apparance qu'ils le doiuent faire. Les chofes familieres ne font pas beaucoup prifees : & la familiarité, diminuë la reputation. Cette raifon a fait dire à Calliftrate que la trop grande priuauté engendroit du mefpris. En effect c'eft elle qui eft le brouillart, qui obfcurcit les yeux à beaucoup de perfonnes en ce temps-cy. Parmi ceux de leur pays ils penfent qu'il n'eft pas poffible de trouuer vn homme digne d'eftre confideré. Eftre eftranger, bien fouuent leur eft vn iufte fujet d'eftre eftimé, & honoré. Ce qui poffible arriue à caufe qu'ils ne fe peuuent imaginer, qu'il puiffe venir vn efprit fublime, ou le leur eft né bas & impertinent: ou pource que cette opinion leur fert à excufer leurs propres deffauts: qui certes meritent d'eftre excufés, eftans comme ils font vne contagion naturelle aux ames foibles.

Mais à le bien prendre ceux qui fçauent donner à chafque chofe ce qu'elle merite, ne mefurent pas le prix de ce qu'elle vaut au lieu de fon origine : mais à l'eftime de fa propre valeur. Qu'elle plus grande ftupidité y peut il auoir que de iuger d'vne plante par la terre où elle eft venuë, pluftoft que par le fruit qu'elle porte? Certes cette legereté d'efprit bien fouuent eft autant de temps à fe reconoiftre, qu'elle tarde à fe rendre familier celuy qui luy eft inconnu. Quelque bon ou mauuais

que soit le iugement qu'elle fait, elle est aussi aueugle à iuger
mal d'elle, qu'elle l'est à iuger mal, ou bien d'autruy. Les enfans
ne voyent rien de beau qu'ils ne vueillent auoir, & quand ils
l'ont ils le iettent.

Si l'on assemble donc deux personnes de si grande consideration que le Prince, & le sage, il arriuera peut estre, ou que
celuy qu'on estimera le moins ne sera pas en effect estimé ce
qu'il vaut : ou que le respect qui est deu à l'autre, ne luy sera
pas rendu tout entier : & voila possible l'occasion dont naistra
le mespris. Sur le theatre de la nature on ne voit iamais que
deux grands luminaires soyent aupres l'vn de l'autre, sans que
tous les deux perdent beaucoup de leur splendeur. Du costé
du sage, le Prince n'a rien à craindre qui preiudicie, ny à sa reputation, ny à l'honneur qu'on luy doit porter. La sagesse
ne sçauroit faillir : & ce qui est sous la conduitte du bon sens ne
peut fouruoyer. Il est impossible que la raison face aucun mal.
C'est elle qui est la regle de la societé humaine : c'est elle qui
regit l'ordre de tout l'vniuers. Toute iniure doit son estre à la
force de l'ignorance. Quand le sage & le Prince viuront ensem-
semble, le Prince ne courra point fortune d'estre moins honoré
qu'il doit : mais bien le sage de faire beaucoup de choses contraires à son deuoir & à sa reputation.

*Du danger qui peut arriuer à la dignité du sage par
l'humeur des Courtisans.*

CHAP. XXXIII.

L A sagesse non plus qu'aucune autre vertu ne sçauroit regner, où l'auarice regne. Les bonnes disciplines n'enseignent point les moyens d'acquerir du bien. Voila d'où vient
que nostre mal-heureux siecle, fol de l'amour des richesses, a
tout à faict esteint la lumiere des sciences les plus honorables.
Les moins fortunez esprits se persuadent d'auoir osté le prix à
toute doctrine dont leur infame bouche peut dire, c'est vne

estuͤde qui ne met rien dans la bource. Ces gens-là meritoyent
de porter la teste contre terre auec les autres animaux : puis
que c'est sans aucun fruict que la nature leur a donné le visage
esleué, & propre à regarder le ciel.

Ceste immoderée passion du bien est plus forte à la Cour,
qu'en pas vn autre endroit du monde. Ce fut elle qui fut le ha-
meçon par lequel les esprits y ont esté attirez : c'est elle qui est
la chaisne qui les y tient attachez. Quelle estime, & quel respect
peut attendre la sagesse de ceste sorte de canaille ? mais plustost
quels outrages n'en doit elle pas craindre ?

Comme entre toutes les iniures, celle qui se fait aux plus gens
de bien, est la plus insuportable, celle qui vient des plus meschans, ou des plus abiects, est la plus cruelle. Faire, & souffrir tirent leurs qualitez des personnes qui font, ou qui souffrent.
Ceder à ceux qui sont moins que nous, est vne douleur qui ne
se peut supporter : mais de voir que le bon soit excedé par le
meschant, c'est voir vn effect de la plus noire malice qui se pratique en enfer. Quiconque enuoye le sage à la Cour, l'expose à
pareille infortune. Aupres des Grands ceux qui peuuent seruir le plus, sont le plus en credit & en honneur. La fortune de
ceux-cy, est l'appas de la seruitude des autres. Les meschans
hors leur captiuité n'ont rien à se faire aymer. Elle est tout leur
merite, & passe pour tout ce qui peut estre consideré en eux.
De la il arriue que plus quelqu'vn est incapable de faire rien de
bien, plus il se rend religieux à tesmoigner son obeissance. Auec
cet artifice, il s'efforce de couurir, ou du moins d'excuser ce
qu'il a de mauuais en luy. Les excellens esprits attendent bien
les commandemens, mais ils ne les vont pas chercher. Ils ne
courent pas apres eux : mais ils ne les fuyent pas aussi. De là il
arriue assés souuent, & sans beaucoup de difficulté que le pire
de tous les pires, est celuy qui le premier entre en faueur, & qui
l'a la plus grande : & que tout au contraire le plus homme de
bien est le moins veu de bon œil.

Quelle plus cruelle secousse peut receuoir l'honesteté que de
voir à ses propres yeux les meschans receuoir les caresses qui
luy estoyent deuës ? Lors qu'Ajax imputoit à soymesme le
mauuais traitement qu'il receuoit des Grecs, il tenoit ce langage. De quoy m'a serui ma vertu ? à quel propos en ay-ie fait

tant d'eſtat? pourquoy la faiſois-ie paroiſtre parmi des gens qui n'ont rien de bon en eux? puis que les gens de bien ne ſont point recompenſez? Certes le meſpris que l'on fait d'vn homme de bien, ſemble n'eſtre pas vne moindre iniure, que celle que l'on fait en meſpriſant la faueur, d'où les meſchans tirent leur fortune.

L'accroiſement des meſchans n'eſt pas ſeulement vne honte aux bons: il leur eſt encore vne cruelle offence. Les meſchans enflez de leur pouuoir ſe mettent en poſſeſſion d'opprimer les bons: & croyent qu'ils ne ſçauroyent mieux employer leurs forces qu'à ceſte ſorte de malice. Leur opinion eſt qu'en humiliant tout le monde, ils s'eſleuent eux-meſmes: & que le mal-heur des bons eſt le bon-heur des meſchans: que par ceſte maxime leur condition doit aſſeurer ſon eſtabliſſement. La conſcience des coupables ne ſçauroit ſe tourner d'aucun coſté, qu'elle ne voye des ſujets de crainte: & certes ce n'eſt pas ſans raiſon: ce qu'ils meritent les inuite à celà. La dignité des bons eſt le heraut qui publie les crimes des meſchans, ou pluſtoſt la coignée qui en peut facilement couper les racines.

Il ſemble encor aux meſchans qu'opprimer les bons ſoit vne certaine maniere de ſe venger. Ils ſont ennemis de la vertu, non qu'elle leur deſplaiſe: mais d'autant qu'elle leur donne de la frayeur. D'où vient qu'ils ne ſe plaiſent pas moins dans leur grandeur que dans la baſſeſſe de la vertu. Aux ames peruerſes,

Se venger eſt plus doux, que n'eſt douce la vie.

En outrageant la vertu, ils ſe vengent de la crainte qu'elle leur donne continuellement: & ſe vengent tout en meſme temps de l'infamie qu'elle leur procure en faiſant comparaiſon d'elle auec eux.

La faueur des ames peruerſes ne menace pas de honte & d'opprobre non ſeulement ceux qui ioüiſſent de l'amitié de celuy dont les bonnes graces leur deuroyent eſtre indifferentes: ſa malice s'eſtend encore ſur tout le demeurant de la Cour. Le Prince attire les affections de tout le monde ſur ceux qu'il eſleue en credit par deſſus les autres: & la faueur eſt ſuiuie de la ſubmiſſion de tous ceux qui le cognoiſſent. Toute autre vertu, & toute autre qualité ſe voyent laiſſées derriere. C'eſt le propre de l'eminence de ſe faire regarder de tous ceux à la veuë

deſ-

defquels elle eft expofée: & il n'y a perfonne qui ne reuere
ceux de qui il peut efperer ou craindre. C'eft pour cefte raifon
que le refpect, & le mefpris s'attendent de la grace & de la difgrace.

Le fage n'a que faire d'aucun honneur eftranger: bien que ce
foit vn grand defplaifir aux bons de fe voir apres les mefchans.
Achille pourra t'il fouffrir que Therfite marche deuant luy?
Quel moyen qu'il puiffe fupporter de fe voir outragé par des
gens de cefte forte?

Si la Cour eft donc tout le contraire de la vie tranquille; fi
elle eft feconde en haine, en enuie, & en mefpris, qui font les
trois furies de la focieté ciuile, & que de tout temps on nous
exhorte d'auoir en abomination, il fera bien mal-aifé de voir
que le fage s'accouftume à yiure auec les Grands.

Que la fageſſe diuertit le fage d'eſtre à la Cour.

CHAP. XXXIV.

LE fage fe plaift à la vie douce & tranquille: & c'eft la vo-
rité qu'elle ne fe trouue pas dans les fuperbes palais, ny
dans le tracas du monde. Elle eft efloignée & des pompes, &
des grandeurs de la terre.

Par les grandes citez on voit courir fans ceffe
Les foins, l'ennuy, l'efpoir, la crainte & la trifteffe.

Gyges ne fe contenta pas de poffeder des threfors incroyables, ioints auec vn grand empire: il voulut que l'oracle ren-
dift vn tefmoignage de fa felicité. La refponfe du Dieu fut,
Que dans les champs d'Arcadie il y auoit vn pauure veillard
bien plus heureux que luy. Par ces paroles l'Oracle rebou-
cha la folie de ce Roy prefomptueux: & fe mocqua tout en
mefme temps de la vanité qui enfle le plus fouuent les pen-

fées des hommes. Qui plus est il nous fit voir comme la vie qui se passe sans aucun trouble dans les petites cabanes, est plus douce que celle qui se passe dans les Palais des Roys : où les soins, les peines, & l'enuie abondent. Ainsi Gyges voulant mendier de la creance pour sa fole opinion, apprit où habitoit la vraye & asseurée felicité.

Il semble que la sagesse enjoigne à ceux qui la suiuent de viure esloignez de la foule & du grand monde. Au dire de Plutarque ce fut le sentiment du sage qui dit, vy sans estre cognu : & le Poëte est sans doute de mesme aduis quand il dit,

C'est viure bien que de viure incognu.

Qui vit incognu aux hommes, vit aussi incognu aux infortunes. La plus grand part des mal-heurs qui suruiennent à vne personne, arriuent de la cognoissance que l'on a de son nom. Au sage il ne peut arriuer de soy que de la felicité. Les contentemens solides sont enfans de la sagesse. Le plus asseuré rempart qu'elle puisse auoir pour se deffendre de la violence de toutes sortes de malheurs, ce sera de viure loin du vulgaire : & c'est en effect ce que toute son estude demande. Les occupations de la sagesse requierent le repos : elles ont en horreur les tumultes. La Cour paroist le theatre des estourdissemens. Le tragique laissant les autres manieres de viure au vulgaire conclud,

Qu'il faut viure en secret dans sa propre maison.

En effect la sagesse ne commande pas seulement aux sages de viure en leur particulier : mais encore esloignez des Grands.

Pas vn d'entre les Grands ne m'appele chez soy.

Plus les Grands te conuieront de t'approcher d'eux, plus tu t'en dois esloigner. Que chacun viue auec ses semblables. La craye ne s'accorde pas auec le bronze. A generalement parler, il est vray,

Que l'amitié des Grands a de charmans appas,
Mais seulement pour ceux qui ne l'esprouuent pas :
A peine en reçoit-on de certains tesmoignages,
Qu'elle imprime la peur dans les plus grands courages.

Aux sages elle est plus perilleuse qu'à nuls autres. La vertu

eminente est la seule qui se fait craindre de quiconque a le souuerain pouuoir entre ses mains : & la seule sagesse a l'asseurance de faire paroistre des mœurs odieuses à la puissance absoluë.

C'est vne ancienne maxime de la Politique : que tout excés
de vertu qui paroist dans les sujets est à craindre à ceux qui
regnent. Le conseil que donne Periandre à Trasibule en fait
foy. Ce fut là l'occasion d'où proceda l'ancien ostracisme.
La mort de Senecque n'eust point d'autre pretexte que celuy-là.

Les souuerains tiennent encore pour suspects ceux d'entre
les leurs qui sont aymez d'autres Princes. Les gens vertueux
ayment tout le monde ; comme ils meritent d'en estre aymez. Pierre Vigne si cher fauori de Federic confirme mon
dire.

Celuy qui tient les resnes d'un Empire, de sa seule presence prend plaisir à donner de l'estonnement : & à son seul nom
souhaitte que ses subjets ayent le ventre à terre. Il en veut
estre honoré , & admiré auec vne profonde veneration. Ces
estonnemens sont les fais sous lesquels sont accablez les esprits
stupides. Vn grand courage n'admire rien , & ne s'estonne de
rien. Que les Corinthiens aillent tant qu'ils voudront à main
armée au deuant d'Alexandre, Diogene ne bougera de Cra-
nium. Quoy que c'en soit, de ce subjet-là vint la ruine de Cal-
listene.

Qui plus est, quand le Prince ne seroit amoureux que de
ce qui est iuste, & de ce qui est honneste, en l'obeissence qu'il
tire de ses sujets, il ne voudra pas qu'on en face la difference. La
raison du gouuernement le veut ainsi. Le sage obeït au Prince
dans les bornes de la vertu : & ceste constance paroist au Souuerain vne semence d'esprit refractaire. La ruine de Papinian vint
de ceste occasion.

Le grand citoyen d'Ephese ne vouloit point la familiarité
de Darius Roy de Perse. Le voyage que Platon fit en Sicile
faillit à le perdre. Menandre ne voulut point aller à la Cour du
Roy de Macedoine, quelque instance qu'en fissent les Egyptiens. Ce fut en vain qu'Antigone inuita Zenon de le venir voir : & Socrate en pareille rencontre se moqua d'Arche-

laüs. La sagesse humaine s'est bien fait entendre dans les escrit
des autres Philosophes : mais elle s'est faicte voir seulement en
Socrate. Qui seroit si hardi que de condamner ce que ce Peres
des sages a approuué. Quiconque en aura la temerité qu'il le
calomnie encore vn coup auec Melite. Socrate desaprou-
ue la Cour : apres cela quel d'entre les sages en sera amoureux?

LE
SAGE EN COVR.
LIVRE II.

Que la sageße n'eſt pas neceßaire à vn Royaume.

CHAP. I.

AREMENT ſe trouue t'il de choſe ſi euidente qui ne laiſſe quelque apparence de verité à celle qui luy eſt contraire. Du moins ſi l'vne a vne raiſon pour ſoy, l'autre en a vne autre. Pluſieurs conſiderations ont deſtourné le ſage de ſe tenir à la Cour. Pluſieurs raiſons ont diſſuadé le Prince de l'auoir aupres de luy. Mais il n'eſt point de menſonge quelque grand qu'il puiſſe eſtre, que le diſcours ne preſume de couurir du manteau de la verité.

La puiſſante d'exterité d'agir, qui s'acquiert par vn long vſage, ſert bien plus que la doctrine, plus que la prudence meſme. L'vſage eſt le maiſtre abſolu de toutes choſes. C'eſt luy qui fait ꝛeuſſir tous les enſeignemens des ſages. La doctrine pour ſi parfaicte qu'elle ſoit, ſans l'experiance ne profite de rien pour agir.

l'experience fans doctrine ne laiffe pas d'agir promptement.
Les feuls preceptes d'agir felon la iuftice ne fuffifent pas à
l'homme; il faut qu'il ait l'habitude d'agir iuftement, qui eft la
propre fi le de l'vfage. Celuy qui fans la fcience a l'experience
de guerir, r donne plus promptement la fanté à vn malade, que
ne fait celuy qui tout fçauant qu'il eft, pratique la medecine fans
experience. Ce n'eft pas fans raifon que Pindare la nomme la
plus douce d'entre les chofes humaines. Platon de fon cofté
nous apprend comme, l'vfage eft ce qu'il y a de meilleur en la focieté ciuile: & il ne fçauroit eftre grand parmi le commerce des
hommes fans vne grande pratique des chofes. C'eft pour cefte
confideration qu'vn vieux ignorant eft plus capable de gouuerner qu'vn ieune fçauât. D'autant que l'vfage ne s'acquiert que
par de longues années, & en cheueux gris. Ces gens d'experience font neceffaires à ceux qui ont vn eftat à gouuerner.

Apres cela il leur eft tres-expédient de s'inftruire des belles
actions qui fe font paffées dans les fiecles de ceux qui les ont
deuancez. Voila pourquoy Polibe efcrit que l'hiftoire eft la
vraye inftruction des chofes du monde. Alphonce d'Arragon
eftimoit que les morts eftoyent ceux qui eftoyent capables de
confeiller le mieux. Alexandre Seuere prenoit vn fingulier
plaifir à conuerfer familierement auec ceux qui auoyent vne
grande cognoiffance de l'hiftoire. C'eft vn grand aduantage
que de preuenir l'auenir dans la fuitte du paffé : & dans les
auantures de nos peres, contempler l'image de celles qui doiuent arriuer. L'experience que l'on tire des actions d'autruy,
eft vn auertiffement aux noftres.

Outre plus, qui prendra bien garde aux temps des gouuernemens des empires, verra combien la fcience eft peu neceffaire à vn Eftat. La guerre fe fait auec l'or, & auecque l'efpée:
Et c'eft vne vérité tres-euidente que deux chofes, fçauoir les
Soldats & l'argent conqueftent, maintiennent, & accroiffent
les Royaumes. La paix s'entretient par l'opulence des Grands,
& par les loix.

Il eft vray qu'il s'eft paffé plufieurs fiecles qui n'ayans aucunes loix, ont efté conftrains de faire vn cas tres particulier des
fages. Autres-fois la frequente fuitte des mauuaifes actions
troubloit tout l'ordre de la vie. A prefent c'eft le grand nom-

bre des loix qui en fait la cōfusion. Celuy qui les aboliroit toutes, en receuroit moins de mal, que celuy qui pour en suppleer
le deffaut les auroit augmentees. Vn autre a fort bien dit, que la
concorde parmy les noftres, & de la force contre les eftran-
gers, maintient quelque Eftat que ce foit.

Si quelque autre fouftient, qu'à la guerre la force eft vne
qualité funefte, lors qu'elle n'eft point accompaignee de la prudence ; & que la paix & la tranquillité ne fe peuuent regir fans
elle. Pour tout cela il ne nous perfuadera point que la fageffe ferue en aucune façon à regner : d'autant que il n'eft pas permis à
la fageffe de fe fier à quoy que ce foit : & que la fortune eft
abfoluë maiftreffe de tous euenemens : felon que luy permet
fon caprice. Quel cruel affront eft-ce à la prudence, à qui le foin
des fols femble auoir efté commis, de voir que la plus part du
temps cette infenfee fe moque & fe jouë comme il luy plaift,
des confeils & des deffeins les mieux concertez ? Les gens les
moins fenfés font les feuls qui font mis fous la conduite de la
fageffe : & cependant il n'y a que cette temeraire qui luy face
la guerre, qui la choque : & qui par vne obftination enragee,
ne luy laiffe ny aucun temps, ny aucun moyen d'agir comme il
feroit à defirer. En cette forte les plus mauuais confeils le plus
fouuent font ceux qui ont vne meilleure fuitte. Voila comme
cen'eft pas fans raifon qu'il femble à Iocafte.

Que viure à l'auanture eft viure heureufement.
Ainfi la fortune ne daigne point affronter les efprits les moins
folides. Comme elle eft vne ennemie pleine d'ambition, elle
n'afpire point aux mediocres victoires : & mefprife ceux qui
n'ont contre elle qu'vne foible deffence. Par tout fa vanité fe
promet de renuerfer de fons en comble les plus hautes, & les
plus accortes penfees. Elle fe plaift à donner le coup mortel aux
refolutions les mieux prifes. Elle n'affaut point qu'elle n'a-
batte : & n'abbat point qu'elle ne tuë. Apres cela que luy refte
t'il de difficile, où de penible à executer ? En quelque occafion que ce foit, elle a toufiours en adondance de nouueaux
partis, & de nouuelles rufes. Au refte elle ne fe monftre iamais
toute telle qu'elle eft. Quelque grande reueuë qu'elle face de
fes forces, elle en a toufiours qui ne paroiffent point : & non
contente de celles qu'elle a, elle fe fert des noftres contre nous

mefmes. Elle ne conoift aucune borne ny de lieu, ny de temps, ny de chofe quelconque. Elle fait foufleuer les perils deuant nos yeux, fans qu'il nous foit poffible de nous apperceuoir d'où ils vienent. Elle change la mefme feurté en fuiets de crainte, & des propres racines du bien, fait naiftre le mal.

En plain efté du plus grand calme du monde elle fait fortir des tempeftes plus cruelles que celles que le plus orageux printemps peut exciter. La felicité elle mefme ne luy refufe point la main pour ouurir des precipices de calamité. Tout ce qu'vne longue fuite de temps, & de trauuaux a pû eftablir, en vn moment, & au moindre fouffle, fa colere le renuerfe, & iette à fa ruine. Il n'eft rien qui foit exempt de fa violance. Elle oze tout, & l'oze en la mefme forte, que fi elle auoit fait ferment de l'ozer. Contre fes efforts toute puiffance eft foible : toute fageffe impertinente. A fes menaces, les Royaumes tremblent, & ce qui a des fondemens inesbranlables chancelle de creinte. A quoy donc eft bonne la fageffe, fi le iugement des chofes qui doiuent arriuer dans le monde, eft referué à la fortune? Si elle feule eft l'occafion de toute ioye & de toute trifteffe? Certes elle feule vient à bout de la prudêce de cent fages. Telle qu'elle eft en noftre endroit, tels nous fommes dans l'opinion des autres. Si elle eft amie de quelqu'vn, il eft eftimé fage. Si elle en eft ennemie on le croit fol.

Que les inclinations & les mœurs du fage font contraires à vn Royaume.

CHAP. II.

L A viuacité de l'efprit qui paroift aux fujets eft vne pierre d'achoppement à ceux qui veulent abfolument regner. Les Grãds Monarques ont occafion d'apprehender les grans efprits. Il ne faut qu'vne houlete pour faire aller les brebis où lon veut : mais il n'en eft pas de mefme des Lyons. Le deffein de la puiffance

stance souueraine est d'estre reueree, admirée, & crainte tout
ensemble. Sa hautesse conciste en la bassesse d'autruy. En ceux
qui ont brisé les murs de la prison, cómune à tous les sujets, &
qui sont arriuez dans le secret sejour des Muses, il est impossible que demeure empreinte aucune marque d'vne ame basse.
Le mespris des choses du monde est le premier enseignement,
& la premiere pratique de la sagesse : & la confiance qu'on a de
son propre esprit rend les courages reuesches. Ceux qui sçauent, ne sçauent iamais ceder. Il semble que le iugement du
sage se plaise à faire voir qu'il est plus iuste, que ne sont iustes
les loix elles mesmes : qu'il face vanité de commander, & de
se retirer hors de la iurisdiction de la Iustice. Vn gentil'homme fort studieux s'estoit autrefois persuadé, que reserué la
science de la religion, des loix, & des arts necessaires à la vie,
toutes autre cognoissance estoit dommagable au gouuernemét
d'vne chose publique. Il estoit mortel ennemy de certains importuns, qui faisoient profession de reueler à des prophanes
les secrets de la sapience, & d'autres qui se tourmentoient in-
utillement à subtiliser les esprits, en la cognoissance des choses, qui pouuoient auancer les premiers dans leurs desseins mal
conceus. Cela ne fit, à son dire, que renuerser le bien public
sans dessous dessus : corrompre l'estat : & mettre sur le dos
tout le corps de la societé ciuile : qui plus est mesler & confondre l'ordre establi dans les conditions des personnes : & tailler
de la besoigne, & de la peine à celuy qui auoit le gouuernement
en main.

Que le Prince n'espere donc de ces gens, enflez d'vne science non commune, ny respect, ny obeïssance. S'ils paroissent
altiers & refractaires aux choses diuines, que ne seront ils pas à
son Sceptre, & à sa Couronne? Il semble que la pieté s'imprime
plus aisement dans des ames simples & humbles, qu'elle ne fait
dans celles qui leur sont contraires. Plus les sages approchent
de l'excellence de Dieu, plus il semble qu'ils perdent du respect, & de l'adoration qu'ils luy doiuent. Le salut du Royaume consiste premierement en la pieté du Roy, & puis en celle
de ses sujets. Ceux cy la tirent de celuy la. Il n'est point de
frein si puissant à regir vn peuple, que celuy de la religion. Elle
est le premier, & principal lien de tout le corps de la societé

eiuile. Le respect des choses diuines, est l'esprit qui anime
l Estat. Quelle autre chose plus communnement accroist les nouuelles, Monarchies? Certes les Princes qui laissent deschirer
a religion par des superstitieux, & par des forcenez, sont
bien simples, & songent mal à leurs affaires.

Si le gouuernement de l'Estat à besoin de quelque cognoissance, vne vulgaire, & facile luy pourra suffire. Il n'a que faire
d'vn esprit esleué par dessus le commun, Aux choses ou l'a-
ction est requise, il arriue bien souuent, disoit Socrate, que les
moins habiles voyent plus clair, & plus soudainement, que
ceux qui sont les plus sublimes, & les plus intelligens : & si
Aristote est digne de foy, il est vray qu'il ne fut iamais de
grand esprit qui n'eut en soy quelque meslange de folie : & si
Platon est encore à croire, il est aussi vray, que les fautes les
plus signalees sont purs effects des grans entendemens, S'il n'est
donc pas permis aux ames vulgaires d'approcher des portes de
la sagesse, il sera tres dangereux de confier les importantes deliberations aux conseils des sages.

Les eternels contrastes qui esclattent aux opinons de ceux
qui sçauent le plus, nous monstrent assés euidement comme
toute leur estude est inutile à la vie humaine. Les horloges
s'accordent bien plus tost, que les sages. S'ils sont en different
des fins pour lesquelles toute la vie doit estre regie, que sera-ce
des moyens? Il est malaisé de s'imaginer d'occurrance, ou de
chose qui ne soit, ou ne puisse estre deschiree par leurs disputes.

Quand ils conuiendroient mesme en leurs opinions, ce ne
se roit pas à dire pour cela que le Prince s'en dust seruir. Combien de Platons voit on dans leurs chaires prescrire des ordres
aux Royaumes, & à l'vniuers tout entier, qui venans à l'experience monstrent combien leur profession est vaine & impertinente. Les contemplations ne sont iamais actions. Les affaires domestiques des autres ne sont iamais en si mauuais ordre que celles des sages. Il semble que plus la sagesse s'auance
dans la theorie des choses, plus elle se recule de la pratique. Le
Prince des sages l'a auoüé luy mesme. Et qu'il soit vray, ne
dit il pas que les Philosophes sont ineptes, & mal habiles aux
affaires du monde? Qui mesnage mal ce qui est à luy, mesna-
gera t il bien ce qui est aux autres? qui ne sçait faire son proffit

fera t'il celuy d'autruy ? Au dire de Pindare le sage n'a dans la ville que le corps. L'esprit ne s'arreste en pas vn lieu. La nature à son gré l'attire tantost icy, tantost l'a. S'il est appellé aux affaires du monde, il n'y dure presque rien. Son vsage l'en retire. Il s'enfuit : & va reprendre ses premiers soins. Il deploye ses aisles par les espaces, par lesquels il a accoustumé de voler: & cependant ce qu'il auoit entrepris demeure negligé. Agrippine donna bien à cognoistre qu'elle entendoit cela quand elle destourna son fils de l'estude de la Philosophie; comme d'vne chose tout à fait contraire à celuy qui deuoit vn iour regner.

Et certes ceux qui ont des affaires en assés bon nombre n'ont point de plus puissans ennemis que la difficulté qu'ils trouuent à se resoudre. Sçauoir trop est vn obstacle à la decision des conseils que lon doit prendre. La multitude des choses, & des moyens que lon void, retarde la conclusion: Et le retardement est cause bien souuent qu'on souspire apres l'occasion perduë.

Que la qualité du sage est peu conuenable au Courtisan.

CHAP. III.

LE plaisir qui se gouste dans la familiarité, est vn des assesonemens de la vie. C'est luy qui porte les esprits à conuerser, & viure ensemble. L'authorité, & l'humeur seuere ne sont au goust de personne : tout le monde s'en ennuye. La saleté est le trouble de la ioye. Pour ce qui est de la Cour, elle ne se plaist qu'à des mœurs delicieuses. Elle n'est amoureuse que des choses, capables de faire bien passer le temps, ne cherche qu'à diuertir ses soins, & iouir tousiours des plus solides contentemens. L'authorité, & la seuerité, sont qualitez, qui n'apartiennent qu'aux sages. Il semble qu'ils fuyent les occasions de se

foubmettre aux plaifirs : & que la contemplation des chofes les
efloigne eux-mefmes de leur bon fens. D'où vient que par des
actions tres-aufteres, & par des regards farouches tous infenfi-
bles & endurcis qu'ils font, ils fuyent le plaifir, & donnent de
l'ennuy à ceux qui le fuiuent. Cefte confideration fait quel'on
trouue leur entretien rude & defagreable. Cela eftant comment
fera t'il poffible que les Princes foyent paffionez de tels Courtifans ?

Qui plus eft, la Cour fait vanité d'eftre la retraitte de plufieurs perfonnes rares, & de naiffance illuftre. Auffi certes fon
vifage tire fa fplendeur de la nobleffe de fes Courtifans, comme le Prince en tire l'honneur dont il fe voit comblé. Les her-
bes de nulle confideration font deshonneur aux beaux iardins.
Ceux qui font d'obfcure naiffance ne doiuent point approcher
de la Majefté des Roys. S'il eft vray que la brebis de Nicippe
fit vn Lyon, fon fiecle vit ce qu'autre fiecle ne vit iamais. Celuy qui difpence les biens de ce monde, donna auec raifon aux
vns des honneurs, & des richeffes: aux autres l'aduantage d'e-
ftre nez nobles; & aux autres d'auoir de l'efprit. Il compenfa
les deffaux des vns en l'abondance des autres. S'il arriua qu'à
la grandeur de l'efprit il adioufta les autres biens, il en banit l'a-
mour de la fageffe, ou permift qu'eftant enerué par ces aduantages on reftat fans aucune ciuilité. Les autres biens rendent le
trauail defplaifant, & fans luy, il eft impoffible d'aller à la vertu.
Par cefte raifon vn grand fçauoir eft rarement vne matiere dont
on puiffe loüer les riches, ny les nobles, ny ceux qui excellent
ou en beauté, ou en puiffance. Minerue eft vne Deeffe guerriere : qui rarement fe plaift auec les delicats, non plus qu'auec
ceux qui fuyent la peine. Et fans mentir la flamme de la fageffe
prend le plus fouuent aux efprits, de qui l'extraction eft obfcure, & dont iufqu'à lors on n'auoit pas ouy parler.

L'afpreté des Philofophes qui fous pretexte de dire librement leurs fentimens, cenfurent les actions d'autruy, n'eft pas
encore moins defplaifante à ceux qui font à la Cour. Les aiguillons de leurs langues touchent plus viuement, que les mef-
difances des anciennes comedies. Leur infolence renduë infame par les loix de Mafure n'eft iamais fi cruelle à perfonne,
qu'elle l'eft aux Grands. S'il y a quelque iuftice à reprendre les

fautes d'autruy, il n'y en a iamais tant qu'à reprendre celles que font ceux, qui semblent pouuoir faillir le moins : & c'est là la pernicieuse excuse dont se seruent les mauuais esprits pour iustifier la temerité qu'ils ont, de publier les mauuaises actions des Princes. Ce qu'ils en font n'est que pour oster le blasme à leurs propres inclinations, par la comparaison de celuy qu'ils donnent aux souuerains. Si ce n'est que par les exemples des Roys ils ayent dessein d'inuiter les sujets à mesmes crimes. Quiconque descouure les vices des Grands, porte les autres à les imiter. Voila d'où vient qu'on escoute volontiers ce que les Princes font de mal, & qu'on se rend ingenieux a y prendre garde. Ce sera là vn iuste subjet à tous ceux qui ont le souuerain pouuoir en main de ne voir iamais de bon œil, ny les medisans, ny les medisances. La profession de mesdire à quiconque la fait, en fin tient lieu de necessité. Ceux qui l'exercent font vanité de publier qu'ils y sont contraints par leur deuoir, puis que par ce moyen ils portent les vns au bien, & retirent les autres du mal. Veu mesme que le blasme est vne certaine maniere d'agir propre a faire abhorrer tout ce qu'on deteste.

Combien de fois ceux qui font profession de la sagesse ont ils esté chassez des Royaumes? comme des gens inutiles & pernicieux au gouuernement de l'estat ? Ils furent bannis de Rome au temps que Marcus Pomponius estoit Præteur : puis sous le Consulat de Messale, & de Strabon : & encore apres sous le regne de Domitian. Le Roy Lysimacus les fit sortir de son Royaume à son de trompe. Ceux de Messine, les Arcadiens, & les Liciens s'en deliurerent pareillement : & ceux de Sparte ne les voulurent iamais receuoir dans leur ville. Les Atheniens mesmes les ont quelquesfois enuoyez hors de chez eux. Caracale voulut exterminer tous les Peripatheticiens : & Licinius & Valentinian eurent en horreur & les Philosophes & la Philosophie ny plus ny moins que la peste.

Ce que c'est que la sagesse, & le sage.

CHAP. IIII.

IL n'est point d'homme de bien, si grand puisse't il estre, que la calomnie ne soit capable de noircir : & n'est pas mesme iusqu'aux femmes, & aux petits enfans qui ne puissent diminuer la reputation d'vn glorieux capitaine. Mais si ceste enragée trouue de la facilité à blasmer ce qu'elle veut, elle n'en trouue iamais tant, que lors qu'elle s'attaque à la sagesse: qualité enuiée de tout le monde, moquée & bafouée des sots: & veuë de mauuais œil de ceux qui ne sont que fort mediocrement sçauans. Il est vray qu'aux pieds d'vn iuste tribunal, elle sert côme de Heraut pour faire cognoistre l'innocence. La iustice de Caton ne reluit pas moins par les cinquante accusations qu'on dressa contre luy, que par la splendeur de mille, & mille belles actions que sa vertu fit paroistre en toutes sortes d'occasions. Ceux qui sont ialoux de l'estroitte obseruation des preceptes de la sagesse, ont plus de suiet de mespriser les calomniateurs, que de les craindre. La force du deuoir ne redoute aucun outrage.

Si nous prenons bien garde à la vertu de ces noms de sagesse ou de Philosophie, & ce que celuy de Philosophe ou de sage veulent dire, il ne sera pas mal-aisé de descouurir quelle passion les Princes doiuent auoir pour les sciences. La sagesse ou Philosophie, dans son throsne est vne claire cognoissance de la verité des choses, partagées par ceux qui nous ont deuancez, en diuines, & humaines. Les choses diuines sont celles que les mains de Dieu ont faictes: que nous auons accoustumé d'appeller œuures de la nature. Les humaines sont celles qui doiuent leur estre à nostre volonté.

Le nom de sage ne doit point estre donné à celuy, qui dans sa memoire a receuilli tout ce qui s'est passé de memorable deuant luy:ny à celuy qui sans qu'il ait besoin d'aucun interprete, peut parler auec tout ce qu'il y a d'hommes au monde:n'y a qui conque voit clair dans les sçauantes obscurités d'Aristote, non plus qu'à celuy qui a vne parfaicte cognoissance des majestueux sentimés de Platon: ou qui a en main toutes les subtilités & illusions des Sophistes ; encore moins à celuy qui sans faire aucune mauuaise rencontre, se tire de tous les destours du Labirinthe des loix. On ne va point à la sagesse par les disciplines liberales. Quand quelqu'vn ne sçauroit pas lire, ce ne seroit pas à dire pour cela qu'il ne peut iamais estre veritablement sage. La sagesse ne se lit point dans les liures, escrits de la main des hommes. Elle ne consiste point aux paroles : elle consiste aux choses. Celuy-là seul doit estre estimé veritablement sage, qui peut lire, & entendre les liures, escrits par la main de la sagesse eternelle.

Dieu nous a mis deuant les yeux toutes ses œuures en general, dont est composé le gros volume de la Nature: où il se parle & de luy & de tout ce qu'il a fait. Apres cela, il nous a donné l'entendement, & la raison qui sont comme vn second volume : toutesfois moindre que le premier: En cestuy-cy est imprimé tout ce que nous deuons, & ce que nous ne deuons pas faire: en luy sont grauées les loix de nostre conduitte.

L'Autheur de toutes choses prit plaisir à composer le volume de la nature, en sorte que nous y trouuassions infiniment plus de subjets d'admiration que de science. Il exposa tout l'vniuers à nos disputes: & ne voulut point que depuis le commencement iusqu'à la fin, l'homme fust capable de comprendre ce que son createur auoit fait. Non il n'est pas au pouuoir de l'homme de sçauoir la verité des choses que Dieu a faictes. Plus il se tourmente à la descouurir, moins il y reüssit. Il n'est pas possible d'en cognoistre vne seule, non pas mesmes de celles qui sont les plus proches de nous. Le feu est vne de celles qui nous sont les plus familieres: auec cela, est-il quelqu'vn qui sache bien ou son origine ou sa nature ? Personne ne peut comprendre qu'elle est la fin de chasque chose, que celuy qui la luy a prescritte. Et quant bien nous en sçaurions & la vertu & le dessein pour lequel elle a esté faite, il n'en reuiendroit pas beaucoup d'auantage aux hommes pour bien viure. Il sied mal d'estre curieux de sçauoir quelles sont les œuures de Dieu. Vn vieux pasteur a estimé, que comme elles estoyent toutes sacrées, on deuoit pluftoft les admirer, que d'en rechercher les caufes, auec de la temerité.

Pour nous, nous deuons eftre ftudieux du liure qui eft à nous. A nous appartient de lire, & d'entendre les chofes que noftre raifon doit produire. En cefte forte il nous eft permis de Philofopher iufqu'à tel poinct que les plus fameux generaux d'armée nous femblent des muletiers. Si nous faifons quelque chofe de mal, nous n'auions rien de quoy nous puiffions nous excufer. Nous aurions mauuaife grace de dire, qui eft celuy qui peut conduire au bien? En la partie la plus releuée de noftre ame, Dieu a imprimé la fplendeur de fon vifage, & a laiffé en nous des marques du caractere de fa diuinité. A fon efclat fe voit tout ce que l'on demande, pour bien & heureufement viure. D'où vient que de toutes les chofes qui font à defirer, la vie heureufe, & vne claire intelligence de la raifon, ont le premier lieu: l'vne comme la fin où tout le monde afpire: & l'autre comme vn moyen pour y paruenir. En vn mot celuy qui a vn efprit clair, & net, eft heureux. C'eft vne penfée cognuë de beaucoup de gens que la fcience eft vne chofe bien chere à tout ce que nous fommes d'hommes au monde: & qu'il n'eft rien dont noftre confcience face tant de cas. Qu'elle eft la plus particuliere grace que les efprits puiffent receuoir du ciel, du moins au dire d'Agamemnon. Sans elle la vie eft de nulle confideration. Ariftote eft de cét aduis: & deuant luy le Prince des tragiques nous a apris que la fcience doit eftre plus eftimée que la vie. Mais quelle partie de la fcience eft celle-là, fans laquelle la vie eft mefprifable? Eft-ce celle qui nous monftre l'ordre, le nombre, & la mefure des chofes celeftes? ou des elementaires? qui nous enfeigne qu'elles font les fubftances? qui nous en defcouure la vertu, leurs actions, & toute autre qualité qui les regarde? Pour ne mentir pas, bien que l'homme foit efloigné de toutes ces cognoiffances, il ne laiffe pas de pouuoir eftre heureux. Ce foin eft au deffus, du bien & du mal qui luy peuuent arriuer. La fcience de noftre conduitte eft telle, que fans elle, il ne paroift pas mieux d'eftre, que de n'eftre pas. Toute noftre nature eft generalement auide de fçauoir: mais de rien tant comme le bien, & le mal. L'Ange qui fe rebella contre Dieu l'a monftré affez: car c'eft par cet appas qu'il trompa noftre premier

pere,

pere. A qui ne fera t'il pas croyable que ce mauuais efprit,
comme il eft rufé au delà de ce que l'on peut imaginer, de toutes les armes dont il fe pouuoit preualoir le plus, prift celles qu'il
crût les plus puiffantes, pour renger à ce qu'il defiroit la conftan-
te refolution de l'homme? Le deffein qu'il auoit de le perdre
eftoit vn effect de fa derniere temerité, & tout en mefme temps
vne marque defefperée de fon eternelle foibleffe. Quelles armes furent iamais fi fortes, que celles qu'il employa dans ce
champ de bataille? Ny le gouft, ny autre chofe femblable n'e-
ftoyent point capables de donner aucune enuie à l'homme au
mefpris des menaces que Dieu luy auoit faictes. La feule paffion de cognoiftre le bien & le mal eut affés de pouuoir à luy
faire mefprifer le commandement de fon Createur. C'a efté
donc Adam le premier qui nous a monftré comme la cognoiffance du bien & du mal doit eftre plus chere que la propre vie:
puis que pour elle il changea l'immortalité de fon eftre auec
fon contraire: & auec la fienne celle de toute fa pofterité.
Sans doute il crût, que cefte fcience achetée au prix de
mille morts, n'eftoit pas trop cherement achetée. Il l'eut au
prix d'vn nombre infiny de vies: & auec cela crût en auoir eu
bon marché. Et fans mentir il n'eft point de faute qui fe puiffe
comparer à la fienne: non en ce qu'il crût que la cognoiffance
du bien & du mal eftoit plus eftimable que la vie: mais en ce
qu'il contreuint aux commandemens de Dieu. Hors cefte fcience il n'en eft point qui puiffe donner à l'homme le nom de fage.
Quiconque fçait celle des nombres, des mefures, & des chofes
qui les regardent les vns & les autres: quiconque cognoift quelle eft la verité des œuures, & de la nature, & de Dieu, fera vn
fage ou Mathematicien, ou naturel: mais iamais fimplement fage. Celuy qui fçait fort bien la Mufique, n'eft pas vn prudent
Architecte: mais bien celuy qui n'ignore rien de tout ce qui eft
requis pour la perfection d'vn baftiment. Ainfi vn homme ne
peut eftre dit veritablement fage, s'il ne fçait ce qui appartient
à la vie d'vn homme fage. Les fept Sages du temps paffé furent
nommez fages à caufe du foin tres-particulier qu'ils auoyent de
ce qui eftoit neceffaire pour la bonne conduitte de la vie. Talez fut le feul qui à cefte eftude adioufta celle des chofes de la
nature. Ceux-là font vrayment fages, dit ce grand perfonnage

de Pelufie, qui efclattent en cefte partie de la Philofophie qui monftre à bien faire. Quelle plus grande fottife y a t'il que de vouloir fçauoir comme Dieu regit les cieux, les elemens, & l'vniuers tout entier? & ne fe foucier pas d'ignorer comme nos mœurs peuuent demeurer dans les termes de la bienfeance: & comment noftre vie doit eftre heureufement conduitte. A quoy bon de chercher les chofes qui font au deffus de noftre condition, fi nous ne fçauons pas ce qui eft ou bien ou mal à nous-mefmes? D'autres que moy donneront pluftoft le nom de fols que celuy de fages, à cefte forte de gens-là. En effect qu'ils font miferables! qu'ils fe repaiffent de folie! Qu'il eft bien vray qu'ils font enfans de la legereté mefme! nourriffons du peu de fens: qu'ils ne voyent goutte dans leur aueuglement: & qu'ils font enfeuelis dans vn abyfme de tenebres dont ils ne fortiront iamais!

L'ignorance de ce qui peut nuyre ou profiter, eft la racine d'où viennent tous les mal-heurs : & la parfaicte fcience du mal, la feule perfection de noftre efprit. C'eft la loy de nos confeils, de ce que l'on doit ou aymer, ou haïr, eflire ou reietter, efperer ou craindre: des fubjets dont nous deuons ou nous refiouïr, ou eftre affligez. C'eft la regle de nos volontez, & de nos actions: le flambeau dont la fplendeur en toutes fortes d'occurrences nous rend vifible ce qui eft le mieux pour nous. Elle & non autre eft la vraye Philofophie de l'homme: le feul & veritable art de viure felon Dieu; & heureux dans le monde. Autres que ceux de qui elle eft familiere n'ayment Dieu. Le fage euft egard à cela quand il dit, Ie rendray graces au Seigneur & chanteray fes loüanges: puis qu'il m'a donné l'aduantage de la bonne intelligence.

Dieu l'auoit comblé d'autres biens: & neantmoins il ne luy rend graces qu'à caufe qu'il luy a donné l'entendement. Et certes ce n'eft pas fans raifon, qu'où l'on ne peut difcerner le bien d'auec le mal, le bien n'eft pas bien. Où l'on peut faire vne parfaicte difference du bien & du mal, il ne manque aucun bien. Elle feule vaut tout autant que tous les autres biens enfemble: & fans elle tous enfemble ne font rien.

Voila quelle eft la fageffe humaine. D'autres la nomment prudence: mais la prudence eft poffible enfermée dans de plus eftroittes bornes. Celle-cy cognoift euidemment les occafions & les differences de ce qui eft proffitable, nuyfible, honnefte, deshonnefte, iufte, ou iniufte. Celle là eft renfermée dans des limites qui regardent les chofes particulieres. Elle ne s'efloigne point de l'action: elle femble en eftre la maiftreffe. En vn mot la prudence confifte a eflire, & executer ce qui eft le plus decent felon la raifon: & cela en quelque rencontre que cefoit. Pour ce qui eft de la fageffe, elle eft vne fcience generale de tous nos biens, & de tous nos maux.

De la fageffe contemplatiue.

CHAP. V.

DAns le throfne de la contemplation la fageffe eft fi majeftueufe, fi pure, fi belle, fi gaye, & fi precieufe, que quand vne fois quelqu'vn s'eft entierement donné à elle, tout content qu'il eft du bien qu'il poffede, il ne daigne plus tourner les yeux fur pas vne autre chofe du monde. Toute autre richeffe aupres d'elle luy eft de nulle confideration: toute autre beauté luy femble laide, & tout autre contentement ennuyeux & infupportable. Le fruict qu'il en reçoit excede tout prix. Dés que l'efprit s'eft plongé dans l'extreme douceur qu'elle a en elle, il quitte le fouuenir de toute autre chofe. Il oublie le monde: & ne tient plus conte de fon corps, ny de foy mefme. Qui plus eft l'entendement repû de cefte viande, dont fe repaiffent les efprits plus qu'humains; tout enyuré qu'il eft de ce nectar, & esblouy dans l'abyfme d'vne fi grâde lumiere, il ne voit plus pas vne des chofes humaines, ou s'il en voit quelques vnes, elles luy paffent par deuant les yeux fans qu'il les recognoiffe, ou qu'il y prenne garde. Il ne vit que pour Dieu, & pour foy. Sa vie eft efloignée de tout crime: d'autant que,

Ne pas cognoiftre Dieu dans le monde où nous fommes,

Eft le premier fujet qui fait manquer les hommes.

Vn afne ne fait point difficulté de fouler au pieds des fleurs: par

ce qu'il n'en remarque ny la beauté ny le prix. Le propre du sage est de cognoistre Dieu, & les choses diuines. Ceste science
ne luy laisse aucune occasion de faire du mal. Son esprit luy inspire de la pieté, sans que sa volonté s'y oppose. Luy seul de
toutes les choses creées s'efforce de cognoistre son createur.
Des biens qui tiennent le second lieu, & qui sont deffectueux
d'eux-mesmes, il s'esleue iusqu'au plus souuerain, & au plus parfaict; à la veneration duquel il tasche d'abaisser les ames les plus
reuêches & les moins ciuilisées. Ceste estude plus que diuine
rend nostre condition meilleure, & l'achemine à sa perfection.
Les ames bien-heureuses ne viuent que de pure intelligence, au
lieu que nostre vie se passe plus dans l'action que dans la contemplation. C'est bien vne des fonctions de nostre ame que
d'entendre: mais c'est autant qu'elle en a besoin pour regler les
deportemens de nostre vie. Il nous importe seulement, disoit
Socrate, de sçauoir, ou si nous viuons bien, ou si nous viuons
mal. Par là il nous apprit, que la souueraine sagesse consiste à
à sçauoir faire la difference du bien auec le mal. C'est vne espece de fureur de quitter le soin de nos affaires, pour prendre garde à celles d'autruy. Ce ciel, ceste terre, & ces elemens sont les
choses qui appartiennent à Dieu. Ce qui nous est ou mal ou
bien est matiere de nos propres affaires. La cognoissance des
premieres choses nous est importante autant qu'elle sert à la cognoissance des dernieres, ou du moins, autant que nostre condition le doit desirer. En premier lieu nous deuons sçauoir ce
que nous sommes obligez de faire sur la terre: puis ce que Dieu
fait dans le ciel: nous deuons en vn mot songer premierement à
ce qui nous regarde, & puis à ce qui concerne autruy. Autrement il est impossible de rendre nostre esprit capable de la conduitte des choses humaines, non plus que du gouuernement
d'aucun estat. D'où vient qu'à la Cour la plus part des sages de
ceste sorte, sont employez plus par la consideration de leur dignité, que pour aucuns notables seruices qu'ils puissent rendre.
Possible y a t'il de l'apparence de croire que pour ceste raison
Ariston s'est persuadé que l'estude d'vne pareille sagesse deuoit
estre lente, ou tout afait mesprisée, L'Hellebore pris en gros pur-
ge, disoit-il, mais estouffe quand il est mis en poudre. Neoptoleme dans Ennius tient qu'il vaut mieux goutter de ceste Philosophie que s'en saouler.

Origine de plusieurs calomnies contre la sagesse.

CHAP. VI.

IL n'est point de vertu qui n'ait pour voisin quelque vice. Plusieurs choses peuuent bien estre desguisées, mais non pas estre veuës en leur pureté naturelle: du moins que fort rarement. Plus vn bien est estimé, plus il y a de gens qui font semblant de le posseder: mais peu qui le possedent. Ainsi la plus part du temps la sagesse paroist deguisée: & rarement telle qu'elle doit estre en effect. Il est beaucoup de Protagores, mais peu de Democrites. Il n'est que trop de sages en apparence, dont autres que ceux qui le sont veritablement, ne peuuent descourir leur faussete. Le peuple grossier de son naturel, & peu ciuilisé, ne met point de difference entre les vns & les autres. Il iuge par ce qui paroist: Et que peut-il faire de moins? L'estude des Sophistes tire de grandes asseurances, & de grandes douceurs de ceste erreur, quoy qu'elle ne soit autre chose qu'vne sagesse apparente. La plus part du monde ayme mieux estre honoré & ne le meriter pas, que le meriter & n'estre pas honoré. Il est indifferent à beaucoup de gens d'estre en effect, ou de n'estre que dans l'estime du monde ce qu'ils veulent paroistre. Si l'opinion & la verité seruent egalement à vne mesme fin, ont-ils pas subjet de ne porter pas leurs soins plus auant? Pour ne pas mentir, ils ne songent qu'au chemin le plus aisé. De là vient l'abondance que tous les siecles ont euë de Sophistes.

Toute l'estude de quelques vns de ces gens la est d'assieger la verité de mille subtilitez de neant: de tenir le parti des choses douteuses auec des opiniastretés les plus aigres du monde: & auec elles celuy des faussetez mesmes: de deschirer la veritable Philosophie auec des diuisions & des subdiuisions impertinentes: de l'offusquer & la confondre auec des paroles estranges, obscures à toute sorte d'estude: & mal connuës

d'eux mefmes. Voila à quoy fe paffent beaucoup de mal-
heureux iours : voila à quoy s'employe tant de mal-heureufe
ancre. Aux occafions où la verité de la fcience leur manque,
efclatte la prefomption qu'ils ont d'eftre fçauans. Par leur
chiquane ils mettent en mefme rang & l'ignorance & le fçauoir, & faifans vanité de cognoiftre ce qu'ils ne cognoiffent
point, & ce qu'on ne peut cognoiftre, font vn outrage tres-
fignalé à la reputation de la fageffe, & la rendent vile, & mefprifable. Autre mal-heur que celuy là n'a decredité & rendu
deteftable l'Aftrologie. Autres d'entre eux enflez d'vne gloire
imaginaire excufent l'oifiueté, & tous enfeuelis qu'ils font
dans le repos eux mefmes amufent la ieuneffe en tous les en-
drois d'vne ville, fous pretexte de monftrer comme il faut def-
membrer vn Syllogifme, & l'enclorre en peu de paroles. Cependant fous couleur d'inftruire, ils rendent amoureux de termes barbares & defplaifans les ieunes efprits ; & les engagent
dans des difputes dont ils ne fortent que bien à peine de tout
le temps de leur vie. D'où vient que ces mal-heureux arreftez
qu'ils font dans le foin de comprendre la force des paroles, à la
fin perdent le iugement, ou le deffein de comprendre les chofes.

En ceux cy la fageffe fit naufrage : & luy arriua à ce que dit
Arrian le Stoycien, ce qui arriue au bon vin, qui verfé dans
vn vafe qui fent mauuais degenere en vinaigre, ou en quelque
autre qualité plus pernicieufe. Ainfi dans l'efprit de cette
forte de gens elle deuient babillarde, & perd toute la vigeur
qu'elle auoit auparauant. Il ne refte d'elle qu'vne ombre ou vne
fauffe reffemblance. Le fçauoir des Sophiftes ne paffe point au
dela des paroles : elle n'a point d'autres bornes : elle ne va pas
plus outre. On y parle de Zenon, & de Crifippe : & l'on
y vit en Philoxene, en Peribonius, & en Sardanapale.

Le commun peuple ne iuge de la fcience que par celuy qui
la profeffe : & ne s'apperçoit pas que ces fautes viennent du
Philofophe, & non de la philofophie. Voila comme elle a efté
defcriee : voila comme elle a efté mefprifee, & deshonoree.
Ses preceptes n'ont plus le pouuoir de corriger la malice : ce
n'eft plus qu'vn fatrats de paroles inutiles, que la vanité feule
a mis en vogue. Quelle apparence y a t'il qu'vn malade prenne

...e medecine que ſon medecin a refuſée en pareille occurrence? Quiconque donne à autruy vn conſeil, qu'il ne prendroit pas luy meſme, rend ſa fidelité ſuſpecte : il eſt ridicule,
& merite qu'on entre en colere contre luy.

Mais il n'euſt pas beaucoup importé que la Philoſophie entre
les mains des Sophiſtes euſt perdu la force d'imprimer la vertu dans les cœurs : & d'en bannir les vices, ſi elle n'eut point
donné occaſion à l'iniquité de regner dans le monde. Les
mœurs des faux Philoſophes firent la planche aux autres, & au-
thoriſerent les deſſeins qu'ils prirent de viure comme eux.
Les ignorans ſe ſont perſuadez que ceux qu'ils eſtiment ſages
font touſiours bien, oû pour le moins iamais mal : ou que s'ils
en font qu'il n'eſt pas ſi grand comme on dit. Ils ne peuuent
s'imaginer qu'ils ſoient veritables, quand il arriue que leurs
actions ne ſont point conformes à leur diſcipline : & ne ſçauroient croire qu'aucun face le mal, qu'il a connu auparauant
que de le faire. Auec cette excuſe la plus part du monde s'a-
bandonne à la malice, qui authoriſée par les mœurs de ces
gens eſtimez ſages, ſemble ou bonne, ou non mauuaiſe, ou ſi
peu qu'on a tort d'y prendre garde.

Voila les ſujets qui auecque raiſon obligerent ceux de
Sparte à deteſter la Philoſophie : & auec eux les Romains, &
pluſieurs autres Republiques ſtudieuſes du bien commun. Autres occaſions que celles-là ne les porterent à l'auoir en haine,
& la bannir loin des limites de leur domination. Il eſt juſte
que les Sophiſtes ſoient hays, & deshonorez comme ceux qui
n'ont rien en eux de la veritable ſageſſe, le nom de laquelle, comme dit Muſonius, ces porceaux infames & vilains oſent vſur-
per, & rendre profane. Leurs façons de viure firent iniure à
cette ſouueraine Reyne de la raiſon : & deuoient eſtre des
marques de l'effronterie qu'ils auoient de proffeſſer fauſſement la vertu qu'ils n'auoient point en eux. La Philoſophie
n'enſeigne point la malice.

La vraye ſageſſe eſt maiſtreſſe des actions, & non des paroles. Faire & non dire eſt philoſopher. C'eſt par là que l'on
cognoiſt les ſages. La ſageſſe & les ſages ſont dommageables,
& au public & à qui regit vn eſtat : mais ce ſont les ſages qui ne
le ſont que de nom, & la ſageſſe feinte & menſongere. Pour

ce qui eſt de la veritable, elle leur doit eſtre chere autant que le
Prince eſt obligé de bien gouuerner l'Empire dont il a les reſnes à la main.

Du beſoin que celuy qui gouuerne a de la ſageſſe.

CHAP. VII.

IL n'eſt rien en tout l'vniuers qui ne tire ſa conduitte des
loix que la Sageſſe increée luy a inuiolablement impoſée: &
n'eſt pas meſme iuſqu'aux moindres choſes qui ne ſoyent regies par la main de Dieu. Sa prouidence ne fait pas difficulté de ſe ſeruir des creatures les plus nobles, comme d'inſtrumens, & de moyens pour renger les moins nobles à ce qu'elle
deſire. Des deſſeins qu'il a, il ſuſpend tous les mouuemens de
noſtre volonté : puis il veut que les hommes les plus excellens
ayent ſur ceux qui leur ſont inferieurs, les meſmes aduantages
qu'il a ſur eux. Voila d'où vient l'eſtabliſſement des Souuerains
ſur leurs ſujets. Ce ſont eux qui ſont les Loix parlantes qu'il a
impoſées aux hommes. Il a deſiré que de leur volonté depen-
diſſent tous les ordres de noſtre vie : & que leur iuſte domination fuſt vn nœud indiſſoluble, d'authorité, de iuſtice, & de
munificence. Voila quels ſont les nerfs qui tiennent & donnent
le mouuement & la vie à tout le corps de la ſocieté humaine.
Commander, iuger, & faire du bien, ſont actions vraiment
Royales, & diuines, qui toutefois ſans la ſageſſe ſont aueugles,
& produites à l'auanture.

Comme la nature a diſpencé raiſonnablement toutes choſes,
elle a partagé à chacun l'authorité ſelon qu'il auoit l'intelligence d'en yſer. Le corps eſt eſclaue de l'ame : & la volonté de
l'appetit. La faculté meſme la moins noble de l'ame, n'eſt
faite que pour obeïr à l'intelligence. Les choſes priuées de
ſens ſont ſoumiſes à celles qui en ont, & celles qui ont le plus de
cognoiſſance

cognoiſſance commandant celles qui en ont le moins. Les
plantes ſont moins que les animaux : & les animaux moins
que l'homme, l'homme moins que la raiſon : & la raiſon moins
que Dieu, qui eſt la premiere & la plus Noble de toutes les
choſes.

Les hommes en ce qu'ils entendent ou plus ou moins, ſont
extremement diſſemblables entre eux. Le bon ſens l'experiance, l'eſtude, & la naiſſance meſme y mettent de grandes diffe-
rances. La femme n'eſt pas tant que l'homme, non ſeulement
en vigeur de membres, mais encor en vigeur d'eſprit. Tout ce
qui ſe voit de contraire à cela eſt ou vn effort, ou vn defaut de
la nature.

Ceux d'entre les hommes qui ont veu, & pratiqué beaucoup
de choſes, ſont adroits & prudens en agiſſant. D'où vient l'opinion qu'on a que les vieux ſçauent plus que les ieunes. Le bon
ſens repoſe aux vieillars ; l'intelligence abonde au nombre des
annees ; & l'age apprend toutes choſes. D'autres n'ont eu
pour les inſtruire, que le Ciel. Ils ſont nez illuſtres
d'eux meſmes & ont porté du ventre de leur mere vne intelligence claire & nette. En vn mot il n'y a pas plus de differance entre les diſpoſitions des corps : qu'il n'y en a entre celles des
eſprits. C'eſt pour cette raiſon que l'homme commande, &
que la femme obeït : & qu'on donne plus volontiers les affaires d'vne ville à de vieilles gens qu'à de ieunes. Les ſentimens
de ceux qui ſont auancez le plus en âge, ſont eſtimez les plus
ſages. Les Calcideens ne donnoient aucune charge publique
à perſonne qui ne fuſt arriué à ſon dixieſme luſtre. Parmi
les peuples de Tarteſie, nul ne pouuoit teſmoigner contre
vn autre plus vieux que luy. Ainſi le ieuſſe garçon
dans Plaute diſoit à ſon pere : vne de voz parolles aura plus de
credit que n'en auroient mille des miennes. Entre les auertiſſe-
mens que l'ombre d'Achille donnoit à ſon fils Pyrrhus, elle
luy donna celuy d'obeïr à ceux qui eſtoient plus vieux que luy :
& en effect voicy quel eſt le ſentiment de Platon ſur ce ſujet.
Que les ieunes cedent aux vieux : les enfans aux ieunes gens :
& la femme à l'homme.

Chacun eſt content de ſe ſoubmettre à quiconque eſt en
eſtime d'auoir plus de iugement que luy : il ſe conforme de

bon œuf a tous ses conseils. En effect quelle folie seroit ce à vn
aueugle de refuser la conduitte d'vn clair voyant, pour se conduire luy mesme à l'auanture? Certes moins on abonde en
intelligence, moins on doit auoir de liberté. Et la vision d'A-
gamemnon à ce propos certainement ne semble pas mauuaise
lors qu'il dit, que

Quiconque abonde en sens est le maistre par tout,
L'intelligence met toutes choses à bout,
Elle esclatte en tous lieux : son pouuoir est supreme
Et reyne comme elle est, n'obeyt qu'à soy mesme.

Il n'est point d'esprit si effronté, qui n'eust honte en toutes occurrances, de ne pas ceder à celuy qui seroit en estime de sçauoir plus que luy. A vous qui sçaués le plus, conuient de parler les premiers, dit le Comique. Voyes donc quel est le respect
que l'on rend au sçauoir en tous lieux.

Quelle autre chose, ie vous supplie, disposa les premiers
peuples à se mettre ensemble: & se ranger sous la volonté d'autruy? Le besoin qu'ils auoient de sens pour se conduire les
constraignist d'engager leur franc-arbitre à celuy d'vn autre:
& se mettre sous le ioug de ceux qui abondoient plus qu'eux
en intelligence. Ce ne fut point la force des membres qui obligea les Romains à rappeller des champs des Sabins Numa
Pompilius, & le rendre maistre absolu de leur estat. Parmy les
anciens Medes il y auoit des gens plus robustes que Deiocez.
L'opinion qu'on auoit qu'il estoit le plus sage luy acquit le
sceptre de cette puissante nation. La sagesse seule est le passage pour aller à la domination. Tous les peuples du monde
demeurent d'accord que les resnes d'vn Empire ne doiuent
estre mises qu'entre les mains d'vn homme sage. Les sujets
qui se voyent frustrez de certe attante, & qui ne secouent
point le ioug, sont plus retenus par la necessité, où par leur foiblesse, ou par chose semblable, que par aucune election. Les
Mosiniens, si ce ne sont pas les Messeniens, des qu'ils s'apper-
ceuoient que leur Roy auoit fait quelque faute au gouuernement de l'Estat, le faisoient mourir de faim. Numa, Licurgue,
& Minos, feignirent d'auoir vne familiere conuersation auec
quelques vns d'entre les dieux : & cela seulement pour se
maintenir dans la reputation d'estre sages.

En effect si la sageſſe ne gouuerne, qui eſt ce qui gouuer-
nera ? Sera ce la force ? Et ne ſçait on pas qu'vn gros & puiſſant
bœuf ſe mene comme on veut auec vne petite verge ? La ſageſſe vaut mieux que la force. La force ne ſçait ny commander ny obeïr. L'vne ne le peut & ne le ſçait : l'autre le peut
mais elle ne le ſçait pas. Le deuoir de celuy qui eſt le maiſtre,
conſiſtre à commander qu'on face, & non a faire luy meſme.
D'où vient que celuy de la force eſt ſeruile , & non royal. La
force deſtituee de ſcience eſt la premiere à ſe deſtruire elle
meſme. L'authorité ſouueraine ſans la conduitte du iugement
eſt ſon propre mal-heur, & celuy de ſes ſujets. Si vn yuroigne
commande à des yuroignes, tout le mal qui ne leur arriue
point doit eſtre imputé à leur bonne fortune. Vn pouuoir qui
manque de prudance eſt d'autant plus dangereux qu'il eſt grãd.
C'eſt mettre vn razoir entre les mains d'vn petit enfant , que
de commettre la Souuairene puiſſance à la direction d'vn ignorant. La violance de la force qui n'a aucun aſſaiſonement de
ſageſſe eſt trop dangereuſe. L'vne eſt la gouuernante, le rem-
peramant , & la ſanté de l'autre. Quiconque cherchera fort
exactement la racine de tous les maux qui arriuent à vn eſtat,
trouuera que ce n'eſt pas ſa foibleſſe, mais la ſeule ignorance
dont il eſt regi. Elle eſt la ſeule ruine des bons : & encore plus
ſouuent des meilleurs.

Celuy qui va prendre en main les reſnes de quelque Empire, auant que de les prendre aille conſulter Solon, & enten-
dra de luy ce langage. Ne prens point le gouuernement , ſi tu ne
ſçais gouuerner. Chacun eſt obligé de ſçauoir, du moins autant que requiert ſa condition. Plus les affaires qu'on à ſur
les bras ſont importantes, plus le beſoin de ſçauoir eſt grand:
& plus le ſçauoir eſt grand, plus eſt grand auſſi le nombre des
affaires. Le ſçauoir doit eſtre egal au deuoir : leurs qualitez
doiuent auoir meſme proportion. On ne commet point la
conduite d'vn veſſeau à vn homme qui n'entend rien à la mer.
L'intendance des baſtimens ne ſe donne point à qui ignore
l'architecture, & l'on laiſſera le gouuernement d'vn Royaume
à vne perſonne qui ne ſçait pas regner ? Ce qui concerne les
autres arts encloſt en ſoy ou plus ou moins de ce qu'il y a de
biens au monde pour l'homme. Mais celuy de regner les con-

tient tous en foy. Ceux-là n'ont l'œil que fur vne partie des
actions humaines: mais celuy-cy comprend les œuures, les
mœurs, & tout ce qui regarde la conduitte de noftre vie. Il n'y
en a point d'autre qui ait les coudées fi franches. Voila pourquoy les fages ont dit que l'art de regner eftoit celuy de nourrir, & d'entretenir les hommes. Homere appelle Agamemnon,
Pafteur des peuples.

Il eft mal-aifé qu'vne perfonne qui ne fçait ce qui fe doit, ny ce
qui ne fe doit pas faire, puiffe bien gouuerner quoy que ce foit.
Lé deuoir de chafcun confifte en la neceffité de ne pas ignorer,
ce qui luy eft vtile, & ce qui ne l'eft pas. Celuy du Prince eft
d'eftre inftruit de tout ce qui eft ou profitable, ou domageable
à tous en general. En luy feul la fageffe humaine trouue vn
champ libre à s'exercer. Elle ne peut s'efloigner de luy fans
tourner le dos aux chofes aufquelles fa prefence eft neceffaire.
L'ignorance des particuliers fe repofe fur la vigilence de celuy
qui eft au deffus d'eux. Et quel autre à le Prince au deffus de
foy en qui fon ignorance fe puiffe confier? Les membres du
corps humain viuent fans la faculté de voir, & laiffent la peine
de leur conduitte à l'œil. S'il arriue ou qu'il foit trouble, ou
qu'il ny voye point du tout, d'où tireront-ils le fecours dont-ils
ont affaire? qui eft-ce qui verra pour eux?

Si le Prince croit que fon ignorance ne luy peut caufer aucun
peril; du moins aura t'il fubjet d'en apprehender de la honte.
Il n'eft point d'ame fi baffe parmi la lie du peuple, qui ne repute
à infamie de fe mefler d'vn meftier où il n'entend rien. Celuy
qui ignore la dance, & l'art de monter à cheual, ne fait ny le
bon danceur, ny l'efcuyer deuant beaucoup de gens, du moins
fans rougir. En ces rencontres les fautes de cefte forte de gens
ne font mal à perfonne. Mais quel opprobre fera ce à vn Prince qui ne fçait pas regner, de faire le Roy aux yeux de tout le
monde? Luy dont les moindres fautes font de notables mal-
heurs? Auec quelle affeurance pourra commander aux autres,
celuy qui fçait moins la profeffion qu'il fait, que beaucoup de
ceux aufquels il commande?

Il ne fçauroit arriuer de plus funefte defaftre, que de voir
que le commun gouuernement de la vie eft entre les mains d'vn
homme qui ne fçait point gouuerner. Que pluftoft ce mal-

heur arriue à ceux qui mefprifans le ciel attirent fur eux les
fleaux de la vengeance diuine : & que le peuple qui a la honte
de Dieu, fait des facrifices au tyran de l'enfer, efprouue le gouuernement d'vn Prince ignorant. Qu'il fouhaitte d'eftre dif-
percé çà & là, & que fon fouhait ne foit point exaucé. Qu'il
vueille eftre desfait; & qu'il ne le foit pas. Au contraire qu'il
ioüiffe de toutes fortes de biens,& n'a autre fujet de fe plaindre, que de fe voir foubmis fous la domination d'vn Prince
impertinent.

Que le iugement, & la munificence ne fçau-
roient faire aucune bonne fonction fans
la fageffe.

CHAP. VIII.

LE Prince n'eft pas feulement la Loy qui prefcrit à fes fujets
ce qu'ils ont à faire: mais encore le iuge deuant le tribunal
duquel les loix elles mefmes doiuét eftre examinées. Tout iu-
gemét eft equitable quand il eft cóforme à la Loy.Elle eft la regle de ce qui eft iufte,& de ce qui eft iniufte.Pour l'intelligéce
de cela, ce que les plus fages ont laiffé dans leurs efcrits,ou dans
les tables, ne fuffit pas. Les liures efcrits de la main des hommes ne font pas la vraye Loy : ils n'en font que l'ombre : encore eft elle affez imparfaicte. Qui plus eft on eft d'accort, que
le legiflateur ne peut comprendre tous les euenemens. Encore eft-il auffi mal-aifé d'accommoder les Loix defia receuës
aux occurrances à venir, fans la cognoiffance de leur veritable fource. A ce qu'à dit Pindare, la veritable Loy de toutes
les Loix, eft abfoluë maiftreffe & des hommes, & des dieux.
Leur origine vient de l'efprit de Dieu : & puis de celuy des
hommes. La faculté de noftre ame à qui l'on donna le nom
de raifon,d'entendement,& d'efprit, eft le vray code,& le vray
digefte, ou les Loix de la vie humaine font affez amplement

exprimées. La Loy est la deffence, & la garde de toutes les vertus. Quelle autre chose est capable de monstrer le chemin à ce qui est honneste en toutes occurrances? Quelle autre chose le peut proteger? Quelle autre chose est l'asile & le refuge de la raison? Elle est le vray exemplaire auec lequel il est impossible de faillir. En se conformant seulement a-elle, toute action est iuste, toutes mœurs sont honnestes, & toute Iustice est equitable. De la repugnance qu'on a auec elle, vient toute iniustice. Au sage seul appartient de lire parfaitement dans le liure de la raison. Comment donc le Prince sera t'il le vray iuge de la vie de ses suiets, s'il n'est pas instruit des enseignemens de la sagesse? Certes c'est auec raison qu'elle se peut vanter, qu'elle est celle par qui les Monarques regnent, & cognoissent ce qui est iuste.

Chascun est iuge competant aux choses qu'il sçait. On mesprise le iugement qu'vn homme fait de quelque musique, s'il n'est Musicien. Et prendra t'on pareillement garde à celuy qui dira son sentiment de ce qui est iuste, ou iniuste, honneste ou deshonneste, s'il ne cognoist ny l'vn, ny l'autre. A parler sainement la discipline de toutes ces choses n'est autre, que la seule sagesse qui est la parfaicte intelligence de la raison.

Sera t'il donc possible que le Prince s'ose mesler de iuger des actions humaines sans ceste cognoissance? Le mauuais iuge est la source de tout sinistre inconuenient. Voila comme l'estude de la sagesse est recommandé à quiconque regne. Vous qui estes iuges parmi les hommes, instruisez-vous, dit le Sage. Il ne faut pas que celuy qui gouuerne s'imagine d'auoir plenement satisfait au deuoir que sa qualité luy impose, quand il aura enjoint à ses suiets d'auoir vn soin tres-particulier de la vertu, & de garder tousiours ce qui est raisonnable aux occurrances de ce qui est honneste, & de ce qui ne l'est pas. Vn bon Roy, auoit accoustumé de dire Cyrus, n'est point different d'vn bon Pere. La fin que les Loix se proposent, n'est pas seulement la vertu : c'est encore le bien public. Le deuoir du Souuerain est de procurer de la felicité à tout son Royaume. La reigle du gouuernement vise à faire toutes choses pour le bien des suiets, autrement ce n'est que tyrannie. La tyrannie fait son proffit de tout, & la royauté tourne tout au proffit de ceux

qui luy font foubmis. Et ce n'eft pas affés que le Roy face toutes chofes pour le bien commun: ce luy eft vn blafme, de laiffer
paffer aucune occafion de profiter à fes fujets. Toute fon eftude doit eftre occupée apres les moyens de les rendre plus heureux. Cet pourquoy Mufonius ayant efcrit, que le deuoir d'vn
Roy eftoit de conferuer fon peuple, adioufte: cet pour cefte
raifon qu'il doit fçauoir tout ce qui eft profitable ou nuifible à
l'homme, ce qui le peut ou defendre, ou offencer. C'eft ce que
le fage fe vente de ne pas ignorer. Les ignorans ne peuuent
defcouurir ce qui eft vtile fans crime.

Voila comme l'authorité, la iuftice & la munificence dependent entierement de la fageffe. En effect fans elle la fouueraine puiffance ne fçauroit agir; ou fi elle agit, elle agira mal, & fera comme vn bras deftitué de la conduitte de l'œil. Sans elle la
iuftice fera aueugle, & iniufte: & les effors que l'on fera pour
fecourir, nuyront plus qu'ils ne proffiteront. En vn mot fans
elle, le pouuoir abfolu, la iuftice, & la munificence feront de
qualitez expofées à la mercy de la fortune.

Que les Princes ayment donc la fageffe, s'ils veulent rendre
eternels leurs Empires : & fongent, que l'ignorance de celuy
qui regne eft la mort du Royaume. Le Pilote qui ignore fon
meftier, & qui cognoift auffi peu la mer que le ciel, ou les vents,
eft luy-mefme le naufrage de fon veffeau. Le Prince qui ne
fçait pas l'art de gouuerner, & qui ne cognoift non plus ce qui
eft bien, que ce qui eft mal, eft luy-mefme la pefte & la fubuer-
fion de fon Empire.

Quand aucune confideration n'auroit affez de pouuoir pour
enflammer les Princes de l'amour de la fageffe, celle de leur dignité en deuroit auoir affez. Il n'eft point de blafme fi chargé
d'ignominie que celuy que caufe l'ignorance. Autre que celuy-là ne comble l'homme de tant de honte. C'eft fans mentir
vn opprobre fuiuy d'vn defefpoir inconfolable, que d'eftre recognu ignorant aux chofes de la profeffion que l'on fait. Que
ne deuroit pas fçauoir celuy qui gouuerne vn eftat? Vn Roy
qui ne fçait rien, difoit Alphonfe, eft vn afne couronné.

Qu'elle chofe y a t'il, plus digne de compaffion, que de voir
que dans vn Palais royal il n'y a rien de fi fale que l'efprit du
Prince? Là toutes chofes font belles: là paroift que les Grands

font curieux de tout ce qui est le plus digne d'estre regardé. Il
n'est pas iusqu'aux escuries, qui n'ayēt quelque chose de royal.
Entre toutes les autres magnificences les plus remarquables, le
seul esprit du Souuerain, est ce qu'il y a de negligé. Tous les
iours on y tient nettes les tables : on y balie les planchers, &
tout le demeurant y est resplendissant, & poli. Pour cet effect
on y voit vn nombre infini d'officiers. L'esprit du maistre est
le seul qui n'a personne qui songe à luy. On ne voit point la
moindre ordure sur ce qui s'y foule aux pieds; & apres cela l'esprit de celuy qui est le maistre de tant de beautez, & de tant richesses demeurera enseueli dans la saleté de l'ignorance?

Que l'esprit des mortels est stupide & sans yeux !
Aucun ornement ne donne de l'esclat à celuy qui le porte à l'e-
gal de la sagesse. L'eloquence, ny la dignité qui est plus resplen-
dissante que la splendeur mesme, & qui se fait regarder de tout
le monde: ny les throsnes d'or, ny le pourpre, ny les couronnes,
ne peuuent si puissemment charmer ceux qui les possedent , comme la vertu & la sagesse charment ceux qui en
font adorateurs. Quels autres souhaittent auec tant de passion
de viure heureux comme les Grands? Est-il rien que la sagesse
qui puisse procurer cet aduantage? Le sage est le premier d'entre les heureux. En ceste sorte, la ioye eternelle sera vne intelligence & vn sçauoir.

Que l'vsage des conseillers est peu vtile au Prince ignorant.

CHAP. IX.

QV'importe que le Souuerain sache beaucoup ? Manquera-
t'il de gens qui sachent pour luy ? Ou il en manquera: ou
il n'en aura pas assez: & en auoir trop est dangereux à vn gouuernement. Adioustés à cela que celuy qui doit commander
à tous, ne doit obeir à personne. Si le Prince sçait peu, il pourra
bien

bien auoir auprés de luy des gens qui feront profeffion d'eftre
fages: mais non pas qui le foyent pour cela. De cefteforte de
Princes s'aprochent plus fouuent, ceux que l'auarice, ou l'ambition y pouffent, que ceux qui en effect font enflammez de l'a-
mour de la vertu, ceux qui sôt les plus prompts à leur perfuader,
ce qui regarde leur propre intereft ; pluftoft que ce qui concerne le bien de leur authorité : ceux qui veillent non au falut de
leur Eftat, mais aprés leur proye. Rarement voit-on des efprits
vulgaires, à qui ce qui eft iufte & honnefte, foit plus confiderable que leur vtilité particuliere. Et voila quel eft l'ennemy domeftique qui empeche, & de donner & de receuoir de bons
confeils.

Encore eft-il bien mal-aifé de confeiller vtilement vn Prince, dont l'intelligence eft foible. L'ignorance n'eft pas vn petit
obftacle à l'ignorant pour le diuertir de prendre aucun bon auis
de foy: auffi bien que d'vn autre. S'il en a à receuoir, il eft pluftoft pour ceux qui font & faciles & agreables ; quoy que dangereux, qu'il n'eft pour les difficiles & penibles, quelques vtiles
qu'ils puiffent eftre. Lors que l'ignorant en prend de luy-mefme, il les prend tels que le hazard ou fon capaice les luy fugge-
rent. Auec la mefme impetuofité d'efprit, il en fait election
de ceux qui luy font propofez, & s'il arriue qu'il ne choififfe
pas mal, il en a l'obligation toute entiere à fa bonne fortune.

Les confeils d'vn feul ne meritent point vne parfaicte confiance : & ceux de plufieurs ne s'accordent que fort rarement.
A qui donc s'en rapportera t'on? Sera-ce à ceux qui entrent
en deliberation? Cela feroit bon fi l'on n'eftoit pas bien affeu-
ré que chafcun veut que fon opinion preuale fur celle d'autruy.
Sera-ce donc au Prince. Encore moins. Ne fçait on pas qu'vne
doutte ne fçauroit eftre efclaircie par vne autre doutte? L'i-
gnorance entre aifement en confufion. En la diuerfité des auis
qu'on luy propofe, elle ne fçait que laiffer, ny que choifir, &
fe trouue auffi difpofée à prendre les mauuais, que les bons.
Vn Prince clair-voyant, s'il n'a pas affés de capacité pour eftre
fon confeil luy-mefme, à tout le moins en aura t'il affés pour
difcerner ce qui fera bon d'auec ce qui fera mauuais. Si tout le
monde ne peut pas rencontrer, ce que les autres rencontrent,
pour le moins en peut on iuger fainemêt. Pour ce qui eft de l'i-

P

gnorant, il demeure touſiours noyé dans ſa propre ignorance.

Mais à quel propos faut il que celuy qui a des yeux pour voir
ſes affaires auec plaiſir, auec ſeurté, & auec honneur, ſe ſerue
de ceux d'autruy pour les voir auec deſplaiſir, auec danger, &
auecque honte? On me dira que c'eſt eſtre bien côſeillé que d'a-
uoir auec qui l'on ſe puiſſe conſeiller. Il eſt vray qu'il n'eſt rien
de plus loüable que de conſulter auec pluſieurs ſur ce que l'on
à affaire. Mais pour ce qui eſt de ce que tu dois faire toy-meſ-
me: peu doiuent eſtre conſultez, ſi ce n'eſt pas aſſés de t'eſtre
conſulté toy ſeul. L'art de bien gouuerner eſt attendu de la
bouche du Prince: & non de ſes miniſtres. Le gouuernement
doit abſolument dependre de l'intelligence de celuy qui gouuerne. Si Dieu regiſſoit l'vniuers par la conduite d'vn autre, il
ne ſeroit pas Dieu. Celuy qui ne ſçait pas ce qu'il doit commander, ne ſe peut pas dire maiſtre. De là vient que la raiſon
eſt la faculté qui à l'empire de l'ame: toutes les autres facultés
luy ſont ſujettes. Si le Prince s'attend à la ſuffiſance des autres
en l'aduantage de regner, il n'a que la partie qui eſt pour obeïr.
Que luy manque t'il pour eſtre tout à fait eſclaue, que de ſe
pouuoir reſoudre à ſuiure celuy qui luy monſtre ce qu'il doit
faire? Il y a cela de bien en la ſeruitude, qu'il n'eſt pas poſſible
qu'vn homme qui eſt eſclaue comme il le doit eſtre, ſe puiſſe
empecher d'obeïr quand il reçoit quelque bon commendement. Il arriue tout le contraire au Prince ignorant. Encore
que ſon mal-heur ne puiſſe rien adiouſter à ſon eſclauage, ſi ne
laiſſe t'il pas de ſe pouuoir deffendre d'obeïr aux bons conſeils,
qui eſt la derniere infortune qui peut arriuer à vn ignorant.

La parfaicte liberté conſiſte à ſe pouuoir paſſer de tout le
monde. Par meſme moyen la parfaicte ſeruitude conciſtera à
ne ſe pouuoir paſſer de ce qui eſt meilleur que ſoy, qui eſt l'eſprit orné de ſageſſe. Il eſt indubitable que naturellement l'eſclauage n'eſt qu'vn deffaut d'intelligence. C'eſt pourquoy ſi celuy qui regne eſt peu intelligent, il a bien le tiltre de Prince,
mais celuy par le ſens duquel il regne, l'eſt en effect. Stenidas
le Pitagoricien nous le monſtre aſſez clairement, lors qu'il dit,
que celuy qui ne ſçait pas ce qu'il doit ſçauoir n'eſt pas le vray
Roy. Socrates dit auſſi la meſme choſe en ces termes. Celuy

qui porte le sceptre n'est pas Roy: mais bien celuy qui sçait l'art de bien regner. Celuy qui est paruenu au throsne, ou par sa bonne fortune, ou par faueur, ou par quelque autre moyen, ne l'est pas non plus: mais bien celuy qui sçait comme on doit regir les hommes. Quiconque sçait, est le maistre de ceux qui ne sçauent pas. A faire de la toile, à coudre, ou chose semblable la femme est la maistresse de son mari.

Que la vie du Prince doit estre irreprochable.

CHAP. X.

LES Princes sont la premiere Loy de nos Royaumes. Pour gouuerner facilement leurs Estats, il ont plus besoin de donner bon exemple, que de se seruir de leur authorité: si ce n'est que ce soit vne fatalité attachée à la condition des souuerains de ne rien faire qui ne tienne lieu de commendement à leurs sujets. Pour eux, il n'y a gueres de difference entre declarer leur volonté par leurs paroles, & la faire esclatter par leurs actions. En viuant iustement, le Roy enseigne la iustice à son Royaume: les mœurs de ses sujets se conforment aisement aux sciences. L'exemple de sa vie importe plus que n'importent toutes ses ordonnances. Comme il y a plus de facilité à dire qu'à faire, on tient plus de conte des actions que des paroles. Quel plus grand tesmoignage veut-on du mespris qu'on fait des paroles que de voir que les œuures n'y respondent pas? Si celuy qui gouuerne mene vne vie toute differente de celle dont il impose les loix à ses sujets, par le mespris qu'il fait de ce qu'il ordonne, il semble qu'il les dispence de la contrainte qu'il leur impose, & qu'il les inuite luy-mesme à ne tenir point de conte des arrests de son authorité. Qu'il enseigne la vertu, & qu'il pratique le vice, quel aduantage tirera son peuple de luy, que celuy de parler bien, & de faire mal? Quand ses sujets auront apris les preceptes de bien viure, est-ce à dire pour cela qu'ils viuent bien? Ils se contenteront de croire qu'en les ayant apris

ils ont pleinement satisfait à son intention. Ils prendront bien
pluftoft garde à ce que dit Pomponius : fçauoir, que ce que le
Prince fait à la force de la Loy : & que quiconque mefprife la
Loy, l'impofe inutilement à autruy.

Comment eft-il poffible qu'vn homme ait la hardieffe de
commander les autres, s'il ne fe peut pas commander luy-mefme ? Quiconque à peu de fens eft incapable de fe commander.
Se commander & s'obeïr, font qualitez qui n'appartiennent
qu'à des efprits bien reglez. Vn boitteux peut-il enfeigner à
marcher droiét à vn autre ? Celuy qui tombe ne fçauroit releuer perfonne: & celuy qui eft offufqué de tenebres n'eft pas en
eftat de pouuoir efclairer. Vn homme qui n'a point de regle
en peut-il donner ? Solon veut qu'vn bon Prince foit le premier
qui obeïffe à la Loy: & non,

Qu'il renuerfe le ciel, & la mer & la terre.
Que Veyrez aux voleurs face à iamais la guerre.
Que Milon ait horreur de tous les affaffins,
Et Clodius encor plus des amoureux larcins.
Que Cethegue accablé fous le faix de fon vice,
Appele Catiline aux pieds de la iuftice,
Et que les Triumuirs aillent qui çà, qui là,
Publiant hautement les crimes de Sylla.

Quelque temeraire que puiffe eftre vn homme, il n'aura iamais
l'affeurance de condamner en autruy, ce qu'il approuue en luy-
mefme. Qui blafmera en vn autre ce qu'il fait luy-mefme ? Le
pourra t'il punir fans fe rendre infame, & fe faire fon procez
luy-mefme ? fera ce pas par fa propre confeffion qu'il fe iugera
digne de la mefme peine ?

Pour ne laiffer aucune excufe à la malice de fes fujets, il faut
que le Prince viue felon les maximes de la vertu. Vn efclaue
refufera t'il de faire ce que fon maiftre fait luy-mefme auant
qu'il le luy commande ? Sous la domination de Neron, la ville
de Rome auoit de meilleures Loix, & en plus grand nombre,
qu'elle n'en auoit fous le gouuernement de Numa : auec cela de
quelle mefchanceté ne fut point foüillée la tyrannie de l'vn ? &
quelle efpece de iuftice manqua t'elle au regne de l'autre ? O
combien prend on plus garde aux aétions qu'aux paroles ? dit
Paulus. Mais bien pluftoft en la perfonne de celuy de qui on

attend le commandement. Il y a de la douceur à imiter ceux
qui font plus que nous. Il femble qu'on fe rend plus excellent,
plus on s'efforce de leur reffembler. Les Courtifans d'Alexandre faifoyent tout ce qu'ils pouuoyent pour paroiftre qu'ils
auoyent la tefte penchée fur l'efpaule.

Tel que paroift le Roy, tel paroift le Royaume.

Ceft pour cefte confideration qu'aux premiers eftabliffemens
des monarchies on ne donna iamais le fceptre qu'à des gens iuftes. Platon veut que le pouuoir Souuerain ne foit donné ny
aux plus nobles, ny aux plus puiffans: mais bien à ceux de qui
de longue main l'obeïffance enuers les loix a efté recognuë. Il
ne fe contenta pas de dire que la condition royale eftoit vn in-
diffoluble nœud de la fageffe, auec la puiffance: il voulut que la
temperance n'en fut pas efloignée. Diogene le Pytagoricien
nous apprend, que le deuoir d'vn Roy eft de commander, de
rendre la iuftice, & d'honorer Dieu, de qui le plus grand culte
gift à poffeder vn efprit orné de toutes fortes de vertus. Stenidas le Locrien fouhaitte qu'vn Prince fe rende imitateur du
premier Prince, qui eft Dieu. Il n'apartient pas à vn feruiteur
d'auoir des fentimens contraires à ceux de fon maiftre: qui eft
Dieu le Prince des Princes, & le Seigneur des Seigneurs. Le
Souuerain eft fon Miniftre au gouuernement des affaires humaines. Cela eftant quel autre plus que luy eft obligé d'eftre le
miroüer de la bonté, & de la iuftice de Dieu?

Voicy quels font les termes de l'edit de Theodofe. Nous voulons & entendons qu'aux gouuernemens de nos Prouinces
foyent commis, non ceux que l'ambition, ou l'argent ont efleuez
à la fplendeur des honneurs, mais feulement ceux de qui la
vertu eft irreprochable. Qui plus eft, parmi les barbares il eftoit
expreffement defendu d'achepter aucun gouuernement: &
ceux qui fe trouuoyent coupables de cefte vilenie, eftoyent fe-
uerement chaftiez. La Sageffe feule exempte de tout crime
doit eftre honorée du pouuoir abfolu. On doit pretendre aux
honneurs par la vertu, & non par la faueur. Qui vit iuftement
en a affez.

Parmi les Carthaginois, vn homme qui auoit eu tant foit peu
de familiarité auec des mefchans, ne pouuoit afpirer à aucune
charge publique. Il en eftoit inuiolablemét exclus par les Loix,

La mesme consideration establit la mesme chose parmi les Egyptiens: & Isidore se pleint de ce qu'il n'en est pas de mesme parmi les peuples de Cappadoce. Au pis aller que peut-on attendre des iniustes, que de l'iniustice? Esperer de la iustice de ceux qui ne sont pas iustes est vne pure sottise.

La malice des Grands n'a aucun subjet de se licentier, sous couleur de n'auoir pas esté aduertis de ce qu'ils font. La splendeur de leur dignité expose leur vie à la veuë de tout le monde. L'yurognerie de Cimon, la nonchalence de Scipion, & le luxe de Luculle, sont des defaux qui seront cognus de tous les siecles à venir.

Plus les Grands ont d'occasions, & d'inclination à contenter leurs appetits, plus ont ils besoin de moderation. Mal-aisement le Souuerain pouuoir abandonne t'il la moindre passion des Princes. Et ce n'est pas sans sujet que Creon dit,

On recognoist l'esprit quand il est en pouuoir,
Autrement quel qu'il soit aucun ne le peut voir.

Le Magistrat est le parangon de l'esprit humain. Pour voir si vn vase est felé, il ne faut que l'emplir de quelque liqueur. L'authorité absoluë en vn esprit mal fait, n'est pas long temps sans se desgorger par le canal des passions; par celuy de l'amour, par celuy de la fetardise, ou par celuy de l'arrogance. Et sera t'il possible qu'vn Prince qui aura vn esprit si perdu que cela, aye aucun soin de la sagesse? qu'il ait aucune amour pour elle? ou qu'il se soucie aucunement de la loy de Dieu? Elizez parmi vous, dit la Sapience eternelle, des gens qui soient sages, & intelligens: de qui l'experience vous ait fait voir que les mœurs sont bonnes, & ie les feray regner sur vous.

Que la vie iuste est fille de la sagesse.

CHAP. XI.

Encor que l'habitude loge chés l'appetit, elle ne laisse pas pour cela de reconoistre l'entendement pour le maistre du logis. Elle n'entre iamais chez luy, s'il ne l'y appelle, ou du moins s'il ne luy en donne la permission. Pour cet effect son innocence demande que la volonté, & luy s'accordent ensemble. Elle à beau desirer la vertu ; s'il n'est pas en estat de la receuoir, son desir est superflu. Qui est aueugle & se laisse conduire par vn aueugle, n'est pas asseuré de ne pas fouruoyer. La volonté ne voit goutte. Si l'entendement n'a des yeux, & pour luy & pour elle, tous les deux sont en danger de prendre vn chemin pour l'autre. Il peut arriuer qu'estant bonne de sa nature, elle sera conduitte par luy, au mesme temps qu'il sera luy mesme offusqué de tenebres, & ne laissera pas neantmoins de reussir en son dessein. Toutes les fois que ce bon heur luy auiendra, elle aura sujet d'en rendre graces à sa bonne fortune. L'Escriture sainte ne ment point quand elle dit: que le chemin des impies est rempli d'obscurité : & que celuy des iustes, est aussi clair, que la clarté mesme.

L'entendement qui manque d'intelligence, suit aisement ce qui le deuroit suiure luy mesme. Mais s'il est genereux & intelligent tout ensemble, il ne souffre point qu'on entreprene sur sa charge, & qu'on luy rauisse l'honneur qui luy est deu. Il voudra commander, & non obeïr. Dés sa naissance son destin veut qu'il soit le maistre de l'appetit. S'il ne l'est pas, il est deffectueux. Toute chose est parfaite lors qu'elle peut exercer la charge pour laquelle elle est née. L'espee est imparfaite quand elle n'est pas propre à coupper : & l'entendement est imparfait quand il n'a pas le pouuoir de maistriser la volonté comme il veut. Il la mesprise comme il veut, lors qu'il l'a obeïssante à tout ce qu'il luy suggere. Au reste l'entendement qui n'est autre chose que la raison ne peut iamais commander le mal, d'autant que luy mesme est la regle de tout ce qui est iuste, droit, & honeste. S'il pouuoit porter au mal : le mal ne seroit point mal : il seroit bien. Tout ce qu'il y a de difforme en la volonté tire sa racine de l'ignorance. Cela estant, la sapience n'a t'elle pas sujet de s'escrier hardiment ? Ie marche par les voyes de la Iustice : quiconque me rencontre, rencontre la vie & le salut. Et encore plus Socrate de dire, que les vertus ne sont autre chose qu'vne parfaite science ? Par là il n'entend pas à proprement parler, que les vertus soient science : il veut seulement

donner à entendre que c'en font les fruits. Au commun dire
de Platon nul meschant ne fçait. Tout manquement qui eſt
en l'appetit a eſté premierement en l'intelligence. Quiconque
fait du mal n'a point d'intelligence. O hommes aprenés la ſcience, ſi vous ne voulés attirer ſur vous la colere du ciel ; &
vous eſloigner du chemin de la Iuſtice. Voila quel eſt le langage de la ſapience. Que noſtre condition ſeroit mal-heureuſe
ſi le mal pouuoit plaire. Il n'eſt point de plaiſir qui ne ſoit attaché au bien, ou veritable, où eſtimé tel. Le mal en ſes propres
habits n'a aucuns appas. Il n'attire iamais la volonté à ſoy, s'il
ne la trompe ſoys la reſſemblance du bien. Sous le maſque du
plaiſir il reüſſit à deceuoir les ſots. Et voila quelle eſt l'image
du bien, dont ces miſerables reſtent enſorcelez. Aux ſages,
Dieu tient lieu de Loy : aux ignorans leur plaiſir.

Mais auec quelle raiſon ſe pleint Iſidore que Zoſime ſoit ſi
clairuoyant à faire & à inuenter tant de nouuelles ſortes de
maux, puis qu'il eſt ſi aueugle à faire du bien? Auec quelle apparance de verité dit cette barbare amante?

O honte de nos iours! que mon ſort eſt fatal.

I'aime & connoy le bien, & ſi ie fay le mal!

Qu'elle excuſe reſte t'il a l'incontinance, ſi faire du mal eſt vn
deffaut de ſçauoir? faire du mal, & le ſcauoir eſt la pire de toutes les ignorances. L'intelligence contre laquelle l'appetit deploye de puiſſans effors : & à laquelle la volonté eſt tout à fait
contraire: & auec elle l'action meſme, n'eſt pas vne claire intelligence : c'eſt pluſtoſt vne veüe trouble: ou vne fauſſe opinion. L'election & l'œuure, ſont la concluſion, & la fin du diſcours qui panche à ſon effect. S'il n'y auoit point de la faute
au raiſonement, iamais on n'auroit conclu qu'il falut faire du
mal. La raiſon ne ſert iamais d'eſcorte à la meſchanceté. Ceux
qui emportez de la rage de leur appetit, ſe precipitent dans les
forfaits ne ſcauent pas autrement ce qu'ils font. Ils ſont ſemblables à des yurongnes, ou à celuy qui en ſongeant chanteroit
les vers d'Empedocle.

C'eſt auec ſujet qu'on donne à la ſapience le titre, de maiſtreſſe de la diſcipline de Dieu : de la ſeule qui eſt digne de la
familiarité de cet abſolu maiſtre de toutes choſes. Il eſt bien
iuſte que les ames qui ſont l'aſyle & le reffuge de la ſapience,

ſoient

foient les feules qui font cheres à Dieu. Elle eft comme vne vapeur qui fort de la vertu du tout puiffant : vne candeur qui procede de la lumiere eternelle: vn miroir tres-net de la diuini-té : vn desbordement de l'infinie fplendeur de l'eternel: en vn mot vne clarté qu'aucune tache ne fçauroit ternir.

La bonté repofe dans l'ame du fage. Elle n'a point de de-meure ailleurs ; où fi elle en a, elle y eft peu de temps, comme dans vne maifon empruntée. C'eft pourquoy la vraye fageffe ne loge point dans l'efprit des mefchans. La ferenité a fon vray fejour au deffus du Ciel de la Lune : ailleurs elle eft paffagere: là eternelle & ftable : ailleurs elle eft fujete à changer : la elle ne change iamais. L'efprit efleué fur les aifles de la fageffe, eft le Ciel où repofe la mefme tranquillité, qui porte le nom d'in-nocence. Il eft l'objet de l'amour diuin. Aprens ô Hierufa-lem, dit l'Efcriture, aprens afin que mon Efprit ne s'en aille ail-leurs, & qu'il ne te quite.

Mais quelqu'vn me dira que l'homme n'eft point impecable: & qu'il n'y a perfonne qui puiffe dire que fon cœur eft net: qu'il eft pur, & efloigné de tout peché qu'Architas auoit accou-ftumé de fouftenir : qu'il n'eftoit point de poiffon fans arefte, ny d'homme fans quelque meflange de malice : que d'autre part l'opinion de Cratez vouloit qu'il ny euft point de pomme de grenade fi entiere, en qui on ne peut trouuer quelque grain gafté.

A la verité le iufte Eaque eftimoit que le nombre des bons eftoit petit : & Xantias n'auoit pas mauuaife grace de dire qu'il y auoit vne grand cherté d'hommes fages. A cela ie refpons auec le fage de Pelufie, que ie ne cherche point vn homme, qui en effect foit net de toute forte de crime : car il me feroit impoffible de le trouuer : mais que i'en cherche feulement vn qui ait en luy les vertus les plus eftimables : peu d'imperfe-ctions, & que celles qu'il aura foient tres legeres. Quiconque eft hôme ne peut pas eftre net de toute tache. L'idee du fage eft la parfaite habitude de toutes les vertus. Et voila ce que i'ay apris de mon Stoyque. La matiere refifte, & ne peut rendre la parfaite reffemblance de fon exemplaire. Ce qui fe voit en la raifon ne fe voit pas de mefme en la matiere. Il le faut con-fiderer diuerfement. Moins les chofes s'efloignent de leurs

idées, plus elles en portent le nom. La partie qui ne respond
pas à l'excellence du tout ne merite pas d'en auoir le nom. Le
sage est sage, quand il entend clairement & agit iustement:
si par la faute de son esprit, ou par celle de sa volonté, ou par
celle de tous les deux ensemble, il passe par dessus cette maxime, il n'est pas sage: du moins ne l'est il pas en cela. Celuy
qui distingue tousiours le bien d'auec le mal: qui s'esloigne
rarement de l'vn & s'aproche rarement de l'autre ; qui exerce
vn absolu pouuoir sur ses passions : ou du moins autant qu'il
en faut pour ne leur laisser contre luy qu'vne foible resistance:
qui est orné de toutes les vertus, & souillé de bien peu de vices : en vn mot celuy qui vit selon la raison merite le nom de
sage. On ne laisse pas d'appeller cercle ce qui ne l'est pas tout
à fait : mais qui en approche beaucoup.

Bien rarement trouue-t'on des choses qui egalent leurs propres idées. Les vnes en approchent plus : les autres moins:
& toutes tirent neantmoins leurs noms d'elles. Parmi les sages , elles ont tantost des bornes plus estroittes, tantost de plus
larges. Tous auront le nom, de ce qui est plus digne en eux : selon qu'ils auront le moins d'ignorance & de vice.

Tout doz n'est pas propre à porter l'habit du sage. Ce que
l'entendement retient pour soy est vn d'on du Ciel : & vne recompence tout ensemble d'vne infinité de peines. Pleusieurs
dés leur naissance ont esté destinez pour seruir, & pour obeir:
c'est ainsi que le createur de l'vniuers l'a voulu. Ceux là ont receu autant d'entendement qu'il leur en faloit pour entendre
aux commandemens qui leur alloient estre faits. D'autres ont
eu le Ciel plus fauorable : mais la fortune fort contraire : ou
ont receu quelque obstacle en leur condition, qu'ils nont pû
surmonter pour auoir esté trop grand. Ceux cy sans auoir la
sagesse en partage ne laissent pas de pouuoir estre iustes : du
moins pourueu qu'ils ne demeurent pas les bras croizez : qu'ils
prenent plaisir à trauailler : & qu'ils agissent selon les preceptes
qui leur sont donnez, ou par les sages, ou par le premier d'entre les sages, qui est Dieu. Voila comment Hesiode a raison
quand il dit.

Que quiconque entent bien en ce siecle où nous sommes
Doit estre estimé bon parmi les autres hommes,

Puis, celuy qui douteus en ce qu'il n'entend pas,
Escoute & suit par tout les sages pas à pas,
Mais que qui ne sçait rien & ne veut rien apprendre
Est & paroist meschant à ne s'en point deffendre.

La difficulté que chacun auoit à sçauoir autant qu'il faloit pour luy : fut la necessité qu'on eut d'establir des Princes qui sçeussent pour tous. Ceux qui viuront obeïssans, & ployables aux commandemens de ceux qui sçauent plus qu'eux, pourront meriter le nom de iustes. Pour ce qui est des Souuerains qui n'ont personne qui leur commande, comment pourront ils estre au nombre des bons, s'ils n'abondent en science? Et s'ils ne sçauent ce qui est & mal & bien?

Que la frequentation des sages est necessaire au Prince.

CHAP. XII.

LE besoin qu'à vn Prince d'ignorer peu de choses, luy ren-dra agreable la conuersation des sages. Si cela arriue, possible sera ce en vn temps où la tendresse de son âge sera encore incapable de regner. Outre qu'à peine sera t'il sorti de son enfance qu'on verra aupres de luy des Ruffes & des Tigellins, qui diront que le Prince n'est plus enfant, que sa ieunesse à ce qui luy faut de vigueur : qu'il s'oste de dessous la ferule de son gouuerneur. Alexandre en peu de temps fut en estat de tenir les resnes de l'Empire. Ie veus bien que le Souuerain en sa plus grande ieunesse ne manque point de sages Precepteurs, le temps auquel il est suffisant de s'instruire soy mesme, ne vient que trop tost. La prudence d'autruy luy peut bien estre chere : mais ce n'est que iusqu'à ce qu'il est arriué à la siene. Iusqu'à l'âge de huict ou dix ans, il peut estre retenu parmi ceux qui l'instruisent. Beaucoup d'autres auant ce temps là tiennent qu'il est hors de page. Des qu'il approche du terme auquel il doit commencer à se comporter en Prince, on ne peut plus souffrir qu'il soit aupres de ceux ausquels il auoit accoustumé d'obeïr. Autrement on a opinion, ou qu'il n'vsera pas plenement de son authorité, ou que la bien-seance de ses maistres courra fortune de se voir choquee. En effect en ces rencontres il semble qu'on prend plaisir à faire sentir son pouuoir à ceux à qui l'on portoit honeur, & de l'humeur desquels on dependoit nagueres. D'autre costé le sage sur l'instruction duquel estoient apuyees les esperances du Prince, aura de la peine à quitter la liberté qu'il auoit de luy commander.

Ces raisons qui ne peuuent estre alleguees que par de pernicieuses, & homicides Sirenes, trouueront sans doutte peu de credit dans des oreilles purgées du vice qui les rend aisées à preocuper.

Honorer la sagesse n'est pas comme on dit diminuer l'authorité souueraine. Elle n'oste rien à la puissance royale. Au contraire elle la fomente: & en est, & la mere, & la nourrice tout ensemble. Elle sçait bien qu'il ne luy est permis que ce que la raison luy permet. Elle veut que le Prince face le Prince: comme elle-mesme veut faire tout ce que les vrais subjets doiuent faire eux-mesmes. Et ne sçait elle pas ce que requiert le gouuernement d'vn Estat ?

Mais qu'il soit des gouuerneurs des Rois ce qu'il voudra, il ne m'importe de rien. De moy ie sçay bien qu'il ne faut point mettre de bornes à la liberté de commander, où la necessité de sçauoir n'en a point. Toute abondance est chetiue, à laquelle personne ne sçauroit adiouster le comble: & qui ne peut estre accruë iusqu'à vn poinct, où tout ce qu'on y sçauroit mettre de plus, seroit superflu. Vn Roy peut bien auoir dans ses coffres plus d'argent qu'il ne luy en faut: mais non pas dans son esprit plus de sçauoir que sa condition n'en demande. Toute autre chose peut arriuer iusqu'à l'excez: la sagesse est la seule qui n'y arriue iamais. Toute autre chose en sa quantité reçoit & le peu, & le trop: & mesme ce qui est entre ses deux extremitez-là. Pour ce qui est de la sagesse, le peu est vne qualité qui est inseparable d'elle: & bien loin qu'en elle on doiue apprehender le trop: c'est en vain qu'on y souhaitte ce qui est assés. La fortune, dont le caprice prend & laisse vne infinité de formes n'a pas voulu que le fçauoir eut de fin. Voila quel est le fort de celuy qui n'est obligé de fçauoir que pour foy : quel fera ie vous prie celuy du Prince qui est obligé de fçauoir pour tous?

Il est mal-aifé qu'en vn age tendre on puiffe ietter des folides fondemens fur vne legere intelligence. Bien fouuent ceux qui enfeignent ne fçauent pas ce qu'il faut enfeigner : ny ce que l'on peut apprendre. Outre que tout ce qui s'enfeigne ne s'apprend pas toufiours : ce qui s'apprend la plus part du temps ou ne fe retient pas du tout, ou ne fe retient qu'en partie.

L'eftime dont chafque chofe eft digne, vient de fon vfage. La valeur tire fon prix des combats : l'eloquence tire le fien de la paix. Tant qu'on a befoin de difcipline, on n'eft pas capable de mettre la fageffe en vfage. Quand on a les refnes du gouuernement en main, on recognoift combien il importe de fçauoir. C'eft alors que le bon fens peut receuoir la recompenfe qu'il merite. Alors le Prince aduerti par la neceffité de fes affaires, trouuera agreable l'eftude qui auparauant luy donnoit de l'ennuy. Les finiftres euenemens le ramenent à la memoire des mauuais confeils qu'il a fuiuis. Les refolutions prifes auec peu de prudence, font & condamnées, & punies par leurs fuccez. De là il arriue que l'efprit s'enflamme de l'amour du fçauoir.

Mais pofé le cas que le Prince foit fage; & que par la bonté de fon efprit, & par vne longue eftude, il fe foit efleué à vn fouuerain degré de fageffe, pour tout cela, il ne luy fera pas permis de croire que fon fçauoir foit affés grand pour fuffire à toutes chofes.

Vn homme feul ne fçauroit voir par tout,

Difoit Eteocle.

Perfonne ne peut fçauoir autant qu'il en a befoin.

Ie recognoy le bien: ie recognoy le mal.

Difoit Telemaque à fa mere: mais il adioufte tout auffi toft, que fa prudence ne pouuoit pas fuffire à toutes les occurrences. Auec cela confiderés ces langages que tient l'ancien Orphée des fages. Fay plus d'eftat de l'aduis du fage, que de l'or, maiftre de tous les hommes. Entre les fages mefmes il ne s'en trouue point qui fçache bien toutes chofes. Cela obligea Theopompe à croire que l'authorité royale pouuoit eftre affermie auec le confeil des Ephores. Ifocrate veut que le Prince n'ait befoing d'aucuns conseillers : mais que pourtant en toutes ses affaires, il delibere auec ses amis. Sera-ce donc auec ceux qui n'auront pas plus de prudence qu'il leur en faut ? Ou que la Majesté royale sera bien plus heureuse d'auoir autour d'elle vn bon nombre de gens sages, que des bouffons, & des personnes à luy faire passer le temps !

Le sçauoir qui s'acquiert par le moyen de la familiarité, s'acquiert auec peu de peine, & est bien plus agreable, & plus profitable, que celuy qui vient par le moyen de l'instruction, & de la discipline. Ce ne fut point l'escole qui fit ces grands hommes du temps passé, Metrodore, Hermaque, & Poliene : ce fut la conuersation du sage Epicure.

Le traict qu'il y a iusqu'à la sagesse par la voye de la discipline, est long, ennuyeux, & seruile. Par la familiarité des sages il est court, agreable & digne d'vn Prince. Ce qu'vn homme sçauant a acquis pendant vne longue suitte d'années, en peu de iours il l'enseigne par des discours familiers & comme en se iouänt. Voila le seul moyen d'enseigner & d'apprendre ainsi qu'il appartient à des grands Seigneurs. C'est vne pensée d'vn homme Grec, & desia passée en commun prouerbe. Le Prince deuient sage, en viuant auec les sages. Les paroles, les actions & les habitudes : en vn mot toute la vie des gens vrayement sçauans, sont des documens à ceux qui les estudient. Le sage est vtile iusqu'à ses propres ennemis. S'il est en estat de nuyre, ce n'est que par ce qui ne paroist point en sa vie. Toute la troupe des sages apprirēt plus des familiers raisonnemens de Socrate, que de ses leçons publiques : & semble qu'il n'auoit point accoustumé d'instruire autrement que cela. Celuy qui frequente souuent les boutiques des espiciers, est subjet à sentir la plus part des drogues qui s'y debitent. Celuy qui se tient long-temps au soleil, en est necessairement eschauffé, encor que ce ne soit pas pour cela qu'il s'y tienne. Qui vit auec des Sages profite en sagesse. Qui fait amitié auec des sots, deuient sot comme eux. On ne sçauroit s'accoster des sages, sans en tirer quelque profit, bien qu'on ne le sente point : & qu'on s'en apperçoiue encore moins. Les voir souuent, & les entendre souuent, font insensiblement vne secrette impression dans l'ame, & acquierent la force des preceptes mesmes. La presence du sage quelque muette qu'elle soit, à la vertu d'inftruire: & certos il eft bien plus malaifé de dire comment, qu'il ne l'eft de recognoiftre qu'il eft vray. Il eft certains petits animaux à ce qu'efcrit Phedon, qui mangent auecque tant de delicateffe, & de fubtilité qu'il eft impoffible de s'en apperceuoir. La feule tumeur qu'ils laiffent en leur morfure, monftre qu'ils mordent. Le mefme arriue à celuy qui vit auec les fages : il s'apperçoit bien qu'il proffite auec eux : mais de dire quand, ny comment c'eft ce qui luy eft incognu. Ceux qui entrent dans les temples, & qui de prés regardent les fimulachres des Dieux, ou qui en attendent les oracles, ont vn efprit tout different de celuy qu'ils auoient lors qu'ils y font entrez : tant à de force la prefence des chofes fublimes au dire de Pitagore. Cela eftant qu'eft-ce que ne pourra pas la conuerfation familiere ? A voir les ieunes gens Anacreon deuient ieune.

La douceur qu'il y a à viure enfemble n'vnit pas feulement ce qui paroift au dehors, mais affemble encore les affections qui font cachées au plus profond des cœurs : & ioint mefme les habitudes. Les familiers amis de Platon eftoient courbez comme luy. Ceux d'Ariftote eftoient begues : & Ermione excufoit fa malice fur l'amitié que luy portoient les mefchantes femmes. Le commerce de ceux de Bifance rendit pernicieux ceux de Calcedoine. Qui eft ce qui rendit Platon fi habile homme comme il eftoit finon la conuerfation de Socrate ? Seneque efcrit que Cleante reffembloit à Zenon, non pour auoir efté fon difciple : mais pour l'auoir long-temps pratiqué en qualité de compagnon. Pericles ne deuint fi grand homme d'eftat qu'il eftoit, que par la frequentation qu'il eut auec Anaxagoras & auec Damon : & qu'il continua eftant mefmes arriué à vn fupreme degré de fageffe. Qui n'atribuë point la felicité de l'Empire d'Augufte à la familiarité qu'il eut auec Atenodore, attribuë à la fortune ce qu'il ofte à la vertu. De tous les bons auis qu'Ifocrate donne à fon ieune Prince, fans doute ceftui cy eft le Principal, & le meilleur : fçauoir qu'il employe fon temps à confiderer les bons raifonnemens : en forte que la conquefte qu'il doit faire de la fageffe luy coufte autant de plaifir, qu'elle coufte aux autres de peine, & de fueur. Il defire qu'il prefere ce foin à l'or ; qui quelque bien gardé qu'il soit ne laisse pas d'eschapper : au lieu que le fruit des bons discours demeure, quelque fuitte qu'il puisse mediter. Voila pourquoy il estimoit, qu'il n'estoit pas plus necessaire à vn Athlete d'exercer ses membres qu'à vn Prince d'exercer son esprit à l'estude de la Philosophie. Le corps s'entretient par vn exercice moderé, & l'esprit par de sages raisonnemens. D'où sans doutte est venuë la coustume qu'ont les Grands, d'auoir auprés d'eux certains hommes sages sous le nom de conseillers. Coustume vrayment Royale : mais à cet heureux temps qu'ils les auoient à leur Cour, non comme esclaues : mais comme amis domestiques. Quand ils s'en seruoient pour accroistre leur intelligence, & non pour fomenter leur ignorance. Alors ils leur seruoient de flambeau pour les esclairer : à presant ils ne leur seruent qu'à leur tenir compaignie dans leurs tenebres.

Qu'vn Estat a besoin d'amis.

CHAP. XIII.

C'Est ne tenir rien de l'homme que de se plaire à viure seul. Cela n'apartient qu'à Dieu ou à la beste, auoit accoustumé de dire Aristote. De nostre naturel nous sommes portez à nous aimer les vns les autres : à nous plaire à la douceur des compagnies : & à hayr la solitude. Il n'est point de desert si affreux soit il qui soit si desagreable, que de viure auec vne personne que lon n'aime point : ny de si dangereux, que d'estre auec vne quelon hayt : ny de si peu plaisant que d'auoir de la familiarité auec vn homme de qui nous ne sommes point aimez.

Toute societé dont vne bien-veuillence mutuelle ne faict point le nœud, apporte ou de l'ennuy, ou du peril. Elle est à fuyr. Quoy que c'en soit elle n'est point de longue durée. La premiere & principale racine de la vie tranquille, est de viure

parmi

parmi ſes amis. Sans cela toute felicité peut paroiſtre mal-heureuſe à Hyppolite,

Viure dans les combats eſt le premier bon-heur,
Puis parmi ſes amis ſe voir en grand honneur:
Apres ces biens ſon ame inceſſamment ſouſpire,
Et les eſtime plus qu'vn floriſſant Empire.

Il ne changeroit pas ceſte ſatisfaction auec la monarchie de tout
l'vniuers. En effect quel plaiſir ſe peut comparer à celuy de
voir dans ces publiques magnificences,

Qui nous aymons bien fort, & qui nous ayme auſſi ?

L'amitié rend plus ſupportables les calamitez : acroiſt la proſperité, & ſert d'appuy à vne fortune mediocre. L'ami à diuers vſages, dont il n'y en a pas vn qui ne ſoit & vtile, & agreable : & il n'eſt rien ſi charitable à l'homme, qu'vn homme qui
ayme comme il doit. Tu ne ſçaurois auoir vn threſor ſi grand
qu'vn homme qui t'ayme cordialement. Quiconque ayme
mieux auoir ou du pouuoir, ou des richeſſes, que des amis, ne
ſçait pas ce qu'il demande. Fouïlle iuſqu'à la garderobe, & fay
reueuë de tout ce que tu as de precieux dans ta maiſon, tu ne
trouueras rien, dont la poſſeſſion te doiue eſtre ſi chere, que
celle d'vn amy non feint, mais veritable. Vn ancien prouerbe dit, que l'amy eſt plus neceſſaire que le feu & l'eau.

Mais plus que nuls autres, les Grands ont beſoin d'auoir des
amis en bon nombre. Les grands gouuernemens ont beſoin
de grande quantité d'amis, & ne peuuent ſubſiſter ſans cela :
& c'eſt par eux & non par autres moyens que les puiſſans Empires ſont heureuſement regis. Beaucoup d'entre les hommes
priuez ont faute de pluſieurs choſes : mais non pas tant que les
Princes en ont d'amis. Où il ſemble qu'ils deuroyent eſtre les
plus frequens: c'eſt là qu'ils ſont les plus rares.

Plus les Souuerains ont de ſeruiteurs & de ſujets, plus ils
ont d'ennemis. Quiconque a moins, eſt ennemi de quiconque a plus. Qui poſſede ce qui nous manque, ſemble eſtre l'occaſion de noſtre mal-heur. C'eſt vne fatalité aux Roys d'eſtre
mal-voulus de leurs ſujets. Quiconque eſt eſleué en plus grande puiſſance que les autres eſt ſubjet a eſtre haï, diſoit Gion.
Il ſemble que l'autheur de ce grand vniuers, a aſſemblé ces
deux choſes, la haine, & la royauté. Micipſa auoit opinion que

ce n'eſtoit ny les armées, ny l'argent, dont dependoit la conſer uation d'vne puiſſante monarchie, mais les amis. Cyrus l'auoit dit auparauant luy, en ces termes : Le ſceptre n'eſt pas ce qui coſerue vn Empire : c'eſt la quantité d'amis. C'eſt pourquoy, le premier ſoing que doit auoir vn bon Prince, c'eſt de ſe pouruoir de perſonnes qui l'ayment ſans diſſimulation.

Heureux celuy de qui le nombre de ſes amis egale celuy de ſes ſujets. Le Prince qui eſt en bonne eſtime dans l'eſprit de ſon peuple, iuſqu'à vn poinct de luy eſtre agreable, ne trouue aucune difficulté à regner. Sa domination eſt eſloignée de tout peril. Il regne longuement. Mais qui ne regne que par le ſeul credit de ſon pouuoir abſolu, regne auecque difficulté. Son gouuernement eſt inſuportable. Il y a du danger à le manier : & n'eſt pas de longue durée.

Il n'y a que deux choſes qui peuuent affermir l'authorité d'vn Souuerain : aſſauoir, ſa propre vertu, & la bien-veuillance de ſes ſujets. Periandre auoit acouſtumé de dire, que la royauté n'auoit que faire d'armes, pourueu qu'elle ne manquaſt point d'amis. Apres les Poëtes tragiques, Dion le remonſtre à Denis. Les Princes dont la conduitte a eſté mauuaiſe, n'ont iamais ſubjet de ſe plaindre de quoy ils manquent, de bien, ou de pouuoir : mais bien de quoy ils n'ont point d'amis. S'ils ſont ruinez, ils ne s'en prennent ny à leur pauureté, ny à leur foibleſſe, mais bien au peu d'amis qu'ils ont. Quiconque n'en manque point ne peut eſtre opprimé par aucune calamité. Que le Prince ne ſe fie donc pas tant à ſon authorité ny à la puiſſance de l'eſtat qu'il regit. La fortune bouleuerſe les choſes humaines : & ne ſe monſtre iamais ſi peu cruelle que lors qu'elle a à faire à ce qui eſt bas & humble de ſoy. Iupiter ne tone point contre les caſes des bergers, ny contre les campagnes. Sa violance eſclatte ſur les hautes tours, & ſe deſcharge ou ſur la montagne d'Ida, ou ſur celle de Caucaſe. La gloire de la fortune paroiſt à defraciner les Royaumes, & non a abbattre les petites loges des paſteurs. Denys eſt mocqué à Corynthe : & Pompée eſt le iouët des ondes, & la proye des poiſſons de Phare. Cæſar eſt deſchiré par les ſiens, & le grand Alexandre meurt à Babylone par la violance d'vn poiſon mortel. Il n'eſt point de Royaume pour lequel il ny ait vn bourreau

deſtiné. Le ſort arbitre de toures choſes, en a ſeulement ac-
cordé l'vſufruict : ſans auoir aucun eſgard au temps. Pour ce
qui eſt du reſte, elle en fait ce que bon luy ſemble. En vn moment elle diſſippe ce qu'elle auoit aſſemblé en vne longue ſuitte
d'années. Il n'eſt rien de poſſible qu'on n'ait ſujet d'attendre de
ſa mauuaiſe humeur. Voila la raiſon qui oblige les Grands à ne
s'aſſeurer pas tant en leur proſperité : & c'eſt vne des conſiderations qui leur doit rendre chere l'eſtime qu'on doit faire de
l'amitié.

Qu'il eſt mal-aiſé de rencontrer vn vray amy : & plus au Grands qu'à nulle aůtre.

CHAP. XIV.

Vne vraye amitié peut elle auec raiſon,
 Auec quoy que ce ſoit ſouffrir comparaiſon?
Il eſt vray que Philemon tient, que l'amitié eſt vne choſe bien
douteuſe, & que la plus part des amis ne le ſont que de parolle.
Vne des plus difficiles choſes qui ſoyent en toute la nature, c'eſt
de rencoutrer en qui on ait tout ſujet de ſe fier. En la ſocieté
commune, combien trouue t'on de gens qu'on croit eſtre deuenus amis dans la douceur dont en les a traittez, qui toutesfois
paroiſſent faux comme ils ſont. O que le ſouhait de Theſée
eſtoit iuſte, de vouloir, que l'amitié euſt vne marque toute particuliere. Alcée de ſon coſté deſiroit, que les hommes euſſent
vne feneſtre à l'eſtomac, afin qu'on peut voir, & leur ſincerité,
& leur fraude. A la verité il y peut auoir de vrais exemplaires
d'amitié parfaicte, mais ils couſtent trop cher. La miſere eſt
la pierre de touche ou s'eſpreuue la bien-veuillance. Veus-tu
ſçauoir dit Namerte, combien tu as d'amis ? Ta miſere t'en
rendra conte. Les occurrances des contraires, ſont contraires.
Le froid congele, & le chaud liquefie : la beauté attire, & la laideur chaſſe loing deſoy. D'où vient que rien n'empeſche tant

de recognoiſtre les vrays amis d'auec les faux, que la proſperité.
Perſonne ne veut eſtre amy de celuy qui n'a rien. Poſſible Phi-
lodeme a dit cela, d'autant qu'il a crû, ou qu'il n'eſtoit point du
tout de vrays amis : ou du moins qu'ils eſtoyent bien rares.
La fauſſe amitié ſuit touſiours le vent de la fortune. Lors que
l'vne tourne le dos, l'autre le tourne auſſi. Perſonne ne veut de
l'amitié auec vn mal-heureux : comme dit le prouerbe Grec,
qui n'eſt que trop reçeu dans le monde. Au contraire arriue t'il
que la fortune eſt riante, on accourt a elle à la foulle. Aux
Grands, dont la condition eſt eſtimée heureuſe parmi les hommes, la félicité ſert de moyen pour eſtre trompez par des faux
amis. D'ailleurs il ſemble que la proſperité s'ayme trop elle-
meſme. Les miſerables ne tiennent preſque aucun conte, ny
de leurs corps ny de leurs vie. Pour ce qui eſt des Grands, ils
ſont delicats, & ont vn ſoing tres-particulier de leurs perſonnes. Celuy qui eſt dans le mal-heur marche pied nud ſur les
caillous, & ſur les eſpines au meſme temps que les autres trouuent la plume dure. Ceux qui ne viuent que pour eux, ont beſoin de ſe rendre ingenieux à faire que toutes choſes leur ſoyét
agreables, & qu'il n'y en ait pas vne qui ne leur plaiſe. Et ce
n'eſt pas comme cela que les vrais amis doiuent viure. Demetrius conſeilloit à Ptolemée de lire les liures, propres à inſtruiré
les Roys. Là tu veras, diſoit-il, ce que l'affection de tes amis
ne t'oſeroit deſcouurir. Poſſible eſt-ce pour ceſte raiſon que
Cleobule eſtimoit qu'vn bon Prince ne deuoit point adiouſter
foy à pas vn de ſes familiers amis. Peut-eſtre iugeoit-il, ou
qu'vn Souuerain ne pouuoit auoir de veritable amy : ou qu'il
n'eſtoit pas en ſa puiſſance de le cognoiſtre quand il en auroit.
C'eſt ſagement fait que de ne faire pas vn bien qui court riſque d'eſtre ſuiuy de quelque mal. En effect il n'eſt que trop
certain,

Que le mal en tout lieux eſt ſi proche du bien,
Qu'vn eſprit quel qu'il ſoit n'y peut comprendre rien,
Qu'en cet aueuglement bien ſouuent ſans iuſtice,
On donne à la vertu les chaſtimens du vice.

Plus le bien eſt grand plus la fraude eſt inuitée à le feindre. Perſonne n'a plus de ſubjet de croire qu'vn vray amy eſt la plus chere, la plus vtile, & la plus neceſſaire poſſeſſion qu'on puiſſe auoir

qu'vn Prince. Il n'eſt rien dont la malice puiſſe plus heureuſe-
ſement prendre le maſque : rien à quoy elle s'eſtudie le plus:
rien à quoy elle deploye auec plus d'ardeur & ſes fineſſes, &
ſes ruſes.

Qu'il eſt neceſſaire aux Grands qu'on parle librement à eux.

CHAP. XV.

COmplaire, & parler librement ſont des premiers fruits
que l'amitié produit. L'vn ſemble proceder du deuoir: &
l'autre d'vne certaine liberté naturelle, commune a peu de monde. La complaiſance n'eſt iamais deſagreable. Pour ce qui eſt
de la liberté de parler, elle a par fois de l'aigreur. Il ne ſe trouuera iamais perſonne qui le vouluſt ceder ny à Socrate ny à
Zenon, encor qu'en ſotiſe il deuançaſt & Traſille, & Polidore.
Auertir quelqu'vn de ſes fautes eſt luy reprocher ſon ignorance, & comme applaudir à ſa miſere. Sophocle le ſçauoit
bien quand il dit.

Qu'vn diſcours qui reproche, encor que veritable,
Ne laiſſe pas de poindre, & d'eſtre inſuportable.

Les deffaux ne plaiſent iamais à ceux qui les ont : & plaiſent
moins, plus ils ſont manifeſtes. D'où vient qu'il n'eſt point de
choſe plus intolerable que d'en ouir parler à qui que ce ſoit. Le
plus important ſouhait que l'on auroit à faire, ce ſeroit de n'a-
uoir rien en ſoy où lon peut trouuer à redire. En ſuitte de celuy
là le ſecond que l'on auroit à faire, ſeroit que s'il y auoit
quelque choſe en nous qui n'alaſt pas bien, qu'elle fut cachee
à tout le monde. Cette peſtilentieuſe paſſion eſt celle qui
conſerue noſtre dommage, à noſtre grand mal-heur. O combien viuroit on plus heureuſement, & auec plus de legalité,
s'il eſtoit permis aux familiers amis de dire, & a nous agreable
d'entendre, ce qui importe le plus pour la conduite de noſtre
vie ! Mais certes cette fatale peſte eſt allee iuſqu'à vn point,

que pour bien viure vn mortel ennemi est plus necessaire, que
ne sont necessaires mille amis communs : & cependant c'est
de ceux cy seuls que nous pouuons estre auertis de noz fautes.

Toutes les miseres dont le remede est fascheux, en leur plus
excessiue force arriuent tousiours aux Grands : mais quelles
quelles puissent estre, pas vne d'entre elles n'est comparable à
celle dont nous venons de parler. C'est vne fatalité attachee à
leur condition de prendre à l'enclusion de tout autre vne im-
perieuse liberté de nous auertir de nos fautes. En cela ils veulent paroistre plus habiles que nous, & tout en mesme temps
vser de l'authorité qu'ils ont de nous reprendre. Au contraire
leurs esprits sont si effarouchez par le desplaisir qu'ils reçoiuent de se voir auertis du mal qu'ils font, qu'ils pensent que
quiconque leur en donne l'auis pretend vne bonne partie de
leur affection, comme estant vn instrument de leur salut. Cette confiance les offence si fort qu'ils la iugent vne temerité digne d'estre châtiee, Tigranez fit assassiner celuy qui luy apporta les nouuelles de la venuë de Luculle. Et voila quelle est la
precaution qui apprend aux amis des Princes à leur dire, non
ce qui regarde leur bien : mais ce qui leur peut estre agreable.
Et c'est la le mal-heur qui entretient les Grands dans leur aueuglement. Ainsi celuy qui de dessus la majesté de son trosne
deuroit veiller pour tout vn Royaume, est aucugle à luy mesme, & par sa propre folie condamné à de honteuses tenebres.
Et cette infortune leur estant volontaire, & non necessaire,
rend leur misere plus signalee.

Le chemin par ou marche la vie des Roys est infiniment releué. Tout achoppement y menace d'vne ruine euidente.
Toute erreur y conduit au precipice. Que sera ce donc si le
Prince y veut marcher à yeux clos ? Ou en aucugle ? Certes si
celuy qui a vn grand peuple à regir ne se plaist point à ouïr
les sentimens d'autruy sans aucun deguisement, bien souuent
apres de sinistres euenemens il aura tout loisir de se pleindre
de sa propre imprudence. Sans mentir c'est auec sujet qu'on
peut dire que le Prince est semblable à celuy qui a mal à la
ratte, à qui les choses douces nuysent & les ameres font du
bien. Theopompe interrogé comme quoy vn Royaume pou-

uoit eftre bien gardé, refpondit que c'eftoit en donant la liberté de parler aux amis du Roy. La Souueraine puiffance riche
de toutes chofes, n'en a befoin que d'vne. Tout le refte, elle
l'excluft de fon defir. En effect veux tu fçauoir quelle difete
affiige ce comble de toutes fortes de biens? celle d'vn homme
qui au lieu de parler de ce qui eft agreable au Prince, parle hardiment de ce qui eft en effect : de ce qui peut accouftumer à
entendre la verité l'efprit du Souuerain engourdi dans le menfonge. Comme Auguftefe fut vn peu bien tard aperceu des
fales deportemens de fa fille, il s'efcria, il ne feroit rien arriué
de tout cella, fi Agrippa ou Meecnas euffent efté en vie. Tant
il eftoit malaifé à celuy qui eftoit le maiftre de tant de milions
d'hommes de reparer la perte qu'il auoit faite de deux amis.
Poffible que ceux la mefmes auoient accouftumé de ne luy parler pas librement : mais que c'eft la couftume des Grands de
loüer les morts au mefpris de ceux qui viuent : & de donner
la liberté de parler franchement à ceux dont ils font affeurés
de n'entendre iamais vne parole libre. D'où vient que la
faute de ceux qui leur difent ouuertement leurs fentimens eft
pluftoft vn fupplice de leur folie, qu'aucune infortune digne de
compaffion.

L'aduertiffement d'vn homme fage fera plus agreable à vn
Prince fage, que la flatterie d'vn efprit frauduleux. Il dira auec
Euripide. Dieu me dône vn ami: quelque mefprifable qu'il foit
à la fortune, il n'importe pourueu que fans crainte il parle librement à moy : & fçaura qu'vn Prince eft miferable à qui on ne
dit pas la verité. Que la playe ou le remede ne fert de rien, eft
mortelle. Que le Souuerain qui n'aime point la fincerité n'a
que des gens pernicieux aupres de luy. Il ne faut pas qu'il
s'attende d'apprendre d'autruy la verité qui regarde fes inter-
refts. Il n'y a qu'vn ami dont il en puiffe eftre veritablement
informé. Au refte il ny a rien à craindre d'vne vraye & fin-
cere amité ? Nul ne fçauoit auoir Phocion pour ami & pour
flatteur tout enfemble.

Que l'amitié n'est qu'entre les bons.

CHAP, XVI.

L'Amitié est vne liaison des ames que la passion de l'honesteté fait naistre. D'où vient qu'il n'y en a iamais entre les bons & les meschans, ny entre les meschans mesmes. Qui ne peut estre ami à soy-mesme, mal-aisement le pourra t'il estre à vn autre. Le meschant est ennemi de soy-mesme. En effect quiconque fait tort de gayeté de cœur à autruy, ne s'en fait-il pas luy-mesme ? Le meschant se fait vne iniure à soy-mesme toutes les fois que de propos deliberé, il peche contre les loix de la bien-seance. Par là il est aisé d'inferer que le vice n'est pas seulement la faute de celuy qui le pratique : mais qu'il en est encore la peine. La conscience des coupables abbaye au dedans.

De combien de regrets, de peurs, & de supplices,
Sont affligez les cœurs qui pratiquent les vices !
Et de quelle fureur voit-on venir aux mains,
Les sales passions dont bruslent les humains ?

La paix de toutes les choses du monde, consiste au repos qu'elles ont en leur assiete naturelle. Dans l'esprit des meschans l'appetit fait la guerre à la raison, & la crainte à la prudence. Les affections vicieuses, elles mesmes sont à toute heure en dispute : & ont des querelles eternelles. Les peruers sont infidelles à eux mesmes : ie vous laisse à penser comme ils peuuent estre fidelles aux autres. La marque d'vn veritable ami paroist en la confiance qu'il a que celuy qui est le sien, est comme vn autre luy mesme en tout ce qui le regarde. Qui sera si hardi que de se fier en celuy qui ne se fie pas en luy mesme ? La violence de sa passion le porte contre ce qu'il s'estoit promis luy mesme. Il condamne ce qu'il approuuoit vn peu auparauant : & se plaist à ce qui luy auoit desplû n'a-

guercs

gueres. Pour ce qui est des vrais amis, ils sont tousiours d'vn mesme parti, & se plaisent à mesmes choses. Leurs desirs, & leurs contentemens sont conformes. Si ceux qui sont iniustes les ont discordans, ne peut on pas dire, qu'en leurs ames ils ont vne guerre domestique, & vne inimitié ciuile. Apres cela comment est il possible que les iustes puissent iamais compatir auec leur malice? Neantmoins il faut qu'ils y compatissent s'ils veulent estre de leurs amis.

Celuy la ne se peut pas dire veritable ami qui peut faire du mal à son ami. Les meschans preferent l'amour d'eux mesmes à tout autre amour. Leur propre interest leur est plus considerable que tout deuoir, & toute iustice. Toutes les fois que le desir de satisfaire à leur passion le requiert, de deserteurs ils deuienent ennemis. Des qu'ils ont manqué à l'assistance qu'on attendoit d'eux ils ne manquent point à l'offence qu'on auoit sujet d'en apprehender. L'vtilité seule leur est vne occasion de tenir conte des amitiez : & voila pourquoy les veritables ne sont qu'entre les bons. Qui plus est il ne s'en trouue non plus de parfaite entre les meschans. L'inconstance qui se rencontre en leurs volontez ne le permet pas. C'est le propre d'vn meschant esprit, d'auoir tousiours de grandes contrarietez en luy ; & de n'estre iamais semblable à luy mesme. Le bien seul est incessamment opposé au mal. Il est tousiours bien & s'accorde tousiours auec luy mesme. Le liberal est contraire, & au prodigue, & à l'auare : l'auare est contraire au prodigue & au liberal : encor que l'vn soit vicieux comme luy, & l'autre vertueux comme il ne l'est pas. Ainsi le vray est opposé au faux : & le faux est opposé au vray & au faux mesme.

Encore moins se peut il rencontrer de l'amitié où les habitudes sont desagreables. Le mal ne fut iamais aimable. Il n'est point de desir, ny d'amour qui n'ayent pour objet quelque bien, ou veritable ou imaginaire. Cela estant qui aura t'il en vn meschant, capable d'attirer la volonté d'autruy ? Platon ne veut point d'autre argument de la meschanceté d'vn homme, que de dire qu'il n'a point d'amis. Il y peut bien auoir de la societé entre les meschans : mais non pas de l'amité. Bien souuent on voit qu'ils sont traistres à ceux qui sembloient leur estre les plus chers. S'il est donc vray que la royauté doit estre apuyée sur la bonne volonté des vrays amis, vn bon Prince ne leur oſtera point la place qu'ils doiuent auoir dans ſon affection pour la donner aux meſchans. En cette ſorte il fera paroiſtre comme il eſt luy meſme bon & paſſionné de tout ce qui eſt iuſte, & honeſte. S'il eſt encore vray que l'innocence eſt vn des fruits de la ſageſſe, il faudra que luy & ſes amis ſoient ſages.

Que le ſage ſeul eſt ami neceſſaire au Prince.

CHAP. XVII.

IL y a trois ſortes de biens. L'vtile, l'agreable & l'honeſte. Vn vray amy les encloſt en ſoy tous les trois enſemble. Il eſt vn bien honneſte: vn bien vtile, & honneſte: & vn bien agreable, & honeſte tout en meſme temps. Vn ami vertueux pourra auoir toutes ces qualitez en ſoy, & les porter aux piez de ſon Prince. Le plaiſir qui peut donner du degouſt, ou du repentir, ou qui peut eſtre l'occaſion de quelque douleur, n'eſt pas vn veritable plaiſir, ſi nous nous en rapportons au ſentiment d'Epicure. Tel eſt tout contentement qui ne fleurit point ſur la propre tige de la vertu. Sans parler de ces ieunes Courtiſans qui ſemblent naiz à la ſeruitude, le Prince n'a beſoin que des ſecours qui regardent les plus importantes affaires de ſon Royaume. Toutes les autres neceſſitez, ſont neceſſités qui appartienent à la magnificence, & à la pompe, pluſtoſt qu'à la Royauté. Le ſouuerain gouuernement, outre l'ayde qu'il n'attend point de ſes amis particuliers, a affaire de gens qui luy apportent de bons conſeils: & qui luy façent entendre librement leurs ſentimens. Il n'apartient qu'aux ſages de bien conſeiller la republique, & de ſe conſeiller bien eux meſmes. Autres que ceux qui ne craignent rien, & qui aiment fidellement, ne ſçauroient parler auec liberté. Les ſages n'aprehendent rien. Leur amour, & leur haine font au dedans 'telles qu'elles paroiſſent au dehors. Auec cet auantage Socrate pouuoit & recompencer & accroiſtre toutes les munificences dont Archelaüs eſtoit capable d'vſer en ſon endroit : & le ſage peut reſpondre à tous les bienfaits de ſon Prince. O que la prodigalité des Grands eſt infenfee de ſe deployer enuers des gens qui ne ſçauroient vſer de reuanche ; aux occaſions meſmes où leur liberalité ſe peut exercer à l'endroit de ceux de qui les bôs ſeruices peuuent egaler leurs bien faits. Quelle plus grande imprudence ſçauroit on commettre, que de faire du bien à des traiſtres ; & à des gens qui manquent au beſoin? Quelle plus ſignalee fureur que de recompenſer des ingratz? & quelle plus grande ingratitude y peut il auoir, que de fuyr l'occaſion de reconoiſtre le bien fait quand on l'a receu? que de ne ſe ſouuenir point de celuy qui l'a donné aux rencontres, où il y a beſoin le plus qu'on s'en ſouuiene? Dequoy ont affaire ceux qui ne manquent de rien? Certes s'ils ont faute de quelque choſe dont ils ayent neceſſairement beſoin, c'eſt de quiconque leur voudra parler librement ; de quiconque aura la hardieſſe de conduire à la cogniſſance de la verité leurs eſprits engourdis dans le menſonge ; & tous accouſtumés à n'ouïr que ce qui leur peut plaire. En vn mot ils ont affaire de ceux qui les peuuent deliurer des pieges que leur tendent ceux qui s'accordent à les tromper.

C'eſt ce que le ſage ſeul ſera touſiours en humeur de faire. Et c'eſt principalement cela de quoy il a ſujet de ſe vanter. Les autres, diſoit Galba, parlent pluſtoſt à la fortune du Prince, qu'au Prince meſme. Les careſſes qu'ils en reçoiuent, & leur intereſt particulier ſont les appas qui les retienent : qui ſont les plus grans deffaux qu'vn homme puiſſe auoir : & le plus mortel poiſon dont la ſincerité puiſſe eſtre eſtouffee. Il n'eſt rien de ſi aiſé que de flatter celuy qui gouuerne vn eſtat ; mais rien de ſi difficile que de luy conſeiller ce que l'on doit. Il faut eſtre beaucoup intelligent pour l'oſer, & auoir vne bien genereuſe confiance pour l'entreprendre. Tout plein de gens veulent que celuy qui conſeille ſoit fidele, libre, & veritable : mais pour quel ſujet ne ſerat'il pas encore intelligent & ſage ? Quiconque eſt fidelle eſt bon : mais quiconque eſt bon n'eſt pas

bon s'il n'eſt ſage. Quiconque ne craint rien parle librement?
il eſt vray : mais n'eſt il pas vray auſſi que toute creinte vient
du deffaut d'intelligence ? Eſtre veritable eſt vne gloire toute
particuliere aux ames enflamees de l'amour de la ſageſſe. Aux
enfans meſmes l'habitude de dire la verité eſt le vray caraⅽtere,
par lequel on recognoiſt qu'ils ſeront vn iour ſages. Si en la
tendereſſe de leur âge ils prennent plaiſir à mentir, il n'en faut
eſperer rien de bon. C'eſt en vain qu'on les mettra dans l'honorable chemin de la Philoſophie : & c'eſt en vain qu'eux meſmes frapperont à la porte de la ſainte, & ſacree Minerue. Si
quelqu'vn fait profeſſion de l'eſtude de la ſageſſe, & qu'en ef-
feⅽt tu ayes deſcouuert que ce n'eſt qu'vn receptacle de fourbes & de fineſſes, dⅰ hardiment que tu as rencontré non vn
Philoſophe, mais bien vn Ⅰⅰlodoxe. Autre que le ſage, ne ſe
reſout à receuoir des affonts pour la deffence de la verité:
quand meſme le faux deuroit eſtre recompenſé.

A ceux qui mentent, eſcrit Artemidore, l'eſperance ou la
crainte rendent chere la menterie. Les enfans qui ne peuuent
ny eſperer ny craindre, ne mentent point. Les autres le peuuent
mieux. Il y a quatre choſes qui font iniure à la verité. La
crainte, l'auarice, la haine, & l'amour. La crainte fait que les
coupables la meſpriſent. L'auarice inſpire les faux ſermens
aux marchands. La haine ne fait pas conſcience de mentir pourueu qu'elle puiſſe blaſmer ce qu'elle hait, & à loüer ce qu'il ayme, l'amant ne tient aucun conte de la verité. Le ſage ſeul
eſt maiſtre de ſes affeⅽtions. Il n'eſt point à craindre qu'elles
le facent fouruoyer tant ſoit peu. Quiconque en peut eſtre ſurmonté n'eſt pas encore arriué à vne parfaiⅽte vertu. La ſageſſe eſt vne certaine vigueur de la raiſon, qui ne peut eſtre vaincuë. La premiere ennemie qu'el'eaffronte & qu'elle abat,
c'eſt l'affeⅽtion des ſens. Ny la violence de l'amour, ny aucune
autre paſſion vicieuſe ne domptent iamais vn eſprit genereux.
Quelle autre ſe peut comparer en vehemence à celle que la nature nous a donnée pour la defence de noſtre reputation ? Celle-cy n'a non plus de pouuoir d'esbranler le ſage, que les autres
paſſions. Le ſoin de ſa propre gloire, & de ſon propre honneur
n'eſt pas ſi cher à Monime, que celuy de la verité.

Que les Courtisans doiuent estre passionnez de l'amour de la sagesse.

CHAP. XVIII.

NOus auons desia assés clairement monstré, comme la royauté n'a rien de si conforme à sa grandeur, ny de si necessaire au bien de son estat, que la familiarité des sages. Par là le Prince pourra estre facilement persuadé à mettre au nombre de ses plus chers confidens seulement ceux de qui l'intelligence est montée à vn supreme degré de perfection. Peut-estre les voudra t'il appeller pour soustenir le fardeau le plus pesant de son gouuernement. Ce n'est pas assez, il faut qu'vn Prince bien sage donne ordre que le reste de ses Courtisans ayent vn esprit sublime, sçachent beaucoup plus que le commun : ou du moins qu'ils soyent amoureux de l'estude de la sagesse, & de la vertu. La dignité royale exige cela d'eux : le Souuerain gouuernement le demande.

Quiconque est net de tout vice, ne merite point de loüange, s'il ne vit loing de ceux qui en sont noircis. Les mauuaises actions ne nuysent pas plus à la reputation, que le plaisir qu'on prend à frequenter ceux qui en commettent. Les approuuer & les faire, est presque vne mesme chose. D'où vient qu'on n'est pas seulement obligé de s'empescher de faire du mal, que d'euiter la familiarité de ceux qui le font. Vne bonne partie de ceux qui ne cognoissent point la verité, suiuent ses apparences: & iugent selon leur affection, & non selon l'action. Ils mesurent toutes choses à l'amitié : & croyent que tout le monde est tel que sont leurs familiers amis. Ils demandent pourquoy on frequente les meschans, si l'on aime la vertu. Voila quel est le raisonnement du bon sage de Pelusie. Si le Prince donc ne se soucie pas que sa Cour soit le receptacle des meschans, & ne se soucie pas encore que son infamie soit exposée aux yeux de tout le monde. Plus les Princes sont eleuez en puissance & en dignité par dessus le reste des hommes, plus ils ont subjet de craindre le blasme. L'eminence de leur condition fait voir egalement, & ce qu'ils meritent, & ce qu'ils ne meritent pas. Leur honneur & leur deshonneur paroissent tout en mesme temps. Vn Roy n'a pas seulement à craindre l'infamie en ceste rencontre, comme protecteur des meschans, il l'a à craindre comme s'il estoit meschant luy-mesme. La vie de ceux qui viuent auec nous, est receuë comme vn fidel tesmoignage de nos mœurs. Les bons se plaisent auec les bons; & les meschans auec les meschans. Qui peche est coupable : qui consent au mal n'est pas innocent ; & celuy-là consent au mal qui n'y a pas resisté lors qu'il le pouuoit. N'empecher point le mal, s'egale à le commettre : du moins quand on le peut empecher, & quand on le doit.

Mais prenons le cas que le Prince soit iuste, & qu'il ne face aucune mauuaise action, s'il ne chasse loing de luy les meschans, nous pouuons inferer de là qu'il est bon, parce que la bassesse de son esprit ne luy permet point d'estre autre : & que sa foiblesse, & non son election le retirent du mal. Viure innocent, & n'en auoir point fait le dessein, à proprement parler est vne stupidité. Si quelqu'vn est empeché de faire du mal par le seul defaut de son esprit, qu'a t'il de iuste en luy plus qu'vn tronc, ou vne pierre? En celuy qui gouuerne, ceste innocence si abjecte, est plus domageable au bien de l'Estat, que ne seroit vne malice tres-exquise. Le Prince donc de qui la Cour est prauée, est luy-mesme pareillement vicieux, ou n'a pas plus d'esprit qu'il luy en faut.

Pour la facilité du gouuernement, il n'importe pas que le Roy soit bon, quand sa Cour est meschante ; ny qu'elle, ou luy ayent des mœurs vicieuses : Ce qu'il y a de gens dans le royaume, ne se conforme que trop à leurs façons de viure. Ils ont de puissans appas pour attirer le monde à leur exemple. Sur tout la malice de la Cour nuit beaucoup. Comme elle est copieuse en gens, elle l'est aussi en diuersité de mœurs. C'est vn moindre mal à vn Empire d'auoir vn mauuais Roy, pourueu que ses Courtisans soyent bons, que si le Roy estoit bon, & que sa Cour fut pernicieuse. La vie de la Cour est la regle de la vie

eiuile. Quiconque hors d'elle pretend à quelque magnificence, est estimé impertinent, s'il ne prend exemple sur ce qui est
en vsage chez elle. L'imiter est vn sauf-conduit, qui donne la
confiance de n'estre pas blasmé. En effect le Prince ne rougi-
roit-il pas de punir en ceux de la ville, ce qu'il permetroit à ses
Courtisans? Chastieroit-il le mal dont il entend parler, veu
qu'il ne chastie pas celuy qu'il voit? Auroit-il bien plus de
creance à ses aureilles qu'à ses yeux? La presence du Souuerain
seroit-elle bien la licence du crime? Si l'authorité royale manque en sa source, quelle force aura t'elle au loing? Toute faute,
& toute deffectuosité, pour si petites qu'elles soyent en leurs
principes, par succession de temps, s'espandent & deuiennent
grandes.

Voila comme la necessité requiert que les Roys soyent d'v-
ne vie esloignée de tout reproche: & comme elle requiert aussi
que les Courtisans soyent amoureux, & de l'estude de la sagesse & de celuy de la vertu: & auecque cela que le Prince mesme,
soit vn Prince d'eminent sçauoir. Adiouste à cela que le bien
de ses affaires veut qu'il ait de vrais amis, & qu'au besoin, il ne
manque point de gens qui luy parlent librement. Qui regne
a beaucoup de monde à combattre: au dire d'Agis. Cela fait
qu'il a à faire de beaucoup de monde qui veille à sa defence.
Le mieux qui pourroit arriuer pour luy, ce seroit qu'il fut bien
voulu de tout son royaume, comme le pere commun du peuple:
Mais la condition du gouuernement ne le permet pas. Puis qu'il
n'est pas en son pouuoir de se faire aymer de tous: du moins
qu'il se face aymer de beaucoup. Au pis aller, qu'il face en sorte que ceux qui viuent auecque luy soyent ses amis. Celuy est
vne necessité bien importante, d'auoir des Courtisans en qui il
se puisse fier, comme en luy-mesme. C'est par là qu'on recognoist les vrais amis. Autres que ceux qui sont passionez de l'a-
mour de la sagesse, & de celuy de la vertu ne sçauroyent estre
tels. Ceux-là seuls n'ont point de peine à s'empecher de flatter.

Des maux qui prouiennent de la flatterie.

CHAP. XIX.

PLus vne chose est bonne & vtile, plus son côtraire est mauuais & dommageable. Le reuers du bien n'est autre que le mal. Il n'est rien de meilleur à la veuë que la lumiere : ny rien aussi de pire que les tenebres. La royauté n'a rien qu'elle ait raison de plus souhaitter, qu'vn vray amy : comme au contraire il ne luy peut arriuer de mal plus execrable qu'vn faux, qui n'est autre que le flatteur.

Les mauuais esprits sçauent, que la plus grande felicité qui puisse aduenir à vn Prince, c'est d'estre aymé des siens : & n'ignorent pas que dans l'abondance de toute sorte de biens, vn Empire doit auoir de veritables amis : & que la principale recompense deuë aux biensfaits d'vn Souuerain, consiste en l'amour que son peuple a pour luy : & que la sincerité des affections, est celle qui destourne les mauuaises volontez. Qui plus est les aduertissemens que donnent les loix leur enseignent, qu'arriuer à son attente, ou par la voye que l'on doit tenir, ou par quelque autre qui la vaille, est vne mesme chose, & que quelquesfois la feinte vaut autant que la realité mesme : que lors qu'vn autre nous ayme, il se persuade facilement que nous l'aymons : que le mensonge a beau estre desplaisant, & aux hommes, & aux dieux, Vlysse pour cela ne laisse pas de soustenir constamment qu'il est honneste, lors qu'il est profitable.

Voïla de quelles tiges vient la flatterie en abondance. C'est la coustume du vice, de se monstrer auec les ornemens de la vertu : bien que cela n'en cache pas si puissammét la difference. Les messagers de la vraye amitié ne sont autres que ceux de la fausse. Les paroles, les gestes, & les mœurs, sont les tesmoignages de l'ame. Mais comme ils sont la plus part du temps concertez, auec vn mesme visage, ils annoncent le faux, & le vray. S'il y a quelque chose qui les puisse descouurir, l'amour

de nous-mefmes, & celuy de ce qui nous touche, pour eftre
plus fors, qu'ils ne deuroyent eftre, nous empechent le bon-
heur de la voir. L'amour de nous mefmes eft la principale racine de tous nos maux. C'eft luy qui rend dignes de foy,
& qui fait que nous croyons ceux qui n'ont qu'vne feinte amitié pour nous. Nous nous aymons nous-mefmes: mais nous
aymons auffi que les autres nous ayment. Tout amant eft aueugle au iugement qu'il fait de ce qu'il ayme. C'eft ce qui a fi
fort fomenté la flatterie: c'eft ce qui l'a faict efpandre fi loing.

Cefte mal-heureufe herbe n'a produit que trop de femence:
dont la force, quoy que mefprifable a parû en vne infinité de
gens, tels qu'eftoyent Titimalle, Cherephon, Coride, Ceribio-
ne, & autres efclaues de table. Voila quels font les Vautours
des richeffes: & voila quels font les Courtifans des prodigues.
Leur flatterie apporte plus de dommage aux hommes priuez,
qu'elle n'en apporte aux Grands. A la Cour ils donnent plus de
fubjet de rire, & de s'en moquer, que de s'en plaindre pour aucun mal qu'ils facent. Qui ne riroit de voir Clifophon fe mettre vn emplaftre fur l'œil, dont Philippe ne voit goutte: & clo-
cher du pied dont ce Prince cloche? Qui ne fe moquera de
ceux qui pour plaire à Denys feignoyent d'auoir la veuë courte
comme luy? L'impertinence des Climacides de Cypre eft
plus digne d'infamie, qu'elle n'auoit de deffein à tromper. C'eft
bien la verité qu'il n'eft rien de fi deteftable que cefte canaille.
Antiftenez difoit, que les Courtifans fouhaittoyent à leurs
amoureux toutes fortes de biens excepté le bon fens. Les flatteurs font le mefme vœu pour leurs maiftres. Pour tout cela fi
à la Cour ils ne tenoyent point la place des gens de bien: fi leurs
fottifes ne plaifoyent pas plus à certaines gens, que les couftu-
mes, & les mœurs des efprits les plus genereux, ils n'apporteroyent que fort peu de dommage: & celuy qu'ils apporteroyent
feroit encore fort fuportable aux Souuerains. Leur meftier
n'eft qu'vne tromperie de neant, qui paroift tout auffi toft, &
qui mefme n'a pas le pouuoir de tromper. La flatterie des Pa-
rafites, ne vife point à deceuoir l'efprit d'autruy. Son deffein
eft d'emplir le ventre de celuy qui la pratique. Et bien que
toute leur eftude foit infame dangereufe, & honteufe à quiconque les nourrit, neantmoins ce n'eft pas le plus blafma-

ble artifice dont la flatterie se sert.

O combien plus dangereux sont ceux qui par des pratiques pernicieuses tachent de surmonter, & d'abbatre nostre prudence? Ceux-là tendent des embuches aux richesses: ceux-cy entendent à nostre esprit. Ceux-là font ouuerte profession d'aymer, plus la cuysine que leurs maistres: ceux-cy nous veulent faire à croire qu'ils nous ayment plus qu'ils ne s'ayment eux-mesmes. Auec ces finesses ils se rendent ingenieux à tourner nostre affection sur eux.

L'ami doit estre agreable: En effect la loüange qui vient de sa bouche est vne portion du nectar des Dieux. Elle ne laisse pas de plaire, encor qu'elle soit descouuerte pour fausse. L'homme s'enyure facilement du plaisir qu'il gouste en la contemplation de son propre merite, qui ne peut auoir des plus specieux tesmoignage que la loüange. Par ceste raison quiconque ayme, ou veut-estre aymé, en est prodigue: & ne manque point de matiere à magnifier ce qui luy plaist: non plus qu'à en excuser, diminuer, & embelir les defauts. L'amoureux, à ce qu'escrit Platon, à le nez aquilin, c'est à dire royal. Le teint noir, il le nomme masle: & le blanc, teint de demy-Dieu. Les Princes, nez, & esleuez dans les caresses & dans la douceur, sont plus que nuls autres subjets à ces mauuaises rencontres. Se voir dans vne authorité si grande par dessus tant d'autres, leur est vne creance indubitable, qu'ils ne sont pas moindres qu'eux en toutes sortes de bonnes qualitez.

De quoy peut-on loüer vn Prince ambitieux,
Qu'il ne presume auoir aussi bien que les dieux.

C'est pour cela que le flatteur s'accoustume à couurir le vice de celuy à qui sa flatterie s'adresse, & cela auec les titres mesmes de la vertu. Sans deliberer, il donne le nom de Iustice à la cruauté de Phalaris: nomme magnificence la prodigalité, la temerité, force d'esprit, & la superbe, grandeur de courage.

Il est malaisé qu'aucun se persuade, que ce qui est en luy ne merite pas d'estre regardé: & que ce qui luy plaist ne soit pas bon. Chascũ est agreable à luy-mesme, & rien ne peut plaire, qui du moins n'ait quelque apparence de bien. De là vient que ce n'est iamais que nostre corps deffendent, que nous entendons mesdire de nous, ou des choses que nous faisons. Nostre esprit

eſt incapable de recognoiſtre ſi ce qui nous agrée eſt bon ou
mauuais. Il n'a d'yeux, que ceux que ſa paſſion luy donne.
Comme elle & luy ſont charmés l'vn de l'autre, ils ſe flattent
l'vn l'autre à l'ennuy. L'eſprit conduit la volonté au mal, luy
trouue des pretextes, & des couleurs à faire paſſer la malice au
lieu de la meſme bonté. En ceſte confuſion, l'honneſteté demeure ſans aucun ſecours, s'il ne luy en vient de dehors. S'il
arriue que ceſte vicieuſe paſſion rencontre vn veritable amy,
qui ſoit amy auſſi de la iuſtice; elle poura trouuer ſa correction
& poſſible vn moyen de s'amender. Du moins ſe trouuera telle
en eſtat de demander raiſon à ſon aueuglement. Mais de tomber entre les mains d'vn homme qui fauoriſe noſtre mauuaiſe
volonté, c'eſt donner des eſperons à vn cheual qui n'a point de
bride: c'eſt abbattre celuy qui tombe. Alexandre eſtoit d'vne
humeur fort altiere. Niceſias, Dioſippe, Anaxandre, & les careſſes qu'il receuoit des Perſes: auec les applaudiſſemens qu'on
donnoit à toutes ſes paſſions, luy firent à croire qu'il eſtoit
Dieu. Comme ſes flatteurs ſe furent apperceus qu'il aymoit
le vin, ils ne manquerent point à fauoriſer l'occaſion de ſoüil-
ler l'eternelle gloire de ſon nom, de celuy d'yurogne. Iuſtinian
encore exceſſiuement aueuglé par ſa propre vanité, ſouffrit
que Tribonian luy perſuadaſt qu'il eſtoit immortel. Ces homicides Sirenes pendirent au col de Tolomée la guittare de ſes
courtiſanes: & mirent Neron ſur le theatre auec le maſque &
les brodequins.

Que Phalaris fut bien plus accort à l'endroit de Steſicore,
lors que cet excellent Poëte eſtoit ſur le point d'eſcrire ſes
loüanges. Si tu as enuie luy dit-il d'eſcrire de moy: ne t'amuſe
point à parler de mes loüanges: parle ſeulement de mes mœurs.
Peſcennius Niger diſoit que loüer ceux qui eſtoyent en vie,
eſtoit ſe moquer d'eux. Ageſilaus ne vouloit eſtre loüé que par
ceux qui auoyent autrefois meſdit de luy. Alexandre conçeut
vn deſdain contre Criſſonte citoyen d'Himere, de ce qu'il luy
auoit laiſſé la victoire en vne courſe, où il le pouuoit vaincre. On ne loüe pas ſeulement de parole: mais encore d'effect. Les flatteurs le font, lors qu'ils entrent ſur les rengs auec
quelqu'vn pour en eſtre vaincus, qui eſt vne des plus malheu-
reuſes tromperies dont on puiſſe iamais vſer.

Le plaiſir & la douleur en noſtre amo, ſont les racines d'où
viennent nos bõnes & nos mauuaiſes diſpoſitions, & le blaſme
& la loüange les principes qui nous les enuoyent d'ailleurs. Se
plaire ou ſe deſplaire obliquement & ſans raiſon, en ſont l'origine domeſtique. Eſtre loüé ou blaſmé contre tout deuoir, eſt
celle qui tire nos vices d'ailleurs que de nos propres inclinations. Vne douce pluye reſioüit la terre : & les loüanges ref-
ioüiſſent les mœurs, & les auancent au bien. L'ancien prouerbe qui dit, que les honneurs nourriſſent les ars, confirme ceſte
verité. La loüange, & le blaſme ſont vn libre iugement du
merite d'autruy. Taire le blaſme que l'on peut donner auec
raiſon, eſt la moindre iniuſtice qui ſe commette à ce tribunal :
& blaſmer plus que l'on ne doit, la plus grande que l'on puiſſe
faire. Loüer plus qu'il n'appartient quelquesfois, eſt vne imprudence d'eſprit, & quelqusfois vne flatterie aſſés ſupportable. Blaſmer ce qui eſt loüable, & loüer ce qui eſt à blaſmer,
eſt la plus ſignalée iniure qui ſe puiſſe faire : le plus grand tort,
la plus cruelle offenſe qui ſe puiſſe commettre contre l'eſprit,
de celuy à qui nous voulons plaire. C'eſt là neantmoins la couſtume de ceux qui font profeſſion de flatter. Ils loüent nos vices, & meſdiſent des vertus qui nous manquent : qui eſt encore vne maniere de loüer qu'ils pratiquent ſouuent. Celuy qui
dit du bien des choſes dont nous ſommes amoureux, ne nous
loüe pas moins, que celuy qui blaſme celles qui nous deſplaiſent.

Le blaſme qui ſe donne contre tout deuoir ne s'attend que
d'vn ennemy : cet pourquoy il n'offence du tout point, ou s'il
offence, c'eſt bien peu. Demaratus le dit en ces termes. Le
blaſme qu'vn ennemi donne ne fait aucun mal : mais bien la
flatterie d'vn faux amy. La plus part du temps les calomnies
d'vn ennemi ſeruent d'antidote contre le vice : au lieu que les
applaudiſſemés des flatteurs ſont bien ſouuent vn poiſon mortel à la vertu, & touſiours vn appas à la malice. Diogene nous
apprend, que pour viure honeſtement, il faut de neceſſité auoir
ou vn amy tres-fidelle, ou vn ennemi tres-facheux. L'amy en
nous admoneſtant, & l'ennemi en nous blaſmant, font vn meſme effect, ils nous retirent du vice. Celuy qui nous hait veille
ſur nos actions : prend plaiſir à les voir deſprauées : mais en les

publiant, il nous donne occasion de les reformer. A la verité c'est vne chose bien desplaisante d'ouir mal parler de nous : mais bien encore plus, lors que nostre conscience se sent coupable : mais le plus grand desplaisir de tous les desplaisirs que nous puissions iamais receuoir, c'est quand cela nous arriue de la part d'vn homme qui nous est ennemy mortel. De donner tousiours sujet de blasmer nos defauts à vne personne qui nous hait, est vn desplaisir intolerable, vn regret qui destruit le pouuoir que nous auons de le supporter. Ie veux que ce soit vn supplice à celuy qui est ennemy de ce qui est iuste, d'estre le propre ministre du plaisir de son ennemy : comme est il croyable qu'vn vigilant aduersaire, est la plus seure garde & la plus certaine precaution qui puissent obliger vn homme à viure honnestement? ou cóme ne se peut il pas plustost faire que ... qui s'estudient à magnifier nos inclinations bien que vicieuses, auec des applaudissemens, & des eloges d'honneur extraordinaires, soient plus creus que les plus grands ennemis que nous puissions auoir? A ne pas mentir les derniers auecque leurs flatteries n'ont point tant de peine à tirer vn Prince de son trosne, & le mettre aux fers, qu'en auroient des armees ennemies qui luy porteroient & le fer, & le feu dans le sein. A auoir esté ensorcelée par les applaudissemens de ses flatteurs, s'estre moquee des sages aduertissemens de Demaratus, fut ce qui enseuelit l'Asie dans vn canton de la Grece.

Les escueils qui paroissent sont moins formidables aux vesseaux, que ceux qui ne paroissent point. Aux hommes les ennemis couuers sont plus à craindre que ceux qui le sont ouuertement : & plus que tous ceux là, ceux qui cachent leurs mauuaises intentions sous le voile d'vne amitié simulee. La prudence humaine a bien quelque deffence contre celuy qui produit sa haine au iour : elle en a peu contre celuy qui la cache : mais point du tout contre celuy qui la couure sous le masque d'vne fausse amitié.

Ou hay moy tout de bon, ou m'aime tout de bon.
Auoit accoustumé de dire Teognis. Le mal est plus dangereux plus il est mal-aisé à descouurir. La malice des flatteurs est de cette nature.

Il n'importe pas que beaucoup de ceux qui veulent qu'on

les croye vrais amis, ne souhaitent point de mal, ne veuillent point offencer, & ne portent aucune haïne. Tous ceux qui veulent faire passer vne bienueillance feinte pour vne veritable, ou sont desia ennemis, ou les peuuent deuenir : ce qui est vne mesme chose. En effect celuy qui s'estudie à tromper n'est il pas ennemy ? N'offence t'il point ? La fraude & la tromperie sont les plus grandes iniures que l'on puisse faire à autruy. Plus le sujet est eleué, & plus la tromperie est dommageable, plus il y a de cruauté à estre trompé. Entre les choses humaines il n'y a rien dont on doiue faire tant de cas que de l'amitié. Que les autres, disoit Socrate, aiment les richesses ; les autres les honneurs ; pour ce qui est de moy i'aime mieux vn amy que tout l'or, & toutes les grandeurs de Darius. Qu'elle fraude est plus dangereuse, que celle d'vn faux amy ? Les biens, la vie & l'honneur se mettent en depost entre les mains d'vn amy : que peut on risquer de plus estimable que cela ?

Certes ce n'est pas sans raison qu'on a estimé que l'amitié estoit le bien des villes. Il semble que ceux qui ont fait les loix ont eu plus d'affection pour elle, qu'ils n'en ont eu pour la Iustice mesme : comme de celle qui estoit la plus importante au bien public. Sans elle aussi la societé humaine ne peut iouïr du secours reciproque que les vns donnét aux autres : & pour l'amour duquel les hommes se sont rengez à la vie ciuile. Les loix ordonnent de cruels supplices contre ceux qui alterent les monoyes. Leur crime ne fait autre chose que deguiser la pureté d'vn metail, & offencer vne maxime necessaire au commerce des hommes : & les mesmes loix ne menacent d'aucun chastiment ceux qui falsifient l'amitié ? Et ne sont ce pas eux qui rompent le premier, le necessaire, & le plus naturel nœud de la societé ciuile, & de la republique humaine ? O que celuy qui mit par ordre les loix escrites estoit imprudent ! qu'il estoit injuste ! Est il possible qu'il n'y ait point des loix contre les crimes ? ou que les plus detestables ne soiét non plus rigousement chastiez, que ceux qui ne sont que de bien legere importance ? Romulus ny Solon n'establirent aucune peine au parricide. Ils crurent que ce crime ne pouuoit iamais arriuer comme celuy qui estoit du tout contraire à la nature de l'homme: & qu'il n'y auoit que ceux pour lefquels ils y auoit des loix qui fe pouuoient commettre. De mefme eft il croy- able que l'enormité du mesfait, & non l'imprudance des Iu- rifconfultes, a efté caufe qu'on n'a eftabli aucune loy contre les flatteurs, ces fauffaires de l'amitié, abominables à la diui- ne bonté,

Dans le commun commerce des villes il n'en faut qu'vn pour faire du mal à beaucoup de gens. S'il y en a beaucoup, il eft impoffible que tous ne s'en fentent. A la Cour vn feul met en defordre tout l'eftat, & le Prince mefme le premier. Il l'en- uelope dans la glu qu'il luy tend : & en confideration de fon propre intereft, fe monftre prompt à le confeiller, encor que ce foit contre le bien public. Qui plus eft il tachera de corrom- pre & fes inclinations, & fes mœurs, le rendra enclin à l'ini- quité : fera de fignalez outrages à la vertu : & enfin iouira des recompences d'euës à ceux, de qui l'eftat ne fçauroit creindre de fi grandes infortunes. Si le fouuerain eft fage, il mettra peine à fe deffendre de toutes ces embuches. Encore luy fera t'il malaifé de s'en parer, fans faire quelque efpece d'iniure aux bons, & fans s'en faire a foy mefme. Cette yuroye ne fe peut vaner fans que le bon grain tombe auec elle. Gobrias eft enue- lopé auec le mage, & l'affaire fe paffe dans l'obfcurité. Le vray & le faux ont vne mefme apparance. Il n'y à pas moyen de ra- brouer l'vn fans l'autre. Tous les deux doiuent eftre ad- mis à la recompence de la vertu, ou tous les deux en doiuent fouffrir le reffus; qui eft vn chaftiment d'eu au vice. Qu'elle iniuftice peut on voir plus grande, que celle qui donne la re- compence, lors qu'elle deuoit donner le chaftiment ? Où qui conftraint la vertu de fubir la peine que deuroit fouffrir la ma- lice ? De quoy feruiront les vrais amis à vn Prince, fi la def- fiance qu'on à des mauuais en interdit l'vfage ? Auoir & n'a- uoir point les chofes les moins vtiles, n'admettent point de differance. Quel proffit peut on tirer des bons amis, s'il n'eft pas permis de s'y fier ? Le defaut de marque qu'il y a entre les bons, & les mauuais, fait qu'on s'en deffie egalement : com- me fi tous les deux enfemble eftoient egalement ennemis. Quel plus grand mal heur peut il arriuer aux fouuerains que de ne fe

pouuoir entierement fier à personne? que de ne se pouuoir
rien promettre d'vne veritable affection? Il n'y a personne qui
ne refusast plustost de posseder toutes sortes de biens, que de
viure sans amis.

Pour ce qui est de la condition royale, il est impossible qu'elle
se puisse deffier de tous. Vn Royaume ne se sçauroit admini-
strer, sans conseil, & sans l'ayde de beaucoup de gens: & voila
comme la flatterie à tousiours de quoy se promener, tout à son
aise: & comme il n'est pas possible à la prudence des Roys de
l'arrester. Par ceste raison ils ne sçauroyent s'empescher de
craindre d'estre trahis. Il n'y a pas beaucoup de peine à trahir
quiconque se fie: & il n'est pas permis aux Roys de ne se pas
fier.

Tout plein de gens manquans de pouuoir à ruiner le Prince,
prennent ce chemin pour paruenir à leur dessein. Le sommeil
causa la mort à tout plein de gens: & seruit à Luculle contre la
perfidie du mal-heureux Oltace, que ce bon capitaine croioit
son intime amy. Ces detestables flatteurs sont des estincelles
de Satan, desquelles ceux qui attendent de la lumiere, & de la
chaleur, sont la plus part du temps bruslez & reduits en cendre.
Ce sont ces cruelles Hienes, dont les voix humaines attirent à
elles les hommes pour les deuorer. Les Leopars iettent vne
odeur qui fait accourir à eux tous les autres animaux, qui bien
tost apres deuiennent leur proye. Les flatteurs auec la bonne
odeur de leurs loüanges, ensorcellent les esprits de leur amour:
& ne cherchent leur profit que dans nostre debris. Ils tendent
des lacs emmielez, nous donnent à gouster ce qui est doux, afin
de nous estrangler auec plus de facilité. Et voila d'où vient que
leurs iniures nous donnêt de regrets plus insuportables. Quand
vn ennemi nous fait quelque tort, il ne nous arriue rien à quoy
nous ne fussions preparez. Que peut-on esperer du vent de midy que du mauuais temps? Et qu'auons nous à nous plaindre
des flatteurs que de la cruauté de leur offence? Mais de se voir
trahi par celuy que nous tenions pour amy, est bien vne douleur si amere, que l'amertume mesme du dommage que nous
en receuons, est douce, au prix de celle que nous trouuons en la
trahison.

Ceste malice est contagieuse à toutes les conditions de la
vie

vie humaine: mais à toutes moins, qu'à celle des Roys. Le flateur ne trouue point ailleurs de quoy se repaistre si bien. Aupres des autres, il ne rencontre point de plus grasse, ny de plus
precieuse proye. Ailleurs elle n'est pas si mal-aisée à garder.
De là il arriue que les Grands sont les plus subjets à ressentir le
venin de la flatterie, & qu'autres qu'eux n'en reçoiuent de dom-
mages, ny si signalez, ny si frequens.

Ces ventres de Cour plaisans au commencement, & insuportables à la fin, sont la ruine des princes, & la destruction des
royaumes. Les flatteries de Carpene rendirent Crassus la
proye des Parthes. Irus, Ortige, & Icare, furent cause de la sub-
uersion de l'Empire de Gnosse. Proclide le fut de celuy de
Philippe. Et sans faillir la flatterie destruira toute Monarchie
de qui le Prince luy voudra prester l'oreille, & se laisser mener
par le nez.

Toutes ces considerations font vn subjet tres-valable pour
nous faire auoir en horreur, & en execration ceste peste; & pour
la mettre en abomination parmy les hommes priuez, dans
les republiques, & chez les Princes: quelquesfois mesmes
chez les plus iniustes. A tout propos Strabon noircit d'e-
ternelle infamie Doriaüs Philetere son propre parent pour
auoir esté atteint de ceste malice. Les Areopages punirent
de cent talens la flatterie de Demadez. Euagoras, & Ti-
magoras furent condamnez à mort pour le mesme crime.
Seuere chastia rigoureusement les flatteurs qui mettoyent
de la diuision entre luy & son fils. Pour vne seule flatterie
Caligula fit estrangler Afranius Potitus: & punit Afranius Se-
condus pour le mesme subjet. Les meschans deplaisent encore aux meschans: & bien souuent vn scelerat est le fleau de
ses semblables.

Y

Que l'experience & l'histoire sont peu vtiles au Prince sans la sagesse.

CHAP. XX.

L'Experience rend l'action prompte & facile : mais pour af-
scoir vn iugement solide sur les euenemens des choses, qui
sont douteux d'eux-mesmes, c'est ce qu'elle ne sçauroit faire
sans l'ayde de la sagesse. L'experience est vne vertu née à obeïr.
Sa plus grande loüange est d'agir sans peine. Pour ce qui est de
deliberer, c'est vne fonction reseruée à l'intelligence. Le Medecin, que l'experience, & non la doctrine a rendu habile, reussira heureusement aux maladies qui luy seront cognuës : mais
de se fier aux maux qu'il n'a pas encore veus, c'est hazarder
beaucoup: il ne le peut sans notable peril. S'il en vient à son honneur, il en aura toute l'obligation à sa bonne fortune. Sa gloire
ne consiste pas à estre experimenté: mais à l'estre bien: d'autant
que tout l'aduantage qu'il a d'estre sçauant en son art, luy vient
de plusieurs experiences qu'il a faictes.

La science de bien gouuerner vn Empire à des bornes qui
s'estendent trop loing. Le vaste corps d'vn Royaume est co-
pieux en vne infinité d'euenemens dissemblables les vns des
autres. Le temps le plus long qu'on sçauroit imaginer pour cet
effect, ne suffiroit pas à donner vn eschantillon de tout ce qui
y peut arriuer. Les occurrences de la vie humaine ne sont pas vne
matiere finie. Chasque iour apporte quelque chose de nouueau.
En toute la suitte des siecles, il ne s'est iamais veu vn accident
si conforme à quelque autre qui fut desia arriué, qu'on n'y ait
remarqué de notables differences. Si outre la facilité d'agir,
l'experience sert de quelque chose, ce n'est pas à elle à qui l'on
en est redeuable: mais bien à la sagesse. A uoir agi nous mesme
en pareille rencontre, ou auoir remarqué comme d'autres ont
agi, sont des aduantages qui seruent seulement à vn homme,

qui ſçait faire la difference qu'il y a entre les choſes qui ſe reſſemblent. Le retardement donna la victoire à Fabius : le retardement l'oſta à Annibal. Quiconque ne peut faire la diſtinction qu'il doit, des temps, des occaſions : & des occaſions
ſemblables & diſſemblables, tirera peu de profit, & de l'experience, & de l'hiſtoire. Pour iuger des occurrences, il ne faut
pas auoir ſeulement des exemples : on a beſoin de maximes.
Ce n'eſt pas que ce ne ſoit vn tres-grand aduantage d'auoir pratiqué beaucoup de choſes : & de s'eſtre rendu ſçauant dans les
rencontres du temps paſſé : mais pour dire que cela ſuffiſe à
bien ordonner du preſent : c'eſt ce qui ne ſe peut ſouſtenir ſans
vne erreur tres-ſignalée. A la verité l'on ne ſçauroit nier, que
les egueillons, qui reueillent l'intelligence, & qui dans les eſprits les plus chauts, font germer les ſemences de la ſageſſe que
la nature a cacheées en eux, ne ſoyent eſpars dans les euenemens des affaires du monde. De cet exemple-là, de ceſtuy-cy,
& de pluſieurs autres, naiſſent les maximes qui peuuent rendre ſage l'eſprit. C'eſt pourquoy l'aduantage qu'on tire de l'experience & de l'hiſtoire ne vient point immediatement d'elles :
il vient de l'inſtruction qu'on en reçoit. Et c'eſt là le ſentiment
de Talez, quand il dit, que le temps eſt ce qu'il y a de plus ſage
en toute la nature. Les années nous donnent l'experience de
tout plein de choſes : mais pour cela il n'eſt pas ſi facile comme
l'on diroit bien, d'acquerir vne grande intelligence. Sans mentir on ne le peut, ſans auoir vne extraordinaire viuacité d'eſprit : ou ſans vne grande eſtude. Les vieilles gens ne ſont point
intelligens : ceux qui abondent en années, n'abondent point en
ſageſſe : s'ils n'ont du moins bien ſoigneuſement employé le
temps à ſa conqueſte : ou que la nature ne les ait gratiffiez d'vn
entendement ſublime, & hors du commun. Quoy que
c'en ſoit, tout cela n'eſt pas aſſez ſuffiſant pour gouuerner vn
Eſtat comme il faut. L'âge qui peut eſperer vne aſſez grande
intelligence de l'experience, n'eſt que la moindre partie de la
vie. En ſon decours la force de l'eſprit manque auec celle du
corps. Comme toutes les autres choſes du monde, ſa durée eſt
en cercle : elle va & reuient en elle-meſme : & retourne au point
d'où elle eſt partie. L'homme naiſt enfant, & ſelon la fatalité
de ſa courſe, il meurt tel qu'il eſt né. Et certes il eſt raiſonna-

V ij

ble que le monde rende à la nature le depoſt au meſme eſtat
qu'elle le luy a baillé. Noſtre âge a trois temps. Le premier,
& le dernier ont vne ſi grande foibleſſe en eux, qu'ils ne peuuent ſubſiſter que par le bon ſens d'autruy. Celuy qui eſt entre
eux deux eſt vigoureux, & a plus d'eſpace à courir. Il deuroit
auoir aſſez de ſuffiſence pour luy : & ſe pouuoir paſſer du conſeil d'vn autre : ou s'il en auoit à faire, il faudroit que ce fut bien
peu : ce qui peut arriuer moins difficilement à ceux qui ſont de
condition priuée. Ce qui en oſte le bon-heur à ceux qui ont le
ſouuerain gouuernement en main, eſt l'affluence, & la diuerſité
des euenemens & des affaires qui arriuent pendant leur regne.
La felicité d'vn Empire requiert que le bas âge du Prince, non
moins que l'extreme vieilleſſe ſoit appuyé par le bon ſens des
ſages qui l'aymeront verirablement. Pour ce qui eſt du temps
auquel on eſt en ſa plus grande vigueur, le Prince deuroit ſçauoir tout ce qu'vn ſoin extraordinaire, & vne eſtude exacte
luy auroyent pû apprendre. Quand il ſe ſeroit rendu heureux
iuſqu'à ce ce point, il ne le ſeroit pas aſſez pour s'acquitter de
tout ce qu'il faut. Vn ſage ne ſçauroit ſuffire à remuer la vaſte
maſſe d'vn grand Eſtat. Par ceſte raiſon il eſt obligé d'auoir aupres de luy des eſprits dont la ſuffiſance, & la ſageſſe rendent à
iamais leurs noms memorables.

Que la ſageſſe au pis aller, ſoit vn fruict ou de l'eſtude, ou de
l'experience, ou de toutes les deux enſemble, il n'importe,
pourueu qu'elle puiſſe touſiours choiſir les meilleurs conſeils.
Poſſible n'aura t'on pas ſubjet de doutter, que le ſçauoir qui
naiſt de l'eſtude, pratiqué auec l'experiance, ne ſoit ce que l'on
peut auoir de meilleur. Mais comme il eſt de plus grand prix
que tout le reſte, il eſt auſſi le plus rare. Celuy qui s'aquiert par
l'experience, s'achepte bien cherement, & bien ſouuent eſt
trop mal-aiſé à digerer : & celuy que l'eſtude donne a du
commencement de la difficulté a agir, ſelon ſes maximes.

Que la sagesse est requise tant à la paix, qu'à la guerre.

CHAP. XXI.

LEs richesses & la force seules, ne triomphent pas des ennemis. Rome subiuga les Veies, les Sabins, ceux d'Albe, & ses autres voisins : & auec vne poignée de pasteurs, ietta les fondemens du premier Empire des anciens siecles, auant qu'il eut l'vsage de l'or ou de l'argent. L'vn & l'autre estoyent incognus aux Lacedemoniens. Lisandre fut le premier qui le mit en vogue. Auant luy n'auoit-on pas fait la guerre auec des bonheurs nompareils? A la guerre l'argent n'est point necessaire pour entretenir le soldat : mais bien pour entretenir l'homme. Si on n'auoit des armées que pour aller à la chasse, n'en auroit t'on pas besoing de mesme? La nature de la milice ne demande autre chose que de la sagesse, & de la valeur. Ce fut là le sentiment de l'ancien Roy Tulle, lors que contre Suffetius Roy des Albaniens, il parla en ces termes. La guerre à besoing de deux choses, de bonne force, & de bon conseil: nous nous vantons de les auoir toutes deux. La force sans l'escorte de l'intelligence, bien souuent ne nuit pas moins à elle-mesme, qu'elle nuit aux ennemis. Aux bons succez de la guerre, la prudence est plus necessaire que la force: du moins la plus part du temps. La puissance est inutile, où le conseil doit agir. Si en matiere de guerre nous ne croyons Cesar, il ne faut pas que nous adioustions foy à Apellez pour ce qui est de la peinture. Ce Prince indomptable escrit en ceste sorte. Il n'appartient pas moins à vn bon Capitaine de vaincre son ennemi par son conseil, qu'auecque l'espée. La Philosophie sacrée dit la mesme chose, lors qu'elle tient ce langage. A la guerre la sagesse est meilleure que la force. Il y auoit vne petite ville où il y auoit peu de monde. Vn grand Roy l'assiega. Il y eut vn homme sage de basse extra-

ction qui se trouua au nombre des assiegez, & qui par sa prudance la deliura de tout peril. A Siracuse les forces de
Marcellus trouuerent moins de resistance en celles de tout le
peuple ensemble, qu'elles n'en trouuerent au seul esprit d'Ar-
chimede. Si le Cappitaine n'a vn eminent sçauoit, d'où aux
occurrances bonnes, & mauuaises, il puisse conceuoir & les
creintes, & les hardiesses qu'il faut auoir, & prendre les resolutions qui luy doiuent estre les plus auantageuses, iamais il
n'entreprendra de mener des gens à l'occasion. En effect
quand ce mal-heur luy arriuera qu'il obeisse, & ne se mesle
point de commander. Quiconque à l'effronterie de se mesler
du mestier de la guerre, sans vne grande science peut hardiment de son propre sang souscrire à son arroguance, & à sa temerité. Outre que l'inconsideration n'est aucunement iudici-
euse desoy, mais folle & enragee, elle est encore mal heureuse. Les chefs les plus illustres ont mené afin de plus grandes
choses auecque leur prudance qu'auec leur valeur. Combatre
auec l'escorte de l'esprit met de la difference entre la guerre
qui se fait parmy les animaux, & celle qui se fait parmy les
hommes. La vigeur des membres ne fut pas celle qui rendit
inuincible Epaminondas: ce fut plustost la Philosophie de son
precepteur Lisidas le Pitagoricien. Et n'est ce pas le deuoir
d'vn bon Cappitaine de bien commander? Qui est ce qui s'en
peut mieux aquitter que la sagesse?

Vn seul conseil vient à bout de cent mains,
dit vn certain Poëte. Les anciens ont adoré Pallas quelquefois en iuppe; & quelque fois sous les armes. Par là sans doute ils nous ont voulu monstrer que la sagesse estoit egalement
reyne, & de la paix, & de guerre. Tous les grands chefs ont eu
vn grand sçauoir: & beaucoup d'entre les Philosophes ont esté
grands Cappitaines, & grands guerriers. Le grand Pompee
estudia sous Cratippus. Ariston fut precepteur de Cesar le
dictateur: La sagesse de Platon rendit illustre la valeur de Dion.
Brutus ardent emulateur de la vertu de Dion tira toute sa
prudence, & tout son lustre de la sagesse de Platon. Architus
pour la sixiesme fois fut chez les Tarentins. Xenophon s'est
aussi heureusement serui de son espee, que de sa plume. Platon
porta les armes à Tanagre, & à Corinthe. Socrate le pere de

la Philofophie, alla à la guerre par trois diuerfes fois : & Antiftenez le Prince des fages Ciniques ne pût s'empecher de
pratiquer le meftier des armes. Les Mirmidons mefmes en
deplorant la mort d'Achille difoient, qu'il n'eftoit ny fuperbe,
ny cruel, mais debonnaire : & qu'en toutes chofes il eftoit, &
fage, & courageux.

Mais de tous les illuftres guerriers qui furent iamais au monde, entre en comparaifon qui voudra auec Alexandre pouruen
qu'il fe promette de l'egaler en prudence. Ce Prince fut auffi
grand Philofophe qu'il fut grand Capitaine. En effect le
doit on croire moins fage pour ne s'eftre pas fouuent promené
dans le licée ? pour n'auoir pas difputé dans l'academie ? Et
pour n'auoir pas laiffé des liures à la pofterité ? Pitagoras, Socrate, Axefilas, ny Carneades n'ont rien efcrit. Ils ont Philo-
phé auec leurs actions, & non auec leurs liures. Il eft fort aifé
de Philofopher auec des paroles : mais difficile, & penible de
philofopher auec des actions. La Philofophie d'Alexandre ne
confiftoit point en vains difcours : elle confiftoit en œuures nobles, & proffitables. Les peuples d'Hircanie, les Sogdianes,
les Perfes, & les Sciriens, apprirent de luy l'honneur que les enfans deuoient porter à leurs peres : l'honefteté des mariages, le
refpect que les fils font obligez d'auoir pour leurs meres, & la
veneration auec laquelle on doit fe fouuenir des morts. Par
fes remonftrances les Bactriens, les peuples du mont de Caucafe, & les Indiens apprirent à reuerer les dieux. Carneades
porta Afdrubal à l'eftude de la Philofophie. Zenon enflama de
l'amour de la fageffe Diogene le Babylonien : Toute l'Afie fut
imbué des preceptes de la vertu par le moyen d'Alexandre :
Elle deuint paffionnee de tout ce qui eftoit honefte, & deuint
amoureufe de la Philofophie. Ce fut luy qui fut l'occafion que
les ieunes garçons des Perfes, & ceux de Sufe, & de la Ge-
drofe chantoient communement les plus beaux vers d'Homere, d'Euripide, d'Hefiode, de Sophocle, & d'autres maiftres
de la fageffe humaine. O que celuy qui auoit l'honneur d'eftre
inftruit par vn fi fameux conquerant eftoit heureux ! Eftre
fubiugué par luy eftoit deuenir homme, & ceffer d'eftre befte.
Platon a fait voir l'idee d'vne parfaite republique : Ariftote l'a
faite voir auffi. Mais il n'y a iamais eu qu'Alexandre qui ait eu

l'affeurance de donner vn exemple par où l'on peut recognoiftre quel deuoit eftre vn eftat bien policé. De plufieurs Empires il n'en fit qu'vn. Il reduifit tout l'orient en vn feul corps, &
fous mefmes loix : ioignit les Grecs, les Indiens, les Arabes &
les Scites, en forte qu'ils croioient n'eftre qu'vne feule nation :
& monftra combien la condition des hommes feroit plus auan-
tageufe fi tous les peuples de la terre, n'eftoient que peuples
d'vne mefme republique.

C'eft vne maxime de la fageffe de Zenō que pour viure heuffe-
reufement, il faudroit que tout ce qu'il y a de gens au monde
ne fiffent qu'vne republique, & ne vequiffent que fous mefmes
loix. Ce Philofophe nous a appris cela par fes paroles : & Alexandre nous l'a monftré par fes œuures : fans doute il eut mis à
effect la meditation de ce fage : & rien que la mort ne l'en pouuoit empefcher.

Il ne fera pas malaifé à beaucoup de gens de faire les Arifto-
tes les portes clofes, & dans leurs licees. Mais il ne fe touue-
uera perfonne qui auec Alexandre s'ofe venter d'aller philofopher au dela du Caucafe, de l'Inde, & dans les champs de l'O-
rient à la veuë de tout l'vniuers. Ariftote par fes efcrits, &
Alexandre par fon exemple enfeignerent à Philofopher à leurs
nepueux.

Au refte que perfonne ne foit fi inconfideré que de referer
la gloire de ce Monarque inuincible ou à fa valeur, ou à fa bonne fortune. Au partir de la Macedoine auec trente & quatre
mille hommes, & trente talens, il ofa afpirer à la conquefte
de Babylone, & de Sufe, & conceut dans fon efprit tout l'vniuers defia vaincu & obeïffant à fes loix. Au feul fouuenir d'vne
entreprife fi defefperee qui ne fe fut efcrié ? O ieune audaci-
eux ! O temeraire Alexandre où te porte ta vanité ? Que pretens tu faire ? Où tend ton ambition auec fi peu d'argent, auec
fi peu de forces, & auec fi peu d'experience ? A cela auroit il
refpondu autre chofe, finon, Que le Royaume de fon pere ne
luy donnoit pas la hardieffe d'entreprendre de fi hautes auantures : qu'vne generofité fi extraordinaire ne pouuoit eftre
fouftenuë ny par les forces, ny par les richeffes : qu'il ne confioit pas fon deffein à des bras armés de fer : qu'il le confioit à
la conduite de fon efprit orné de fageffe : que l'heritage que
Philippe

Philippe luy auoit laiſſé n'eſtoit pas ce qui le deuoit faire ſubſiſter : mais que c'eſtoit la ſeule Philoſophie qu'Ariſtote luy
auoit enſeignée: que c'eſtoit là la ſcorte qui le portoit à tout ce
qu'il auoit entrepris : que c'eſtoit elle qui l'auoit fait chef: &
qu'en vn mot elle eſtoit le plege, qui luy prometoit que ce ne ſeroit pas en vain qu'il eſpereroit, qu'il oſeroit, & qu'il tenteroit
la fortune de ſe rendre tributaire tout l'vniuers.

La ſageſſe, & non la fortune rendit ce glorieux Monarque indomptable, & oſta à tout autre l'eſpoir de le pouuoit egaler.
Qui eſt celuy qui s'oſera mettre en parallele auecque luy ? Sera-
ce Ceſar? Dans auſſi peu d'eſpace que le ciel ingrat donna à viure à Alexandre, Cæſar fit-il quelque choſe de memorable?
Ie veux que luy-meſme en ſoit le iuge. Qu'on mette ſur le ta-
pis Bacchus, Hercule, ou s'il y en a d'autres plus fameux qu'eux
par la licence que la Grece s'eſt donnée de magnifier ces grands
courages : s'en trouuera t'il quelqu'vn qui ſe puiſſe comparer
à Alexandre? Pour mieux dire, concluons qu'on a trouué
qu'il ne pouuoit eſtre comparé à perſonne, & que perſonne ne
pouuoit eſtre comparé à luy. Tous ces aduantages il les doit à
la Philoſophie. Que la fortune vienne tant qu'elle voudra à ſes
triomphes; elle n'y ſera iamais comme compagne de ſes victoires. Elle y ſera comme vne partie de ſa proye : non comme victorieuſe : mais comme vaincuë. Il l'eſprouua plus in-
ſolente que nul autre du monde. Il la vit non à ſes coſtez : mais
touſiours deuant luy : iamais fauorable : mais touſiours ennemie. Elle n'eut aucune part en ſa gloire, qu'en tant que vaincuë, elle fut vne illuſtre partie de ſon trophée. Qu'elle reproche tant qu'elle voudra à Darius, que de portier qu'il eſtoit, elle
l'a eſleué à la domination d'vn grand Empire: elle ne ſçauroit
rien mettre deuant les yeux d'Alexandre que les playes qu'il a
reçeuës à la teſte, à la cuyſſe, & à l'eſtomach: que les trauaux
qu'il a endurez, que la faim, la ſoif, & les inſuportables peines
qu'il a ſupportées à Granicum, à Iſſe, à Gaza, à Manatacarda :
& par tout l'Orient, baigné de la ſueur, & du ſang de ce Prince.
Quel aſſaut ne luy donna t'elle pas? Comme elle vit qu'elle
manquoit de force à l'abbattre, elle eut recours à la perfidie.
La rage de ſe voir le pied ſur la gorge dans vn iuſte combat luy
fit tourner toutes ſes penſées à l'auoir par la trahiſon. Enfin ce

que mille armées coniurées contre luy n'auoyent pû faire, ceste
desloyale le fit sous le pretexte d'amitié.

Il n'y a donc rien que la sagesse qui ait rendu incomparable
ce Phenix des grands Capitaines. Cela estant, comme il est, que
personne ne doutte plus desormais que pour faire heureusement la guerre, vne grande intelligence ne soit tout à fait necessaire. Qui plus est les seules loix ne sont pas bastantes pour
conduire heureusement vn temps de paix. Le prodigieux nombre qu'il y en a pose aussi bien la necessité que l'on a d'vne grande intelligence, que s'il n'y en auoit que fort peu. Toutes les
choses humaines ne sont point subjets de iustice ou d'iniustice.
Il y en a qui sont de deuoir, & d'autres qui n'en sont point : &
auec cela plusieurs autres sortes de biens & de maux, pour qui
il n'y a aucune regle dans les digestes. Adioustes à cela que les
loix ordonnent du present, & que la sagesse pouruoit à l'aduenir. Outre plus c'est elle qui maintient les citoyens en bonne
intelligence. Les paroles d'vn homme sage sont plus puissantes
à esteindre vne sedition que toutes les armes du monde. Plus
facilement l'appaise vn agreable raisonement, que ne l'appaise-
ront ny la terreur, ny les menaces d'vn homme, qui aura le
moyen de chastier les seditieux.

Que la sagesse vient à bout de la fortune.

CHAP. XXII.

LA vie des imprudens est conduitte par le sort. Pour ce qui
est du sage, il est artisan de sa propre fortune : & c'est l'oppi-
nion d'Appius. Orphée escrit que la fortune est née du sang
du conseil. Il n'y a personne pourtant qui ait subjet de s'oser
fier à elle. Quelque fauorable qu'elle se monstre, finalement
elle manque à la temerité. Ce qui n'est point appuyé de la
raison ne peut long-temps subsister. Apres auoir soustenu vn
pois, sans qu'on s'en apperçoiue, comme si les forces luy man-

quoyent, elle le laiſſe choir. Par ceſte raiſon ny à la paix, ny à
la guerre, il n'y a aucune apparence qu'on puiſſe s'aſſeurer d'a-
uoir des bons euenemens des choſes qu'on laiſſe à la mercy du
ſort. Vn Capitaine ruſé vaut mieux qu'vn autre Capitaine qui
n'a que du courage: & vn bon Prince eſtimera plus les fauorables ſuccez, qui procederont d'vne meure & ſage deliberation,
que ceux que le hazard à yeux clos aura produits auec vn extreme bon-heur. Ce n'eſt pas ſans ſubjet à ne point mentir qu'E-
teocle à dit,

Que ce qui peut tromper, peut plus qu'aucun des dieux.

Et certes l'experience nous monſtre que ceſte ſentence du Preſtre tragique eſt veritable quand il dit,

Qu'aux ſages, le ſuccez reſpond au bon conſeil,
Qui pour bien deuiner à nul autre eſt pareil.

Si le temeraire eſtoit ſage, au lieu de dix affaires qui luy reüſſiſ-
ſent heureuſement, il luy en reüſſiroit vingt. Le hazard
n'eſt pas moins ennemi de la folie, qu'il l'eſt de la prudence. Les
heureux euenemens qui arriuent aux eſtourdis, s'attendent
auec merueille. Comme ils ne tiennent rien de la prudence, on
eſt contraint de les attribuer à la fortune. Quand quelque choſe leur tourne à mal, on ne s'en eſtonne point. Ainſi ſans y penſer, ils ont donné occaſion de croire, que le hazard eſtoit amoureux de ceux, qui n'ont point de ceruelle. A la premiere rencontre, ceux qui manquent de iugement reſtent abbatus par le
mal-heur. Mais poſé le cas qu'ils ſoyent vn peu heureux; & que
la fortune ſoit quelque temps à leur rire : enfin le chat las de ſe
ioüer, deuore la ſouri. & quand les chappons ſont bien gras, ils
ont la gorge couppée. Pour ce qui eſt du ſage, il ne met point
de confiance en la fortune. Tous ſes conſeils ſont appuyez ſur
la raiſon. Il baille à garder ſon bon-heur à ſa prudence: & s'en
ſert pour ſe fortifier contre ſon mal-heur. Elle luy eſt vn prõpt
remede contre ſa violence. S'il ne luy eſt pas poſſible de le
changer, il le ſçait ſupporter comme il doit. Quand à ce qui
eſt de l'imprudent, il ne ſçait compatir non plus auec ſa bonne
fortune, qu'auec ſa mauuaiſe. Vne vertu eminente traiſne l'v-
ne apres ſoy en deſpit de l'autre. Soit qu'elle l'affronte, ſoit
qu'elle luy tourne le dos, elle en eſt touſiours la maiſtreſſe. Là
ſeule ſageſſe eſt celle de qui nous pouuons eſperer de vrais bles:

& les esperer non auecque crainte, non auecque doutte: mais auec asseurance, & auec certitude. Il n'est point de Dieu qui ne soit propice à quiconque est sage. De la fortune on ne peut attendre que de la fortune. Elle ne songe non plus à nous appeter du bien que du mal. Si elle y songeoit, & qu'elle y establit quelque regle, ce qui en arriueroit ne seroit point fortuit. Neantmoins peut-on dire que la fortune soit autre chose qu'yne inconsideree occurrence des choses humaines? Ce fut la sotise des fols,

Qui la rendit Deesse, & la mit dans le ciel.

Il est vray qu'il n'est pas au pouuoir de la sagesse humaine, de venir à bout de toutes sortes d'accidens. Le ciel n'a pas voulu qu'aucun d'entre les mortels se peut asseurer d'euiter les coups de la fortune. Plusieurs bonnes resolutions ont eu de mauuaises yssuës; Tous sommes subjets à faillir, dit Rian. Mais si tout au mesme temps qu'vn bon archer decoche vne fleche, vn autre remuë le but: sera-ce sa faute s'il ne le frappe point? Les fautes des sages, ne sont pas leur fautes: elles le sont des choses qui changent de face. S'il arriue qu'vn tremblement de terre renuerse vn edifice dont les fondements estoyent bons, est-ce à dire que l'architecture ne sert de rien? Quand il arriuera de sinistres euenemens ne soyons pas si estourdis pour tout cela de postposer la prudence à la fortune. Quoy que c'en soit nous ne sçaurions nous empescher de nous ranger au parti du Poëte Glon quand il dit, que la fortune & la sagesse,

Du soin de ce grand tous diuersemens eschoses,
Souuent en plusieurs lieux produisent mesmes choses:
Que par elles les cœurs les plus ambitieux,
Gaignent & les honneurs, & l'or des demy-dieux.

La fortune neantmoins n'a point de fermeté. Si elle en a, c'est rarement, ou dans les mal-heurs qu'elle procure. Les prosperitez regies par le hazard sont funestes. Elles conduissent plus souuent au precipice, qu'elles ne seruent. Ses presens ne sont point de durée. On diroit qu'elle n'esleue, que pour faire tomber d'vne plus grande cheutte. Si le bon-heur qu'elle donne dure, ce n'est que pour tenir plus long-temps en crainte ceux à qui elle la depart, & pour les empescher d'en iouir à leur aise. Vne grande felicité qui n'est appuyée que sur la fortune, est

vne haute tour qui n'a point de fondemens. Toute legere
secousse l'esbranle : elle tremble à tout vent. Celuy qui loge au sommet est miserable. La sagesse seule est celle qui sçait
establir vne ferme felicité. Elle mesme en est, & la deffence
& la garde. Auec elle, elle ne court aucune risque. Sa durée
est dans le port. Qui sera donc celuy la si priué de iugement
qui aymera mieux commettre la conduitte d'vn Empire au hazard qu'à la sagesse? Quiconque d'entre les Souuerains neglige de faire de notables progrés en la science de se bien gouuerner, ayme mieux regir son Estat par l'aueugle impetuosité du
sort, que par la fidelle escorte que luy peut donner vne grande
intelligence.

Que les passions du sage sont fauorables à vn Royaume.

CHAP. XXIII.

LEs Princes de la terre tirent leur origine de celuy du ciel.
Le soleil est le simulachre de Dieu au ciel : le Prince l'est
sur la terre. Tout ce qui a la puissance de commander tient de
la diuinité. Le sage est amy des choses diuines : Apres cela
comment sera t'il possible qu'il soit desobeïssant à qui regne?
Le Souuerain est l'appuy du salut commun. Quiconque par
son moyen possede en asseurance les choses de plus grand prix,
luy est le plus obligé, & luy doit le plus. Les plus riches, &
ceux en vn mot dont la condition est la plus heureuse, sont
ceux qui luy sont plus redeuables : en ce qu'il conserue ce qui
leur est le plus cher, & qu'il fait qu'il leur est permis d'en
iouir paisiblement. Ces choses se passant de ceste sorte, est-
il quelqu'vn qui ait plus d'obligation à son Roy que le sage?
Est il quelqu'vn qui se puisse monstrer si prompt à recognoistre
les graces qu'il en reçoit?

Le Philofophe nous apprend qu'il n'eſt pas permis de iuger
mal de ſon Prince, non pas meſme en ſon ame : qu'à ſa preſence on ne peut parler ſans temerité, s'il ne le commande. Vou-
driés vous de plus grand reſpect ? Vous me dirés que le ſage ſera voir ſon affection tout afait tournee ſur le Prince, mais que
lors qu'il en faudra venir à l'œuure, il ſe monſtrera difficile à
luy rendre l'obeïſſance qu'il luy doit ? A cela ie reſpondray
auec l'Eccleſiaſte, que le ſage agira au milieu des puiſſances ſouueraines : & qu'vn eſprit d'excellente intelligence ne refuſera
point d'accomoder ſon action à la neceſſité du gouuernement
public : & ne croira pas que ce ſoit en aucune façon derroger à
ſa liberté, ou tacher la generoſité de ſon ame d'aucune marque
de foibleſſe. Pour eſtre royal, & tout à fait libre, il ne faut ſi
ce n'eſt qu'vn eſprit ſoit orné de vertu. Il n'eſt point de iuſtice
egale à celle d'eſtre, & ſoubmis, & obeïſſant à ſon legitime Seigneur. Voire meſme ſeruir Dieu eſt vne parfaitte liberté. Obeïr
à ſon Prince, aux bons eſt vne partie de leur liberté, & vne partie de leur gloire. C'eſt l'honneur de chaſque art en particulier, d'agir comme il doit, & d'apporter la commodité que l'on
attend de ſon vſage. A vn peintre il eſt honorable de bien
peindre : & à vn ſoldat d'vſer genereuſement de ſon eſpee. Au
ſage l'occaſion de bien conſeiller eſt glorieuſe ; comme auſſi de
ſeruir d'eſcorte au bien. Toutes les autres diſciplines ne ſont
que pour ſeruir à celles des Roys. L'office de chacun conſpire
pour la felicité publique. Mais le miniſtere de pas vne ne la
conſerue ſi directement que celuy de la ſageſſe. C'eſt elle que
l'on peut à bon droit nommer la ſcience des Roys. Deſtituee
de l'authorité ſouueraine, elle ne ſçauroit exercer ſa charge plenement. Elle ne fait eſclatter ſon pouuoir tout entier qu'en l'o-
beyſſance qui ſe rend à la majeſté des grands : & qu'en la promptitude qu'elle fait paroiſtre à ſeconder leur prudence. Les
ſages leur ſemblent par fois reueches : mais ce n'eſt iamais, que
lors qu'ils s'en veulent ſeruir à de mauuais vſages. Si l'oliuier
ne porte point de glan, ce n'eſt pas ſa faute : c'eſt pluſtoſt celle
de celuy qui demande à vn arbre le fruit qu'il n'a pas accouſtumé de produire, & pour lequel il n'eſt pas né. Que le Prince demande au ſage le ſecours qu'il peut attendre de ſon eſprit, &
qu'il ne creigne point d'eſtre reſſu.e. Il tirera de luy vne parfaite obeïſſance.

Il n'eſt pas malaiſé d'exercer vn pouuoir abſolu ſur les ſages. Ce ne ſont point de gens à en meſpriſer les loix. Ils obeiſſent franchement, pourueu qu'on ne leur commande rien d'iniuſte, rien de deshonneſte. Si tous les hommes auoient vne parfaite intelligence, on n'auroit que faire de loix, ny de Prince. Chacun ſeroit loy à ſoy meſme : & auroit autant de ſoin du bien bublic que du ſien propre. Le ſage a cela de particulier par deſſus les autres, qu'il peut viure iuſtement ſans le ſecours des loix.

La generoſité que les ſages teſmoignent à ne rien admirer, & à ne s'eſtonner de rien, n'eſt pas vn deshonnenr de la dignité d'autruy : ce n'eſt qu'vne marque de la grandeur de leur courage. S'ils ne daignent s'eſmouuoir des choſes dont les autres s'eſmerueillent, ce n'eſt pas a dire qu'ils facent aucune iniure à perſonne. En cela ils ne font que monſtrer la ſublimité de leur entendement. Comme ils iugent toutes choſes ſelon qu'elles valent, & font comparaiſon du prix que les eſprits ſtupides leur donnent auec celuy qu'elles meritent, il ſemble que leur intention eſt d'en diminuer l'eſtime. Tant s'en faut le meſpris que le Philoſophe fait en ſemblables rencontres ne conſiſte qu'à eſtimer les choſes qui ne le meritent point, indignes d'eſtre ou recherchees, ou deſirees.

Le frein que l'on impoſe aux paſſions defreglees du peuple, n'acroit pas la peine de celuy qui regne au contraire il la ſoulage. Que la Royauté ſeroit heureuſe, & qu'il y auroit du plaiſir à commander, ſi les ſujets meſpriſoient les choſes dont les eſprits mal faits conçoiuent tant d'admiration. Eſtimer les choſes contre ce qu'elles valent fut la ſource de toutes ſortes de mal-heurs. Il eſt plus malaiſé de gouuerner des eſprits chauts, ou peruers, ou de qui les inclinations ſont tout à fait vicieuſes, qu'il n'eſt mal aiſé d'en gouuerner de ſimples, & de ſtupides. Il vaut mieux qu'vne vile ſoit peuplee par de gens groſſiers, que par de gens habiles, qui ayent de mauuaiſes intentions. Mais cette habilité en eux eſt pluſtoſt brutalité d'eſprit que vraye intelligence. Les Graches, ny Catilina ne meritent pas le nom de ſages. Ce n'eſtoient que de grands eſprits dont les inclinations eſtoient portees au mal. Ceux qui ſont de cette trempe donnent de la peine au ſouuerain. Ils s'imaginent d'e-

ftre par deſſus les loix. Tels ſont, & non autres ces eſprits gail-
lars qui touſiours ſont portez au mal. Voila quelle eſt la condition humaine. Pour vn bien qui arriue il ſuruient deux
maux. Les eſprits mal nez ſont en plus grand nombre que
ceux qui ſe plaiſent aux choſes honneſtes. La plus part du
temps la diſcipline ſeconde le naturel. Elle rend meilleurs
ceux qui ſont bons de leur naiſſance: & quelquefois elle les
eſleue à vn ſupreme degré de bonté. Pour ce qui eſt de ceux
qui ont de mauuaiſes inclinations, elle les rend aſſés ſouuent
pires. Elle eſleue l'entendement iuſqu'à vn poinct de cognoiſſance qu'il eſt baſtant de luy meſme à faire du mal: & puis le
laiſſe là. Ceux cy ſont la peſte du bien public: meſpriſent les
loix auec vne obſtination enragee: troublent, & renuerſent
de fons en comble le gouuernement de l'Eſtat. C'eſt alors que
les ſages ont de l'auerſion à obeïr: c'eſt alors qu'ils reſiſtent
aux commandemens qu'on leur fait: voyans que ceux qui regnent veulent tout regir par leur caprice, pluſtoſt que par la raiſon.

Quiconque dit que les Philoſophes eſtoient impies, fit bien
le iugement le plus temeraire, & le plus malicieux qui peut iamais eſtre fait. Retenir les couſtumes, & la pieté de ſes peres,
reuerer les ceremonies, & les choſes ſacrees, & obſeruer la
relligion ſont choſes plus pratiques par les ſages, que par aucuns autres. Enfin voila ce que dit le ſage luy meſme. Veux tu
eſtre agreable à Dieu? Sois juſte. Qui honnore Dieu, l'imite
aſſés. De tous les premiers, & plus anciens preceptes de la ſageſſe, ceſtui-cy eſt le principal. Suy Dieu. Il vient toutefois
de Pytagore. Tous les ſages le redirent apres luy. Arrian dit
que c'eſtoit la fin & le ſouuerain bien de l'homme: & Moyſe
l'enſeigna auparauant luy. Qui cognoiſt Dieu le reuere: & perſonne ne le peut reuerer qui n'ait entendu, qu'il ſuſpend toutes
choſes de ſa volonté: qu'il n'eſt point de bien qu'il ne donne:
qu'il à ſoin de l'homme, & de toute autre choſe pour ſi petite
qu'elle ſoit: & la loy Chreſtienne n'eſt autre choſe qu'vne vie
ſans iniquité. A qui eſt elle plus familiere qu'au ſage? Les affections de ceux qui ſçauent, s'abſtiendront de toutes ſortes de
malice. Si toute la ſageſſe vient de Dieu comment ne pourra
telle pas l'honnorer & l'aimer? Les impies perirent, d'autant
qu'ils

qu’ils ne couuurent point les voyes de la difcipline, & n’eurent point la fcience. Leur ignorance les precipita à leur ruine. La vraye Philofophie eft la maiftreffe de la religion. Platon mena-ce du Cocythe & du Phlegeton les fcelerats. Si elle n’enfei-gne point à obeïr à Dieu, quelle autre vie fera plus ftudieufe de la pieté que celle des fages?

Platon qui fut le premier qui defcouurit les vrais fentimens de la fageffe, ne commence rien que premierement il n’inuo-que Dieu. Entre toutes les lox il met toute la premiere celle qui commande le culte diuin. Il monftre comme on doit le premier honneur à l’autheur de toutes chofes : le fecond à l’a-me, & le troifiefme au corps. Et voicy par quels termes com-mance la Philofophie de Pitagore.

Ren auant toutes chofe honneur aux immortels.

Salomõ feul, fut iugé digne de dõner la derniere main au téple du Seigneur, & de luy dedier: & tout cela à caufe de fa fageffe extréme. A parler fainement il n’y a que le vulgaire de qui la plus part du temps l’efprit eft mal timbré : qui ne voiant goutte aux loix de la pieté, tombe aifement dans la fuperftition : & ce qui donna fujet de croire que les Philofophes n’auoient point de religion, fut qu’il fe meflerent d’en vouloir donner la cognoiffance à ces ames ignorantes, & les retirer tout en mefme temps de leur erreur. Voila d’où procede le fujet de la mort de Socrate : & le baniffement d’Ariftote. Mais depuis que le foleil de iuftice euft diffipé les tenebres de la fuper-ftiton, il illuftra d’vne fplendeur plus qu’humaine l’entende-ment des hommes. Alors le vulgaire, & la fageffe confpire-rent enfemble pour l’accroiffement de la pieté. Le fage lit dans le liure de la fageffe humaine, & lit encore dans celuy des reuelations. L’intelligence de l’vn où le conduifit, ou ne luy feruit point d’obftacle au confentement qu’il prefta à l’au-tre. Il n’ignore pas tout plein de verités qui font venuës de la bouche mefme de l’Eternel : & qui font inconuës au peuple: mais que poutant il croit. La fermeté de la creance ne fe dement iamais. Elle eft toufiours elle mefme. S’il y en à quelqu’vn qui porte le nom de Philofophe, & de qui neantmoins le cer-ueau mal difpofé face voir qu’il detefte le vray culte des cho-fes diuines, celuy la fans mentir s’attribué fauffement le tiltre

Y

dont il fe pare, & fait vanité d'vne chofe, dont il ne fait aucune profeffion. Ce n'eft qu'vn auorton d'vne fale, & vilaine Philofophie. C'eft le propre de la fageffe, de donner des auis vtiles pour tout ce qui regarde les chofes humaines. La religion eft vne des premieres marques de l'humanité.

Quand il arriue que des efprits mediocres donnent de meilleurs confeils, que des efprits fublimes certainement c'eft vn cas d'auanture. Il n'y a point de comparaifon entre vn fage & vn ignorant : mais bien entre vn plus ignorant & vn qui l'eft moins. Les crimes les plus monftrueux n'aparticnent qu'à des efprits fublimes : mais qui ont efté deprauez, & par l'education, & par leur naturel propre. Ceux qui ont vne extraordinaire viuacité, & qui font mal eleuez, deuienent mefchans au poffible. L'Affrique produit ou du miel tres-falutaire, ou de la cigüe tres-nuyfible. Les ames releuees ne s'arreftent point à ce qui eft entre deux extremitez. Elles vont ou à ce qui eft à fon comble, ou à ce qui eft le mieux, ou à ce qui eft le plus mal : en vn mot à ce qui fe trouue conforme à la voye par laquelle on les a fait marcher du commancement.

Si quelqu'vn me demande pourquoy il arriue quelque fois que les grandes fautes font commifes par les grands efprits: il eft à fçauoir qu'il n'apartient qu'à des ames releuees, & d'vne fageffe extraordinaire, de deliberer des entreprifes importantes: & qu'aux grandes affaires les pechez ne fçauroient eftre petits : que quelque fois le hazard brouille la difpofition des chofes, en forte qu'il change la nature des meilleurs confeils, & les rend auffi mauuais, que fi on les auoit projetez de longue main pour eftre tels. Quoy que c'en foit, ce ne font point crimes de la fageffe : ce font des auertiffemens de noftre condition.

La colere dont la grandeur a befoin, ny la generofité du courage ne font en façon quelconque dommageables aux bonnes refolutions. Toutes les fureurs de l'efprit ne doiuent pas eftre referees à la folie. Celle des Poëtes, ny celle des amoureux ny peuuent eftre raportees fans crime : non plus que celle des ames qui par quelque infpiration diuine prophetifent les chofes à venir. La fureur des cœurs genereux, eft vn apuy

de leur grandeur : c'est le feu qui les enflame & l'aliment qui les nourrit. Lors qu'elle est assaisonnee & tem-
peree auec l'estude de la sagesse elle quitte son impetuosité, &
se despouille de tout ce qu'elle auoit de perilleux en elle.

Outre cela les diuerses opinions de ceux qui font profession de la sagesse ne sont pas encore nuisibles au gouuernement public. Nous allons tous à la vie heureuse. Les vns y vont
par vn chemin : les autres par vn autre. Qu'importe pourueu
qu'on y arriue. On va à Athenes par Thebes : on y va par Me-
gare. D'autres tienent d'autres routes : & toutes neantmoins
menent à Athenes. Il n'est point de Philosophe, ny de secte
qui ne tire vers la felicité. Les vns & les autres ont de chemins
tout differens : mais ils s'y acheminent pourtant auec mesme
escorte : qui est la vie honneste. Il n'apartient qu'aux ames
basses de deliberer en quelle escole elles prendront parti. De
quelque costé qu'elles se tournent, la necessité de viure selon
les maximes de la vertu leur est imposee. Qu'elles entrent
dans le petit iardin d'E'picure, elles y verront cette inscription
sur la porte. Ami tu seras bien icy. Icy le supreme bon-heur
est le plaisir. Dés l'heure mesme elles y seront receuës auec de
grandes ciuilitez. On leur donnera abondamment & du pain,
& de l'eau. Car pour ce qui est d'autres mets plus agreables,
c'est à quoy le goust ne s'y estudie pas. Il ne se souuient
que de la faim & de la soif. En vn mot la Nature y regne, &
l'art en est banni. Par ces raisons alleguees, le nom d'Epicure
n'a fait aucune iniure à sa doctrine : mais bien la malice de
ceux qui l'ont mal interprettee. Ces esprits peruers pour
auoir vn grand nombre de gens qui suiuissent leurs sentimens
la firent ministre des plaisirs & des sens : & ce ne furent autres
que les pernicieux Sophistes. Ils ne manquerent point tout
aussi tost d'auoir l'aplaudissemént des esprits brutaux. Le
nom de plaisir leur esblouit d'abord l'imagination, & ne
songerent du tout point en quelle façon ils le deuoient pren-
der.

La sagesse donc marche à la felicité sous la conduitte de
tout ce qui est honneste. Les routtes qu'elle tient sont dif-
ferentes comme nous l'auons desia dit. Les Peripateticiens
en tien nent vne : les Cirenaïques, & toute la secte d'Epi-

cure vne autre. Celle qu'Antiſtene tient auec les ſiens eſt moins
douce, que celle des autres. Zenon & les Stoyques ne s'eſloi-
gnent pas beaucoup de luy. Pirron conduit toute ſa bri-
gade par vn merueilleux chemin, qui quelque obſcur neanmoins qu'il ſemble, ne laiſſe pas d'eſtre fort tranquille. Ceſte
harmonieuſe diuerſité de ſages n'offence point la ſocieté ciuile: au contraire elle apporte des grands ſoulagemens à la commune vie des hommes. Elle luy ouure pluſieurs paſſages à la
felicité, & le luy rend plus ayſez. Elle n'offuſque point la
ſplendeur de la ſageſſe: au contraire elle l'augmente: & entre
tous les honneurs dont elle eſt digne, celuy qui eſt le plus ad-
mirable conciſte à voir que ſa diſcorde eſt vne parfaicte vnion.
Elle eſt ſemblable aux lignes d'vn cercle, qui toutes procedant
de parties contraires ſe vont rendre à vn meſme point : en
quoy conciſte la perfection, & le ſouuerain bien de la condition humaine.

Que s'il eſt quelque eſpece de ſageſſe qui rende vn eſprit in-
habile à gouuerner, elle ne vient point de celle qui eſt propre à
regir la vie humaine: & c'eſt la verité que le gouuernement
royal n'en peut point tirer de remarquable ſecours. L'intelligence de ce que Dieu fait, oſte la promptitude que l'homme
pourroit auoir à faire ce qu'il doit. Elle eſleue l'eſprit ſi fort au
deſſus des choſes d'icy bas, qu'il ne les voit plus du tout, ou s'il
les voit, il n'eſt plus en ſon pouuoir de les diſtinguer : ou du
moins il ne s'en ſoucie pas, & les repute indignes de la contemplation d'vn homme, qui eſt admis à vne eſtude ſi ſaincte & ſi
ſacrée que la ſienne. Ceſte ſorte d'eſprits paroiſſent ignorans
& ridicules aux affaires du monde. Ce fut pourquoy Iulia
Agrippina en deſtourna ſon fils. Mais la Philoſophie qui monſtre comme on doit agir: qui eſt la maiſtreſſe des bons conſeils,
& l'œil des affaires, ne rend elle pas l'œuure ſi aiſée, que meſme
aux entrepriſes qui ſemblent impoſſibles, elle delibere, & execute preſque tout en meſme temps. Si elle eſt longue à deliberer, & à reſoudre, n'eſt-ce pas pour trop de ſçauoir ? La quantité des occurrances qui ſe preſentent à l'imagination lors qu'on
conſulte ne ſont elle pas capables de retarder le iugement ? Il
faut du temps à les recognoiſtre bien toutes : & les faut bien
cognoiſtre toutes pour en tirer vne bonne reſolution. Au reſte

voir beaucoup, ou voir tout, n'eſt pas vne ſageſſe accomplie;
mais bien deſcouurir le mieux, & l'executer promptement.
S'arreſter, ou marcher lentement, preſupoſent quelque incom-
modité, que les forces ne ſont point capables deſurmonter. Les
contraires au bout meſme de leurs extremitez, produiſent ſouuent meſmes effects. L'ignorance, & la parfaicte ſageſſe con-
cluent ſubitement, l'vne par vn desfaut, l'autre par vn excez de
iugement.

Que les qualités du ſage ne ſont pas mal-ſeantes au Courtiſan.

CHAP. XXIV.

EN vain les eſprits mediocres tâchent d'entrer dans le ſan-
ctuaire de la ſageſſe: & les plus ſublimes ne ſont iamais ſans
vne extraordinaire melancolie. De ſorte que ſi les ſages ſont
auſteres, il ne s'en faut pas eſmerueiller : veu qu'ils n'en ont que
trop de ſubjets. Il eſt vray que la ſageſſe imprime toutes ſortes
de vertus dans les entendemens ſublimes, & leur oſte toutes les mauuaiſes qualitez qu'ils ont, en ſorte qu'elle les rend
agreables, & propres à la conuerſation ciuile.

Et c'eſt là vne des premieres loüanges de la ſageſſe. C'eſt elle
qui fit que les hommes qui eſtoyent diſpercez çà & là, ſe mirent en vn corps, pour viure enſemble les vns auec les autres.
C'eſt elle qui entretient ceſte ſocieté humaine par des plaiſirs,
& des obligations reciproques. S'il ſe trouue des ſages, dont
l'interieur ſoit en tout different de celuy du vulgaire ; & que
pour ce qui paroiſt au dehors ils ſoyent entierement conformes
à luy ; ce n'eſt pas à dire pour cela que la rudeſſe, & la ſaleté
ſoyent des qualitez eſſentielles des Philoſophes. Si cela eſtoit,
ils n'auroyent pas le moyen de corriger le vice. Tout ce qu'ils
pourroyent faire, ce ſeroit de chaſſer les vicieux loin d'eux. Les

ames rudes & sauuages fuiroyent de les imiter en aucune chose, de peur d'estre obligées de les imiter en tout. L'intention
du sage est de viure selon la nature : & c'est n'y pas viure que
se priuer de toute sorte de plaisirs honnestes, d'affecter la saleté,
& d'estre d'vne humeur rude, & fascheuse à la société ciuile.
C'est estre homme que de mener vne vie propre à la compagnie
des autres hommes. Pour cet effect elle doit estre pleine d'affabilité, & de complaisance. Se donner en proye au luxe, se laisser emporter à l'appetit desordóné des sens, & ne se soucier pas
des diuertissemens qui ne coustent que bien peu de peine : &
que l'honnesteté nous permet, est auoir des inclinations bien
deprauées: comme c'est brutalité & impertinence de faire aussi
le contraire. La Philosophie hait le tourment, & n'ayme en ces
choses, que la temperence, & la modestie.

Quelque agreable que soit vne compagnie, elle ne le sera iamais tant que celle du sage. Son estude contient en soy toutes
les vertus. La iustice, la courtoisie, la loyauté, la douceur, l'a-
mitié & autres semblables, sont les agreables liens qui tiennent
vnies les compagnies: les assaisonemens de la familiarité, & les
vrayes occasions des societez les plus douces. Quel autre peut-
estre plus iuste que le sage? ou pour mieux dire, quel autre peut-
estre iuste? Il ne prend pas moins de plaisir a en faire à autruy,
qu'à s'en faire soy-mesme. Sa foy n'est soubçonnée d'aucune
fraude. L'esperance, la crainte, la peine, ny la recompense ne
sont point capables de l'esbranler tant soit peu. Son humanité
ne luy permet point d'estre arrogant. Il hait la suffisance comme
l'vnique peste qui destruit la société humaine, & le premier, &
principal allechement de la haine. Sa douceur le rend modeste, & officieux à toute sorte de deuoirs : qualité par laquelle la
bien-vueillance se deploye, & lie les affections. Bref il n'est
point de vertu qui ne conspire à le rendre agreable, & à le faire
aymer de tout le monde. Et à ne point dissimuler, l'affabilité,
qui est l'habitude qu'on a à conuerser agreablement en tous
lieux, est vne des vertus les plus estimables qui puissent conue-
nir à l'homme,

La necessité qu'on a d'estre quelquesfois seuere, & quelquesfois doux, est vne des instructions de la sagesse. Elle veut que
l'esprit s'arme de seuerité contre le vice ; & veut aussi que dans

la conuerſation familiere, il ſoit doux & gay tout enſemble.
Cela eſtant le Prince n'aura point ſubject d'eſloigner d'aupres de
ſa perſonne les ſages, comme ceux qui ont de l'aduerſion contre
la douceur de la vie.

Le lieu d'où chacun eſt ſorti, me dira quelqu'vn, luy donnera encore de grandes lumieres pour deſcouurir les bonnes ou
mauuaiſes inclinations de ſes Courtiſans. La naiſſance monſtre, ou le merite, ou la baſſeſſe de ceux qui n'ont point encore
donné aucune preuue de leur valeur. Toute cauſe produit des
effects conformes à ce qu'elle eſt. Les genereux naiſſent des
genereux. Neſtor diſoit à ſon fils, Si tu crains tu n'es pas à
moy. Et vn ſeruiteur dans Plaute parle en ces termes, Sans
doutte vous verrez qu'elle eſt de noble extraction : elle ne ſçait
point mentir. Vlyſſe a beau perſuader à Neoptoleme qu'il faut
qu'il mette en œuure quelque trahiſon pour ſe desfaire de Phi-
loctete : la generoſité de ſon pere ne permet pas à ce ieune Prince de conſentir à ceſte ſalcté. Il demeure conſtant en ſa reſolution, & s'eſcrie,

Ny mon pere, ny moy, ne ſçauons pas trahir.

L'experience aſſez frequente nous monſtre que la nature & la
haute vertu des peres reluit aux enfans : & que les Roys naiſſent
des Roys.

Mais ſi la penſée d'Iolaë n'eſt pas tout à fait veritable,

Que iamais fils ne fut auſſi bon que ſon pere.

Du moins la preuue fait foy que bien ſouuent de mauuais en-
fants naiſſent de bons peres, & des mauuais peres de bons
enfans. Et qu'il ſoit vray; on en a veu pluſieurs qui ſortis
d'illuſtre ſang ont eſté meſchans iuſqu'à l'extremité. Souuent d'vn bon coureur ſort vn cheual qui n'eſt propre qu'à
tourner vne meule. Dans les iardins des Roys, s'ils ne ſont
cultiuez auec vn ſoing extreme, viennent des orties, & des
eſpines : & dans les forets on voit naiſtre des fleurs dignes
d'eſtre admirées par de grands Seigneurs. Il ſe fait du miel
dans des troncs d'arbres ſauuages : & l'abſynte croit dans les
plus nobles iardins. Les pierres precieuſes dont ſont enri-
chies les couronnes des Roys ſe trouuent dans des lieux in-
cultes, & dans des montagnes deſertes. N'eſt ce pas vne
ſottiſe de iuger du merite de quelqu'vn par celuy d'vn au-

tre ; principalement quand on en peut iuger par le sien propre ? La perfection des chofes s'attend de ce qu'elles peuuent faire elles-mefmes les mieux. Les actions d'vn chafcun feules font des veritables argumens de fa vertu. La
propre qualité, l'action & l'vfage aux pierres, aux metaux,
aux plantes, aux beftes, en toute autre chofe font le vray
exemplaire de l'excellence, & de la nobleffe de chafcune en
particulier. Apres cefte verité auoüée pourquoy iugerons-
nous de l'homme par autruy, & non par luy-mefme ? Ce
n'eft pas ainfi qu'auoyent accouftumé de faire les anciens Romains. Chez nous les honneurs fe donnent non à ceux qui
abondent en richeffes, ny à ceux qui fe peuuent vanter d'a-
uoir en leur race vne longue fuitte d'illuftres ayeulx : mais
à ceux feulement qui en font dignes. Voila comme le Roy
Tullus parloit au Prince d'Albanie. C'eft ainfi que les Romains fe monftrerent toufiours conftans à iuger tres-noble
quiconque meritoit beaucoup : & dignes d'eftime tous ceux
en l'efprit defquels on voyoit reluire la vertu. Cefte maxime fut continuée depuis par plufieurs fiecles qui ne furent
pas meillieurs que les leurs. Et voicy ce que Marius dit de
foy à ce propos. Ils mefprifent la nouueauté de mon fang,
& ie m'efprife l'antiquité du leur, qui degenere en eux. La
fortune vient à moy blamée de ce qu'elle y vient fi tard :
à eux eft reproché le deshonneur qu'ils ont. Pour moy ie
croy que la nature de tous eft vne, & commune à tous en
general & en particulier : & que quiconque eft vaillant eft
noble. La gloire de nos peres luit à fa pofterité, & fait
voir clairement ce que chafcun des defcendans vaut, & ce
qu'il ne vaut pas. I'eftime bien mieux eftre l'autheur de
ma nobleffe, que d'auoir d'eftruit celle que mes anceftres
m'auroyent laiffée. La vertu & non l'antiquité de l'extraction, eft la veritable marque du merite des perfonnes. Ceux
qui n'ont rien à vanter en eux que l'ancienneté de leur nobleffe, font dignes derifée. Les deux Darius, Archelaus, Per-
fés, Temiftocle, Phocion, Demetrius le Phalerien, & plufieurs
autres grands Roys, & grands Capitaines font venus d'vne
origine dont on n'a iamais ouy dire rien de memorable. A
peine

peine ſçait-on de qui ils ſont fils. L'on a dit de Pertinax Seuere,

> Qu'il eſtoit Affricain: mais que ſon grand courage,
> Monſtra combien l'eſprit peut donner d'aduantage.

Au ſage Prince des Cireniens les nobles, & les ſtudieux de nobleſſe ſont vne meſme choſe. Naiſtre Prince, à ce que dit vn Prince luy-meſme, eſt vne choſe fortuite: & de laquelle on ne peut dire autre choſe, ſinon qu'elle eſt fortuite. Qui ſera celuy ſi enragé qui fera difficulté,

> De preferer Senecque a ce monſtre des Princes,
> La mort de ſes ſujets, l'horreur de ſes prouinces.

Quoy que c'en ſoit,

> Encore vaut-il mieux eſtre fils de Terſite,
> Et du fils de Thetis egaler le merite,
> Que du fils de Thetis eſtre l'illuſtre ſang,
> Et n'auoir que de l'autre, & le cœur & le rang.

Que ſert-il d'eſtre de la noble tige de Valerius, ſi l'on vit comme Leuinus?

> Quiconque en luy des ſiens a la gloire effacée,
> Et n'a d'eux que le nom dont il face le vain:
> Soit dit noble de tous par la meſme penſée,
> Qu'on nomme vn nain Atlas, & Cigne vn Affriquain.

> Si pour voir d'images antiques,
> Voſtre palais tout reueſtu,
> Vous faictes tant les magnifiques:
> Sachez que la nobleſſe eſt la ſeule vertu.

> Pontique rends à tes ayeux
> L'eſtime dont ton ame eſt vainement ſuiuie,
> Si tu veux eſtre glorieux,
> Fay reſpondre ta gloire à celle de leur vie.

> Qui ſur le nom d'autruy veut appuyer le ſien,
> Tombe ainſi qu'vne vigne à qui manque vn ſouſtien.

Tout ce qu'il y a d'hommes au monde viennent d'vne meſme origine. A referer toutes choſes à la nature, nul n'eſt plus noble qu'vn autre, s'il n'a l'eſprit mieux fait que luy, & n'eſt plus propre aux bonnes diſciplines. Ceux qui dans leurs

Z

maiſons ont force images de leurs anceſtres, ſe peuuent
bien dire plus cognus, mais non pas plus nobles. Les ſiecles à venir ſe ſont rendus curieux en matiere de nobleſſe,
de faire la difference du plus & du moins, ſelon que chaſ-
cun auoit plus ou moins de vertu. La Philoſophie ne trouua point noble Platon : mais elle le rendit noble. Qu'vne ame
genereuſe ne s'amuſe point à croire qu'autre qu'elle-meſme
luy puiſſe donner de la nobleſſe. Il n'y a perſonne de l'origine duquel il reſte aucune memoire, du moins au dire de
Platon. Il n'eſt point de Roy qui ne puiſſe referer ſa tige
à celle d'vn eſclaue, ny d'eſclaue qui ne puiſſe raporter la
ſienne à celle d'vn Roy. Les longs changemens qui arriuent aux affaires humaines, ont confondu toutes ces choſes.
Qui appellerons-nous doncques noble ? Celuy qui de ſa
naiſſance aura vne ame diſpoſée à ſuiure la vertu. Voila à
quoy on eſt obligé ſeulement de prendre garde. Si l'on a
recours à l'antiquité des familles, on n'en trouuera pas vn
qui ne tire ſon origine de celuy auparauant lequel il n'y a-
uoit rien. Depuis le commencement du monde iuſqu'à ceſte heure il s'eſt fait vne continuelle reuolution de gens illuſtres & de gens de baſſe extraction. Mais cela ne nous
importe de rien. Ce qui fut auant que nous fuſſions n'eſt
pas à nous. C'eſt vne baſſeſſe de cœur de mendier ſon eſtime de celle d'autruy. Le beſoing qu'on a de la ſplendeur des
autres, eſt vne fidelle marque de ſa propre obſcurité. Qui
fait vanité de la valeur des ſiens publie ſa lacheté. Perſonne ne ſe pare d'emprunt que celuy qui n'a rien du ſien à ſe
parer.

Mai ie veus que la ſplendeur de la vertu des anceſtres ſoit capable de donner du luſtre aux deſcendans, ceux qui paroiſtront
par le merite de leurs peres ſeront-ils plus illuſtres que ceux qui
le feront par leur propre valeur ?

Si le beau Dieu du iour tous les aſtres ſurpaſſe,
Il tient de luy les feux, dont il orne ſa face.

Le ſage donc qui reluit de ſa propre ſplendeur ne mettra point
en ligne de conte celle de ſes ayeux. Sa gloire eſt de donner du
luſtre à autruy, & non d'en attendre. Pour ces raiſons vn Roy
iudicieux, & ſage ſera plus curieux de ſçauoir quels ſont les

Courtisans, que de quelle maison ils sortent. Il aymera mieux qu'ils soyent dignes d'estime, que descendans de ceux qui en meritoyent beaucoup.

Au reste quiconque a dit que les Philosophes estoyent des gens qui se plaisoyent à mesdire, a bien fait esclatter contre eux la calomnie la plus iniuste dont on ait iamais ouy parler. Ce germe de malice n'a que trop semé des fruicts dans le monde. Si ceux qui sont nez au vice tirent de pernicieuses consequences de leur doctrine, & se rendent scelerats au dela de toute imagination, ils n'en sont point cause. Leur intention n'a pas esté de les rendre tels. L'experience nous monstre que,

La vertu seule aux bons fait abhorrer le vice,

Aux meschans, rien sinon la crainte du supplice.

Il n'est pas au pouuoir de la iustice, ny de tous les Magistrats de chastier tous les crimes. La deloyauté, l'arrogance, le luxe, mille passions desreglées, mille vicieuses inclinations & autres choses semblables ont elles de certaines loix à les punir? La raison qui est la seule loy accomplie en toutes choses, & qui de tous costez affronte la malice a mis pour ces mesfaits de seueres chastimens dans la conscience des hommes : & quelquesfois mesmes au dehors d'eux.

Vne ame deprauée à son fleau qui la bat.

La passion qui a peché a son fouët domestique à qui elle paye la peine de sa malice. L'enormité du vice est abominable à tout le monde. L'infamie seule est vn chastiment qui ne laisse point la meschanceté impunie, mesme aux yeux de l'vniuers. Son dessein est de faire que l'iniquité soit esteinte : & que dans l'ame de tous les hommes reluise la splendeur de la vertu, qui seule rend aisé & court le chemin qui mene à la vie heureuse. Voila pourquoy elle occuppe toute son estude à descouurir toutes les sortes des vices, & des vertus. Les rayons de la sagesse d'vn autre costé font egalement voir & la beauté de ce qui est honneste, & la laideur de ce qui est deshonneste : & rendent publique & l'estime de l'vn, & l'infamie de l'autre. Les Poëtes Commiques & les Satyriques, & les Sophistes met-

mes prennent à tâche de defchirer tout le monde. Il femble
qu'en cela leur deffein foit de ramener au bon chemin ceux
qui s'en font fouruoyez : mais en effect la plus part du temps
ce n'eft que pour les accabler d'opprobre. Pour ce qui eft
du fage il eft le feul qui defcouure la deformité de la malice. Il la blafme, & la detefte. Mais il fe garde bien
de s'en prendre à perfonne en particulier. Il a le vice en
horreur : mais non pas les hommes. Ainfi fa façon d'agir ne
peut pas paffer pour mefdifance. Cette execrable qualité
bleffe l'ame, prouoque le courroux, & ne l'adoucit point. Au
contraire elle le porte à de nouuelles malices : & elle mefme
eft vn vice enorme. Puis que ces chofes fe paffent de cette
forte qui fera fi hardy de la referer à la Philofophie ? A
la philofophie qui eft la feule & infeparable compagne de
la vertu ? O que celuy qui a l'affeurance de fouftenir que c'eft
le propre du Philofophe de mefdire, eft medifant luy mefme ? Poffible que ceux qui font dans cette erreur ne font point
de difference entre la veritable Philofophie, & les bateleufes
illufions des Sophiftes.

Si des Caracalles, des Licines, & tels ou femblables auor-
tons de la nature ont efté enuoyez du Ciel dans les Empires pour detefter la fageffe, ce n'eft pas à dire que ceux qui
en font profeffion foient pour cela dignes d'aucune infamie, ny d'aucun blafme. Eftre aimé des mefchans eft auffi
grand deshonneur, que c'eft vne grande gloire d'eftre chery
des bons. Les bons ne prenent plaifir qu'au bien : & les mefchans ne fe plaifent qu'au mal. Ce que les bons mefprifent, ou que les mefchans eftiment ne fçauroit rien va-
loir.

Ceux qui ont fait profeffion de la fageffe & qui ont efté
calomniés, l'ont efté par des mefchans : où eux mefmes ont
efté mefchans. En effect les pernicieux Sophiftes qui ont
malicieufement vfurpé le tiltre de fages, par leur malice ont
attiré fur eux la haine des Princes, & le mefpris des grandes
republiques. C'eft d'eux, auec raifon, qu'eft entendu l'infame reproche qui eft forty de la bouche d'Egefandre. La
paffion qu'on eut autresfois de purger les Royaumes de ces

mal-heureuſes peſtes fut fatale aux bons : & bien que dans vn
ſi grand nombre de canaille chacun s'efforçat de voir, s'il
y en auoit de la ſincerité deſquels on n'euſt point ſujet de douter, Epictete ne laiſſa pas de ſe voir reduit à la neceſſité de ſe
retirer à Nicapolis.

Les bons n'ont iamais eſté deshonnorez, n'y regardez de
mauuais œil, ou s'ils l'ont eſté, ç'a eſté par des gens qui n'a-
uoyent point d'honneur. Le trop grand nombre qu'il y a
eu de ces charlatans, a faict naiſtre bien ſouuent le blaſme
des ſages. Timée Tauromenite accuſa de diſſolution Ariſtote. Erodique deſchira l'innocence de Socrate. Ariſtophane en fit des farces. On luy reprochea Alcibiade & Phe-
dre. Il fut obiecté à Platon d'auoir demandé de l'argent à
ſes eſcoliers : & à Ariſtote d'en auoir pris. A Democrite d'en auoir refuſé : & à Epicure d'en auoir deſpencé beaucoup. Le malicieux Tzezez deteſte Platon comme vn grand
auare, comme vn grand flatteur, & comme vne perſonne
dont les mœurs eſtoyent indignes d'vn Philoſophe, & d'vn
homme meſme. Tous les meſchans ont touſiours deſployé
leur meſdiſance contre les ſages : & ont ſouſtenu qu'ils
faiſoyent autrement, qu'ils ne diſoyent. Et ſans mentir il ne s'en faut pas eſtonner. Ils voudroyent qu'il
n'y euſt perſonne qui fuſt bon : ou du moins que tout
le monde fut eſtimé comme eux. La perſecution des
bons eſt vn deſgorgement de la malice. Quoy qu'elle face neantmoins, il n'eſt pas en ſon pouuoir d'eſtouffer tout
à fait l'honneſteté. Les ſages ont eſté cheris & des Princes & des Republiques. Architas fut dictateur à Ta-
rente. Athenée le Peripateticien euſt le gouuernement
de ſon pays. Menedeme commanda ceux d'Eretrie. Les
Atheniens tirerent des grands aduantages de la conduitte de Zenon. Ils l'honnorerent d'vne couronne d'or : &
luy dreſſerent vne ſtatuë. Demetrius fut long-temps à
regir la ville d'Athenes : fut extremement cher au Roy
Lyſandre : & puis à Ptolomée Sotere. Atenodore citoyen
de Tarſe fut infiniment aymé d'Auguſte, donna des loix
à ſa patrie, & la mit en bon ordre. Trajan honora Plu-

târquē de plufieurs charges publiques. Son nepueu Sefte
eſtoit familier amy d'Antonin. Que la malice, ou la fortune contraire ſe tourmentent donc tant qu'elles voudront
elles n'empecheront pas que touſiours, ou le plus ſouuent le ſage Courtiſan ne ſoit aymé de ſon maiſtre: & que les ſçauans ne
ſoyent veus de bon œil du Prince.   Puis qu'il eſt vray que rien
ne maintient les Royaumes que la prudence des ſages, quel
d'entre les Princes n'aymera les ſages & la ſageſſe?

LE
SAGE EN COVR.
LIVRE III.

Auant-propos.

CHAP. I.

LA parfaite vnion qui se peut rencontrer entre deux personnes requiert qu'elles soient egualement conformes l'vne à l'autre. Deux hommes ne sçauroient estre en bonne intelligence, si entre leurs esprits il n'y a vne disposition reciproque. Le trosne des Roys n'a point de plus ferme appuy, ny de plus pompeux ornement que la sagesse. Celuy qui est en faueur ne sçauroit souhaitter de plus notable bien à la Royauté, ny de plus grande gloire à la Couronne que la possession d'vn homme sage. Autre splendeur n'est capable d'acroistre celle de la puissance souueraine, que celle de la sagesse : comme nons l'auons desia fait voir assés clairement.

Mais quelqu'vn nous pourra dire qu'on est en doute, si c'est vne chose bien seante aux sages de se ranger aupres des Grands : s'ils le peuuent faire sans blesser ou leur dignité, ou le dessein que possible ils ont pris de viure esloignez de la pompe, & de la vanité du monde. si la raison peut honnorable.

ment fe rendre efclaue de la force. Qu'il eſt bien certain que Minos le plus iuſte de tous les hommes à la conuerſation de Iupiter : mais que l'on ne ſçait pas s'il y prend plaiſir, ou s'il ſe fait tort.

A cela nous n'auons rien à repliquer ſinon que pluſieurs conſiderations foibles d'elles meſmes ſe ſont oppoſees au paſ-ſage, par où l'on entre à la Cour ; pour en diuertir les ſages. La victoire ſembloit eſtre defia de leur coſté. A leur auis, elles eſtoient au bout de leur deſſein. Mais le mal-heur a voulu pour elles, que Plutarque le pere du ſçauoir poli, auec vne lon-gue ſuite d'agreables perſuaſions, s'eſt venu vanter d'y faire paſſer la ſageſſe auec vn notable ſuccez d'honneur, & de gloi-re, en deſpit meſme de tout ce qui l'en voudroit empecher. Nous auons appris pour quels ſujets le ſage deuoit auoir la Cour en horreur : apprenons à preſent quelles raiſons la luy peuuent faire aimer.

Le tiſſu de noſtre diſcours ne receura pas vn petit ornement de la matiere de ce grand homme. Aux nouueaux baſtimens les antiques ne ſont pas moins conſiderables, que tout ce que la politeſſe de noſtre temps leur peut donner de prix. Quicon-que ne tient point de conte des lumieres que les anciens ſa-ges ont laiſſees à la poſterité, court fortune d'aller a taſtons dans les chemins de Minerne. Les Sophiſtes plus ſtudieux de l'apparence que de la realité des choſes, tachent d'aider l'intel-ligence par l'abondance de leurs paroles, qui eſt la plus mal-heureuſe tromperie dont les mauuais eſpris puiſſent iamais vſer. On peut receuoir vne notable perte à changer peu d'or auec beaucoup de plomb, ou vn petit diamant auec vne groſſe maſſe d'acier. Ceux là feroient bien fols qui au court raiſon-nement de Plutarque par lequel nous aprenons, que le ſage fait bien de Philoſopher auec les Princes, voudroient preferer des volumes, qui à cauſe de leur prodigieuſe groſſeur ne ſçau-roient entrer dans l'eternel, & ſacré Palais d'Appolon.

Que

Que le sage à la Cour ne doit point craindre qu'on le croïe ambitieux.

CHAP. II.

EStre agreable au Prince, rechercher sa bienueillance, se la procurer, & en faire estime, tant en general qu'en particulier à proffité à beaucoup de monde: & comme plusieurs disent ce n'est pas vne chose qui n'apartient qu'à des gens ambitieux. Pour en auoir le dessein, il faut auoir l'esprit doux, ciuilisé, & aimer le commun bien des hommes.

Le premier soin qu'ont ceux qui desirent se rendre maistres des sentimens d'autruy, c'est d'en desraciner tout ce qui est contraire aux leurs. Quand on veut mettre quelque bonne liqueur dans vn vaze, l'on en oste premierement la mauuaise ; & puis on le laue, & l'on le netoye. C'est perdre sa semence que de la ietter dans vn champ, dont on n'a pas osté les espines, les fougeres, ny les autres pestes de la terre. De toutes les pensees qui destournent le sage de la Cour, les vnes sont fondees sur la risque que la tranquillité de sa vie y court : les autres sur le deshonneur qu'en peut receuoir sa dignité. Il est ialoux de toutes les deux ensemble : mais bien plus de sa dignité que de toute autre chose. Il aime mieux mourir auec Andromaque que de viure sans honneur. Si ce que Diphile à escrit n'est pas vray, que la vie de la Cour est vne vie de banny, d'affamé, ou de voleur ; à tout le moins est il vray qu'elle semble n'apartenir qu'à des ames peu satisfaittes de leur propre fortune ; qui ne songent qu'à s'enrichir, à s'auancer en puissance, & qui ont des passions demesurees pour la gloire. Qui desire plus, qu'il n'a, fait vn outrage à sa condition. Il la mesestime, & luy reproche ce qui luy manque. A ne se contenter pas des biens qu'on possede, ont les iuge indignes d'estre possedez, ou du moins d'estre comparez à ceux qu'on n'a point. Voila de quelle humeur sont les ambitieux.

A2

C'eſt poſſible pour cette raiſon que les Grecs ont appellé les Palais des Grands du meſme nom dont ils ont deſigné les lieux expoſez aux iniures du temps. Les ambitieux auſſi ſe repaiſſét de vent. Qui plus eſt, le mot dont on nomme la Cour, en latin, ſignifioit anciennement le lieu où l'on menoit au ſupplice ceux qui eſtoient condamnez à mort.

Quel plus grand luſtre, & quel plus grand ornement peuuent venir à la ſageſſe d'ailleurs!, que ceux qui luy vienent d'elle meſme. Que le ſoleil donne tant qu'il voudra de iour au monde, & de ſerenité au Ciel, que penſe t'il embelir s'il n'embelit le ſage ? Qu'elle plus enorme ambition y peut il auoir que de ne ſe côtenter pas des ſupremes hôneurs, & de courir encore aprés les mediocres? Où y a t'il d'amour de gloire plus deſmeſuré qu'à la Cour ? L'ambition eſt vne demangaiſon de grandeur qui n'a ny fons ny riue, & qui eſt d'autant plus indecente, & peruerſe que celuy qui cherche à s'agrandir eſt grand. La paſſion du bien paroiſtra loüable en Irus à comparaiſon de celle de Creſus. Les gens de mediocre condition ont des pretextes qui iuſtifient leurs ambitions. S'ils cherchent de la gloire, ils cherchent ce qui leur fait beſoin ? Quel blaſme leur en peut on donner ? Leur ſouhait n'eſt point à condamner : mais bien peut eſtre la façon dont ils ſouhaitent. Au ſage, qui eſt au comble de toute excellence, le ſeul deſir en eſt inſuportable.

Quand Plutarque ſouſtient qu'on ne fait point la Cour aux Grands pour aucune ambition dont on ſoit touché, il n'entend parler que du ſage. En effect luy ſeul eſt celuy dont l'imagination n'eſt iamais esbloüie : luy ſeul eſt celuy qui ne fait iamais des iugemens iniuſtes. S'il aime la faueur des Grands, ce n'eſt pas pour s'en prometre ny des honneurs ny du pouuoir. C'eſt bien à cela que la plus part de ceux qui ſont à la Cour, & tous generalement aſpirent. Le ſage ſeul n'en a pas ſeulement la penſee. Ie ſçay bien qu'aux occurrences doüteuſes on iuge touſiours par le plus grand nombre : & que la dignité des bons n'a pas moins à craindre la fauſſe opinion que l'on peut conceuoir d'eux, que la malice des meſchans a ſujet d'apprehender la veritable. Tout cela neantmoins ne doit pas faire tort aux ſages. Leurs actions ſont les fidelles tefmoins de leur ame. Ils oftent toute occafion de douter de leur excellence. En quelque lieu donc que puiffe eftre le fage, il peut conferuer fa generofité inuiolable. Celuy de qui les mœurs plegent la bonté ne doit point craindre la ca-lomnie.

Le fage tiendra donc chere l'amitié du Prince, comme vn moyen propre à feruir le public. Cela luy rendra encore agreables les recompenfes qu'il en pourra receuoir : comme des inftrumens vtiles à mefme effect. Qui plus eft elles feruiront de modele aux autres, pour vfer iudicieufement de leurs richeffes, & de leur pouuoir. Le plus grand auantage qu'il y trouuera fera celuy de rendre par elles fa fageffe plus feconde en moyens de proffiter à la chofe publique. En cette forte la feule confideration de faire fentir les effects de fa bonne volonté à tout ce qui s'en rendra digne, fera l'aiguillon qui l'incitera à defirer ce bien : & l'appas qui l'attirera à fouhaitter l'amitié de fon maiftre.

Comme les Grands auront des amis.

CHAP. III.

C'Eft vn prouerbe de Socrate, qu'il eft fort aifé d'affembler ceux qui font egaux entre eux. En effet l'inegalité & la focieté font deux chofes qui ne peuuent compatir enfemble. L'amitié eft ce qui egale. Ces termes de mien & de tien n'ont point de lieu en ce qui appartient aux amis. Le premier fruit de l'amitié confifte à auoir toutes chofes communes. Tout ce qui eft à vn amy l'eft encore à l'autre. Si l'on fait refflexion à la memoire des plus fameufes amitiés qui ont iamais efté entre des perfonnes illuftres, on trouuera que cette maxime a efté entre Pilade, & Orefte. Toute amitié vife à vnir celuy qui aime, & celuy qui eft aimé. Plus elle eft parfaite, & plus le deffein qu'elle a eft parfait. Moins il n'y a rien à defirer en elle, plus elle vnit les biens de l'ame, ceux du corps, & ceux de la fortune, L'amitié est la plus accomplie espece de l'amour honneste. C'est vn auantage tout particulier à la condition du Prince, d'estre plus que pas vn autre, & de n'auoir personne qui puisse aller du pair auecque luy. Cela estant qui se pourra dire son amy s'il n'est Prince comme luy? Qui pourra entrer en communauté de biens auecque luy? La Royauté ne souffre point de compaigon.

La necessité impose à plusieurs la contrainte de faire des amis. N'auoir point des biens, auoir besoin de l'assistance d'autruy, & ne pouuoir sufire à soy mesme, sont choses qui demandent l'apuy des autres, & rendent desirables la bonne volonté, & l'assistance qu'on peut tirer des amis.

La puissance qui nous impose la necessité de mendier des secours estrangers est bien foible à nous acquerir des amis. La plus grande gloire des souuerains gist a n'auoir aucun besoin des biens d'autruy. D'où vient d'ordinaire l'humeur altiere de ceux qui ont le pouuoir absolu en main. Les esprits mal nez estiment, ou mesprisent les autres selon qu'ils leur sont vtiles, ou inutiles. Quel autre preuue veut on du besoin que chacun a de se pouuoir passer d'autruy, apres celle qu'il tire du faste de celuy dont on implore le secours.

Mais puis que de tous les biens les plus considerables, le meilleur est l'amy: la dignité Royale pour en auoir en abondance tout autant qu'on en sçauroit desirer, se trouuera pauure de cetuy cy. En effect autre que le Prince n'a plus besoin d'amis. Vn homme de condition s'en peut passer d'vn: & possible ne laissera t'il pas de viure quand il n'en aura point du tout. A vn Royaume c'est bien peu que d'en auoir beaucoup.

Il y a cinq sortes de gens qui se disent amis du Prince. Les premiers sont ses propres sujets. Qu'elle aparence y à t'il aussi qu'ils n'aiment point celuy qui les entretient sous les aisles de la paix? Qui les garde à l'abry de tout danger, & auquel ils ont l'obligation tant de leur felicité presente que de celle qu'ils se promettent à l'auenir? C'est à ne point mentir ce qui les porte a employer leurs vies pour son seruice. Qu'elle autre preuue plus grande peut on demander de leur amour? Les sujets aiment leur Prince & le Prince aime ses sujets. A quoy est ce que celuy qui aime s'eſtudie plus qu'à teſmoigner ſon affection à celuy qu'il aime? qu'a luy eſtre vtile & ne luy manquer en rien? C'eſt là tout le ſoin qu'ont les ſouuerains pour leurs Empires. Nous pouuons encore mettre au nombre de cette ſorte d'amis les bourgeois dont la paſſion ne viſe qu'au bien de l'eſtat.

Les Princes ont encore vne autre eſpece d'amis, dont l'vſage ne ſert qu'à faire paroiſtre la pompe de la dignité royale, & l'extreme reſpect qu'on luy doit. Les Grands de tout temps en ont tenu regiſtre: & en ont fait de notables differences. Il y en a touſiours eu de la premiere, & de la ſeconde claſſe. Le leuer du Prince en diſtinguoit la fortune. Ceux qui eſtoyent cheris le plus, eſtoyent admis les premiers à donner le bon iour. Caius Gracchus, & Lucius Druſus en auoyent de trois ſortes. Les vns entroyent au cabinet: les autres à la chambre auec tout plein d'autres: & les derniers ne les voyoient qu'auec tout le monde. En ce temps-cy ceſte affluance d'amis eſt commune à tous ceux qui ſont en quelque credit par deſſus les autres. Celuy qui a le plus de l'vn, à le plus auſſi de l'autre.

Les Miniſtres de l'Eſtat ont le troiſieſme lieu. Ils ayment les Princes, & en ſont aymez. La racine de leur bien-veuillance reciproque, vient des aduantages mutuels qu'ils tirent les vns des autres. Tous les deux ſont au nombre des amis vtiles.

Ceux qui ſeruent aux plaiſirs des Souuerains, voudroyent bien porter le meſme tiltre que les autres. Les amitiez neantmoins qui ſont entre eux & leurs ſouuerains, ſont comme des ombres ſans corps, ou comme des eſcorces ſans moüelle. Elles ſont ſophiſtiquées, & par conſequent de bien peu de durée. Ceux qui tiennent les premiers rangs dans les villes, ſont ceux dont l'amour eſt la plus neceſſaire à celuy qui regne. Rarement neantmoins ont ils accouſtumé d'auoir vne veritable paſſion pour leur Prince. Les teſmoignages qu'ils donnent de leur bonne volonté enuers luy ſont tous forcez. Ceux qui ne ſeruent qu'à la pompe & au faſte de la dignité royale ont pareillement plus de ciuilité, & de bien-ſeance en eux que de veritable affection. Ceux qui ſont vtiles ſont plus neceſſaires, qu'honnorables. Ils s'ayment plus que le Prince dont ils ſont les affaires: & ſont plus paſſionez de leur intereſt particulier, que de celuy de leur maiſtre.

Voila comme les Souuerains ne doiuent point auoir des amis, qui ne soyent dignes de leur affection. Il ne leur faut que ceux qui ayment du plus profond du cœur: & non ceux qui sont infectez du sale poison de l'interest. Ce chois seul est capable d'vnir estroittement, & de rendre parfaits amis, les bons, les sages, & les Roys tout ensemble. Si le Prince n'a point de gens de bien qui l'ayment, il n'a point d'amis. Denys auoit vn assez bon nombre de Ministres, vn assez grand Royaume, & de gens qui l'honnoroyent, & qui luy faisoyent passer le temps: auec cela Platon escrit qu'il n'auoit point d'amis.

Entre les sages, & les Grands il n'est point d'enegalité si signalée, qui puisse tout à fait destruire l'amitié qu'on auroit à desirer entre eux. Le merite des choses doit estre consideré par le bien auquel elles participent. Celle qui en a le plus est la plus estimable. Il y a deux sortes de biens: les vns viennent de Dieu: les autres des hommes. Parmi ceux que Dieu seul dispence, la bonté de l'esprit tient le premier lieu. La temperance qui est la victoire que l'on a sur les passions vient apres: & puis la Iustice, & la constance de l'ame. Parmy ceux qui sont à l'homme, la santé est la premiere, puis la beauté, puis la force, qui n'est autre chose qu'vne grande vigeur de membres. Apres celles-cy marchent les richesses: mais gouuernées par la prudence: car autrement elles ne doiuent pas estre mises au nombre des biens.

De tous ces aduantages il n'y a que le dernier qui peut esleuer la condition du Prince par dessus celle du sage. La sagesse est vn abregé de tous les biés que Dieu dispense. Qui a la sciéce que doit auoir vn Roy, est Roy luy-mesme, encor qu'il ne cómande point. Au regard de l'amitié honneste les biens qui se peuuent referer à l'homme ne sont d'aucune consideration. L'inegalité, ou egalité qu'on trouue aux biens du corps, ou en ceux de la fortune, ne font rien ny pour ny contre l'amitié. Les seuls biens de l'esprit qui sont ceux qui viennent de Dieu, sont les vrais obiects de l'amitié parfaicte. Par eux l'homme est fait ou dissemblable ou semblable aux autres. Le demeurant n'y peut rien. L'amitié ne demande pas tant que les esprits soyent semblables, comme elle desire qu'ils puissent facilement estre tels. Auoir vne ame disposée à la vertu est vne condition assez

ſuffiſante pour eſtre, ou ſe rendre amy de l'homme de bien, &
du ſage. Si le Prince ayme la vertu, le ſage & luy ſe reſſemble-
ront en cela. Ce moyen ſuffira pour les rendre amis l'vn de l'autre. Et voila les fondemens iettez d'vne amitié honneſte. Et
voila comme quoy auſſi le ſage ne doit point eſtre diuerti de la
Cour, ny par la crainte de la baſſeſſe de ſa fortune, ny par celle
d'eſtre eſtimé plein d'ambition.

Que c'eſt vne eſpece d'ambition de ne vouloir pas faire la Cour.

CHAP. IV.

Avec plus de raiſon peut-on eſtimer ambitieux celuy qui
fait vanité de meſpriſer la faueur des Grands, & de ſe
monſtrer peu affectioné à leur ſeruice. Platon toutesfois nous
aſſeure que les ambitieux rendent vne parfaicte obeïſſance aux
Souuerains; & qu'on n'a aucune difficulté à les renger à ce qu'on
deſire. La paſſion qu'ils ont de participer aux aduantages que la
faueur tire de ceux dont elle leur vient, les rend extremement
ſouples, iuſqu'à ſupporter meſmes tout ce qui ſe trouue de rude aux commandemens. Ils ne peuuent ſouffrir d'eſtre les ſe-
conds : & ce leur eſt vn deſplaiſir tres-ſenſible d'en voir d'autres plus en honneur qu'eux. Voila ce qui fait la differei ce d'eux
auec les grands courages. Les derniers ne ſe ſoucient pas tant
de l'honneur, comme d'en eſtre recognus dignes. Aux autres ce
n'eſt rien d'en deuancer beaucoup s'il y en a qui les deuance eux
meſmes. Encor que le pis qui ſoit en l'ambition, & le plus ordinaire ſoit la paſſion de ne voir perſonne qui nous puiſſe regarder derriere ſoy, ils ne laiſſent pas d'eſtre de ceſte humeur. Cela eſtant quelle raiſon a Plutarque de ſouſtenir que ce n'eſt
pas eſtre ambitieux que de faire la Cour : qu'au contraire c'eſt
l'eſtre, de fuyr l'aproche & l'abord des Roys ?

La vertu & le vice assiegent mesmes choses. Il n'y a que la maniere dont elles en sont pressées qui en fait la differance. Beaucoup d'entre elles sont matieres indifferantes de ce qui est honneste, & de ce qui ne l'est pas. Le demeurant est plus proche de l'vn que de l'autre. L'honneur est plus familier à la vertu qu'autre chose. Il en est le prix. Quiconque en est studieux selon les maximes de l'honnesteté, le rend vn des plus dignes subjets qu'elle puisse auoir. Les grands courages, & ceux qui ont des qualitez aussi loüables qu'eux, sont de ce nombre. Qui va apres lui sans raison, le veut tirer d'où il ne doit pas, ou le veut auoir par des moyens iniustes. En vn mot il tache de le rendre la recompence, & le subjet de la malice. C'est ce que font les ambitieux.

L'ambition a deux voyes pour arriuer à l'honneur auquel elle aspire. L'vne est iuste, & l'autre iniuste. La pompe des maisons, la magnificence des habits, le nombre de valets, les actions genereuses, les entreprises honnorables, & la faueur du Prince, sont les chemins les plus communs que les ambitieux tiennent. Mespriser ce qui est en estime, ne faire pas beaucoup de cas, de tout ce que les autres reputent matiere de loüange, & ne tenir pas mesme conte de l'honneur, est marcher sur les pas de l'ambition la plus peruerse qu'on sçauroit imaginer. Le defaut par fois n'a pas moins d'arrogance que l'excez. Le rustique habit de ceux de Sparte tenoit de la suffisance au dire d'Aristote. En se moquant du faste, le Cinique donna occasion de croire, qu'il fouloit au pied le faste auec le faste mesme. Ne t'aproche point de nous auec tant de vaine gloire, dit Socratte à vn certain, qui estant en mauuais equipage faisoit parade de ce qui estoit le plus deschiré sur luy. Nostre Stoyque deteste la saleté aux habits, l'aduersion qu'on peut tesmoigner pour l'argent, & telles ou pareilles brutalitez, sorties de l'escole de ceste ambition pernicieuse. Ce qui est nouueau donne quelque espece d'admiration; mais bien plus ce qui est esloigné de l'vsage commun: & encore plus ce qui luy est contraire. La merueille vient de ce qui arriue bien rarement, ou qui n'auoit iamais accoustumé d'arriuer. En peu d'heures le Soleil parcourt toute la vaste estendüe du monde. Personne ne s'en estonne. Mais de dire que la nouuelle de la victoire que Temistocle eut contre les Perses

vint

vint auant qu'il fut midy, de la Béoce au môt de Micale en Afie, c'eft ce que perfonne ne fçauroit croire fans vn grand eftonne-ment. Chercher de l'hôneur par des moyens communs, procure plus fouuët de la honte que de l'admiration. En acquerir par des voyes toutes contraires à celles-là, eft vne chofe bien rare, & de peu d'exemples. En ces occafions il ne fe peut faire, que beau-coup de gens n'en demeurent eftonnez. La premiere forte d'ambition ne furprend point: elle eft fans artifice & fans frau-de. La derniere eft trompeufe, & pleine de malice. Ceux qui s'en feruent au iugement de S. Auguftin font femblables à ceux qui fous la peau d'vne brebis cachent le naturel d'vn loup.

En matiere de vices, ceux qui ne fe monftrent point font plus abominables, que ceux qui paroiffent. Qui eft-ce qui ne deteftera pas d'auantage la couuerte flatterie dont Meffala vfoit enuers Tibere, que toute celle que le Senat employoit pour n'encourir pas l'indignation de ce Prince? La mefchanceté qui marche à defcouuert par vn chemin battu n'eft qu'vn mal : & encore vn fimple mal. Celle qui va par vne routte deftournée, loin du chemin ordinaire, eft vne double mefchanceté. Il n'en eft point de plus fignalée que celle qui tache à fe couurir du manteau de la vertu. Celuy-là eft plus mefchant que les plus mefchans mefmes, qui cache fa malice fous le voile de la pieté. Certes il y a de l'apparance qu'il s'egaye ouuertement dans le champ que luy donne fon ambition deprauée. Mefprifer les honneurs, & les biens que tout autre eftime, eft les croire indi-gnes de nous: les reputer moindres que noftre merite , & faire vanité d'eftre plus que nul autre , ou faire profeffion de tenir tout le monde pour buze, eft vouloir paffer pour des gens qui n'ont non plus d'arfice que de ieunes enfans. Les petits enfans neantmoins font eftat de tout plein de chofes, dont ceux qui font arriuez au temps de leur iugement, ne tiennent point con-te, & s'en moquent.

N'eftimer pas les chofes de prix mediocre, eft vn crime bien leger, & pardonnable à toutes fortes d'efprits. Faire peu d'e-ftat de celles qu'on eftime beaucoup, eft auoir l'ame bien altie-re, & bien vaine. Mais auoir honte de iuger des chofes infini-ment releuées felon la grandeur de leur merite, eft la derniere

prcuue que l'on puiſſe donner d'vne arrogance inſuportable.
Entre tout ce qui eſt au monde digne de conſideration, le throſne royal eſt ce qu'il y a de plus eſtimable. La royauté eſt le comble de l'excellence humaine. La fortune n'a point de bien qui
luy puiſſe eſtre comparé. Tout ce qui a vn pouuoir abſolu ſur
les hommes, tient de la diuinité. N'eſtimer point l'amitié de
quelqu'vn, eſt le iuger indigne de la noſtre, & le tenir pour vn
faquin. Celuy de qui l'on ne ſe ſoucie pas d'auoir les bonnes
graces, eſt objet ou de meſpris, ou de haine, ou du moins d'in-
differance: comme vne perſonne dont on eſt aſſeuré de n'auoir
iamais affaire.

Quelle plus grande ſuperbe y a t'il donc, & quelle plus grande ambition que de ne pas cherir l'amitié des Princes? & quelle
plus aſſeurée marque voudroit on du meſpris que l'on en fait
que de ne tenir point conte de leur faire la Cour? Le ſage ne
peut haïr la Cour ſans encourir le blaſme d'eſtre ambitieux. Cependant ſon intention eſt non ſeulement de n'auoir aucune tache d'arrogance, mais encore de n'auoir aucune apparance d'ambition. Les gens de bien ne ſe contentent pas ſeulement de
n'eſtre pas ambitieux: ils en abhorrent le vice, & le nom meſme. Le palais de Ceſar ne veut pas ſeulement eſtre eſloigné de
toute infamie: il le veut encore eſtre de tout ſoupçon.

*Que la Royauté & la ſageſſe appellent
le ſage à la Cour.*

CHAP. V.

POſſible le ſage fuira t'il les Princes, non pour aucune ambition dont ſon ame ſe ſente touchée: mais pour ce qu'il les
croira peu deſireux de ſon ſeruice. Si celuy qui a le Souuerain
gouuernement en main n'eſt arriué a vn extreme degré de meſchanceté, le ſage n'a rien à craindre de ce coſté-là. Quel homme y a t'il au monde ſi deſpourueu d'humanité, & de prudence,

qui arriué au supreme degré d'honneur, ou de Periclez, ou de Caton, ne desireroit pas estre ou Denis le maistre d'escole, ou Simon, pourueu que Socrate prist la peine de vouloir conuerser auec luy?

Mal-aisément se trouueroit-il quelqu'vn, mesme parmi les esprits les plus mediocres, qui pour s'esleuer au comble ou son esperance le porte, ne voulust subir toutes les conditions qu'on luy sçauroit imposer. A quoy est-ce que l'asseurance de pouuoir egaler Alexandre ne porteroit pas vn grand Capitaine? La dignité royale ne peut esperer de parueuir au supreme degré de sa perfection, que par le moyen de la sagesse. A mon aduis il ne se rencontrera point de Prince si denüé de conseil, qui ne reputast à vn grand bon-heur d'estre en la condition de Simon, ou de Denys le Grammerien: puis que dans leurs escoles & dans leurs boutiques, le grand Socrate en discours familiers va semant les preceptes de la sagesse. O que tout ce qui esclatte dans le palais des Grands en seroit bien plus maiestueux & plus pompeux qu'il n'est!

Iamais possible la Souueraine puissance n'a trouué vn esprit si hautain que celuy de Periclez, ny plus genereux que celuy de Caton. L'extreme necessité qu'à le gouuernement souuerain de la sagesse, seroit capable de dompter l'humeur altiere de l'vn, & la grandeur de courage de l'autre: & leur faire souhaitter, d'estre ou Simon ou Denys. Sera-ce donc vne chose indecente au Sage d'aprouuer vn dessein si honneste, & si iuste que celuy-là? Il ne sçauroit dénier son assistance à quiconque la requiert, sans faire outrage à sa profession.

Ariston de Chos acusé par les Sophistes d'estre trop liberal enuers tous, des preceptes de la sagesse, n'eut autre chose à repliquer, sinon, qu'il eust desiré que les bestes eussent esté capables des raisons qui portent à l'amour de la vertu. Apres cela nous mespriserons la familiarité des Princes, cóme s'ils estoient ou stupides ou sauuages? Le veritable bien n'a point de plus grand tesmoignage pour monstrer ce qu'il est, que de se communiquer aux autres. Le propre de la bonté est d'estre feconconde, & liberale d'elle-mesme. Demandons à Platon pourquoy Dieu créa l'vniuers, il nous respondra qu'il estoit bon: & que le bien à cela de particulier, qu'il ne se refuse point luy-mefme à autruy. Qui fçauroit eftre meilleur que le fage, s'il eft vray qu'eftre digne d'en porter le nom, eft eftre tres-bon? Concluons donc par là que perfonne n'a de plus puiffantes inclinations à faire du bien aux autres, que ceux qui ont la fageffe familiere. Leur deffein eft que tout le monde viue felon les maximes de la Iuftice: que tout le monde foit heureux : & que tout le monde leur reffemble. Pas vn d'entre les fages n'en a donné vne plus fignalée preuue qu'Arifton. Ce grand perfonnage ne ceffoit de publier en tous lieux les documens de la Phïlofophie. Mefme en faifant voyage il en difcouroit dans fon coche. Son foin ne s'amufoit pas aux fouppleffes de la logique n'y a defcouurir les fecrets de la nature. Il croioit que toutes ces chofes eftoient au deffus de nous: & qu'il n'eftoit pas au pouuoir de l'efprit humain de les bien comprendre. Ses difcours ne parloient que de la vertu : des moyens de dompter les paffions: & de ce qui eftoit feant, ou mal feant de faire. O loüable couftume d'vn fage loüable! Plufieurs Ariftons ne feroient-ils pas capables de rendre heureufe toute la focieté humaine? du moins fi les efprits pleins de vanité & de folie ne s'obftinoient point à renuoyer bien loin d'eux, l'apuy qui les peut empecher de tomber dans leur precipice. Mais l'infortune de ce mal-heureux fiecle eft fi grande, que quand il y auroit autant d'Ariftons, comme il n'y en a pas, il n'en faudroit pas pour cela efperer aucun fruict.

Comme nous fommes des derniers à defirer d'eftre inftruits à bien viure, nous fommes des premiers à le refufer. Si celuy qui enfeigne, & celuy qui eft enfeigné, n'ont vne mefme intention, l'vn de profiter, & l'autre de receuoir le profit, la peine qu'on prendra en cette oecafion ne feruira de rien. Attalus cef çauant Stoy que le difoit du moins affez fouuent. Auffi eftoit-il grand imitateur du zele d'Arifton. Il ne fe rendoit pas feulement facile à quiconque defiroit apprendre de luy : mais encore prompt à preuenir ceux qui faifoient difficulté de l'en prier. A la verité il ne couroit pas apres ceux qui le fuyoiét: & ne fe monftroit point liberal de fa doctrine enuers ceux qui n'en tenoiét point de conte. Il iugeoit bien qu'il n'eftoit rien de fi aifé que de nuire à quis'oppofoit à fon bien, ny de fi mal-aifé que de profiter à quiconque refufe d'eftre fecouru. Qui eft

ennemi de son vtilité propre, ferme le passage à la bonne volonté qu'on peut auoir pour luy. D'où vient qu'Attalus ne
s'obstinoit pas apres son dessein, s'il ne voyoit qu'il pouuoit
reüssir. S'il employoit cent suëurs pour cet effect, Ariston
estoit bien aise d'en risquer mille, pour en voir vne bien em-
ployee. La rigueur d'Attalus estoit bien iuste : mais la diffu-
se liberalité d'Ariston estoit aussi bien louable. Qui est ce qui
la peut blasmer, si les Sophistes ne la blasment ? Quand ils la
blasmerôt, elle en sera beaucoup mieux que s'ils l'auoient louée.
La louange que donnent les meschans est vne espece d'infamie. Les Sophistes ont raison de se monstrer ennemis de cette coustume. Elle les offense trop. La profession qu'ils font
d'enseigner ne vise pas au profit d'autruy; elle vise au leur propre. Le Sophiste est vn marchand qui fait traffic de sa science; vn homme qui va à la chasse des disciples pour le gain qu'il
en peut tirer : & pour acquerir tout ensemble de la gloire parmy le menu peuple. Ses calomnies ne font aucun effect : on
ne s'en doit point émouuoir. Si on m'allegue Platon mon propre maistre, ie diray qu'il est bien vray qu'il enuoya à Denys
quelques maximes de sagesse : mais pourtant toutes couuer-
tes sous dès obscurités curieusement recherchees : & que non
content de cela il luy manda qué ces secrets qu'il receuoit de
luy n'eussent point à estre communiqués qu'à des oreilles
extraordinairement sçauantes. La verité de la sagesse la plus
sublime ne sert au vulgaire que de mespris & de risee. C'est
pour cette consideration, au dire de Themistius, que les anciens sages auoient accoustumé de discourir auec des obscuri-
tez & des figures mal-aisees à comprendre. Aristote par sa
nouuelle façon de escrire concis, & obscurement, semble l'auoir
plustost estouffee que l'enseigner. Les choses d'vn pris extraordinaire se font fait estimer plus en se faisant desirer, qu'en
se communiquant.

Mais que les merueilles de la nature soient tenu secret-
tes tant qu'on voudra; & qu'on ne reuele point aux ames vulgaires ce qui ne sert de rien à la vie : pourueu qu'on n'enuie
point à l'homme cette discipline si excellente, par le moyen de
laquelle il peut estre & iuste & heureux. On a beau en estre
liberal, elle ne donnera iamais de blasme d'en estre prodigue.

Dieu & la nature mefme nous inuitent à la difpenfer à pleines mains. Dieu donne liberalement les chofes dont nos corps ont befoin, & iamais la nature n'a manqué aux chofes neceffaires.

La cognoiffance du bien & du mal, eft le fil fanslequel l'homme eft contrainct de demeurer perdu dans le dedale de la vie humaine. Ne fera-ce pas vne efpece de cruauté de fe monftrer retenu à enfeigner les moyens de s'en tirer ? Il n'eft point de liberalité fi facile à exercer, que celle par qui lon peut donner fans rien perdre. L'impertinente negligence de ceux qui en ont befoin ne la doit pas empefcher. Les chofes illuftres d'elles-mefmes tirent de l'éclat de ce que tous les efprits n'ont pas affez de generofité pour les defirer comme il faut. Les vns, dit Epicure, vont d'eux-mefmes à la fageffe. Luy-mefme fut de ce nombre. Les autres y font conduits par l'efcorte de ceux qui fçauent. Beaucoup n'y vont ny d'eux-mefmes ny par la conduite d'aucun. S'ils y vont, il faut que la force les y traifne. Epicure met au rang des derniers Ermace : & parmy les autres Metrodore. La premiere efpece eft & rare, & vn pur effect de l'infpiration du Ciel. La derniere eft blafmable, mais non pas beaucoup. S'il ne fe trouuoit point de gens qui en fiffent vne quatriefme difference, encore pourroit-on hardiment imiter Arifton. Nous pouuons à bon droit mettre les ignorans en ce nombre. Comme ce font de gens à fe tenir opiniaftrement dans leur mifere, il n'eft pas au pouuoir de toute la violence du monde de les rendre fufceptibles d'aucune difcipline. Il eft impoffible qu'ils en puiffent eftre émeus. Cette forte de gens ne font aucunement capables, ny des raifons ny des appas qui peuuent enflamer de l'amour de la vertu. Quiconque goufte la raifon n'a point de pouuoir de luy refifter. O Arifton, crois-tu qu'il n'y ait que les beftes incapables de conceuoir la beauté de la vertu ? ou qu'il n'y a qu'elles de qui la tefte panche vers la terre ? Comme s'il n'y auoit pas des beftes cachees fous la forme d'homme ?

Ceux qui font reuéches à la raifon ne peuuent s'abftenir du mal que par l'apprehenfion qu'ils ont du chaftiment, & impofent au fouuerain la neceffité de fçauoir pour eux. Puis qu'ils veulent eftre beftes il eft raifonnable qu'on les traite en beftes. Et qu'elle autre plus grande marque voulez vous de leur brutalité que de ne felaiffer regir que par la force? Eft il rien de fi mauuais aux beftes que de hayr fon bien: ou du moins de ne le pas aimer, que pour l'apprehention que lon a du mal. Quel d'entre les fages ne defire point auec Arifton que les beftes ayent du iugement, & qu'elles viuent felon la vertu? L'authorité abfoluë eft lefeul moyen pour obliger ces beftes a vifages d'homme, à viurefelon les maximes de l'honneur. Mais quelque fouueraine qu'elle foit, d'eftituée d'intelligence, & fans fçauoir ce qui eft honnefte, & ce qui ne l'eft pas, il eft impoffible qu'elle puiffe dreffer les autres à la vertu qu'elle ne cognoift point. Voila comme il ny a que les fages qui fecondent puiffament les bonnes intentions d'Arifton : mais pluftoft celles de la fageffe de ceux qui prenent plaifir à Philofopher auec les Princes. Le Philofophe fouhaitoit que les beftes fuffent fufceptibles de vertu pour leur pouuoir enfeigner fa doctrine : il nefera donc pas marry de communiquer fa fageffe aux fouuerains. C'eft par eux que les beftes les plus farouches peuuent eftre forcees à honorer la vertu.

Que le but de la Philofophie, tend à obliger le fage d'aller à la Cour.

CHAP. VI.

QVelqu'vn me dira peut eftre que la Philofophie eft vne chofe infructueufe; & vne fcience qui n'a ny mouuement ny vie? Cela feroit bon fi elle eftoit comme la fculpture qui fait des ftatues qui n'ont aucun fentiment, qui font muettes, & qui au dire de Pindre font affermies fous leur bares fans aucun mouuement. Pour elle, il eft tres-certain qu'elle à le pouuoir d'animer, de donner del'action, & de la vertu à tous les cœurs, en qui elle refide. Qui plus eft elle à de la force, de bouillans defirs, & des penfees propres à faireagir; & outre

cela les honnorables refolutions font de purs effects de fa vi-
gneur: & auec elles, les bons confeils & la generofité accompa-
gnee de toute forte d'agréement. C'eft par ces moyens que le
fage qui aime toufiours le bien des hommes , fe plaira volontiers à philofopher auec les Princes , & s'accomodera à l'honneur de leur familiarité.

La fin de toute puiffance gift en l'operation: l'operation feule eft ce qui met de la differance entre la puiffance, & l'impuif-
fance. Le fort & le foible femblent mefme chofe pendant
qu'on ne fait rien. Tandis qu'on eft endormy, il n'y a point de
difproportion entre Hector & Niree : entre Teane, & Macque.
Le repos egale la valeur de ceftui-cy à la timidité de celuy la : la
fageffe de l'vn à la folie de l'autre. L'œuure feule rend fidelle tefmoignage de la grandeur de courage, & de la vertu. Si la Philofophie eftoit infruéteufe, & feneante, elle auroit de quoy
s'excufer de s'attacher à la familiarité des grands. Mais elle ne
l'eft pas. Tout au contraire elle donne vn eftre tout nouueau,
& vne forme toute nouuelle à l'efprit. Elle eft riche & feconde
de fon naturel, & ne fe plaift à rien tant, qu'à s'epandre liberalement, & fe donner elle mefme. Toute fa paffion eft de faire
naiftre dans les ames, les mefmes inclinations qu'elle a, & leur
faire produire les mefmes fruits qu'elle produit. Voila quel
eft cet amour & cette adreffe d'affifter aux accouchemens, dont
Socrate fait fi grand cas. Il tiroit vanité de ne fçauoir rien que
l'art d'aimer, & l'entregent des commeres. L'amour eft vne
paffion de produire fon femblable en ce qui eft beau. Celuy de
l'entendement bruffe du defir d'engendrer ce qu'il fçait en ce
qui luy femble aimable. Les fens ont la mefme intention. La
Philofophie eft la difcipline de l'amour des ames, proueuës
d'vne excellante beauté. C'eft elle qui les rend fecondes des
femences de la fageffe. Elle eft la fage femme qui les affifte à
l'acouchement des glorieufes actions.

Le fculpteur fait des ftatues de marbre à la reffemblance humaine. Le Philofophe eft le fculpteur des ames. Il les forme
à la reffemblance de Dieu : ou pour mieux dire c'eft vn peintre
qui pour les faire prend fon modele fur l'original eternel de la
diuinité. Sa peinture ne fçauoit eftre autre que toute diuine.
Le peintre, & le fculpteur font des ftatues fans fentiment &

fans

fans voix. Les ouurages de la fageſſe ſont animez, pleins de
vigueur, & d'action. C'eſt eſtre animé que d'auoir en ſoy le
principe du mouuement, & ſe mouuoir ſans l'aide d'aucun autre, que de ſoy-meſme. Eu égard à ce qui eſt neceſſaire pour
bien agir, l'ignorant, eſt ny plus ny moins que s'il n'auoit point
d'ame. Il n'eſt pas en ſa puiſſance de rien faire ſelon l'ordre de
la bien-ſeance, ſi quelque autre ne le conduit, & ne le pouſſe.
Le ſage ſeul eſt ſa guide, & de ſoy-meſme agit iuſtement. Autre que luy ne ſe peut dire parfaitement animé. Autre que luy
n'eſt ny plus ardent, ny plus propre à mettre la main à l'œuure.
L'excellence de ſon action conciſte à rendre les eſprirs feconds
par les femé ces de la ſageſſe qu'elle iette en eux: & à leur ayder à
produire des fruicts dignes d'elle. Et c'eſt vn de ſes principaux
deſſeins: & vne de ſes plus grandes ſatisfactions. Quel plus notable contentement a auſſi en ſoy la nature, que celuy que reſſentent les peres en leurs enfans?

Moins vne choſe eſt eſloignée de la condition de Dieu, plus
elle eſt obligée de ne demeurer pas oiſiue. La terre eſt vne
vaſte maſſe priuée de toute vigueur, & de tout mouuemēt. Les
celeſtes intelligences, comme plus proches de la perfection
diuine, auec vne promptitude extreme continuent le trauail
auquel elles ont eſté deſtinées. Le ſupreme accompliſſement
de toutes choſes, qui eſt-ce qu'elles peuuent auoir de meilleur
en elles, leur vient de leur action. Tout ce qui ceſſe preſupoſe
vn defaut de ce qu'il eſt. Le ſommeil eſt vn aduertiſſement
de la foibleſſe humaine. Toute vigueur deſiſte naturellement
d'agir, lors que ſon impuiſſance l'y contraint. La vertu qui ne
fait rien eſt vaine, inutile, & contre l'ordre de toutes choſes.
Dieu, & la nature n'ont rien fait en vain. D'où vient que plus
vne vertu eſt noble, & puiſſante, plus la commune mere de
toutes choſes s'offence de ſon repos. Dans l'ordre de la dignité
des qualitez diuines, la ſageſſe tient le premier lieu dans celuy
des choſes creées. Elle change bien de qualité, mais non pas de
rang. Elle retient touſiours la premiere place: mais elle perd
l'aduantage qu'elle auoit d'eſtre increée. Quelle ardeur y peut-
il auoir au monde plus propre ou plus amoureuſe d'agir que la
ſageſſe? Quelle plus grande ennemie de l'oiſiueté? Le trauail
des ſages s'occupe à remplir les eſprits de ſageſſe, de vertu & de

C c

fortes inclinations à profiter au bien public: & cela d'autant plus qu'ils le peuuent plus que nuls autres. Le plus puiſſant moyen qu'ils ayent pour faire reuſſir leur deſſein, c'eſt d'emplir de ſageſſe, & de vertu l'eſprit de celuy qui a le ſouuerain gouuernement en main.

Eſt-il pas vray qu'vn genereux Medecin prendroit plus de plaiſir à traitter vn œil qui auroit à voir pour beaucoup de monde, qu'vn autre qui n'auroit à voir que pour ſoy? De meſme le ſage prendra plus volontiers le ſoin d'vn eſprit dont l'intelligence doit ſuffire à pluſieurs, que d'vn autre qui n'eſt obligé de ſçauoir que pour ſoy. Auſſi certes le deuoir de l'vn à deſtroittes bornes, à l'egard de l'autre, à qui il appartient de philoſopher pour le bien public, & ſe rendre commun arbitre des actions humaines.

Lors qu'il eſt queſtion d'agir, la Nature ſe ſert des moyens les plus prompts, & les plus courts qu'elle peut trouuer. Elle employe plus d'eſtude à conſeruer les parties dont l'vſage eſt le plus important. Sa iudicieuſe liberalité a donné plus de deffence aux membres les plus neceſſaires à la vie. Elle en a vn ſoin tout particulier, les conſerue, & les entretient par vne amour extraordinaire. Les mœurs de cette ouuriere de toutes choſes, doiuent ſeruir d'auertiſſement aux noſtres. Quiconque à trouué le moyen de les imiter ſe peut vanter d'auoir la regle de la vie parfaicte. Et comme nous auons deſia dit la gueriſon d'vn œil qui doit voir pour beaucoup d'autres yeux, ne ſera t'elle pas bien plus conſiderable à vn Medecin qui aura le cœur en bonne part, que celle d'vn autre qui ne ſera obligé de voir que pour luy? Le Philoſophe eſt le Medecin de l'ame. En la meſme ſorte que la medecine eſt l'art de viure en bonne ſanté: en la meſme ſorte la Philoſophie eſt l'art de viure iuſtement. Celuy-là veille à la ſanté du corps: ceſtuy-cy à celle de l'ame. Le Medecin a accouſtumé de donner la vie au corps, le ſage la donne à l'ame. Les paſſions deſreglées ſont les fiebures, & les maladies dont elle eſt ordinairement attaquée. La Philoſophie ſeule peut donner des remedes contre toutes ces indiſpoſitions. Tous les antidotes que le Medecin a contre les maux du corps: le ſage les a contre ceux de l'ame. L'vn & l'autre lors qu'il eſt queſtion de rendre la ſanté, ne refuſent point de ma-

nier les chofes mefmes, qui font les plus capables de leur apporter du dégouft. Ce n'eft pas vn fentiment qui foit d'auiour-
d'huy: Democrite l'a eu long-temps auparauant que la medecine fournit des remedes pour les infirmitez du corps: & la fageffe pour celles de l'ame. Et certes plus celle-cy eft noble à comparaifon de celle là, plus la fageffe eft noble au prix de la medecine. Bien fouuent les preceptes de la medecine font fans effect:
mais iamais ceux de la fageffe, quand ils font bien obferuez.
C'eft poffible pour cefte confideration que Timée dit, que la
Philofophie eft plus aduifée que pas vne autre medecine.

Le Prince eft l'œil du Royaume, au dire du fage de Pelufie.
Et les perfonnes les plus qualifiées de l'Eftat, font comme la
garde publique des mœurs. Platon les nomme les protecteurs
des loix. Dans l'opinion de mon Stoyque, le Souuerain eft l'efprit, & l'ame du corps de l'Empire. Le foin de l'intelligence
par qui la chofe publique eft regie, ne peut eftre confiée à pas
vn autre qu'au fage. Et le fage qui eft le feul Medecin de l'ame
ne fe plaira iamais tant à defployer toutes les puiffances de fon
art, que lors qu'il aura l'occafion de les occuper apres l'efprit des
Roys.

Luy feul a le moyen de cueillir fort aifement, & à fon fouhait les fruicts qu'on peut attendre de la fageffe. Celuy qui
donne de l'inftruction à vn homme particulier, ne profite qu'à
vn : mais qui eftale ce qu'il fçait en faueur du Prince profite
à beaucoup. Antigonus en fait foy lors qu'il efcrit à Zenon en
ces termes, Ne me refufe point ta familiarité. Tu ne feras pas le
maiftre du Roy: tu le feras de tous les Macedoniens. La fageffe
eft la vie des Monarques, & la difcipline des Monarchies. La
plus part du temps les fujets font tels que font les Princes. Si
le fage refufe fon feruice au Souuerain, enuers qui fe monftre-
ra t'il courtois? Aura t'il plus d'inclination à procurer le bien
de peu de gens, que celuy de tous? Se plaira t'il plus à guarir le
pied que la tefte? vn doigt qu'vn œil? S'il eft de cette humeur,
il le fera encore de n'eftre fecourable à perfonne: il le fera de
nuyre. Ie ne trouue point de difference entre tuer, & ne pas
donner de quoy viure. Celuy qui fait vne iniure ne nuit pas
dauantage, que celuy qui ne l'empeche pas quand il le peut. Le
fage a pouuoir d'apporter vn fecours & neceffaire, & general

au commun gouuernement des hommes. S'ils'en empeche, ne
fait il pas vn outrage à la nature à la veuë de tout le monde?
Quiconque en doutte ne sçait pas, que c'est le propre de ceux
qui ayment la vertu de porter les citez à tout ce qui est honneste.

Il n'est point d'artisan qui ne tâche de rendre son trauail
le plus excellent, & le plus profitable qu'on puisse esperer de
son art. Si quelqu'vn est tres-expert à trouuer de l'eau & faire
des bons canaux, comme Hercule & plusieurs autres, il ne s'a-
musera point à foüiller sur le rocher du corbeau d'Arethuse. Il
aymera mieux faire venir de l'eau de quelque fleuue, pour la
commodité d'vne ville: pour en donner aux places publiques,
aux iardins des Roys, ou autres lieux semblables.

L'eau est vn elemét sans lequel rié n'est conçeu, rien n'est con-
serué. C'est peut-estre pour ceste raison que Thalez la creuë le
premier principe des choses perissables. La sagesse est celle sans
qui rien n'est ny produit ny conçeu: sans qui la vertu ne sçauroit subsister dans l'esprit des hommes. Elle est la vraye humeur par le moyen de laquelle l'entendement est & viuifié, &
entretenu. Si nous en demandons des nouuelles au Philosophe
sacré, il nous dira: que la loy du sage, & la sagesse de l'homme
sçauant, sont les sources de la vie. Socrate n'est point de sentiment contraire lors qu'il dit, que la source de la sagesse est vne
source moderée, pure, & feconde: ou d'vne eau en quelque façon desagreable: mais salutaire. Celuy qui verse la sagesse dans
des ames brutales, espuise la source dont la vertu viuoit. Son
abondance neantmoins est necessaire pour arrouser les mœurs
des hommes. Le sage n'aura donc garde de chercher de l'eau en
Itaque, proche du rocher du corbeau: encor qu'il soit vray que
le bouuier Euméc y trouue de quoy gayer les troupeaux d'V-
lysse: & qu'ailleurs il perdroit possible sa peine. Le sage qui est
le veritable Hercule, c'est à dire le bienfaicteur vniuersel de tous
les hommes, fera espandre l'Olbe par les champs du Penée, ou
l'Acheloë par ceux de l'Acharnanie. Quelle apparence y aura
t'il aussi de croire qu'il veuille plustost communiquer sa sagesse
à cestuy-cy ou a celuy-là, qu'au Prince? Aymera t'il mieux
creuser vne fontaine qui ne coule que bien lentement, qu'vne
qui s'espande vtilement par des Royaumes tous entiers.

Quel exemple inuite le sage à la Cour.

CHAP. VII.

AV dire de Platon Homere appelle Minos compagnon de table, & amy de Iupiter. Les hommes qui croupiſſent dans l'oiſiueté, & qui n'ont d'autres bornes que celles de leur maiſon, ne ſont pas capables de receuoir aucunes inſtructions du ciel : mais bien ceux qui ont en main le gouuernement public. Les Roys ſeuls meritent d'eſtre obligez, & ſont dignes de receuoir de bonnes inſpirations. La Iuſtice & la grandeur de courage leur doiuent eſtre departies : puis que ce ſont eux qui les ſeuls s'en peuuent abſolument ſeruir au profit de tous les hommes.

La familiarité que Minos eut auecque Iupiter pendant neuf ans dans l'antre du mont Ida, eſt aſſez fameuſe. Ceux de Sparte crurent que Lycurgue eſtoit diſciple d'Appollon : & les Romains eurent opinion que Numa auoit puiſé la prudence dont il gouuernoit leur Empire, de la familiarité qu'il auoit auec la nymphe Egerie. Seruir de guide aux autres pour les conduire à la ſageſſe, eſt vne eſtude qui tient de la diuinité. Dieu ſe l'attribuë comme vne choſe qui n'appartient à perſonne qu'à luy. Toute ſcience vient de luy. Ariſtote compare à luy ceux qui enſeignent les autres. Dieu ny les peres, ny les maiſtres ne peuuent eſtre aſſez recognus. Si la ſageſſe n'eſtoit point vn des rayons de la diuinité meſme, l'impetuoſité de mon affection me porteroit auec le Stoyque non ſeulement à faire comparaiſon du ſage auec Dieu : mais encore à le preferer à luy. L'obligation que nous luy aurions ſembleroit plus grande que celle que nous auons à Dieu : & cela d'autant plus que bien viure eſt vn aduantage plus ſignalé, que de viure ſimplement. Mais il eſt tres-certain que la ſageſſe eſt vne pure liberalité de l'Eternel : & le plus grand bien que nous puiſſions receuoir de luy : ou du moins qu'il face. Il eſt la ſource de noſtre vie : celuy

par qui nous viuons bien. C'eſt noſtre pere, c'eſt noſtre maiſtre. Luy ſeul eſt le Prince des ſages. Son deſſein eſt que les
ſages ſoyent les Roys des autres hommes. Les peuples n'ont pas
plus beſoing d'vn Prince qui les commande, que d'vn maiſtre
qui les inſtruiſe. Du commancement Dieu mit le pouuoir abſolu entre les mains des ſages : & Poſſidonius eſcrit qu'au ſiecle d'or le monde eſtoit gouuerné par eux. Si l'eſtat des choſes
preſentes le permetoit, à l'exemple des abeilles nous pourrions
encore eſperer quelque eſchantillon de la felicité de cét âge, ſi
renommé, & ſi heureux. Tant que la ſageſſe ne regnera point
Platon ne croit pas que l'on puiſſe voir la fin de nos maux.

L'hiſtoire nous aſſeure bien que l'Eringe, qui eſt vne eſpece
de chardon teſtu, tant ſoit peu gouſté d'vne cheure, a la vertu
d'arreſter tout le troupeau : en ſorte que ſi le paſteur ne le luy
oſte de la geule, elle & tout le reſte demeurent imobiles. Sa
qualité tient de la nature du feu qui ſe prend à tout ce qui eſt
proche de luy. La ſageſſe n'eſt pas de meſme. Si elle rencontre un eſprit tout particulier, qui ſe plaiſe à ne rien faire, qui
limite le centre de ſon ſçauoir de la circonferance de ſon propre vſage, elle n'eſpendra point ſa vertu comme l'Eringe, & ne
la tranſmetra point à d'autres. Elle nourrira l'oiſiueté en celuy
qu'elle rencontrera ; ne contribuera rien à l'vtilité d'autruy, &
ſe conſumera en elle meſme. Mais ſi elle ſe trouue en vne perſonne occupee au gouuernement d'vn Eſtat, dont l'eſprit ſoit
ſtudieux d'agir, & enflamé de l'amour du bien public, ſans
doute elle ſe ſeruira d'vn inſtrument ſi glorieux pour proffiter
à beaucoup de gens.

Dans l'amoureux banquet de Platon, Agaton dit à Socrate,
comme en ſe raillant. Aproche toy de moy Socrate : ſiez toy
aupres de moy. Si ie te touche ie participeray à ta ſageſſe. O
heureuſe raillerie s'il ne l'euſt pas proferee en raillant ? Agaton
ne ſeroit pas mal ; ſi pour eſtre voiſine, la ſageſſe paſſoit de celuy
qui en a beaucoup, à celuy qui en a peu : & que comme l'Eringe, elle eſpandit ſa force ſur ce qui ne ſeroit pas eſloigné d'elle.
Les choſes les plus rares & les plus belles ſont les plus malai-
ſees à acquerir. La ſageſſe ne s'apprend ny ne ſe communique
pas ſans vn ſoin extreme. Si le ſage veut luy ſeul gouſter les
fruicts de ſon ſçauoir, il viura à la verité heureux. La vie qui

est dans le repos, & esloignee des affaires du monde, est tres
douce. Mais quel egard a t'elle au bien public ? Celuy qui
s'y plaist peut bien estre homme de bien : peut bien estre heureux : mais non pas possible bon Citoyen. En effect ne pourroit il pas estre meilleur ? A quel propos tenir caché vn tresor
qui pouuoit enrichir toute vne ville ? Qui est-ce qui allume vn
flambeau pour le tenir caché, & l'empecher d'esclairer ? Cette
deserte, ou plustost prisonniere Philosophie, manque de sa
meilleure partie. L'honneur que chaque vertu merite vient
de la plus noble de ses actions. L'or est l'ornement d'vn tresor:
& celuy de la vertu est l'vtilité publique. Celuy qui cache
les choses de prix fait vne iniure à leur valeur, & en quelque
façon leur oste leur estre.

En quoy differe vn mort de celuy dont la vie

Est d'vn lache repos incessament suiuie.

L'esprit qui tient caché ce qu'il a de plus beau,

Est comme vn corps puissant qui gist dans le tombeau.

Qui plus est, celuy qui ne vit que pour soy ne sçauroit viure
heureux: non plus que celuy qui tourne tout à son auantage. Si
tu veux viure pour toy il faut que tu viues pour autruy. Si la
Philosophie rencontre vne ame vigoureuse, & actiue, & qui
outre cela prenne plaisir à deployer ce qu'elle sçait, elle pro-
duira des fruicts dignes d'elle. Auec tout cela il ne faut pas
s'imaginer qu'elle soit encore montee au comble de son bon-
heur ; si elle ne tombe dans vne ame, qui au contentement
qu'elle aura d'agir, n'a iointe l'authorité auecque la puissance.
Le Philosophe ciuil qui n'a point de pouuoir peut proffiter à
beaucoup de gens: en enseignant & persuadant. Pour ce qui
est du Prince, il est le seul de qui les enseignemens portent du
commandement auec eux. Le sage, qui est comme le gardien
de la vie commune, par sa douceur tache d'abord à rendre ses
sujets amoureux de tout ce qui est honeste, & ennemis mortels de ce qui est deshoneste: propose des recompences à la vertu, des peines au vice. Finalement il chastie legerement les
legeres fautes : & les dernieres inquitez auec le dernier supplice. Ainsi il proffite à tous malgré qu'ils en ayent. N'est ce
pas là vn glorieux triomphe de la sagesse ? Voila comme sa vigueur est feconde : & voila comme elle n'a rien en elle qui ci-

ferue. Mais quelqu'vn me dira qu'elle eſt vtile aux autres: mais peu agreable au ſage : & que les affaires troublent le repos de l'eſprit. Pour moy i'apprens d'Atenodore que les occupations publiques ſeruent contre l'ennuieuſe oiſiueté de la vie.

De quoy donc la Philoſophie ſera telle plus amie que de l'authorité ſouueraine? Elle lui ſert d'appuy. Et lui eſt le ſeul inſtrument par le moien duquel elle peut venir à bout de tout ce qu'elle ſe propoſe. De qui le ſage ſera t'il plus amy que du ſouuerain? C'eſt par ſon ſeul miniſtere qu'il eſt capable de ſatisfaire au deſir qu'il a de ſe rendre vtile à la republique humaine. Celuy qui tiét les reſnes de l'Eſtat ne s'oppoſe point à ſes deſſeins. Il s'accorde auec elle : & s'il n'a du tout perdu le iugement, il n'aura iamais de plus forte paſſion que de ſuiure ſes ſentimens. De là il arriue que la ſageſſe & la puiſſance abſoluë s'aiment reciproquement: qu'elles ſe ſuiuent l'vne l'autre: qu'elles ſe cherchent : & font tout ce qu'elles peuuent pour eſtre compaignes inſeparables; & nous en auons des exemples tres-ſignalez.

Anaxagoras eſtoit intime amy de Periclez. Platon l'eſtoit de Dion, & Pitagoras des Princes d'Italie. Caton quitta ſon camp pour aller voir Atenodore. Scipion deputé du Senat pour iuger de la Iuſtice où de l'iniuſtice des prouinces, mena Panetius auec que luy.

La ſageſſe de Salomon obligea la Reyne du midy à le venir voir. Tous les Monarques de la terre deſiroient de le voir à cauſe de la ſageſſe que Dieu luy auoit departie. Ces amitiés, & ces entreueuës des Princes & de ſages, ne furent pas infructueuſes. La familiarité d'Anaxagoras, ſurnomé l'eſprit par ceux de ſon ſiecle, adoucit la fierté du cœur de Periclez. L'humeur altiere moderée par la douceur de la Philoſophie, deuient grauité, & grandeur de courage. L'impetuoſité d'vn eſprit ſublime, tel qu'eſtoit celuy de Pericles, ne pouuoit eſtre regie que par la Philoſophie. Ce grand perſonnage dans l'eſtroite conuerſation qu'il eut auec Anaxagoras, auec Pitoclez, & auec Damon, puiſa la doctrine qui le rendit ſi conſiderable, & ſi merueilleux au gouuernement de l'empire. Iamais Dion n'euſt eu la gloire d'eſtre vn des illuſtres Capitaines du móde, & vn des

plus

plus sages Politiques qui furent iamais, si l'amitié de Platon ne
l'eust rendu excellent Philosophe. Pitagore qui auoit accoustumé d'auoir de l'auersion pour les lieux publics, & qui aimoit
la solitude, entre toutes les louanges qu'il a meritées, n'en a
pas vne qui luy doiue estre plus considerable, que celle d'auoir
appris aux Princes d'Italie les moyens de bien regir le timon
de leurs Estats. Les Picentins, les Messapiens, les Lucaniens,
& les Romains mesmes font gloire de dire, que leurs mœurs
sont des fruits de sa sagesse. Numa Pompilius fut estimé de
plusieurs son disciple; encor que possible ce fut de celuy qui
estoit de Sparte. Caton la vraye idee d'vn grand courage, &
pere de l'interest public, s'esleua au comble de sa gloire par les
preceptes de la sagesse. Il employoit les iours aux affaires publiques: & les nuicts à l'estude de la Philosophie: ou à la conuersation des sages. Estant Tribun militaire, il passa de Macedoine à Pergame, pour conuerser auec Atenodore Cordilion,
fameux Stoyque. La memorable nuict, qui fut la derniere de
sa vie, & le plus illustre iour de sa gloire, il auoit auec luy Apollonide le Philosophe Stoyque, & Demetrius le peripateticien.
Il estoit resolu de mourir auant que le iour arriuât, & tout prest
qu'il estoit de rendre l'esprit, il ne laissoit pas de Philosopher.
Ainsi la mesme Philosophie qui monstre à bien viure, enseigne
à bien mourir. Le Fedon de Platon leu par luy auec vne merueilleuse attention fut vn genereux reconfort à son trepas. Il
faloit ou que Caton mourust, ou qu'il vesquist pour la liberté Romaine. Voila le digne fruict que la sagesse produisit dans vn
esprit digne d'elle. Quel Philosophe y a t'il au monde qui ne
souhaitast vn Caton pour communiquer auec sa sagesse? Et
quel Prince est-il sus la terre qui n'enuiast sa generosité? Scipion vne des plus grandes lumieres de la gloire Romaine, auoit
auant luy tenu le mesme chemin. Il auoit vescu familierement
auec Polibe Philosophe Megalopolitain, & historien fort celebre: depuis il eut estroite amitié auec Panetius le second Stoycien. A ne point mentir Scipion n'auroit iamais esté si grand
ny dans la paix, ny dans la guerre sans l'estude de la sagesse, &
sans l'amitié des sages. Le vieux Caton rendit vn fidelle tesmoignage de l'eminence de son sçauoir. Il magnifioit son merite auec les mesmes loüanges qu'Homere a données a Tiresias,
quand il a dit,

Les autres ne sont rien celuy-cy seul est sage?

C'est pour cela que le Senat le iugea digne d'estre enuoyé par les prouinces pour estre l'arbitre des mœurs des peuples : charge que les anciens Poëtes donnoient aux dieux,

Souuent les dieux cachés sous l'humaine semblance,
Vont mettant des mortels les mœurs à la balance.

Mais quel d'entre les Princes à rendu sa gloire digne de l'immortalité, à qui quelqu'vn d'entre les sages n'ait esté familier? Agamemnon auoit Nestor à son seruice : Periandre auoit Thalez : Hipparque & Policrate auoient Anacreon. Philippe estant en ostage à Thebes, se rendit capable de ietter les fondemens de la Monarchie des Macedoniens par l'estroitte conuersation qu'il eut auec Pelopidas, & auec Lisandre le Pitagoricien. Hieron auoit Pindre pour amy. Pausanias auoit tousiours auprés de luy Eschile, & Simonidez. Euripide estoit auec Archelaus : Xenophon auec Agesilas : Isocrate auec Nicoclez. Eumene n'estoit iamais sans Hierome Cardain. Menandre estoit les delices des Roys d'Egypte, & de Macedoine. L'Orient donne d'eternels tesmoignages de la gloire de Luculle : auec cela peutil dire qu'il l'ait iamais veu sans Antinous? Ce grand homme auoit plus besoin de l'art d'oublier que de celuy d'apprendre. Il ne luy estoit rien de si aisé que de sçauoir en peu de temps tout ce qu'il y auoit de preceptes de la sagesse dans les liures : voila pourquoy il desiroit auoir l'entretien des sages. Il n'ignoroit pas que dans les liures on voyoit plustost les vestiges de la sagesse, que la sagesse elle-mesme : & auoit opinion que pour estre de trop grande estenduë, elle ne pouuoit estre comprise dans de si estroittes bornes. En effect il est impossible que sa maiesté puisse estre dignement representée par la plume.

A vostre aduis, Panetius estant solicité par Scipion de se renger auprés de luy, estoit-il obligé de luy tenir ce langage? Si tu estois vn de la lie du peuple : & que tu fusses amoureux d'vne science oiseuse : que tu desirasses apprendre l'art de bien former vn syllogisme, & que toutes les autres subtilitez auec lesquelles on peut faire acroire tout ce que l'on veut t'eussent donné dans la veuë, ie m'en irois tres-volontiers auprés de toy : Mais estant comme tu es l'illustre sang de Paul Emile deux fois Consul, & nepueu du grand Scipion qui vainquit Annibal, il n'est pas

raisonnable que ie Philosophe auec toy. Ne deuoit-il pas luy dire pluſtoſt qu'il tenoit à vn extreme bon-heur l'occaſion de pouuoir vtilement conferer auec luy ?

Il n'eſt point de ſage qui ne ſache combien c'eſt vne bonne
rencontre à la ſageſſe de pouuoir approcher vn Prince qui eſt
amoureux d'elle. Certes il ne peut arriuer ny à la Philoſophie
ny au Philoſophe de meilleure fortune, que la paſſion que les
Seuuerains peuuent auoir, & pour elle & pour luy. La Philoſophie ne demande qu'à agir : elle hait la chicane. Le moyen
qu'elle a de ſatisfaire à ſon deſir, largement, vtilement, & honorablement, c'eſt d'eſtre appuyée de l'authorité du Prince.
Autrement elle agira ſans grand honneur, & ſans grande gloire.
Ceux qui amuſent les icunes eſprits à des arguties, ne ſont
point au nombre des ſages : mais des ennemis de la ſageſſe.
Telles & ſemblables impertinances ne tiennent d'aucune des
parties de la Philoſophie. Ce n'en ſont pas ſeulement l'ombre.
Elles n'ouurent point l'eſprit comme pluſieurs ſe l'imaginent
fauſſement. Au contraire elles l'affoibliſſent, & l'abaiſſent. Il
n'appartient qu'à des enfans de ſe ioüer auec ce qu'ils voyent
dans les miroüers, ou de ſe tourmenter apres des ombres. La
voix, & les intentions ſont les ombres des choſes: L'entendement ſe ioüç auec elles: mais il n'en retire aucune vtilité. Il oſte
la maieſté de la Philoſophie de ſon throſne : & la conſtraint de
ramper à terre. Quiconque ne ſe veut occuper à rien, qu'il
s'occupe à ces ſottiſes. Le prix qu'il y a en ces bagattelles, c'eſt
qu'elles amuſent l'eſprit ſous l'apparance de ſubtilitez ſpecieuſes. Pernicieuſe, & dommageable occupation! où il y a tant
de choſes a eſplucher, qu'à peine toute noſtre vie ſuffit-elle à
les apprendre elles ſeules. C'eſt à ne point mentir tenir bien
peu de conte de ſon temps que de l'employer à cela. Quand on
n'en perdroit rien ce ſeroit l'employer iudicieuſement, que de
le donner aux choſes neceſſaires, & quelque long qu'il fut il ne
le ſeroit pas encore aſſés pour elles. Maintenant qu'elle folie
eſt-ce en vne ſi grande affluance de choſes en auoir ſi peu que
l'on en a, & l'occuper auec tant d'ardeur apres ceſte ſorte de vanité! Si Ciceron pouuoit rappeler à ſoy les années qu'il a deſia
paſſées, il proteſteroit ſans doutte de ne les plus perdre à la le-
cture des Poëtes Liriques, ny a l'eſtude de la Dialectique. Mais

Dd ij

fora t'il poſſible que les vns ne mettent iamais fin à conſigner à
la poſterité leurs propres fautes? ny les autres à entretenir l'e-
ternelle guerre que les termes ont contre les termes? Ne ceſſe-
ront-ils iamais de s'eſtourdir eux-meſmes? Le monde ne ſe
ſaoulera t'il iamais d'vne vanité ſi publique comme la leur? A
quoy bon d'affliger les eſprits de ſubtilitez de neant: dont la
plus grande ſubtilité ſeroit de les meſpriſer, & de n'en parler
iamais? De quoy ſeruent tant d'arguties touchant les vniuer-
ſaux, les intentions, les ſubjets, & les conſequences? Sans
toutes ces illuſions ne peut-on pas faire la difference de ce qu'on
doit faire, & de ce qu'on doit laiſſer? Les paroles qui font voir
la verité ſont ſimples. Elles n'ont ny reply ny ſouppleſſe quelconque. Il n'eſt point de temps qui doiue eſtre employé à ces
niezeries. Nous auons la mort à nos talons: & la vie fuit deuant nous. Qu'on me monſtre pluſtoſt comme ie puis m'empeſcher de craindre: comme ie ne fuiray point la fin de mes
iours: ou comme la vie ne me fuira pas elle-meſme. Qu'on me
fortifie contre les aduerſitez: qu'on m'enſeigne le moyen de
m'armer contre les choſes ineuitables: comme d'vn petit eſpace
de temps que la nature m'a donné, i'en pourray faire vn long.
De tous coſtez la vie eſt aſſaillie de perils. Qu'à ceux qui ſont
eſpars dans les tenebres de l'ignorance, on face luire le flambeau de la verité. Qu'on leur monſtre ce que la nature a fait de
neceſſaire, & d'inutile: & quelle facilité il y a à obſeruer ſes
loix. Combien il eſt aiſé de viure à qui ſe veut conformer à
elle: & combien mal-aiſé à qui luy donne moins qu'il ne
donne à ſa propre fantaiſie. Quelle des ſubtilitez de ceſte
pretenduë Philoſophie adoucit, ou arreſte les paſſions deſreglées? C'eſt là qu'il faut combattre à bon eſcient contre la
fortune: & tu auras le courage de nous refuſer des armes? L'ennemi preſſe de toutes pars. Les menaces eſclattent par tout.
On renuerſe les maiſons: la ville eſt miſe à feu & à ſang: & tu
t'amuſes à propoſer des queſtions ridicules, toy qui fais profeſſion, & qui te vantes de pouuoir donner du remede à toutes
choſes? Enfin voicy de tes propoſitions. Tu as ce que tu n'as
pas perdu: tu n'as point perdu tes cornes: doncques tu les as.
Voila des ſottiſes d'enfant. Eſt-il poſſible que la barbe te ſoit
venuë parmy ces impertinances? C'eſt là toute la doctrine de

ces vifages paſſes &à demy morts. Eſt-ce par là que l'on va au
ſouuerain bien ? La Philoſophie promet du ſecours à ceux qui
font naufrage, aux priſonniers, à ceux qui ſont accablés ſous
le faiz des affaires, aux miſerables : & en vn mot à ceux qui
vont auoir le col coupé. Tout le monde luy tend les mains : &
luy demande du ſoulagement pour les peines & les ſueurs de la
vie. L'vn eſt proche de la mort : l'autre eſt dans vne extreme
pauureté. Ceux-cy ſont accablez ſous leurs propres richeſſes
ou perſecutez par celles d'autruy : ceux-là ont en horreur leur
propre condition. Les vns ſont hays des hommes, & les autres
du ciel. Les eſperances de tous ces miſerables ſont en toy : elles
ne peuuent attendre du ſecours que de toy. Et cependant tu t'a-
muſes apres des badineries : en vn temps meſme ou tu n'en as
point à te iouër : & où tu es appelée au ſalut des mal heureux ?
Apres de ſi ſpecieuſes promeſſes pourquoy manques-tu de parole ? A quoy bon de te vanter que par le moyen de la ſcience
dont tu fais profeſſion, on va au ciel ? Tu promets de rendre les
hommes egaux à Dieu : du moins autant que leur condition le
permet. C'eſt ce qui m'a fait aller à toy : ceſt pour cela que
i'y ſuis venu. Cependant ie demeureray ſi malicieuſement
trompé. Quel Philoſophe y aura t'il deſormais, qui du moins
ne ſoit indigne du nom qu'il porte, à qui ceſte eſtude ſotte &
niaize ſoit plus agreable, que celle d'apprendre à viure honneſte
ment, qui eſt le vray chemin par lequel on va à la ſouueraine
felicité ? Mais qu'on laiſſe ces bouffoneries aux mal-heureux
Sophiſtes : & que le veritable Philoſophe s'attende à ſon affaire. Son ſoin doit eſtre occupé à repouſſer les malheurs dont
l'homme eſt aſſailli de toutes parts. Ce ſont là les fruicts de la
ſageſſe. Il eſt vray que bien ſouuent la ſcience demeure ſans
effect lors qu'elle n'eſt pas accompagnée d'authorité. C'eſt
d'elle & non d'autre qu'il faut eſperer du ſecours contre les
aduerſitez humaines. Les maux ſeront arrachez depuis leurs
profondes racines, lors que les Roys Philoſopheront, ou que les
Philoſophes regneronr. Et comment eſt-ce donc que les Roys
Philoſopheront ſi les Philoſophes ne veulent point auoir de familiarité auec eux ! Si le ſage ne ſe donne à eux, il ſe rend coupable des calamitez publiques.

Que l'amitié qui est la fin que la raison se propose, inuite le sage à faire la Cour.

CHAP. VIII.

IL y a deux sortes de raisons. Vne qui est en nous, consacrée à Mercure le maistre des inuentions: l'autre hors de nous, qui se rapporte à Mercure le Dieu qui preside à l'adresse de debiter toutes choses. La derniere, est comme l'instrument, ou pour mieux dire la messagere de la premiere. Celle qui est en nous conciste en ce qui est dans nostre intelligence : & celle qui est hors de nous est commise en ce que nous exprimons par nos discours, & que nous faisons sçauoir aux autres. Cela ne reçoit point de difficulté. Tout le monde le sçait : & ie ne l'ignorois pas moy-mesme auant que Teognis fut. Ceste diuersité de raisons n'est point contraire à nostre dessein: pource que la fin de l'vne & de l'autre est l'amitié. La sagesse qui est en nous, nous rend amis nous mesmes de nous-mesmes. Celle que nous communiquons, & qui sort hors de nous, nous rend amis les autres. Celuy qui par le moyen de la sagesse acquiert la vertu, deuient amy de luy-mesme. Il n'a point subjet de se plaindre soy. Il a du repos autant qu'il en souhaitte : & de contentement autant qu'il luy en faut pour estre satisfait. Toutes les parties de l'ame sont d'accord en luy. Ses passions ne s'opposent point à son iugement, & ses pensers sont conformes entr'eux. Ses plaisirs pour estre trop proches de ses souhaits, ou de ses repentirs, ne sont ny troublez ny violens. Tout ce qu'il a dans l'interieur de son ame luy est agreable, & amy. La Muse qui preside à la raison qui est hors de luy, & qui s'estale, & se fait voir en ses discours, est magnifiée par Pindare comme celle qui n'est point attachée à son interest : & c'est en cela principalement qu'elle doit estre estimée. La stupidité qui n'est autre chose que l'ignorance de ce qui est honneste, est celle que Mercure à rendu commune, & mercenaire : qui fut par

luy perſuadée de vendre ce qu'elle ſçauoit. Venus eſt fachée
contre les filles de ſon Agent, de ce qu'eſtant ieunes & belles
comme elles ſont, elles ont changé leur contentement auec l'intereſt. Apres cela ſe pourra t'il faire qu'Vranie, Calliope, &
Clio, fouffrent de ſe voir courtiſées par des gens qui n'enſeignent que pour le gaing? Les preſans des Muſes, ſe doiuent
diſpencer gratuitement, & par amour, pluſtoſt que ceux de Venus. Par ceſte conſideration la raiſon qui ſort hors de nous eſt
non ſeulement fille de l'amour: mais en eſt encore la mere.

Voila comme la Philoſophie ne ſe peut en aucune façon excuſer de ſon oiſiueté. Il eſt vray que la ſageſſe dans le throſne
de l'ame eſt veritablement Reyne: & ſeruante dans les paroles.
Là elle commande, icy elle obeit. Et certes c'eſt là vne choſe
bien plus cognuë de tous, & non moins veritable, que le ſentiment de Theognis, lors qu'il dit,

Soit qu'il ne pleuue pas, ou qu'il face pleuuoir,
Le ciel au gré de tous ne fait pas ſon deuoir.

Qui plus eſt perſonne ne doutte que Mercure qui preſide
à la ſcience interieure ne ſoit appellé Prince, & maiſtre ſouuerain : & que lors qu'il a ſeulement l'intendance du raiſon-
nement qui s'eſtale dans le diſcours, il ne ſoit nommé, Miniſtre & Meſſager de l'ame. L'Antiquité aſſignoit ſous diuers
noms à chaſque choſe la conduitte de la diuinité. Les dieux en
ont autant, qu'ils ont de charges. Le nombre des vns eſt meſme plus grand que celuy des autres. Eu égard à la dexterité de
la raiſon, Mercure eſtoit ſurnommé Hermes, ou Mercure. On
luy ſacrifioit les langues des victimes: & les Egyptiens luy attri-
buoient l'inuention des lettres.

Il eſt encore vray que Philoſopher tout ſeul, & ne ſçauoir
que pour ſoy, tiennent tout à fait de l'office de Mercure ſurnommé le maiſtre. C'eſt auſſi ce qui eſt du tout particulier à
la raiſon qui commande. Pour ce qui eſt de Philoſopher
auec les autres, & les enſeigner, c'eſt ce qui apartient à Mercure le miniſtre de l'ame. Le premier tient du Roy : & le dernier du ſubjet, & de l'eſclaue. Ainſi il ſemble que Philoſopher
ſeul eſt vne choſe bien plus noble, & plus genereuſe, que de
Philoſopher auec d'autres.

Mais vne raiſon n'eſt pas capable de ſouſtenir le party d'vn

conſeil, lors qu'il y en a d'autres, ou vne ſeule mais plus grande, pour le deſtruire. La vie humaine eſt plus regie par la conſideration de ce qui eſt vtile & honneſte tout enſemble, que
par celle de ce qui eſt ſeulemẽt honneſte, ou qui eſt moins vtile.
L'eſtude de la ſageſſe qui en elle meſme ſe contente d'elle meſme, eſt infiniment noble. Mais celle qui ſort hors d'elle meſme
pour ſe communiquer à autruy eſt encore plus vtile, & ne laiſſe pas d'eſtre bien noble. Sçauoir ce qui eſt à prendre, & ce
qui eſt à laiſſer, eſt vtile à qui le ſçait: mais de l'enſeigner à autruy eſt proffitable à pluſieurs. Obliger le Prince en cette occaſion eſt obliger tout le monde. La raiſon qui ſert, & celle
qui commande ſont comme l'image, & la choſe, dont elle eſt
l'image. La parole eſt la conception de la langue, & la conception, la parole de l'entendement. La raiſon, l'intelligence, &
la conception tirent vanité de ce qu'elles commandent en ſouueraines. La parole ne tient point à deshonneur d'obeïr en
eſclaue: elle en fait gloire. C'eſt en quelque façon reſſembler
à la diuinité que d'aider. Elle auance l'intelligence par ſon miniſtere, autant que les nombres auancent l'vnité. L'intelligence ſeule ne ſçauroit ſeruir qu'à vn ſeul. La parole peut
ſeruir à vne infinité. Le miniſtere donc de la raiſon n'a rien
pourquoy le ſage aime mieux ne ſçauoir que pour ſoy, que
ſçauoir pour Philoſopher vtilement auec les autres. La raiſon
meſme a dequoy perſuader au ſage, voire meſme le pouuoir
de luy impoſer la neceſſité de Philoſopher auec les autres: &
principalement auecque ceux qui ont vn ſouuerain gouuernement en main. L'vne & l'autre raiſon ſont la veritable ſource de l'amitié & de la concorde. Celle qui eſt en nous vnit nos
paſſions ſous vne paix & vne amitié inuiolables: & ſe les rend
toutes conformes. Celle qui eſt hors de nous s'aquiert la bien-
veuillance des autres, & les rend ployables à nos affections.
C'eſt le propre de la ſageſſe de fauoriſer la concorde, &
d'entretenir les hommes dans l'vnion. Qui cherche la paix
hors de la raiſon cherche ce qu'il ne veut point trouuer. Il
n'eſt point de tranquilité, que celle que l'intelligence fait. Le
principe de toute diſcorde, & de toute inimitié vient du peu
de rapport qu'on a auec la raiſon. Elle veut que chaque
puiſſance s'accorde à ce, à quoy elle eſt deſtinée de ſa nature.

Lors

Lors que toutes les parties de l'animal demeurent dans leur
difpofition naturelle, & que chacune fait ce qu'elle doit, il eft
luy mefme dans vne parfaite fanté. Quand les affections de
l'ame font regies felon l'ordre pour lequel elles font deftinees,
elle mefme eft parfaitement compfée. Lors qu'en vne republique chacun fe tient exactement à fon debuoir, le corps de
l'Eftat eft parfaittement fain. Cette harmonie en toutes chofes eft la paix & la concorde que leur propre nature leur a affi-
gnées. Et cela n'eft rien, que fe conformer à la raifon. Faire
ce que l'on doit, & agir felon fes maximes n'eft qu'vne mefme
chofe.

La premiere paix que l'on attend de la raifon, eft celle que
l'ame a auec elle-mefme. L'office de la raifon eft de commander,
celuy des fens eft d'obeïr : & celuy de toutes les affections eft
celuy de fe laiffer conduire à l'intelligence. De leur naturel elles luy font plus reuefches qu'obeïffantes. L'homme naift &
croift auec vne guerre domeftique qu'il fe fait luy-mefme à luy
mefme. La colere, l'auarice, & les autres paffions font toufiours
en querelle auec la raifon. Les vnes font en mauuaife intelligence auec les autres : & chacune auec foy-mefme. La raifon mefme dans la varieté des opinions qui fe prefentent à elle
en trop grand nombre, fouuent n'eft point d'accord auec elle-
mefme. Le iugement change à toute heure, & paffe d'vne extremité à vne autre. Ainfi les hommes confument la plus part
de leur vie dans ce contrafte. L'efprit mal compofé de fon
naturel ne fçait ce qu'il veut : ou change à tout peopos de deffein, & n'eft conftant qu'en fon inconftance. En vn mot, fouuét
il veut ce qu'il ne vouloit pas auparauant. Il n'appartient qu'à la
raifon d'appaifer tous ces troubles. Et elle ne le fçauroit faire, fi
elle n'eft accompaignée de vertu :

Quel trouble, quelle guerre, & quel cruel fupplice,
Vont affligeant vne ame où loge la malice?

La raifon ne fçauroit purifier l'efprit que par le moyen de la
Philofophie. Il n'y a que le fage qui peut eftre amy de foy-mefme. Mais fi vous me demandés ce que c'eft que la fageffe, ie
vous diray, que c'eft auoir mefme gouft à mefmes chofes, &
toufiours mefme degouft de ce qui ne plaift point vne fois. Il
n'eft pas befoin d'adioufter, que cela doit eftre iufte & honnefte,

Rien ne peut plaire à perſonne qui ne ſoit & l'vn & l'autre. Le
ſage eſt touſiours ſeul ſemblable à ſoy. Il ne change ny d'opinion, ny de volonté. Il ne ſe repent iamais. Il eſt touſiours luy
meſme ſi les choſes ne changent. Son inconſtance, eſt vne conſtance à aymer ce qui eſt honneſte. Son eſprit eſt comme le
ciel. L'vn & l'autre iouïſſent d'vne tranquilité eternelle : &
iamais leur ſerain n'eſt troublé. Hecaton à ce propos interrogé
quel profit il auoit commencé de tirer de l'eſtude de la Philoſophie, reſpondit, qu'il auoit commencé d'eſtre amy de ſoy-
meſme. Qui ſent ſon eſprit diſtrait, ou deſchiré par les paſſions,
n'a point ſenti encore aucun effect d'vne parfaicte Philoſophie.
Quiconque creint, ou deſire, qui eſt en ſuſpens, qui s'ennuye,
ou eſt touché d'aucune triſteſſe : bref qui s'afflige pour quelque
occurrence que ce ſoit, n'eſt ny Philoſophe, ny ſage. La tranquilité inébranlable à toutes ſortes d'accidens, eſt le vray caractere du ſage. Tant que le cocher qui conduit le char de l'ame
ne regit point ſes cheuaux comme il veut : tant que les reſnes,&
le fouet qu'il a à ſa main, trouuent de la reſiſtance, il ne ſe peut
pas venter de mener des gens obeyſſants à la ſageſſe.

La raiſon qui eſt en nous, n'eſt pas ſeulemét la ſource de la paix
que nous auons nous-meſmes : mais encore de celle que nous
auons auec les autres. Qui eſt amy de ſoy, l'eſt auſſi de tous les
autres. N'auoir aucune haine contre perſonne, & prendre plaiſir à ſeruir tout le monde, ſont parties de l'amitié que nous
auons pour nous. La raiſon veut que nous nous portions au bien
d'autruy. La moindre aduerſion que nous auons pour cela, eſt
vn indice tres-apparant, que nous auons en nous contre nous
meſmes, quelque ſemence de ſedition, & de diſcorde : puis que
l'amour que nous auons pour autruy, eſt vn effect tout particulier du miniſtere que la raiſon qui eſt hors de nous exerce. La
nature ne l'a donnée qu'à ceſte fin. La grace que la Nature nous
a faicte de pouuoir parler, nous ne l'auons que pour nous obliger,
ou pour obliger les autres : & obliger, eſt le premier effect de
l'amitié. Tout l'appuy du commun commerce des hommes,
& des courtoiſies reciproques, conſiſte à pouuoir exprimer
tout ce que l'ame nous dicte. C'eſt en cet aduantage qu'vne
veritable amitié deploye ſes fonctions : & cet aduantage eſt vne
amitié luy meſme. Mais s'il eſt vray, comme il n'en faut poin

doutter, qu'il est vn puiſſant allechement d'amour, il ne l'eſt iamais tant, que lors qu'il doit ſon eſtre à la ſageſſe. Le ſage ne produit point d'action qui n'ait de puiſſans charmes à le faire aymer. Ses paroles ſont tout autant de hameçons où les eſprits demeurent pris auec des ſatisfactions nompareilles. C'eſt donc vn effect d'vn ſage raiſonnemēt, de faire qu'on ſoit bien voulu: mais non pas le but où la ſageſſe viſe. Le ſage ne deſire point d'eſtre aymé pour ſon intereſt. S'il le veut eſtre, c'eſt parce que ſon inclination naturelle l'y porte. Il y eſt encore porté par la conſideration de pouuoir eſtre vtile a autruy, & ſon intention n'eſt autre que de pouuoir ſatisfaire à l'amitié vniuerſelle qui doit eſclatter en la ſocieté ciuile. Il veut que chacun s'ayme: & que les paſſions de l'ame ſoyent d'accord auec la raiſon. Il veut que tous ſoyent amis les vns des autres: que toutes les parties du corps de l'eſtat amoureuſes les vnes des autres, conſpirent mutuellement pour leur propre bien: qu'elles ſe ſecourent reciproquement: & que toutes enſemble tendent à l'vtilité publique. En vn mot, le ſage eſt la partie de l'Eſtat la plus conſiderable, & qui enſeigne à tous comme ils ne ſe doiuent point eſloigner de leur deuoir. C'eſt de là que tous les germes d'inimitié, & de ſedition ſont eſtouffez: c'eſt de là que l'on en voit toutes les ſemences eſteintes. Il veut que tout le monde ſoit bon. L'homme eſt amy de l'homme. Si tous ſont bons, le corps ciuil ne ſera qu'vn nœud d'amitié mutuelle. Ce que le ſage raiſone n'eſt qu'affin que les autres ſoyent bons, & qu'ils luy reſſemblent. La reſſemblance eſt la racine de l'amitié, ſi elle n'eſt pas l'amitié elle-meſme. Mais il eſt certain qu'elle n'eſt iamais parfaicte, lors qu'elle n'a point la ſageſſe pour compagne. Le ſage ſeul ſçait aymer: le ſage ſeul eſt vray amy.

La felicité publique eſt la fin derniere de la Philoſophie. Et quand eſt-ce que le bien de tous reçoit plus d'auantage, que lors que toutes les parties du corps ciuil conſpirent à l'enuy pour l'aduancement les vnes des autres? Iamais la choſe publique ne reſſent de ſi glorieux effects de ſon bon-heur, que lors que chaſque particulier eſtime que toutes les affaires & toutes les choſes communes le regardent autant que les ſiennes propres. Et c'eſt ce qui fit deſirer à Socrate qu'il n'y eut rien de particulier en la republique, mais que tout y fut cōmun: auan-

tage qu'on ne sçauroit esperer d'autres, que de ceux qui seroyent parfaits amis. Nous ne sommes pas amis, disoit Epicure, si ce qui t'est vtile, ne l'est encore à moy : si ce qui t'appartient ne m'appartient aussi. L'amitié rend toutes choses communes, & ne veut rien auoir de particulier. Il ne peut rien
arriuer à vn amy qui marque son bon heur, ou son mal-
heur, qui tout en mesme temps ne marque pareillement le
bon-heur, ou le mal-heur, de son amy. Les vies de ceux qui
s'ayment sont indiuisibles. Voila pourquoy les sages Legisla-
teurs furent plus soigneux de l'amitié que de la Iustice. Celle-
là ne peut estre sans celle-cy : mais celle-cy peut estre sans celle-
là. D'où s'ensuit que l'amitié contribuë plus à nostre felicité
que la Iustice. En ce que la sagesse donc se monstre affectionée
à nous faire viure heureux, elle fait voir comme l'amitié est la
premiere dans toutes ses intentions : pource qu'elle seule est le
plus puissant moyen qu'elle ait pour conduire les hommes à sa
derniere fin.

Quelle autre chose est plus propre à establir ceste amitié qu'elle
pretend fonder, que l'amitié du sage? & l'amitié du sage enuers
les Princes? A eux appartient, & c'est leur deuoir, de procurer
la paix, de la conseruer en faueur de toutes les parties de la re-
publique. Ce sont eux qui en entretiennent & l'amitié & l'vnion: & autres ne le peuuent qu'eux.

Voila comment l'amitié est le but auquel les deux raisons
dont nous auons parlé conspirent: & voila comment le Philosophe est appellé à la vie actiue: & comment il est doucement attiré à la familiarité des Roys.

Tous ceux qui se sont preualus de l'aduantage du raisonnement pour leurs interests particuliers, l'ont esloigné de sa fin.
La brutalité seule fut cause que Mercure deuint marchant, &
qu'il obligea les esprits, non des sages : mais ceux qui ayant vne
legere teinture de discipline, à vendre leurs veilles. Ie ne sçaurois pourtant adiouster foy à Tzezes lors qu'il dit que Simonidez fut le premier qui souïlla les Muses de ceste notte d'infamie.
Cet esprit malicieux au possible n'a pas fait conscience de charger Platon de deshonneur, & d'opprobre; comme celuy qui
faisoit trafic de ses liures : & qui n'estoit liberal de sa sagesse,
qu'en payant. Il est vray qu'il a dit toutes ces choses : mais il

n'eſt pas vray qu'elles ſoyent veritables. Les meſchans en
meſdiſant des bons penſent excuſer les crimes. A ce que dit
Platon les Sophiſtes n'enſeignoient que pour de l'argent. Callias
& Pitodore acheptoyent bien cherement la conuerſation de
Zenon: & Antippe vn des plus fameux ſectateurs de l'eſcole de
Socrate demanda vne bien groſſe ſomme de deniers à vn pere
pour l'inſtruction de ſon fils. Pour cela s'eſt-il rendu moins digne d'eſtre au nombre des ſages? Eſt-ce vne choſe meſſeante à
ceux qui par noſtre moyen pouruoyent à leur beſoing, de pouruoir au noſtre? Le Sophiſte prend de l'argent en eſchange de
la doctrine qu'il communique. Mais ce que le ſage en fait en
ceſte occurrence, n'eſt que pour ne meſpriſer pas les teſmoignages de la recognoiſſance que font paroiſtre ceux qui les premiers en ont eſté obligez. Le diſciple ne ſçauroit dignement
recognoiſtre ſon maiſtre, ny ſans vne extreme ingratitude, &
diſcourtoiſie manquer à luy donner les plus grands teſmoignages qu'il luy puiſſe donner de ſon reſſentiment : & cet acte de
vertu ne peut point deſplaire au ſage. C'eſt vne choſe bien honteuſe au Philoſophe de mettre prix à ſa ſcience. Quiconque la
vend & ne la donne pas gratuitement, eſt infame. Si Venus eſt
en colere de ce que les filles de Mercure furent les premieres a
obligei leurs ſeruiteurs pour des preſens, quel ſubjet n'aura t'on
pas d'eſtre aigri contre Solon qui le premier rendit publiquement venales les courtoiſies d'amour.

> *He ! pourquoy vend on le plaiſir,*
> *Qui vient d'vn mutuel deſir ?*

Apres cela les Muſes pourront elles ſouffrir qu'on face vn honteux trafic des choſes qu'elles donnent liberalement? Le Prince des ſages le deffend expreſſement en ces termes. Que perſonne ne mette la ſageſſe à l'enchere. Les Muſes ne cherchent
point de ſi baſſe recognoiſſance. La ſeule & plus digne recompence que l'on puiſſe eſperer d'auoit bien fait, c'eſt d'auoir bien
fait. Et quand il arriueroit qu'on pretendit d'en auoir le prix,
le pourroit-on attendre d'autre part que du reſſentiment qu'en
auroit celuy qui auroit reçeu le bien fait. La Muſe qui preſide
aux diſcours, ou pour mieux dire la raiſon qui eſt hors de nous,
ne peut pretendre à autre choſe. C'eſt contre le deuoir de la

grace de chercher aucune recompenfe. Ainfi vendre les
fciences, eft peruertir leur vfage, & faire vn affront à leur
nature.

Au refte lors que le fage difpence fa fcience, il ne fonge pas
à s'acquerir l'amitié de ceux aufquels il en fait liberalité. Son
deffein n'eft pas de les rendre amoureux de luy: mais bien de la
fageffe. Il ne veut pas eftre aymé : il veut eftre fuiui : il veut
eftre imité. C'eft fon principal but. Voila quelle eft donc la
fin de ceux qui philofophent auec les autres: & quelle defein de
la fageffe qui fe communique à autruy.

Quel cas le fage fait de la gloire.

CHAP. IX.

PLufieurs fe font imaginez que la gloire eftoit la fin que fe
propofoit la raifon qui eft hors de nous. Mais nous auons
defia monftré dés le commencement comme elle eftoit a eftimer pour eftre l'occafion de l'amitié. Il y en a beaucoup qui
loüent au lieu d'aymer; fur la creance qu'ils ont, que qui loüe
donne des tefmoignages de fon affection. Mais comme Ixion
attendant Iunon fut reçeu par vne nuë, ainfi ceux qui attendent de la bien-veuillance, & ne reçoiuent que de la loüange,
ne raportent que l'ombre de ce qu'ils efperoyent. Vn homme
fage dont le foing eft occupé au maniment des affaires, fera cas
de fa reputation, autant qu'elle luy pourra donner de l'authorité pour bien reuffir dans la conduite des chofes publiques, commifes à fa prudence. Quiconque a les affaires de tout vn peuple en main, eft obligé de profiter à tous : & mal-aifement
peut on profiter à ceux qui ne veulent pas qu'on leur
foit vtile. Du moins n'y a t'il point de plaifir. La bonne opinion qu'on a de nous, rend nos actions profitables,
& difpofe les efprits à receuoir le fecours que nous leur
donnons. Ainfi que la lumiere fert plus à ce qui voit qu'à
ce qui eft veu: ainfi eftre cognu, & en bonne eftime pro-

fite plus à des esprits nobles, & sublimes, qu'à des ames basses,
& roturieres.

Il s'en est trouué beaucoup qui ont creu que la bonne reputation & la gloire estoient le but, où la raison qui est hors de
nous aspiroit. Le Prince de l'Histoire Romaine a esté de cette opinion. Tous ceux, dit-il, qui font tout ce qu'ils peuuent
pour se rendre plus considerables que le reste des animaux,
doiuent de toute l'estenduë de leur pouuoir, empescher que
leur vie ne soit aussi peu cognuë que celle des bestes bruttes.
La gloire de l'esprit est plus ardemment desiree que celle du
corps. Il semble que la pluf-part des autheurs pour auoir esté
enflamez de semblable desir de gloire, ayent consigné leurs
escrits à la posterité. Escoutés ce que chante ce fameux Cygne,

De qui le precieux & l'eternel plumage
Des ondes de l'Adire estonna le riuage.

Lors que la Parque noire aura fini mes iours,
Donnez à ces beaux vers vn perdurable cours.

Tous ceux mesmes qui ont esté depuis le dernier des meilleurs siecles iusques au nostre, semblent n'auoir desiré que leur
sçauoir fut cognu, que pour la gloire qui en pouuoit arriuer à
leur nom. Voila comme ceux qui ne font pas desireux d'honneur tiennent peu de conte de la vertu. Iamais vne erreur ne
va seule.

Pour ce qui est des esprits douez d'vne sincere intelligence,
& qui font admis à la iouiffance des vrais threfors de la fageffe,
ils ne font point touchez de ces vains applaudiffemens. La
fageffe n'a point de plus glorieux theatre que celuy de sa propre conscience. Amphiaraë ne se soucie pas qu'on le croye
bon, pourueu qu'il le soit en effect. Le sage ne fait rien pour
l'opinion. Tout ce qu'il fait, il le fait pour sa propre satisfaction. Il se contente de cette pure ioye, par laquelle l'ame est
asseuree de sa propre dignité : & en sent vn aise en elle mesme,

Sans songer à la gloire à qui son nom est deu.

L'estude qu'il employe pour le salut commun des hommes luy
est plus considerable : & l'estime que tout le monde luy peut
donner, est le moindre de tous ses biens. Il n'y a point d'honneur à estre loué de ceux qui ne sauroient l'estre de nous.

Socrate n'estime rien la bonne opinion que le peuple peut auoir
de luy. Le bien ny le mal ne sont pas choses que l'on doiue attendre du vulgaire. Tout ce qu'il fait, il le fait par hazard.
Qui dit multitude, dit ce qu'il y a de pis en la nature. Comment peut plaire ce qui n'a aucune intelligéce. L'esprit des mefchans ne peut se rendre aimable que par sa malice. La faueur
du peuple ne se gaigne que par des voyes deshonnestes. Veux
tu estre aimé de quelqu'vn? il faut que tu te rendes semblable
à luy. Qui sera celuy à qui la vertu plaira tant soit peu, qui
cherche à plaire au peuple? C'est pour cette raison que le grand
sage a dit. Ie n'ay iamais voulu plaire au peuple. Hippomaque
chastia seuerement vn de ses disciples qui pour vn fidelle tefmoignage du proffit qu'il auoit fait auecque luy, alleguoit les
applaudissemens que le peuple luy auoit donnez. Le vulgaire
se laisse emporter aux exemples, qui pour la plus part du temps
ne sont que des fruits que le hazard produit. Bien souuent ce
qu'vn seul a fait emporte tout le reste quant & soy. Cela se
voit dans les grandes assemblees où il n'en faut qu'vn pour attirer le tout du costé qu'il tourne. Il n'en faut qu'vn pour les
surprendre tous : & qu'vn pour les faire tomber tous d'vn costé? Qu'vn autre s'oppose à leur cheute, & les repousse, les
voila tous de l'autre party. Telle est la coustume de la multitude : tel son iugement : & telle en vn mot la maniere, dont on
la mene. Apres cela le sage sera t'il en peine en quelle estime
le peuple le poura auoir?

Ces choses estant veritables, comme elles sont, sera t'il pof-
sible qu'il se trouue encore des gens qui font proffession de l'e-
stude de la sagesse, qui facent si grand estat comme il font des
applaudissemens du peuple? Cela leur seroit pardonnable, s'ils
ne cherchoient pas tous les autres moyens pour acquerir la reputation de sçauoir beaucoup plus que les autres. A ne point
mentir cette sorte d'ames vaines & ambitieuses, n'ont en elles
aucune teinture de sagesse. Mais qu'elles soient tant qu'elles
voudront agreables au vulgaire,

Les ignorans sont ceux que tout vn peuple escoute.
Bien souuent la plus grande marque qu'ils ont en eux de bon
esprit, paroist en la dexterité qu'ils ont à tendre des pieges
aux ieunes gens. A quoy l'on recognoist principalement les
Sophistes

Sophiftes. Pour cet effect, ils pourchaffent la familiarité de ceux qui monftrent les langues; & ont des gens à les feruir en ces occafions. Pour defrober la gloire à ceux qui la meri-tent, ils font conftrains d'attirer à eux les efprits defia preo-cupez par leurs mauuaifes pratiqués. Ces façons d'agir, & vne infinité d'autres dont ils fe feruent, indignes d'vne ame tant foit peu genereufe, & honteufes à raconter, monftrent affés combien fauffement, & contre tout deuoir ils vfurpent, & le nom, & la profeffion de fages.

Pour tout cela celuy qui le fera en effect, ne tiendra pas moins de conte de la gloire, dont la fageffe eft naturellement accompa-pagnée. Les corps ne peuuent s'efloigner de leurs ombres: & la vertu ne fçauroit euiter fa propre gloire. La gloire eft l'ombre de la vertu. Sans la vertu l'on peut auoir de la reputation, de l'honneur, & de la loüange: mais non pas de la gloire. Elle eft vne recompence domeftique: au lieu que les autres font eftran-geres. La vraye gloire n'appartient qu'aux fages: celle des fots gift en leur ignominie. Mais comme les corps ne marchent ny ne s'arreftent à caufe de leurs ombres: de mefme les fages n'agif-fent iamais pour aucune confideration de leur gloire. La vertu porte par tout fa recompenfe auec foy. Celuy qui vit gene-reufement pour l'amour de fa gloire, n'ayme point la vertu: il ayme la gloire: du moins fans l'vne il n'aymeroit point l'au-tre. Que fçauroit-on imaginer de plus abominable en ceux qui font profeffion de l'eftude de la fageffe? Cefte gloi-re eft plus chere au fage, que tout l'or, & tout le bien du monde, apres la vertu. Il ne l'ayme pas, en la mefme for-te que les ambitieux l'ayment: mais comme l'ombre de fon premier objet. Et quel moyen à t'il de s'empecher d'auoir de la paffion pour ce qui regarde la vertu? Cela mefme l'oblige à defirer de l'honneur. L'honneur eft mefme cher aux dieux. Ce n'eft pas que pour cela leur condition en puiffe eftre plus heureufe. Celle du fage mefme n'en eft pas augmentée. On a beau le loüer, on n'acroift de rien fon merite. Platon s'eft pleint de quoy Denys ne l'honnoroit pas, & Ariftote de quoy Antipa-pater auoit fouffert qu'on luy rauit les honneurs qu'on luy auoit faicts à Delphes. Il efcrit luy-mefme, qu'il en eut du refcenti-ment, & qu'il n'en eut pas. Qu'il n'en eut pas à caufe que

quand on ne les luy auroit pas oftez, ils n'auroyent rien adiou-
fté à la fplendeur de fa vertu : & qu'il en auoit efté faché pour
ce qu'il euft efté bien ayfe, que fon merite n'euft pas efté fru-
ftré de la recompence qui luy eftoit deuë dans le fentiment
commun de tout le monde. Le fage veut que la vertu de chacun
foit eftimée digne d'honneur. Et quel moyen à t'il de le vouloir autrement, puis qu'elle eft la feule, de l'amour de laquelle il
fait profeffion d'enflammer toute la republique humaine ? Poffible auffi que le fage fait plus d'eftat du luftre qu'il tire du iugement que les gens de bien font de luy, que de fa gloire, ny de
fa reputation. Celle-là n'eft point affermie, ny fur l'opinion,
ny fur les applaudiffemens du peuple. Elle n'a pas befoing que
des voix eftrangeres la publient. Vne fecrette loüange là fatisfait affez, pourueu qu'elle luy vienne de celuy qui eft digne de
la loüer. Democrite faifoit reflection à cela lors qu'il difoit: vn
feul m'eft autant que tout vn peuple, & tout vn peuple ne m'eft
pas plus qu'vn feul. En effect eftre bon & eftre loüé d'vn bon,
eft auoir vne nobleffe accomplie.

La gloire, & la reputation demandent l'approbation de beaucoup de monde. La nobleffe ne demande que celle des gens
de bien. Elle eft vne loüange d'vn homme de bien, en faueur
d'vn homme de bien. Elle eft le fruict de qui eft loüé. D'autant que celuy qui a fait quelque bonne action, fe refioüit de
l'auoir faicte: & n'eft pas marry que fa vertu trouue qui luy donne fa voix. Elle eft encore le fruict de qui loüe: pour ce que
loüer qui le merite, eft vn acte de vertu. Ne fut-ce pas Epicure
qui fut le maiftre de cefte doctrine? Tecris, dit-il, toutes ces
chofes non à beaucoup de gés: mais à toy feul. Toy & moy nous
fommes l'vn à l'autre vn affez ample theatre. Cefte nature de
loüange eft agreable au fage: non de peur que s'il en manque fa
dignité en foit moindre : ou parce qu'elle en foit plus grande
quand il y en aura en abondance. Il fuffit que fon excellence
foit recognuë de peu de gens: il fuffit qu'elle la foit d'vn: il fuffit qu'elle ne la foit de perfonne. Telle eft la naturelle affection,
de la Philofophie à l'endroit de l'honneur qui luy arriue d'autre
part que d'elle-mefme.

Le Philophe neantmoins qui fera engagé au maniment des
affaires publiques par des confiderations tres-importantes, fera

contraint de ne pas haïr, la bonne opinion que le vulgaire pourra auoir de luy. Il tachera mesme de se la procurer, autant qu'il
luy sera possible. C'est le propre du sage de faire son profit de
toutes choses. Phidias faisoit ses statuës tantost d'yuoire; tantost de bronze. Quand il rencontroit du marbre: ou quelque
autre matiere moins noble, il en sçauoit tirer ce qu'elle auoit de
plus excellent en elle. L'approbation du peuple ne sert pas de
peu à l'authorité. Les bons succez des affaires publiques dependent du credit qu'on a dans l'esprit du peuple. Alexandre
souffroit que tout le monde le crust fils de Iupiter. Ceste opinion estoit plus importante que l'on ne pence pour ses victoires, & pour ses conquestes. Estre estimé vaillant, & d'vne vertu
eminente est vn grand aduantage. C'est vne chaisne d'or qui
lie agreablement les esprits, qui les mene & les conduit où l'on
veut. Il est bien mal-aisé de s'empecher d'aymer qui merite
d'estre aymé: & qui vaut beaucoup. Chacun est facile à quiconque il ayme. Quelle consideration assuiettit les peuples
de Sparte à la seuerité de Lycurgue? Ne fust-ce pas l'opinion
que l'on auoit de sa vertu? Qui donna à Solon l'absolu pouuoir
d'establir des loix parmy les Atheniens? Ne fust-ce pas la confiance qu'on auoit en sa sagesse? Si c'estoit vne chose possible,
que de secourir ceux qui ne veulent pas estre secourus, elle seroit dure à entreprendre, & desagreable au delà de tout ce que
l'on sçauroit croire. Peut-estre ne se trouueroit-il personne
qui s'en voulust charger. Les biensfaits ne se dispencent point
à qui ne veut. Le bienfaict conciste en vne action gratuitte,
& volontaire, qui fait plaisir, & en reçoit tout ensemble. Ainsi
que la lumiere, ne se fait pas seulement voir: mais encore fait
voir ceux qui la voyent: de mesme la reputation ne rend pas
seulement cognu: mais aussi donne occasion d'exercer la vertu.
De ceste sorte la gloire ne sera iamais si profitable à personne,
comme elle la sera au sage. Personne ne refuse d'estre secouru:
& dés que nous croyons qu'vn autre nous veut & peut ayder,
dés l'heure mesme nostre esprit se rend subjet, & ployable à
tout ce qu'il desire. Cet pourquoy le Philosophe qui a les affaires du public en main, doit estre en grande estime dans l'esprit
de la multitude: son nom a besoing d'en estre reueré: Cela luy
donnera vn moyen facile à la pouuoir vtilement seruir.

Ff ij

Quelle est la passion du sage à l'endroit des richesses.

CHAP.   X.

EN la mesme sorte qu'vn chaste Hyppolite qui saluë de bien loing les plaisirs de Venus, le sage retiré dans vne tranquillité particuliere, mesprisera la gloire, qui d'ordinaire se debite en public.   A la verité il prendra plaisir à estre loüé des bons : & quand il trouuera l'occasion de s'auancer aupres des Grands, ou en richesses, ou en gloire, ou en puissance, il ne l'embrasera pas auec beaucoup d'ardeur : & ne se monstrera pas aussi reuesche, lors que ces aduantages luy arriueront auec de la moderation.   Il est raisonnablé qu'on rende aux bons l'honneur qui leur est deu.   Comment donc sera t'il possible que le sage ne prenne point plaisir aux loüanges que les bons luy donneront, puis qu'elles sont elles-mesmes vne espece de Iustice, & de vertu ?

Le sage se contente de ce qu'il luy faut seulement pour viure. Voila pourquoy il n'aprehende pas que le bien luy manque. Il ne le mesprise pas aussi : tout au contraire il l'estime : non toutesfois en la mesme sorte que les fols l'estiment.   Ceux-cy le prisent au dessus de toutes choses.   Où est-ce ie vous supplie que les richesses se peuuent plus loüablement rencontrer, qu'aupres de ceux qu'elles peuuent quitter, sans les reduire n'y aux larmes ny aux pleintes ? Où sçauroyent-elles estre plus honnorablement, qu'où elles peuuent estre employées au plus noble vsage, auquel elles ont esté destinées par leur nature ? Le sage sçait mespriser, & l'empire, & les biens de la fortune, & s'en sçait seruir cóme il doit, quand il en est question. Luy seul est le vray maistre de l'or : luy seul le possede : sans que pour cela neantmoins il le conte au nombre de ses biens.   Quiconque luy oste ses richesses ne luy oste rien du sien.   Luy seul en la mesme mame maniere que Bias, & Stilpon, fortant les mains vuides du fac de fa ville, fe peut vanter d'emporter tous fes biens auec foy. Le fol en pareille occafion, que trouueroit-il à foy qu'il peut emporter? Il eft bien plus luy-mefme aux biens de la fortune, que les biens de la fortune ne font à luy. Les richeffes obeïffent aux fages, & commande aux fols. Les premiers ne leur permettent rien : les derniers leur permettent tout. Voila pourquoy il femble que de leur naturel elles courent vers les efprits legers, & fuyent les genereux. Elles cherchent ceux qui peuuent eftre leurs efclaues: & euitent ceux qui les peuuent rendre leurs efclaues elles-mefmes. Les fols les attendent la tefte baiffée, tous prefts à receuoir le ioug. Des qu'ils les ont, comme s'ils eftoyent affeurez que la poffeffion leur en deuft eftre eternelle, ils les admirent auec des eftonnemens incroyables : fe couchent & fe leuent en penfant à elles. Le fol eft dans vn palais fuperbe comme fi quelque ruine, ou quelque embrafement n'eftoyent pas capables de le luy ofter. Il poffede fes threfors comme fi le temps ny la fortune ne les deuoiét iamais cófumer. Plus le fage eft riche, plus il fonge à la pauureté. Il poffede les biens fans aucune inquietude: les perd fans s'en affliger, & les difpence auec vn extreme plaifir. Il fçait qu'il eft né auffi bien pour autruy que pour luy-mefme, & rend graces à la nature de ce qu'elle l'a mis en eftat de pouuoir obliger les autres. Le plus illuftre vfage qu'il trouue en fes poffeffions, c'eft de pouuoir eftre difpencées à ceux qui en font dignes. O qu'en cecy vne ame genereufe à vn grand champ pour exercer fa liberalité! La premiere vertu dont elles donnent la matiere, eft de ne fe foubmettre point a elles: de les enfermer dans nos coffres: & non pas dans noftre efprit. Où eft-ce que la temperance à tant d'occafion de paroiftre qu'en celle-cy? La liberalité, & la magnificence, ne fçauroyent efclatter que dans l'abondance. Vn homme vertueux defpencera honnorablement fon bien, & en fera part à ceux qui auront fubjet d'en attendre : non à tous ceux qui en auront befoing: mais feulement aux bons. Pourquoy donner à des gens dont quoy que vous puiffiez faire, vous ne fçauriez affouuir la neceffité? S'il faut donner, que ce foit honnorablement : ou pour foulager l'extreme befoing de quelque particulier, dont la bonté meritera d'eftre gratifiée:

ou pour l'acroiſſement du bien public. Quelle fertile matiere
de bonnes actions ſe trouue telle en vn riche patrimoine poſſe-
dé par vn homme de bien? Que la condition humaine ſeroit
heureuſe ſi les richeſſes ne tomboyent qu'entre les mains de
ceux qui en ſçauent bien vſer! Mais ô mal-heur! la plus part
du temps elles ſont, comme ce char enflammé qui ſous la conduitte de Phaëton fit un embraſement de tout le monde, mais
qui mené par le Soleil eſt le ſalut commun des hommes, & la
vie vniuerſelle de tout l'vniuers.

Le ſage ne hàit donc pas les richeſſes: au contraire il les
ayme. Et comment luy ſeroit-il poſſible de leur enuier vn ſi
heureux ſeiour que le ſien? Il peut bien voyager à pied: mais
ce n'eſt pas à dire que s'il a quelque commodité plus fauorable
pour faire ſon voyage il la doiue refuſer. S'il eſt petit il ne s'en
affligera point: mais s'il eſt grand il n'en ſera pas auſſi marri.
Quel d'entre les Philoſophes à iamais condamné la ſageſſe à la
pauureté? Le ſage ne reiettera pas loing de luy les richeſſes.
Si elles ſont vn don de la fortune: elles ſont auſſi vn fruict de la
vertu. Il les poſſedera: mais il les poſſedera ſans crime,
ſans qu'elles ſoyent ſoüillées, du ſang du peuple, ſans
qu'elles ſoyent la recompence d'aucun trafic deshonneſte: &
ſans qu'elles ſentent le dommage d'autruy. Toutes telles qu'elles
ſeront, elles ſeront iointes auec toute ſorte d'honneur. Perſonne n'en pourra eſtre marri, s'il n'eſt meſchant iuſqu'à la rage.
Il aura bien beaucoup de choſes que d'autres voudroyent auoir
auſſi bien que luy: mais touſiours n'aura t'il rien qu'vn autre
puiſſe dire eſtre à luy. Il n'aura aucun ſubjet de rougir pour
eſtre riche. Au contraire il aura occaſion de s'en glorifier. Il
pouura ouurir ſa porte, faire entrer toute la ville dans ſa maiſon:
& crier hardiment: ſi quelqu'vn trouue icy quelque choſe qui
ſoit à luy, qu'il la prenne, & qu'il l'emporte.

Par là il eſt aiſé à voir comme le ſage ne ſe reputera point
indigne de pas vn des biens que la fortune donne. Au contraire
il aura ſubjet de croire que perſonne n'en eſt ſi digne que luy:
ou que perſonne ne l'eſt que luy: puis qu'il eſt le ſeul qui en
peut bien vſer. Par ces raiſons vous voyez clairement comme
ce n'eſt pas contre ſon intention de tirer, & de la gloire, & du
pouuoir de l'amitié des Princes: encor qu'il viue eſloigné, & de
la Cour & des affaires du monde.

Comme l'affection que l'on peut auoir pour les belles choses n'est pas mesceante au sage : ny par consequant celle qu'il peut auoir pour le credit & pour le pouuoir.

CHAP. XL.

LE sage n'aime pas les jeunes enfans à cause de leur beauté : il les aime à cause de leur modestie, & de la bonne disposition qu'ils ont à se plaire aux lettres. Voila pourquoy il les estime dignes de son amour, & de son soin. Encore ne desdaignera-t'il point les honneurs ny le credit qu'vn homme occupé aux affaires publiques, & plein de moderation à sujet de souhaitter : & ne tiendra point à blasme d'estre estimé courtisan, & admirateur de la puissance souueraine. Comme il nuit à la santé d'auoir trop d'auersion pour les delices de l'amour : ainsi est-ce vne mauuaise disposition de l'esprit d'auoir en horreur les biens, tels qu'est le credit dans l'amitié des Princes. Pour cette raison le sage ne mesprisera pas pareils aduantages encor qu'il viue esloigné des affaires.

La beauté & la puissance vont assez du pair ensemble. La puissance est belle, & la beauté est puissante. Carneades appelle la beauté vne puissance solitaire. Socrate la nomme vn Royaume, encor que tyrannique. Diogene donne la qualité & le titre de Reynes à toutes les beautez. La beauté de sa nature a vn pouuoir absolu sur les esprits. Elle est vne principauté que la nature donne : & la puissance vne domination qui vient de la fortune. La puissance commande : la force sert de pleige à son cômandement. La beauté cômande aussi : mais son commandement n'a que faire d'aucun pleige : rien ne luy resiste. Soit que ce soit tromperie, soit que ce soit enchantement, ou quelque autre moyen moins cognu que tout cela, l'experience nous monstre que ce qui fait qu'elle est obeïe de tout le monde

eſt plus puiſſant & plus fort que la puiſſance & la force meſme.
La puiſſance a beſoin d'vſer de menaces pour humilier les courages : il faut qu'elle les eſpouuante pour les ranger à ce qu'elle
deſire. La beauté en fait ce qu'elle veut par ſa propre douceur.
Quiconque elle inuite à ſoy ſe trouue ſans reſiſtance. La neceſſité qu'impoſe l'amour ne reſſemble pas aux conſequences
de la Geometrie. Elle eſt bien plus forte que pas vne d'elles.
Voila comme en cela la puiſſance meſme eſt moins puiſſante
que la beauté. Les commandemens de la puiſſance s'entendent, mais ne ſe voyent pas. La beauté ne parle point, & neantmoins commande. Bien ſouuent celuy qui a la puiſſance en
main commande ſans aucun effect. On luy obeyt quand les
commandemens qu'il fait ſont vtiles, à ceux auſquels ils ſont
faits. Ce qui eſt beau n'eſſaye rien en vain. Quiconque peut
deuiner ce qu'il veut s'eſtime heureux. Il y a beau auoir de l'in-
commodité & du dommage à luy obeyr, on luy obeyt auec
ardeur. Les Princes meſmes ſe ſentent liurer vne ouuerte
guerre par les beautez, & ne s'oſent plaindre de leur orgueil.

Les beaux ſont orgueilleux, & la beauté ſuperbe.
Les beautez & les puiſſances ſouueraines oſent tout ce
qu'elles veulent oſer : & n'eſt preſque rien qu'elles ne ſe permettent.

Eſt-il rien qu'vn Empire, & qu'vn Monarque n'oſent?
Mais qui a t'il dont la beauté ne ſoit capable ? A quel comble d'audace & d'iniuſtice eſt-ce que les beautez ne ſont pas
montées ? Chez le Poëte tragique vn Roy parle à la verité en
ces termes.

Mon pouuoir abſolu me permet toutes choſes.
D'vn autre coſté il ſemble qu'il n'y ait rien que la nature ne permette aux belles. L'aduantage tout particulier que leur naiſſance leur a donné, leur perſuade qu'elles ſont exemptes de
toutes les loix qui ſont impoſées aux autres. Autres que les
aueugles ne ſçauroyent doutter ſi la beauté eſt a eſtimer, & a
rechercher: & autres que ceux qui n'ont point de ſens ne peuuent demander, s'il faut aymer, & faire cas de la puiſſance. Se-
roit-il poſſible de trouuer quelqu'vn qui ne vouluſt pas eſtre
beau? ou qui ne priſt pas plaiſir à voir vne grande beauté? Pour
moy ie croy que la felicité eternelle n'eſt autre choſe que la
veuë

veuë de la beauté qui est en Dieu. Qui est-ce qui ne prendroit plaisir à estre puissant? à estre en faueur aupres d'vn
grand Prince? Dieu est la plus belle de toutes les beautez : & le
plus puissant de tous les puissans. Toute la nature court apres
la beauté, & apres la puissance, pour l'extréme passion qu'elle a
de leur resembler. Les appas de la beauté rendent toutes peines
supportables : & quelles miseres n'ont point à souffrir ceux qui
suiuent la puissance d'autruy? Harpagus, & Presaspe nous en
peuuent dire des nouuelles.

Enfin la puissance est vn aduantage que l'on doit à plusieurs.
La consideration du salut public obligea les peuples à se des-
poüiller de leur authorité pour la donner à vn seul.

Vn Roy doit preferer son royaume à ses fils.
Dion croit de mesme que la beauté est vn bien que celuy qui le
possede doit referer à vn autre. Quoy que c'en soit la garde de
l'vne & de l'autre est fort chastoüilleuse. Malaisement peut-on
deffendre la beauté. Bien souuent les calamitez sont les com-
pagnes des belles. Voicy ce que dit Helene les larmes aux
yeux.

Beauté le seul subiet de ma fortune amere.
Et le soldat du Poëte commique se pleint d'elle en ceste
sorte. C'est vne misere extréme que d'estre trop beau.

Combien de grands Cappitaines a conduits à la boucherie la
puissance? L'onde du fleuue Styx semble criminelle pour
auoir reçeu le grand Alexandre : mais encore plus la puissance
qui le luy a enuoyé. La mort violente de Cæsar, de Pompée,
& de la plus part des fameux Capitaines Romains, doit estre
rapportée à leur propre puissance. C'est elle qui ne permet
pas au Roys de dormir en seurté.

Vn Prince dont le faste à nul autre est pareil,
Tous les iours naist & meurt auecque le soleil.
On fait la guerre pour la puissāce : on la fait encore pour la beauté. Le soldat trauaille en esté : il trauaille en hyuer : dás les ondes :
dans les deserts se plaist au sac des villes, aux tuëries, aux meur-
tre, & au sang. Que pretéd-il auec toutes ces cruautés? Est-ce autre chose la plus part du temps, que d'aider à conquerir, ou à
defendre quelque puissance? Si l'on doit adiouster foy aux
Perses, ce furent les Pheniciens qui les premiers donnerent oc-

cafion de faire la guerre, par le rauiffement qu'ils firent de la
fille d'Inache. Europe enleuée aux Tiriens par ceux de Candie
en repara l'outrage. Les Grecs vains au delà des autres, porterent encore leur audace plus loing, & allerent enleuer Medée
cefte belle barbare de Colchos. En fin Paris ce beau Prince
Troyen pour refpondre à l'iniure, & des Grecs & des Barbares,
enleua Helene. Cela fut caufe que la femence des Phœniciens
efparfe çà & là, ne fut pas long temps fans p oduire vn courroux implacable.

De là la Grece efmuë entreprit vne guerre,
   Qui du fort d'Ilion mit tout l'Empire à terre.

Tant la beauté, & la puiffance font egales en partifans, & en force. Le fage ne defdaigne point le foing qu'on doit auoir de
la beauté: il ne defdaignera donc pas encor celuy qu'on eft obligé de prendre pour la puiffance. L'vne & l'autre ont vn meflange de ce qui eft bon, & de ce qui eft mauuais. Il femble que ce
foit vne fatalité infaillible, qu'il n'y ait point de bien qui ne foit
fuiuy d'vn mal. Nirée eftoit beau: mais il eftoit foible. Le fage
fçait bien faire la differance du fort auec le foible. Le fol demeure confus & ny voit rien. Le fage laiffe derriere luy tout
ce que les fots admirent en ce qui eft beau. Le vulgaire arrefte
fa veuë fur ce qui fe prefente le premier à fes yeux. Celuy qui
eft conduit à l'aduanture court fortune de rencontrer d'abord le
pire. D'où vient que le plus fouuent on trouue pluftoft le mal
que le bien. La beauté à des charmes qui portent également
au vice & a la vertu. Aux fols elle eft vne proye infame: aux
fages vne matiere illuftre à faire efclatter leur prudence. Ce
qui paroift au dehors de nous, bien fouuent eft l'image de ce qui
eft dans noftre interieur. Les chofes les plus belles & les plus
precieufes, d'ordinaire ont accouftumé d'eftre ferrées dans les
lieux les plus beaux, & les plus particuliers. La beauté du corps
quelquesfois eft vn rayon de celle de l'ame. Quãd cefte maxime
fe trouue fauffe en quelqu'vn, c'eft vne honte qu'vne belle chofe
en loge vne laide. Vn pompeux & noble fejour fe rend infame
en logeant vn hofte infame & vilain. Des mœurs laides ne
fiezent pas fi mal à des perfonnes laides. La faleté des mœurs
offufque toute la fplendeur de la beauté. Ceux qui embeliffent
les ames qui habitent de beau corps, fecondent les deffeins de

la nature. Celuy à qui le Ciel s'est monstré fauorable, est obligé de l'estre à l'endroit de cette ouuriere de toutes choses. Il
n'est pas raisonnable qu'on mette dans vn vase d'albastre aucune liqueur qui ne soit precieuse. La beauté qui enchante la
veuë de dessus les ieunes visages, est vne muette priere de la
nature qui demande la derniere main, & qui monstre comme
elle est disposée à la receuoir. En cette rencontre l'ame ne doit
pas estre negligee; elle qui merite vn si grand soin : elle qui appelle l'art à son secours. C'est en cet endroit que le sage est
obligé de faire paroistre sa dexterité. C'est à luy à pouruoir
au defaut de l'ame, & preuenir le danger qu'elle court de se voir
priuee de tout ornement. Mais quelle difference y a t'il entre luy & le vulgaire? Combien sont dissemblables Socrate &
Laïc? Lors que la beauté de l'ame respond à celle du corps ou
qu'elle la deuance, sans doute sa flame a plus de force à em-
braser le cœur de ses plus vains amans. Quelque volage que
soit vn esprit, elle a des appas à l'arrester, & d'inconstant qu'il sera, elle le rendra constant. Mais,

La beauté n'est qu'vn ombre & l'aage n'est qu'vn vent.
Chasque iour luy oste vne fleur. Auec cela les affections du
vulgaire languissent tousiours pour elle : & languissent honteusement pour vne chose de si peu de durée. Quand l'ame
est belle elle trouue de veritables amans, & n'a point peur de
se voir abandonnee. Si dans la parfaite beauté de Galere il se
fust trouué le moindre appas d'vne belle ame, l'amour que Pto-
lomee auoit pour luy en eust esté & moins infame, & moins
ferme. Si son ame n'estoit pas plus belle que son corps, comment pouuoit-il souffrir qu'on luy parlast en ces termes. O ma
belle ame tu n'as iamais déplû à personne. L'amoureux Poete
apres auoir dit de luy :

Que les rides feroient outrage à sa beauté.
Adiouste :

Si tu veux voir durer ce qu'on estime beau,
Orne l'ame, elle seule accompagne au tombeau
La beauté de la taille & celle du visage,
Aux dances seulement ont vn grand aduantage.
Disoit Electre dans Euripide. Plus la nature s'est estudiee à
faire beau quelqu'vn, plus il est obligé de s'estudier à rendre

belle son ame. Possible n'est-ce pas vn crime de ne pas polir vn homme qui est vilain de son naturel; mais bien de rendre vilain celuy qui est poli. Puis que la nature oblige ceux qui sont beaux à rendre beaux aussi leurs esprits, vn vray Philosophe ne sçauroit se defendre sans blasme de leur estre liberal, & de sa peine, & de sa science.

Socrate tiroit de la beauté des corps le modelle de celle qu'il pretendoit donner aux ames: & desiroit que les jeunes garçons se regardassent dans le mirouër. S'ils estoient beaux il vouloit que la laideur de leur esprit ne deshonnorast point la beauté de leur corps. & par ce moyen les enflamoit de l'amour de la vertu. S'ils estoient laids il leur donnoit occasion de recompenser la laideur de leurs corps par la beauté de leurs esprits. En effect des mœurs difformes sous vn beau visage font vn signalé affront à la nature. Ce sont les plus cruelles ennemies que puissent auoir le ciel: & celles qui s'opposent le plus à son dessein. Son souhait estoit qu'elles fussent belles: & elles ont voulu estre laides en despit de luy. Au contraire que manque-t'il à la perfection de ceux qui dans vn beau sejour cachent de belles ames? Il semble que la vertu soit dans son propre throsne.

Apres tout la vertu n'est iamais plus aimable,
Que lors qu'elle reluist dans vn corps agreable.

Mais de grace, ô Seneque, que par ta permission pour ce coup il me soit loisible de me départir de ton sentiment. Ie ne nie pas qu'vn grand homme d'vne rare & excellente beauté ne puisse loger dans vne petite cabane de crachat & de boüe: & n'ignore pas qu'vn corps laid & difforme ne puisse estre la demeure d'vne ame releuée, & belle au possible. Ton Claran en fait foy. Ie sçay que la vertu ne laisse, ny ne choisit personne: que sa beauté n'emprunte son éclat que d'elle-mesme: mais tu ne nieras pas aussi que d'vne belle ame & d'vn beau corps il ne se forme le plus imperieux obiect, & le plus digne d'estre regardé que l'on sçauroit imaginer. Qui est-ce qui ne preferera point vn double bien à vn simple? L'harmonie qui se forme de l'vnion de deux choses belles ne les éleue-t'elle pas autant, que l'vne & l'autre sont estimables, par dessus l'vne d'elles: & d'autant plus encore que la compagnie en matiere de biens est plus excelente que la separation? La vertu ne tire point de l'aduantage d'eſtre en vn beau corps. Elle n'eſt pas moins belle ſous vn viſage paſle & plein de rides, que ſous des iouës vermeilles, & pleines de jeuneſſe. Les pierres precieuſes ne ſont pas plus eſtimees pour eſtre enchaſſees dans de l'or. Vn diamant ſeroit il donc plus precieux dans ce metail que dans vn autre?

Le ſage doncques qui de ſon naturel eſt enclin au bien, & entre pluſieurs autres le meilleur de tous, n'a point de l'auerſion pource qui eſt beau. Il ſe porte plus volontiers par tout où la plus noble matiere l'inuite. La crainte de voir ſa paſſion mal interpretee n'a pas le pouuoir de l'en retirer. Et qu'importe que le vulgaire en conçoiue vne mauuaiſe opinion? Epicure ne voulut iamais plaire au peuple. D'où s'enſuit que meſme le ſage ne craindra point le deshonueur qu'on luy pourra imputer de ſe rendre trop religieux à honnorer la puiſſance abſoluë. Au contraire plus la difformité des mœurs eſt dangereuſe aux Grands qu'elle ne l'eſt en ceux qui ſont beaux, plus il teſmoignera de ſoin & d'ardeur à ſeconder les bonnes inclinations des vns que des autres. La beauté de l'ame en vn beau corps, eſt le ſalut d'vn ſeul : mais la beauté de l'ame en celui qui peut tout eſt le ſalut de tous. Tout le ſoin du ſage regarde-t'il la beauté? Aimera-t'il donc mieux rendre belle vne maiſon qu'vne ville toute entiere? Pluſtoſt vne petite campagne que toute vne prouince? Pluſtoſt vn homme que toutes les republiques du monde? Pour ſe ranger du meilleur party, il n'a point d'occaſion plus fauorable que d'enrichir de tous les ornemens, & de toutes les beautez qu'il pourra, l'eſprit de celuy qui a le ſouuerain gouuernement en main. Et le ſeul moyen de venir à bout d'vne ſi glorieuſe entrepriſe, c'eſt d'auoir ſon amitié. Au reſte, bien que le vulgaire ait de l'amour, & pour ce qui eſt beau, & pour ce qui eſt puiſſant, ce ne luy ſera point vn blaſme d'en auoir auſſi. Il y a des choſes dont l'excellence eſt tellement en veuë, qu'il n'eſt point d'imagination quelque ſtupide qu'elle puiſſe eſtre, qui n'en demeure éblouïe. Perſonne n'a la veuë ſi courte qui ne comprene la beauté du Soleil. Ce n'eſt pas merueille que le ſage & la foule du peuple courent à vne meſme choſe : mais bien ſi tous les deux enſemble y couroient auec meſme eſprit. La maniere & l'vſage y mettent de la diffe-rence. Le ſage aime & la beauté & la puiſſance : mais il les ai-

vne en fage. Le vulgaire les aime auſſi : mais comme vulgaire.
La ſageſſe ſeroit bien mal-heureuſe, ſi elle interdiſoit l'vſage
du bien au ſage, à cauſe que les fols en abuſent.   Que le ſage
coure apres la beauté, apres la puiſſance, apres les richeſſes, &
apres milles autres choſes, apres leſquelles la plus-part du monde va par des voyes indirectes; il luy eſt permis : pourueu qu'il
y coure par d'autres chemins.   Ce n'eſt pas à luy à auoir de l'a-
uerſion pour ce qui plaiſt iniuſtement à beaucoup de gens.
Auoir en trop grande horreur les delices, eſt vn effect où vne
occaſion d'vn eſprit mal ſain : & la marque d'vn homme ſage,
de hayr les mauuaiſes voyes par leſquelles le peuple va vers elles.   Si les richeſſes, & la puiſſance ſont des occaſions fauorables aux vices, ce n'eſt pas leur faute : c'eſt celle de ceux qui
n'en ſçauent pas vſer honneſtement. Dieu tire le bien du mal :
& le propre du ſage eſt de tirer de l'aduantage de toutes choſes.

Comment le ſage qui ſera dans les affaires ſe
comportera en conuerſant auec le Prince.

CHAP. XII.

LE ſage qui eſt paſſioné pour l'intereſt des affaires publiques
ne trauaillera pas ſeulement ſelon les occurrances: mais re-
cherchera pour cet effet l'amitié & la faueur du ſouuerain. Il ne
ſe rendra pas neantmoins importun par des raiſons trop ſubtiles
ny par des queſtions trop curieuſes.   Il ſe rendra ingenieux à
plaire: & dans la conuerſation qu'il aura auec ſon maiſtre, il ſçaura & ſe taire & parler lors qu'il en ſera temps.

Si celuy qui parloit à Eſchile en ces termes: Dans le pays de
Berecinte ie ſeme douze iournées de campagne, euſt eſté plus
ſtudieux de l'humanité, que de l'agriculture, ſans doute il
n'euſt pas pris plus de plaiſir à cultiuer ſes champs, capables de
nourrir vn grand nombre de gens, qu'il en euſt eu à rendre fer-

tile le petit morceau de terre d'Antiſtenez, qui bien à peine ſuf
fiſoit à l'entretenir luy ſeul : & duquel il y eut eu vne grande
difficulté à le retirer. Pour obliger les hommes à ſe ſecourir
reciproquement les vns les autres, la Philoſophie n'a point le
deſſein de leur faire entreprendre des choſes impoſſibles : non
pas meſmes celles qui ſont bien mal-aiſées : & pour leſquelles
quand on demanderoit la raiſon, on pourroit reſpondre par ce
commun prouerbe.   Ie ne veux point entreprendre de renuer-
ſer le monde ſans deſſus deſſous.

Le ſage refuſera volontiers de parcourir tout l'vniuers : &
choiſira pluſtoſt de faire qu'vn ſeul en ſoit & le ſalut & la garde.
Il aymera mieux que la ſplendeur de ſon ſçauoir eſclaire tout ce
qu'il y à d'hommes ſur la terre : ou du moins que ſa prudence ſe
rende vtile à tous ceux qu'elle pourra. S'il ſe contente de ſa
condition priuée, dans ſon repos particulier il s'eſtimera heureux de pouuoir contribuer quelque choſe à la felicité de la vie
humaine : & s'il eſt content de s'employer aux affaires publiques, il fera tout ce qu'il pourra pour s'inſinuer aux bonnes graces du Prince. Il ſera amoureux de celuy qu'il vera commis à
la garde du bien commun des hommes : & trauaillera à orner
ſon eſprit de ſageſſe. Il tachera de ſe rendre agreable : & ſçaura
bien diſcerner, & les temps, & les choſes. Son ſilence, & ſa
liberté de parler dependront abſolument de la volonté du Prince. Il n'ignorera pas que diſcourir hors de propos, eſt ennuyer,
& ſe faire porter ſur les eſpaules : & qui pis eſt n'auancer rien.
En effect.

Il n'eſt rien de ſi beau que ce qui vient à temps.
Tout ce qui vient hors de ſaiſon eſt meſſeant.

Dire à temps, & beaucoup ne ſont pas meſme choſe.
Diſoit Creon dans Sophocle. La vanité de paroiſtre ſçauant eſt
la ſource de la plus part des diſcours qui ſe font hors de leur
ſubjet. Ceſte folie porte quand & ſoy la peine de ſon erreur.
Le fruict que retire celuy qui parle ſans raiſon, c'eſt de n'eſtre
pas eſcouté : & de ſe mettre en eſtime d'eſtre bien peu iudicieux. Comme vn certain perſonnage de ce nombre s'excuſoit
enuers Ariſtote de ce qu'il l'auoit ennuyé par ſes longs diſcours : ie ne m'en ſuis pas apperçeu, reſpondit ce grand Philoſophe qui ne l'auoit pas eſcouté. L'importunité des paroles

foüille la grace deuë aux actions. Elle eſt la marque infaillï-
ble d'vn eſprit peu agreable aux Muſes. Mais voicy quel eſt le
ſentiment de Menelas ſur le theatre, & ſur ce ſubjet.

En toute occaſion le mieux qu'on puiſſe faire,
Eſt tantoſt de parler, & tantoſt de ſe taire.

Nul n'en peut faire la diſtinction que le ſage. C'eſt auec raiſon
que Iunon parle en ces termes dans Euripide.

Et ie ſçay bien me taire & parler quand il faut.

Qui tourne le dos à l'opportunité des choſes, n'obtiët iamais ny
loüange ny honneur. Tout ce qui eſt importun eſt facheux.
Il n'eſt pas meſme iuſqu'aux bienfaits, qui ne ſoyent peu agreables quand ils ſont donnez à contre-temps. Lors que la nature
aſſigna ſon lieu à chaſque choſe, elle ſe reſerua le ſoin de l'opportunité: & en voulut touſiours eſtre la maiſtreſſe. Les fleurs
& les glaces ont leurs ſaiſons. Les arbres prennent & deſpoüil-
lent leurs verdure à certains mois. L'importunité ne regarde
pas ſeulement le temps: il regarde encore les choſes, & les perſonnes. On entretient auec bien ſceance de pluſieurs ſottiſes, &
les femmes & les petits enfans: mais non pas des perſonnes de
conſequence, du moins ſans courir fortune de tomber dans
leur indignation. C'eſt vn loüable effect de la Philoſophie, de
cognoiſtre le temps conuenable à chaſque choſe: & c'eſt là vne
des plus nobles opinions qu'ait iamais euës Archelaus. C'eſt
la verité auſſi qu'il n'appartient qu'au ſage de cognoiſtre ce qui
conuient à la condition de celuy cy, ou à celle de celuy là.

Si vous en exceptez beaucoup de choſes, Gorgias & Prodi-
cus, dan sleurs eſcoles entretiendrôt les ieunes enfans de matieres peu conuenables à leur prudence: deſquelles ils n'auroient
garde d'entretenir Adrian, ny Sextus Antonin. Quels ſont les
moyens de faire ſubſiſter la paix: comme on doit faire la guerre:
qu'eſt-ce qu'il faut faire pour rendre la nobleſſe contente: qu'el-
voyes il faut tenir pour empecher le peuple de ſe plaindre,
Qu'eſt-ce qui manque au bien public, & qu'eſt-ce qui luy eſt le
plus vtile: comme on peut heureuſement, & auec honneur diſpoſer des choſes qui appartiennent à l'eſtat, ſont matieres dont
les ſouuerains doiuent & peuuent eſtre honnorablement entre-
tenus. A peine ſe trouuera t'il de Prince qui ait tant ſoit peu
de iugement qui ne prenne plaiſir d'en entendre parler. Mais

le fage ne luy rabattra pas trop fouuent les oreilles ny de cela, ny
de pas vne autre chofe. Dans les bornes de l'honnefteté, il fera
toufiours preft de parler de ce qu'il croira luy pouuoir eftre le
plus agreable. Il n'eft point de defpence plus infructueufe, ny
de peine plus vaine, que de difcourir de ce qui ne plaift point à
celuy qui efcoute: & celuy qui efcoute ne fçauroit faire vn fi
grand profit, ny qui luy coufte fi peu de temps, que d'entendre
auec plaifir. Le gouft que l'on prend à l'eftude, eft la meilleure
partie du fruict que l'on en efpere. Le fage parlera doncques au
fouuerain des chofes qui appartient à vn fouuerain : principalement de celles qui font les plus importantes, & de celles
qui peuuent obliger le plus au temps que l'on parle. Denys tef-
moignoit vne paffion extraordinaire pour les chofes diuines:
c'eft pourquoy Platon affectoit de l'en entretenir. Toutes les
chofes font autour de leur autheur. Il en eft auffi l'eftre. Luy
feul eft la fontaine de tout bien. A l'entour de celuy qui vient
apres luy font les fecondes: & les troifiefmes à l'entour du troifiefme. Voila comme parloit à luy ce grand homme. Le Philofophe eft obligé de n'ignorer rien. La Philofophie n'eft elle
pas auffi la fcience des chofes diuines & humaines? Que le fage
entretienne donc le Prince des matieres dignes de fa grandeur:
& qui ne luy pourront pas deplaire. Bien que la cognoiffance
des chofes de Dieu, & de la nature, ne ferue point de regle à
bien regir les affaires humaines ; elle ne laiffe pas neantmoins
d'acheminer l'efprit à fa perfection: & de luy donner des ornemens vrayement royaux. Elle l'enflamme, elle le refiouït, luy
donne de la moderation, & luy depart ie ne fçay quoy de diuin.
L'art de nourrir les hommes, eft tout particulier aux Roys. Ils
n'ont autre chofe à faire. Le fage n'aura point de conuerfation
plus frequente auec le fouuerain, que celle où il le pourra inftruire des moyens, principalement qui regardent cela. Apres
ces entretiens s'il arriue qu'il aye enuie d'ouïr parler d'autres
chofes, belles, & dignes d'vne ame noble & genereufe, il ne
croira pas perdre fon temps de ne luy refufer, ny fon loifir, ny
fon fçauoir.

Mais poffible arriuera t'il que l'humeur du fouuerain ne s'ac-
cordera pas auec les Mufes, & qu'elle n'aura du gouft que pour
des ordures : que l'experience luy oftera tout efpoir d'en tirer

aucun fruict. Cela estant quel dessein prendra le sage dans vn
si mauuais party ? Semblable occasion renüoya Platon à Athenes.   Le sage veut faire du bien à tous les hommes: mais pour
cela il ne iuge pas qu'il luy faille entreprendre des choses desef-
perées.   Plus l'action est considerable, plus il croit qu'il faut
prendre garde à ne l'employer pas en vain. Il ne se resoudra
point à courir de l'vn à l'autre Pole: ny a passer de l'vne à l'autre
mer : & ne tentera non plus ce qu'il vera estre ou tout à faict
mal aisé: ou tout affait impossible.

Lequel est le plus conuenable au sage, ou le repos, ou le maniment des affaires.

CHAP. XIII.

LE deuoir de la Philosophie consiste à se rendre le plus qu'il
se peut profitable à la vie humaine. C'est en cela que le
sage qui vit en homme priué est conforme à celuy qui sert le
public: & celuy qui est dans le repos à celuy qui est dans les affaires. La Nature veut qu'on soit vtile à tous : ou s'il est possible à beaucoup : ou a peu : ou à ses voisins: ou du moins à soy-
mesme. Nul que le sage ne luy peut obeïr en cela auec plus d'o-
bligation, auec plus de promptitude, auec plus de facilité, ny
auec plus de pouuoir. En vn mot, nul ne s'en peut acquitter
mieux que luy.

Deux des plus illustres sectes des sages sont discordantes en
ce poinct. Epicure veut que le sage ne prenne point en main le
timon des affaires, si quelque notable occasion ne l'y oblige. Si
la patrie est en danger: si les arrests des magistrats le commandent : si le peuple esleue au gouuernement souuerain ceux qui
n'en sont pas dignes, en ce cas, au dire d'Epicure, le sage est obligé de postposer son repos au soin du bien public. De son naturel
la Philosophie hait le tracas, & le bruit. Qui occupe son esprit
à l'estude au milieu des tumultes, iette sa semence parmi des es-

pines, dont elle va estre suffoquée. La sagesse de Socrate au milieu du repos a esté plus profitable aux hommes, que celle de Periclez au milieu des affaires. Senecque donne ce conseil à son ami. Cache toy dans ton repos, mais cache ton repos aussi dans toy-mesme. En vn autre endroit il parle à luy en ces termes. Tu me demandes ce que tu dois fuir? c'est la foule.

D'vn autre costé Zenon desire que le sage se mesle des affaires: & veut que ses sectateurs à leurs remonstrances adioustent l'action. Qui plus est, il entend que le sage entre dans les interests du public, si quelque importante consideration ne l'en dinertit. Si les mœurs de la Cité sont en sorte deprauées, qu'il n'y ait aucun espoir de les ramener à leur santé : si les meschans sont en authorité: ou s'il y a quelque chose de pis ou de semblable à cela, le sage fera t'il mal de s'esloigner du gouuernement public? Il ne sied bien qu'à la folie de ne se monstrer point. La sagesse doit estre en veuë à tout le monde. La vertu qui n'a point d'action est ie ne sçay quoy d'imparfait, & de l'anguissant.

La vertu sert bien moins quand on la tient secrette,
Qu'vn nauire eschoüé, qu'vne lyre muette:
Qu'vn arc qu'on voit au croc negligemment perdu,
Qui demeure en repos & n'est iamais tendu.

Si le sage peut rendre de bons offices au public par des moyens & fort courts & fort aysez, & ne les luy rend pas ; n'ennuye-t'il point la felicité à la vie commune? Si le siecle d'or estoit regy par des sages, peut-on esperer de le renouueler que par le moyen des sages? Pour auoir ce bon-heur ne faut-il pas qu'ils en ayent comme auparauant le gouuernement en main? S'il n'y a donc point d'autres inconueniens que ceux dont nous venons de parler, le sage ne laissera pas de s'attacher de bon cœur au soin du bien public. & du salut commun de sa patrie. Mais encore arriuera t'il peut estre qu'il sera malaisé de rencontrer vn gouuernement, où les choses aillent si bien, que le sage n'y trouue personne qui l'empeche de s'y engager. Par où il aduiendra, ô Zenon que ton sage ne manquera point à sa ville : mais que la ville manquera à son sage. Celuy qui me persuade de faire voile, & me defend de sillonner vne mer subjette aux tempestes, ne veut il pas que ie demeure dans le port? Si le Stoyque ne desire pas

que le fage fe mefle des affaires d'eftat, par ce qu'il a fubjet de
craindre les mefchans; & qu'en plufieurs rencontres, la iuftice
n'y eft pas en telle feurté qu'il feroit à defirer; où Socrate eft
condamné à mort: où Ariftote eft enuoyé en exil; & où l'enuie
foule aux pieds la vertu, il luy impofe la neceffité de demeurer
chez luy les bras croizez. Et voila comme le Stoyque, & Epicure vont a vn mefme but par diuers chemins. Tous les deux
courent au repos : l'vn parce que la raifon l'y conuie : & l'autre
par la crainte des mauuaifes rencontres. Zenon, Cleanteny
Crifippe ne furent iamais dans les affaires: il eft vray : mais ils
ne rencontrerent point de gouuernement digne de leurs foings.
Poffible eft il permis à d'autres d'efperer mieux ?

Dans le repos le fage donne ordre aux chofes qui regardent
la pofterité: moins il femble faire, plus il fait. Il traitte des affaires diuines & humaines. Les Stoyques ne nous affeurent
ils pas que Zenon & Crifippe ont acheué de plus grandes chofes, que s'ils euffent conduit des armées ? Que s'ils euffent eu
les plus confiderables charges de la republique ? que s'ils euffent impofé des loix aux hommes? Auffi en eftablirent-ils,
non pour vne ville: mais pour tout l'vniuers, enfemble. Pourquoy vn repos femblable au leur, ne fera t'il pas conuenable à
l'homme? puis que par fon moyen il peut donner des reigles
aux fiecles à venir ? Dans vne pareille tranquillité de vie, ne
peut-il pas faire fentir les effects de fon bon fens à peu de gens :
à tout le monde, & à tous les fiecles ? Si le fage ayme le repos,
il ne l'ayme pas pour fe repofer: il l'ayme pour agir d'auantage :
& pour pouuoir donner plus liberalement du fecours à la condition humaine. Quand il gouuerneroit où l'ambition regne
auec tant de rage; où les calomniateurs deployent leur venin :
où ce qui eft honnefte eft finiftrement interpreté : & où la fincerité n'eft pas affeurée, dans les obftacles qu'il rencontreroit.
ne trouueroit t'il pas plus fouuent du mal-heur: que de la felicité
en fes fuccez ? Certes bien que les bornes de fon plaifir foyent
celles de fa maifon, la grandeur de fon efprit ne laiffera pas
d'auoir vn grand champ à fe promener, & fe faire paroiftre. En
quelque lieu qu'il eftabliffe, & cache fon repos, fon iugement,
fa parole & fon confeil pourront eftre profitables à tout le monde. Celuy qui difpofe des honneurs, qui rend la iuftice, & qui

donne ſes aduis, & de la paix, & de la guerre, n'eſt pas le ſeul qui
ſert le public. Le ſage qui forme les ames, & qui dans la grande diſette que l'on a des preceptes ſalutaires, les porte à la vertu,
le ſert auſſi bien que luy. Luy ſeul en particulier fait les affaires publiques. Quelque enfermée que ſoit la vertu, ſes rayons
percent les murailles & ſe font voir à tout le monde. Scipion
auoit accouſtumé de dire qu'il faiſoit plus dans le repos, qu'il
ne faiſoit lors qu'il eſtoit au milieu des affaires.

Il faut donc me dira quelqu'vn laiſſer le gouuernement de
l'Eſtat entre les mains des ignorans, puis que les ſages ſont obligez de s'en eſloigner. Et n'eſt ce pas aſſigner la conduite des peuples à l'imprudence de la fortune? A quel propos ſe vante donc
la ſageſſe de n'auoir aucun ſoin que pour le bien commun de la
vie humaine, ſi elle l'abandonne lors qu'elle en a le plus beſoin?
Le comble de tout le ſalut commun repoſe ſur l'authorité de celuy qui gouuerne. Si le ſage neglige ce party, duquel aura t'il
ſoing ? Eſt-il iuſte de ſe mettre en peine de deffendre vn doigt
de tout peril, & ne ſe ſoucier pas qu'on couppe la teſte? La ſageſſe en veut dans le repos, & en veut auſſi dans les affaires.

Ainſi l'aduantage qu'aura le ſage qui donnera ſes ſoins à la
conduitte de la choſe publique, comparé à celuy qui vit dans
le repos, paroiſtra tel que celuy de la fin comparée aux moyens.
Perſonne ne niera que le gouuernement des hommes n'aproche
plus de la principale intention de la ſageſſe, qui n'eſt autre que
de procurer à tous vne felicité entiere, que l'aduantage de philoſopher en particulier. A d'autres il ſemblera qu'entre l'vn &
l'autre ſage, il y a le meſme rapport qui eſt entre le maiſtre & le
valet: que l'execution appartient à celuy qui obeit, & non à celuy qui commande: comme l'honneur en eſt deu au miniſtre
pluſtoſt qu'au commandement. Quoy que l'on puiſſe dire
neantmoins, il eſt vray que ceſte maniere d'executer les commandemens de la ſageſſe n'eſt point ſeruile: mais tout à fait
royale. A ne pas mentir lors que l'intelligence d'autruy, & non
la noſtre conduit noſtre action, nous agiſſons en quelque ſorte,
à la façon des eſclaues, & nous demeurons en cela d'accord auec
eux. Pour ce qui eſt de ces deux eſpeces de ſages dont nous
venons de parler, il eſt certain, que l'vn & l'autre ſe rendent
conſiderables: mais ſous diuers reſpects. Tous les deux ſont

nobles. La Nature a difposé les efprits plus aux aduantages de l'vn qu'à ceux de l'autre. Les vns font nez plus heureux pour philofopher que les autres à la façon de l'vn: & les autres à la façon de l'autre.

Le fage priué manque d'occafions à feruir publiquement tout le monde. L'autre n'a point le loifir de vaquer à l'eftude, & ne peut en repos exercer fon efprit aux meditations, ou l'autre exerce le fien. Les affaires luy en dérobent le temps. Il eft empefché à mettre en effect les ordonnances de la fageffe, & philofophe auec les œuures. Mais d'aller plus outre; c'eft ce qu'il ne peut que bien difficilement. Il eft vray que pour s'acquiter dignement de la charge qu'il a entreprife, il a fallu qu'auparauant il ait efté dans le repos, & qu'il ait beaucoup medité dans l'eftude de la fageffe. Encor que les coignees ny les faiffeaux de verges n'ayent point empefché Ciceron de mettre la main à la plume pendant fon Confulat, du moins fi nous l'en deuons croire luy-mefme; c'eft vne chofe cognuë de tout le monde, que les affaires accourciffent bien le temps que l'on pourroit, quelque long qu'il fuft, employer vtilement à l'eftude. La familiarité du Prince auec le fage, eft le feul moyen d'empefcher que les fruicts du repos ne manquent aux affaires publiques, & que les occafions de feruir l'Eftat ne manquent point tout à mefme temps à ceux qui paffent leur vie dans leur particulier. Ainfi Epicure & Zenon fatisferont aux intentions des fages de l'vn & de l'autre party. Ils ne s'attacheront point aux interefts de l'Eftat contre le fentiment de l'vn ; & ne s'en efloigneront pas auffi contre l'opinion de l'autre. Les vns iouyront de leur repos en fongeant à tous : & les autres s'acquitteront des affaires publiques en fongeant à ce qui fera de leur patticulier. Voila comme le fage ne fe pourra point excufer de rechercher les bonnes graces du Souuerain, ny de le feruir. Et voila comme quoy il aura tout fuict de defirer fon amitié: du moins s'il n'eft ennemy de ce que la contion humaine peut fouhaiter de mieux.

Comme le sage est obligé d'aimer la Cour, mes-me selon les maximes de la sa-gesse d'Epicure.

CHAP. XIV.

Epicure nous apprend que la felicité qui conuient le plus à l'homme, consiste en vne profonde tranquilité esloignée de tout trouble, & retiree comme dans vn port asseuré & paisible. Qui plus est, il asseure que donner vn bien-faict est vne chose non seulement plus noble; mais encore plus agreable & pleine d'vne plus grande ioye, que de le receuoir. En effect il n'est rien dont on puisse tirer vne satisfaction plus solide, que du plaisir que l'on faict à autruy. Et sans mentir celuy là estoit veritablement sage qui du commencement donna aux Graces, les noms d'Aglaye, de Thalie, & d'Euphrosine, comme si par là il eust voulu monstrer le plaisir qui germe & qui fleurit dans l'esprit de celuy qui le fait. Que le contentement du bien-faict ne soit plus grand & plus parfaict en celuy qui le dispense, qu'en celuy à qui il est dispensé, nous le voyons clairement en ce que souuent celuy qui est obligé rougit; & que celuy qui oblige en reçoit vne secrette ioye. Ceux qui rendent meil-leures les personnes de qui le seruice est necessaire au public, font du bien à beaucoup de monde.

C'est vne maxime d'Epicure que la felicité humaine consi-ste en vne profonde tranquilité, qui n'est troublee de personne. D'où il semble qu'il s'ensuit, qu'il est impossible d'admettre dans son escole cette consequence, qu'vn sage peut en quelque façon se mesler des affaires d'Estat. A cause qu'il ne sçauroit estre sans beaucoup de soins, & sans beaucoup de distractions & de troubles.

Ce sentiment ne peut estre divulgué sans estre & condam-né, & blasmé de toutes parts. Pour moy ie ne sçaurois croire.

que la malice ait iamais trouué vn esprit, tant mediocre soit-il,
qui ait osé soustenir son party. Nostre condition certes seroit
bien mal-heureuse, si la meschanceté se pouuoit vanter d'auoir
des gens qui la protegeassent. Encor qu'il semble qu'elle tire
son approbation des mauuaises actions, l'esprit neantmoins
ne pourra iamais consentir à ce qu'elle fait, non plus qu'à la
defendre ou la loüer.

Vne bonne partie des gens studieux ont creu Epicure protecteur des meschans : & l'on a estimé que sa doctrine estoit
vne reigle establie par les sens.

Ie suis deuenu porc au logis d'Epicure.

Et voicy ce que Sainct Augustin en dit, Epicure Philosophe
brutal, plus amateur de la vanité que de la sagesse, & par les
Philosophes mesmes nommé pourceau, monstre comme nostre
souuerain bien consiste aux plaisirs du corps. Ailleurs il le
traitte plus doucement en ces termes. Ie soustenois à Alipius
& à Nebridius, que touchant les choses qui sont plus proches
du bien ou du mal, la palme deuroit estre donnee à Epicure, si
l'on ne croyoit pas que l'ame sortie du corps fust encore en vie :
& leur demandois pourquoy nous ne serions pas heureux,
encor que nous ne fussions pas sujets à la mort, & que nous
iouïssions d'vn contentement eternel, sans auoir la crainte de
nous en voir iamais priuez. Ce grand homme doüé d'vne
sagesse incomparable, se fust-il bien rangé au party d'Epicure,
& eust-il abandonné la raison? Le plaisir dont Epicure entend
parler ne peut estre sans la vertu : c'est vn plaisir moderé &
austere. Mais le monde peruers de son naturel s'arreste au
nom, pour auoir pretexte de defendre ses passions desreglees.
Voila quel est le sentiment de nostre Stoyque contre le vulgaire. Epicure ne commande rien qui ne soit iuste : & si tu dai-
gnes vn peu penetrer dans son interieur tu trouueras qu'auec
les mesmes loix dont il borne le plaisir il est assez seuere, &
que les Stoyques ne mettent pas d'autres limites à la vertu,
qu'il en met luy-mesme aux contentemens. Son Escole n'est
pas vne Escole de vice, comme la plus part du monde le croid.
C'est sans raison qu'elle est diffamee : c'est sans raison qu'elle
est detestee. La doctrine d'Epicure ne sçauroit estre comprise
de ceux qui ne viuent pas dans les termes de l'honnesteté. Ce

precepte

precepte n'eſt il pas de luy ? Fay toutes choſes, comme ſi tu les
faiſois en la preſence de quelqu'vn qui te regardaſt. Epicure
ne fut iamais voluptueux comme beaucoup de gens le penſent.
Auptes de moy, dit Seneque, il eſt fort. N'eſt-ce pas luy qui
aſſeure qu'il faut ſupporter les iniures? & qu'elles ne ſont point
iniures aux gens de bien? Celuy qui croit que l'on peut eſtre
heureux , meſme dans les plus ſenſibles douleurs, n'a-t'il pas
vn ame bien forte ? Voila Epicure proche de la mort, & preſque aux derniers abois ſous les cruelles atteintes de la pierre
& de la colique; & neantmoins il eſcrit à Idomenee, que tout
heureux qu'il eſt au dernier iour de ſa vie, il luy ſouhaitte toute ſorte de proſperité. Eſt-ce là cette obſtinée paſſion du plaiſir qu'on luy attribuë ? Si le plaiſir peut eſtre ſuiuy d'aucun
repentir, ou eſtre le ſujet d'aucune douleur, il ne le veut point:
il aime mieux ſon contraire. Il eſt ſeulement paſſionné du
contentement que la raiſon inſpire, & qui n'eſt appuyé que
ſur elle. Ce contentement a t'il quelque ennemi dans le monde? Il n'y a perſonne qui par ellection ne face pluſtoſt les choſes qui luy peuuent apporter du plaiſir, que celles qui luy peuuent donner de la triſteſſe. Simonidez ne s'eſcrie-t'il point,
A quoy ſert la vie ſi l'on n'a aucun plaiſir? Les empires, ny la
condition meſme des Dieux ne ſont point à deſirer, eſloignez
de tout contentement : & le contentement, à ſainement parler, n'eſt point contentement quand il peut nuire. Epicure
aime le plaiſir : mais le plaiſir genereux. Les meſchans eſpere-
ront-ils encore de la protection de celuy, qui à demy bruſlé
dans le Toreau de Phalaris nous apprend, qu'en tout temps le
ſage peut eſtre heureux, principalement lors qu'il s'eſcrie :
Voila qui eſt doux : cét embraſement, ny ce feu ne me font
point de mal. Quel plus fameux exemple voulez-vous d'vn
ame forte? Quiconque pourra imiter Epicure en cette generoſité, ſe couure de luy comme d'vn bouclier. Quiconque affligé, & au dernier moment de ſa vie, pourra dire en luy meſme
Voila qui va bien pourueu qu'il y ait de l'honneur, ſe defende
tant qu'il voudra par l'authorité de ce grand homme.

La felicité d'Epicure ne conſiſte donc pas au plaiſir des ſens
contre le ſentiment de la raiſon. Il y a des biens qu'il ſouhaitte.
Il y en a qu'il ne reprouue pas: Il aime la tranquilité de l'eſprit,

Il aime celle du corps. Il ne refufe point les peines, Il ne refufe
point les douleurs. Il les louë. Si tout le bon-heur de la vie
eftoit dans les plaifirs des fens, comment eft-ce qu'il ne tien-
droit point compte des biens de la fortune? A ce qu'il croit
luy-mefme, les biens qui dependent du hazard n'appartiennent
point au fage. Ce qu'il a de plus confiderable, & de meilleur,
confifte aux aduantages de l'efprit. Autre qu'Epicure ne fe
contente de peu. Et qu'il foit vray, voyez ce qu'il dit. Rien
ne fuffit à celuy à qui le peu ne fuffit point. Celuy-là veritablement iouyt des richeffes, à qui les richeffes ne font
pas befoin. Si tu vis felon la nature, tu ne feras iamais pauure :
& fi tu vis felon l'opinion, tu ne feras iamais riche. La nature
fe contente de peu : & l'opinion ne met point de bornes à fes
defirs. Ce font là les enfeignemens de cet illuftre Philofophe.
Au dire de Seneque, fes efcrits font pleins de femblables fentimens. Vne pauureté, à laquelle la nature donne des loix, eft
vne veritable opulence. La plus grande richeffe que l'homme
puiffe auoir, c'eft de viure frugalement. Vne pauureté honnefte eft vne des plus belles chofes du monde. Ce qu'il auoit accouftumé de dire à toutes rencontres eft fi eftimé par les plus
fçauans. Pourueu que i'aye du pain & de l'eau, ie m'eftime
auffi heureux que Iupiter. Ce qui fe doit entendre, non au
pied de la lettre; mais par vne certaine reftriction. Epicure
met le bon heur de la vie dans du pain & dans de l'eau, & tu
le fais paffer pour vn homme qui n'a autre dieu que fon ventre.
Il fe contente du peu de chofe que la nature demande, & tu
veux qu'il foit vn exemplaire de bonne chere? Que dirois-tu
s'il eftoit auare, & qu'il n'ofaft manger? Qu'il ieunaft plufieurs
iours de crainte de fe ruiner? Voicy ce qu'il a laiffé par efcrit
dans les lettres qu'il enuoye à Poliene. O combien font plus
mefchans qu'Epicure ceux, qui fe declarent ennemis des richeffes & des plaifirs : qui font profeffion d'abftinence, & vanité,
d'eftre protecteurs de tout ce qui eft honnefte, & n'ont pas
neantmoins de foin plus imperieux, que d'entaffer des richeffes,
afin de pouuoir viure dans le luxe, & fe tromper eux-mefmes!
Ils font mis tous les premiers au nombre de ceux qui obferuent
les loix de la pieté, celles de l'Eftat, & celles de la nature : & ne
laiffent pas d'eftre les premiers qui les mefprifent les vnes &

les autres. Certes il faut auoüer que la mauuaise interpretation
que l'on a donnee aux paroles d'Epicure a baillé vn grand
champ à la malice des hommes : mais il faut auoüer aussi que les
mauuaises actions des peruers luy ont bien donné encore vne
plus grande vogue : & cela d'autant plus que l'exemple de
ceux que l'on voit viure selon les maximes de leur bonne doctrine, a plus de force à persuader, que la simple parole de celuy
qui parle, ou qui escrit. Apres auoir bien consideré toutes ses
mœurs, possible ses ennemis ne trouueront-ils plus rien à blafmer en luy, que le mespris, qu'ils dirót qu'il fait de la Religion:
& soustiédront qu'vne de ses execrables impietez paroist en
ce qu'il souftrait toutes choses à la prouidence diuine. Mais si
cela estoit, comment voudroit-t'il qu'on rendist de souuerains
honneurs à la Maiesté de Dieu, à cause de sa nature toute sublime, & toute particuliere à luy seul ? C'est là pourtant son
sentiment. Mais on me dira que cela ne sert de rien, puis qu'il
n'admet point aucune prouidence en Dieü. De moy, i'apprens
le contraire de luy-mesme : & principalement en ce
qu'il escrit à Meniece en ces termes: Dieu chastie les meschans,
Dieu aime les bons & les vertueux. Nous deuons penser à Dieu,
& croire que tout ce qu'il y a d'excellent & d'heureux est en
luy. Au reste il n'auoit pas besoin de nier la prouidence,
pour se deliurer de toute apprehension. La vie du juste est
à l'abbri du courroux du Ciel. Possible est-il vray que la fauf-
se opinion qu'on a cuë de luy, a introduit les faux Epicuriens
dans le monde : & que ceux là ne pouuans s'asseurer sur leurs
mauuaises consciences, ont voulu tirer leur salut de l'impieté
qu'ils ont persuadee. Puis que cela est il n'y a donc plus rien
à reprouuer en luy, ny en sa sagesse, que le seul plaisir. A dire
les choses comme elles sont, ie ne voy point de raison qui puisse
condamner comme peruers l'amour que chacun doit auoir
pour ce qui luy plaist. Quel d'entre les sages porté d'aucune
consideration diuine ou humaine, a iamais condamné le contentement comme vn crime ? L'homme ne sçauroit mieux
faire que de viure ioyeux : & se plaire honnestment en tout ce
qu'il fait. C'est à quoy l'inuite son deuoir. Si quelqu'vn auoit
dit que l'homme n'a point d'autre bien sous le Soleil, que celuy
de manger, & de se donner du plaisir : qu'il doit faire tout ce

que bien luy semble: & qu'il n'a autre chose que cela, qui soit à
luy, ne l'en blasmeroit on pas cruellement? C'est pourtant le
Philosophe sacré qui l'a dit, Voila quel est encore le commandement qui est fait à l'homme. Ne donne point ton esprit en
proye à la tristesse, chasse là bien loing de toy. L'ennuy cause
la mort: & obscurcit la vertu. Les sentences des sages ne se
doiuent point condamner, auant que d'estre entenduës. Les
sots sont tousiours du parti des mauuaises interpretations. Si
le plaisir diuertit les sols de rendre l'honneur qu'ils doiuent à la
raison, ce n'est pas son crime: c'est le leur. Ils ne sçauent pas
prendre leur contentement dans son innocence. Appren de
Torquatus ce qui plaisoit à Epicure, & suy-le puis apres sans
craindre ny blasme, ny crime.

Que les mauuais esprits se tournent donc de quelque costé
qu'ils voudront, ils ne trouueront point des gens qui prennent
en main la deffence de l'iniquité: point de suffisance qui se
range aux excuses qu'ils alleguent pour iustifier leur incontinence, & leurs autres passions desordonnées. Possible espe-
royent-ils tirer des raisons de la sagesse d'Epicure, pour excuser ou defendre leurs fautes. Mais plus ils auoyent de la confiance en luy, plus ils se sont apperçeus qu'il estoit leur ennemy.
La malice est descriée dans l'esprit de tout le monde. Tout le
monde luy court sus: & Epicure le premier. Où trouuera t'elle
desormais son refuge? Epicure n'est-il pas absous? mais qu'il
le soit ou qu'il ne le soit pas, il n'importe pas beaucoup, pourueu
que l'innocence ne soit plus criminelle. Mais c'est par là qu'on
a coupé le chemin à la malice.

Ceste soigneuse passion du plaisir honneste, qui tout pur
qu'il est n'a rien qui le fasche, rien qui le trouble, est la mortelle
felicité d'Epicure. Si elle nous estoit donnée qui est-ce qui ne
seroit pas de son costé? La premiere precaution qu'à son aduis
on doit auoir, c'est de se mettre à couuert de toutes sortes de
fascheries: & puis de rechercher les moyens par où l'on puisse
honnestement iouyr du plaisir si desiré de luy. Le bienfait est
vn merueilleux rempart contre la malice, & donne vne parfaicte satisfaction. En effect quel plus impenetrable bouclier
sçauroit-on desirer contre tout ce qui peut causer de l'ennuy,
que d'estre aymé? ou quelle chesne plus forte a t'on pour atta-

cher à foy les efprits, que le bienfait? N'auoir perfonne de qui
on ait fubjet de craindre aucune offence: & auoir en bon
nombre qui nous veut fecourir en nos aduerfitez, eft vne infaillible affeurance contre tout ce qui nous peut fafcher. Le
bien fait nous promet tout cela.

Au refte il n'eft point de douceur egale à celle de bien faire à
autruy. Il appartient particulierement à Dieu de faire du bien.
C'eft à quoy il fe plaift le plus. Auffi eft-ce luy qui eft le dif-
penfateur de tout ce qu'il y a de bien au monde. C'eft pour cefte raifon fi ie ne me trompe que Chrifippe à dit que les Graces
eftoyent filles de Iupiter. Les dons font des marques de l'a-
bondance, de la perfection, & de la fuperiorité de celuy qui
donne. Parmy les chofes dont l'opinion fe repaift, il n'y en a
pas vne qui foit plus agreable, que celle qui fait voir que l'on
eft plus que les autres. Qui donne vn bien fait furpaffe en fon
action celuy qui le reçoit. D'où vient que celuy qui ayme
mieux le receuoir que le donner eft loing de fon compte. Arta-
xerces furnommé longue-main difoit fort fouuent que donner
eftoit pluftoft vne action de Roy, que receuoir. Outre cela perfonne ne fçauroit faire plaifir à vn autre, qu'il ne s'en face luy-
mefme. Celuy qui croit que la iuftice eft vn bien qui fe def-
ploye feulement fur les autres, fe trompe. Ce qu'il y a de meilleur en elle retourne à fon autheur. Il en eft de mefme du bien-
faict. Non qu'on reçoiue reciproquement du plaifir de celuy
à qui l'on en a fait: mais parce qu'à donner vne obligation fe
trouue naturellement vne douceur incomparable, & vne honnefteté fans pareille. Celuy qui impofa le nom aux Graces monftra fort iudicieufement l'honefteté, & le contentement qui eft
en l'obligation donnée. Il en nomma vne Aglaïe qui fignifie
beauté & plaifir: vne autre Euphrofine qui veut dire contentement, & ioye: & la derniere Thalie, comme qui diroit vne
mignardife qui ne fait qu'efclore, & fleurir. Le nom de Grace
mefme & celuy de bien-fait ne font qu'vn. Parmy les Grecs
mefmes il refpond à leur fens. Quoy que c'en foit les vns & les
autres tefmoignent vn reffentiment plein de fatisfaction & de
ioye. Et comment le bien fait ne feroit-il pas agreable à celuy
qui le donne, veu que c'eft vn honnorable commerce ou celuy
qui pert gaigne? où l'on s'enrichit en faifant le profit d'autruy.

& où celuy qui commence le change acquiert le plus grand aduantage qui se puisse acquerir en cet illustre trafic. Le bien-
faict est liberal de son bien: mais en le dispensant il se rend
maistre des affections d'autruy. Ce n'estoit pas vne chose inco-
gnuë d'Epicure. De plus il y a du plaisir à receuoir le bienfait.
Et que cela soit vray, qu'elle satisfaction est-ce d'estre asseuré
qu'on est aymé? quelle ioye y a t'il à estre assisté au besoing?
Certes tres grande. Mais à ne pas mentir encore plus à obliger:
& se rendre digne de l'affection des autres. Subuenir à la necessité de quelqu'vn & donner vn tesmoignage de la naturelle inclination qu'on a pour luy, est vne mesme chose. Epicure ne
sçauoit-il donc pas que donner vne obligation, estoit le plus
puissant moyen d'auoir du plaisir? Luy qui estoit si curieux à
rechercher les plaisirs de la vie, eust-il pû mespriser le soing
de cestui cy qui est si pur & si excessif?

Le plaisir qu'il y a à faire du bien est grand ou petit selon
l'origine dont il part. La grandeur du bien-fait depend de la
chose, de la quantité, & de la qualité de celuy qui le reçoit.
Plus la matiere est importante, plus il est important luy-mesme.
Plus celuy qui le donne, ou celuy qui le reçoit sont en consideration, plus il est digne d'estre consideré. Le plus souuerain,
& le plus agreable de tous est celuy qui en vne occasion tres-
importante est vtilement rendu à vne personne de grande consideration au profit de toute la republique. Celà ne peut arriuer
qu'au sage dans l'amitié qu'il a auec le souuerain. C'est là le seul
& le plus grand fruict qui se peut esperer de la conuersation
qu'il a auec que luy. Quel bien-faict donc y aura t'il plus grand
ou plus charmant que de seconder l'esprit de celuy qui a le pouuoir absolu en main? C'est celuy qui dans la republique humai-
maine est au comble de son excellence. Par son moyen tous
reçoiuent de l'assistance. Son soing regarde le commun bien
des hommes. Apres cela qui est celuy qui doute qu'Epicure
ne soit le premier qui appelle le sage à la Cour?

Que le sage est aymé & honoré de tous à cause de l'amitié que le Prince luy porte.

CHAP. XV.

LEs miserables esprits qui ne seruent qu'à gaster les bonnes inclinations du Prince, tels que sont les calomniateurs & les adulateurs sont en butte aux maledictions, & aux execrations de tout le monde. Rendre meschans ceux qui ont le souuerain gouuernement en main est verser du poison mortel, non dans vne coupe ou peu de gens boiuent : mais dans les eaux publiques, où tout le peuple va puisser sa mort. Les flatteurs de Callias qu'on ne pouuoit chasser de la table ny auec le feu, ny auec le fer, furent le subjet de la mesdisance d'Eupolis. Sa Scene ne cessa d'en battre les oreilles du peuple, & fit tant qu'elle en rendit infames mesmes iusqu'à leurs noms. Pour ce qui est des meschans qui s'estoyent insinuez, dans les bonnes graces, & dans la familiarité d'Apollodore, de Denys, & de Phalaris, vrais exemplaires de la plus effroyable tyrannie qui fut iamais exercée, ils furent tourmentez, ils furent deschirez, ils furent mis à mort. En vn mot ils furent traittés comme des gens maudits & execrables. Le chastiement que receurent les premiers fut leger. Aussi ne firent ils du mal qu'à vn seul. Pour ce, qui est des derniers, la cruauté mesme se rendit cruelle à les punir. Et comment se pouuoit-il faire autrement ? En vn seul ils auoient esté la peste & la desolation du bien public. En ceste sorte le sage conuersant auec des personnes priuées, les met dans les bornes de la iustice, & au milieu de leur repos. Mais quand il arriue qu'il conuerse auec le Prince, & qu'il dresse son esprit à l'exercice des choses qui apartiennent à sa dignité, le seruice qu'il luy rend, est pareillement rendu à tout le corps de l'estat. En vn mot il regle vne ame qui doit regler toutes les autres.

Les flatteurs, & les calomniateurs, ces autres monstres de la vie humaine, plus ils font auant dans les bonnes graces du fouuerain, plus ils offufquent fa fplendeur : & eftouffent vne lumiere qui doit efclairer à la conduite de toute la focieté ciuile. Ils empoifonnent les eaux dont tout le corps de l'eftat doit eftre arrofé. Platon veut que ceux qui gaftent les eaux, payent le dommage qu'ils font, & rendent aux fontaines leur premiere pureté. Cefte loy fait beaucoup à noftre propos. Ceux qui ont beu de ces eaux empoifonnées font morts. Quel moyen de reparer ce mal-heur ? En cefte extremité que peut on faire de moins que donner œil pour œil, tefte pour tefte, & vie pour vie? Mais celuy qui a commis ce crime, l'a commis en forte qu'il n'eft pas en fon pouuoir de le reparer. En cefte rencontre la vie du criminel eft beaucoup moindre que le mesfait. Comment le pourra t'elle expier ? Où le delict n'a point de borne, la peine n'en doit pas auoir. La rigueur du chaftiment doit exceder où celle de la mefchanceté a fait voir fon excez.

Qui nommeroit diables ces peftes de la vie commune, comme les nomment les Grecs, leur donneroit en Italien vn nom conuenable à leur nature : mais qui neantmoins n'auroit pas toute la force qu'il feroit à defir pour bien exprimer le comble de leur mefchanceté. Ceux qui lafchent les refnes à la volonté de celuy, fur les mœurs duquel le falut de tout vn eftat eft appuyé, ne font-ils pas femblables au diable, & quelquesfois pires que luy ? Les Grands fous la domination defquels tout le refte repofe, n'ont rien de propre en leurs mœurs. Leur bonté, & leur malice font communes aux empires qu'ils regiffent : mais leur malice fe fait bien plus fentir de tous que leur bonté. Le mal eft vne fource qui fe defgorge par mille & mille endroits : & tous pendans en precipice. Dés que le Prince eft obfedé par les mefchans, ou les bons fe retirent, ou ils demeurent efteints. Platon s'enfuit, & Seneeque mourut. L'innocence n'a point de lieu, où la malice eft appuyée fur l'authorité du fouuerain. Quand le mefchant a pris vn afcendant fur l'efprit de celuy qui peut tout, il fe fert du pouuoir qu'il tient affiegé pour deftruire la vertu. A Calliftene cet eternel fleau des flateurs, l'obftinée garde de fon integrité fut le principal fubjet de fa mort. C'eft elle qui donna à l'infame Cleon, le moyen de fouler aux pieds

la

la Iuſtice meſme. Ce ſage ne voulut pas traitter Alexandre en Dieu: voila pourquoy il fut traitté en beſte. Pour n'auoir pas voulu croire que ce Prince ne fut pas homme, il ceſſa d'eſtre homme luy-meſme. O genereux Caliſtene d'auoir mieux aymé mourir deſchiré piece à piece que de viure flatteur!

L'eſprit du ſouuerain depraué dans les vices, & perdu dans l'eſcole des meſchans, ne tardera gueres à deuenir Tyran. Dés que la volonté eſt corrompuë, elle ne tient plus les reſnes de la raiſon. L'vtile & le delectable ſont les cochers qui la font marcher elle meſme. Voila comme de Roy on deuient Tyran: & voila comme les meſchans font naiſtre & cultiuent la tyrannie. De là s'ouure vn vaſte champ pour l'iniuſtice & plus vaſte pour celle qui eſt la plus contraire à l'humanité.

Voila d'où ſont venus les deteſtables gouuernemens de Hieroniſme & d'Apollodore: entre leſquels il y a eu vn combat pour faire voir lequel des deux a eu plus de raiſon à ſe dire cruel: & voila d'où le monde a veu des Denys, & des Falaris. Ce ne ſont icy que les moins abominables aſſaſſinats qui ſe commettent contre les loix & contre la Iuſtice. Il fait bruſler les vns: il fait foüetter les autres: & ceux-cy pour la moindre faute ont la teſte coupée. Son eſprit confus ſe donne en proye à ſes paſſions. Dans l'infame bordel de la luxure du Prince c'eſt peu de choſe que de s'acoupler auec deux. Tous ces crimes ne ſont pas tant crimes des Rois comme de ceux qui les portent au mal. La malice ne peut paruenir au ſuccez de ſa derniere rage, que dans celle du ſouuerain pouuoir. Ce fut donc auec iuſte ſubjet que les gens de bien ſe porterent à des cruautés qui ſont au delà de toute humanité contre ces peſtes des Empires.

Contre ceux qui corrompoyent les mœurs des perſonnes priuées on crût que c'eſtoit vn chaſtiment aſſez grand que de les rendre infames ſur les theatres. L'Ancienne Comœdie eſtoit vne cenſure des mauuaiſes actions. Eupolis, Ariſtophane, Cratinus, & autres Poëtes comiques des ſiecles paſſez, meſ diſoient ouuertement des vices des vns & des autres. Ils ne faiſoient pas meſme difficulté d'en nommer les autheurs. Perſonne n'eſtoit à l'abry de cette licence. Cratinus trouua à dire en Periclez, qu'il faiſoit aſſez de choſes par ſes tromperies, mais bien peu de bonnes actions, ou rien du tout. Eupolis intitula vne de ses Comœdies les Flatteurs. Possible qu'en celle là il mordoit les infames parasites de Callias. Ces corbeaux des hommes viuans, furent ceux qui deuorerent l'opulante succession de ce miserable. Ce furent eux qui le plongerent dans vne prodigalité ignominieuse, dans l'yurognerie, & dans l'incontinence. Ce furent eux qui rendirent son nom, aussi honteux que cognu de tous les siecles. A la fin l'ayant reduit à la faim, ils le reduisirent à la necessité de prendre de la cigue, pour se deliurer de sa misere. Si Hermogene, Carneadez ou Antistene eussent tousiours esté à sa table, iamais il ne fut tombé dans semblable infortune. Que ne peut-estre rappellée à nostre temps ceste loüable liberté de blasmer les mauuaises actions! que ne voyons-nous encore ce fleau leué sur les meschans! L'excez des vices ostant tout espoir d'amandement, à de plus osté la coustume, qui leur faisoit la guerre. Eupolis chassé hors du monde par le courroux d'Alcibiade nous en ramene vn souuenir trop amer. En ce temps-cy la puissance souueraine est l'impunité des Roys: & l'exemple, celle des personnes priuées.

Mais quelqu'vn me dira peut-estre qu'on n'a pas traitté si doucement ceux qui ont depraué les inclinations des Princes. A cela ie respôs, qu'il est vray que les detestables amis d'Appollodore le tyran des Cassandriens, ceux de Phalaris, & ceux de Denys, quelques chastiments qu'ils ayent reçeus, ils ne les ont pas reçeus si grands que leur meschanceté meritoit. Les espions, & les flatteurs de Denys furent escorchez: & Filiste vn de ceux qu'il aymoit le plus, fut traisné par les pieds, par toute la ville de Siracuse: & ainsi paya la peine deuë à sa malice.

Autant que sont dignes de haine, & de supplice ceux qui portent les Princes au mal: autant meritent d'estre aimez & honorez ceux qui s'estudient à les rendre amoureux de tout ce qui est honneste. Si donc le but de la raison qui est hors de nous, c'est à dire de la science, qui se communique de l'vn à l'autre, est de faire des amis, d'où est-ce que l'on a subjet d'en esperer le plus, que de l'estroitte familiarité des Grands? Quel autre moyen à t'on de se rendre amy tout le monde? Si l'honneur est deu à la vertu, d'où est-ce qu'on en peut attendre dauantage

que de là? Les Prestres sont en singuliere veneration parmy
tous les peuples de la terre. Ce n'est pas sans raison. Ce sont eux
qui impetrent de Dieu tous les biens qu'il dispence aux hommes. Ce n'est pas qu'ils le rendent liberal. Les dieux sont enclins à bien faire de leur nature. Les Prestres ne font que les
inuoquer: Ils les inuitent à ce qu'ils sont assez inuitez d'eux-
mesmes. Pour ce qui est des sages, en viuant auec les Princes,
il les rendent iustes: les portent & les font propres & prompts
a secourir ceux qui en ont besoin. Voila ce qui oblige le sage à
viure auec eux. En ceste sorte il fait non seulement le bien du
Prince: mais encor en quelque façon celuy de tous ceux qui
portent les autres à mesme vertu.

La felicité qui peut arriuer à l'homme, s'attend de Dieu comme de sa premiere cause: & puis du Prince comme de celuy qui
est son lieutenant sur la terre. Dieu peut & veut faire du bien
à l'homme. Il est aussi luy-mesme le souuerain bien. C'est le
propre de ce qui est lumineux d'illuminer: & le propre du bien
de se communiquer. Dieu ne peut ny nuyre, ny enuier le
bien.

Dieu qui tient sous ses pieds la nature asseruie,
Au bon-heur des mortels ne porte point d'enuie.
Sa bonté leur impose vne si douce loy,
Qu'il paroist les aymer mesme à l'égal de soy.

Ainsi celuy qui impetre des biens du ciel pour les autres, ne
fait pas Dieu liberal. Il est seulement l'instrument de sa munificence: & voila quels sont les Prestres.

Quelquesfois les Princes ne sçauent point faire du bien, ou
n'en ont point l'inclination. La sagesse est celle qui les y rend
& propres & enclins. Comment pourra obliger celuy qui
ignore la nature du bien & du mal? Et c'est en la cognoissance
de l'vn & de l'autre que consiste la sagesse. D'où vient qu'il n'y
a que le sage qui puisse bien faire au Prince. Les Prestres sont
honnorez des tiltres de Mediateurs, & d'interpretes entre Dieu
& l'homme. S. Chrysostome les esleue par dessus les Iuges &
par dessus les Rois. Si Dieu à le premier lieu, les prestres ont le
second au dire du sage Daldian. En l'Isle de Meroé ils estoient
arbitres de la mort, & de la vie des Roys. Les Romains par vn
scrupule de leur religion, se gardoient bien de gouster d'aucuns

fruicts nouueaux, que leurs Preſtres n'en euſſent gouſté. Perſonne n'oſoit leur faire aucune iniure. Qui ſera celuy ſi hardi, qui oſera offenſer vn Preſtre? L'intention du ciel eſt qu'ils ſoyent ſouuerainement honorez. Les iniures faites à leur dignité ſont ſeuerement punies du ciel. La peſte des Grecs qui eſtoyent au ſiege de Troye, fut vn chaſtiment d'vne offence faicte à vn Preſtre. C'eſt ſi grande excellence, & ceſte incomparable gloire dont ils eſclattent par deſſus le reſte des hommes, leur vient de ce qu'ils ſont les inſtrumens de tous les biens que Dieu enuoye aux Royaumes. Pour ce qui eſt du ſage qui eſt aupres du Prince, il ne ſera pas l'inſtrument: mais la veritable cauſe du bon-heur qui arriuera à la republique humaine. En cela ſa dignité n'aproche-t'elle pas de celle des Preſtres? Mais s'il eſt vray que l'vniuers eſt le vray temple de Dieu, le ſage ne ſera t'il pas ſon Preſtre? A luy ſeul appartient de traitter de toutes les choſes de la nature. D'autres en diſcourent aueuglement. Bien ſouuent ils ignorent, & ſon deuoir, & ſa dignité: & poſſible c'eſt de là que vient le meſpris que l'on fait d'eux. C'eſt eſtre Preſtre de tout ce grand temple de l'vniuers; que de cognoiſtre Dieu: & auec luy l'excellence de toutes les œuures de ſa main. C'eſt là le vray caractere des Preſtres de la Nature. Ie ne mets pas en ligne de conte, que nous voyons clairement par les couſtumes de tous les peuples de la terre, la conformité qu'il y a entre le Sacerdoce & la ſageſſe. A Thebes les Miniſtres des choſes ſacrées faiſoyent profeſſion d'enſeigner la Philoſophie: & encore plus glorieuſement parmy les Egyptiens. Dieu n'admet point à la dignité de Preſtre, ceux qui n'aiment point la ſcience. L'vne & l'autre qualité de la nature ſont fauorables à vn Royaume. Le meilleur de tous les Preſtres regnoit parmy les Egyptiens. Iſidore eſtime que le gouuernement des choſes eſt vn meſlange de ſacerdoce, & d'empire. Et moy ie croy que la ſageſſe eſt l'ame de tous les deux enſemble.

Que la consideration de l'vsage auquel le Prince doit appliquer son sçauoir inuite le sage à la Cour.

CHAP. XVI.

VN faiseur d'instrumens de Musique fera plus volontiers, & auec plus de soing vne lire, si l'on luy dit que celuy qui en doit ioüer en la mesme façon qu'Amphion: doit par son harmonie rebastir les murs d'vne nouuelle Thebes; ou comme le diuin Thalete appaiser tout de nouueau les seditions de Sparte. Celuy qui fait des Nauires prendra plus de plaisir à faire vn gouuernail, s'il sçait qu'il doit seruir à la capitainesse de Themistocle contre les Perses, ou à celle de Pompée contre les Corsaires. Quelle resolution tirera donc de son sçauoir le sage, s'il sçait qu'il va seruir à vne personne qui a le souuerain gouuernement en main: qui est l'arbitre de ce qui est bien & de ce qui est mal: qui commande les choses iustes : qui propose des peines aux meschans, & des recompenses aux bons. S'il sçait en vn mot que luy-mesme doit estre la source du bien commun de tous les hommes? Celuy qui fait des Nauires mettra volontiers plus de peine à faire vn timon s'il doit estre employé à la conduitte de la fameuse Nauire d'Argos. Vn charpentier ne prendra pas tant de plaisir à faire vne charruë, ou vne charrette, comme a faire des tables où doiuent estre escrites les loix de Solon. C'est sans contradiction que les raisons de la Philosophie versées dans les esprits, & grauées dans l'ame de ceux qui gouuernent, ont la mesme force & la mesme authorité que les loix.

Il n'est point d'art, de discipline, ou de faculté de quelque chose que ce soit, dont l'industrie ne soit tousiours portée à faire ce qu'elle peut de mieux. Plus le trauail est noble, plus l'ouurier l'entreprend auec affection. Cela estant, sera-t'il bien pos-

ſible que le ſage ait moins de courage que leſ artizãs? Ne ſera t'il
pas plus genereux qu'eux? d'autant du moins que l'entendemẽt
eſt plus noble que la main? Les artiſans font leurs ouurages les
plus excellens qu'ils peuuent, & le ſage ne ſçait ce que c'eſt que
de perdre ſa peine. Ils eſtiment le plus ce qu'ils ont de plus
elabouré. Luy de ſon coſté ne s'occupe qu'aux choſes grandes & ſublimes. On dit qu'Amphion le pere de la Muſique,
baſtit Thebes au ſon de ſa lyre: non celle qui eſt en Egypte, &
qui a cent pottes: mais celle qui eſt en la Beoce dans la Grece,
& dont la gloire diſputoit auec celle d'Athenes. Si l'on euſt ſceu
qu'aux doux accens de ſa lyre, Amphion deuoit baſtir la ville
de Thebes, quel d'entre tous les plus fameux ouuriers n'euſt
deſiré d'eſtre l'autheur d'vn ſi miraculeux inſtrument? L'eſprit
d'vn Prince bien inſtruiȼt eſt la lyre, l'harmonie de laquelle attire & met en ordre les pierres des cœurs des hommes, dont il
compoſa la myſterieuſe cité de Thebes: cité morale, c'eſt à dire, le Royaume. La fable d'Amphion ne couure point d'autre
verité que celle-là,

> *Qui dit que d'Amphion & la voix & lyre*
> *Des murailles de Thebe a releué l'orgueil,*
> *Dit que les mouuemens que la ſageſſe inſpire*
> *Font reuenir au iour ce qu'encloſt le cercueil.*

Quelle autre choſe eſtoit la lyre au ſon de laquelle Amphion &
Orphee attiroient à eux & les arbres & les rochers, qu'vne ſageſſe eloquente? Les cœurs ſauuages & les hommes pleins
d'inhumanité ne ſont-ils pas ſemblables à des beſtes farouches,
à des troncs d'arbes, & à des rochers? Certes le gouuernement
qui s'eſtend des Princes aux ſuiets, doit auoir la meſme proportion & la meſme intelligence qu'il y a entre le cœur, des
Muſiciens & ceux qui dancent. La vie ciuile eſt comme vn
concert. L'eſprit du Prince eſt le Maiſtre de Muſique qui le
conduit. De ſa voix & de ſa meſure doit dependre tout le reſte,
s'il eſt en deſordre le concert le ſera auſſi.

La Muſique a ie ne ſçay quelle vertu diuine, qui adoucit &
conduit comme il luy plaiſt les eſprits d'autruy. Au ſon de
ſa lyre Talete le Candiot remit en bon ordre la republique de
ceux de Sparte, qu'vne generale ſedition auoit eſloignee de
ieur repos & de leur deuoir. La ſageſſe eſt cette diuine Sirene

qui enflame les cœurs de l'amour de la vertu. Si tout le monde ne vit selon les maximes de cette incomparable Reyne des
ames bien nees, il est impossible qu'il y ait aucun accord dans la
societé ciuile. Elle est l'ordre & la concorde de toutes choses.
Sans elle il n'y a que du desordre & de la discorde. C'est elle
qui met en bonne intelligence les esprits, & auec eux-mesmes,
& auec les autres. Le deuoir du Prince est de composer &
maintenir l'Estat dans les bonnes mœurs. Pour cet effect il a
besoin d'vne lyre, dont l'harmonie charme & regisse les esprits
des hommes : & autre que le sage ne la luy peut donner : autre
que luy ne la peut faire. Cela estant, le sage sera-t'il lent à subuenir à vne si pressante necessité? Sera-t'il possible qu'il neglige
vne entreprise si profitable & si genereuse? Temistocle dans
la mer de Negrepont va desfaire l'effroyable armée de Xerces :
Pompée doit purger la Tyrhene, & celle de Lybie d'vne infinité de Corsaires. Les Thessaliens, les premiers de tous les
hommes qui s'oserent fier à l'infidilité des ondes, vont en Colchos, & doiuent rapporter la toison d'or : qui est ce qui ne
voudroit pas auoir fait les timons de leurs vaisseaux? La republique est elle autre chose qu'vn vaisseau commun? & la vie
humaine n'est-elle pas vne mer pleine de tempestes, & d'orages?
Le Prince, ou plustost son esprit, est le gouuernail auec lequel
ceste barque doit estre regie. Quel profit y a-t'il, & quelle gloire, de l'auoir fait? Le sage s'espargnera-t'il en si beau subjet de
s'employer? Il n'est point d'ame quelque basse qu'elle soit qui
de tous les effects qui se peuuent tirer d'vn trauail, n'ayme tousiours le meilleur. En toutes choses la Nature fait tousiours le
mieux. Ou disons auec Pindare : que ce que la nature fait est
tres-bon. Il n'y a personne qui de propos deliberé fuye de l'i-
miter. Vn artisan pourra trauailler sur de l'yuoire, & sur du
bois : & en faire mille sortes d'ouurages : mais aymera-t'il mieux
employer de l'yuoire pour faire des meubles qui seruent d'ornement à la vanité des maisons priuées ; que de l'employer à
faire des tables où soyent grauées des loix pour les Romains?
Prendra-t'il plus de plaisir à se seruir de son bois pour faire vne
charruë, qu'à s'en seruir pour faire des tables où des loix doiuēt
estre escrites pour les Atheniës? L'esprit du Prince est la viuante
table où doiuent estre empreintes les loix de la vie humaine. Le

Prince est vne loy animée. Sa volôté est la regle ães actions des autres. La table de l'esprit royal ne peut-estre polie, ny grauée dignemēt d'autre main que de celle du sage. La loy a t'elle autre origine que la raison? La raison est la regle de toutes les loix. C'est elle qui est la loy, de laquelle Dieu seul est le pere: & né aucun d'entre les hômes: qui n'est point sous l'empire de l'oubly, qui ne mâque iamais: & qui ne vieillit iamais. Si tous les hômes entendoyent le liute de la raison, il ne faudroit point des loix, qui enseignassent à bien viure. La stupidité de la plus part du monde ne sçauroit voir la raison dans son throsne. On a trouué des miroüers pour la representer: & les loix seules seruent à cet vsage. La science de la raison en elle-mesme est vne vraye philosophie: & les loix sont la propre image de la raison: & vn veritable pourtrait de la philosophie. En vain celuy qui sera incapable de comprendre la raison, affectera le tiltre de Iurisconsulte. Claudius Achillinus se garderoit bien de donner aucun rang aux plus sçauans d'entre les Iurisconsultes, s'ils ne pouuoyent aller du pair auec les plus habiles d'entre les Philosophes. Encor que ceste grande ame merite vne loüange extraordinaire en toute autre discipline: neantmoins celle-cy est celle, où l'excellence de son esprit s'est attachée le plus: comme à celle qui auec iuste subject luy a semblé la plus illustre, & la plus necessaire. Quiconque à l'esprit apte à bien discerner la raison, se peut venter d'estre desia bien aduancé dans l'estude des loix. Les sages n'ont-ils pas assigné vne raison à chasque loy? Neratius dit, qu'il est messeant de la chercher en chasque espece: & semble à Iulian, que quelquesfois on ne peut rendre la raison des loix que les anciens sages ont establies. En ceste occasion il arriue si ie ne me trompe que la raison ne manque point à la loy: mais que l'esprit du Iurisconsulte manque à la raison. Qui ne penetre point dans l'ame des loix, peut bien les grauer dans sa memoire: mais non pas les sçauoir. Il pourra bien estre sçauant mais non pas sage Iurisconsulte. Le sage Iurisconsulte, & le bon Philosophe n'ont rien en quoy ils soyent dissemblables. L'estude des loix, & celle de la philosophie ne sont qu'vne mesme chose, au dire mesme d'Vlpian. Ce n'est pas à dire pour cela qu'on puisse arriuer à la parfaicte cognoissance de ceste veritable Philosophie, si l'on ne va recognoistre la source d'où partent

tant

tant de petits ruiffeaux. Pendant les meilleurs fiecles il n'y auoit aucune difference entre les Philofophes, & les Iurifconful-tes. Pomponius Celfus, Papinian, & encore d'autres legifla-teurs appuyent leur doctrine fur celle de Theophrafte, de Cri-fippe & d'autres fameux Philofophes. Zaleucus, & Charondas ont acquis l'intelligence des loix, non dans le tumulte du bar-reau, ou dans l'efcole du Iurifconfulte, mais dans le filence de Pytagore. Du commencement ce furent des Philofophes qui eftablirent des loix. Celles que Solon fonda furent des fruicts de la Philofophie qu'il auoit aprife en Egypte. Amafis vouloit que tous les ans vne fois chafcun des fes fujets vint rendre conte de fa vie à fon Prince. Solon apporta cefte couftume à Athenes de fon voyage d'Egypte. Ce qui monftre affés claire-ment comme en ce pays-là il s'eftoit fort inftruit en l'eftude de la fageffe des Egyptiens. L'Egypte a efté la fource de toutes les fciences : mais fur tout de la Theologie & de la Philofophie. Solon deuoit feulement donner des loix à cefte ville, d'où les euft pû tirer l'autre qui eftoit deftinée pour en impofer à tout l'vniuers : ie parle de Rome la Reyne de toute la terre. Celuy qui confidera comme Dieu regiffoit le monde, apprit fans au-cune peine, comme l'homme deuoit regir l'homme, qui eft le petit monde. Voila pourquoy l'Egypte apres auoir penetré dans les fecrets de la diuinité, trouua facilement & l'occafion, & le moyen de faire des loix. Les premiers n'en auoyent point d'autres que celles qui eftoient efcrites dans les efprits. Les fages feruoyent de loy à tous les autres. Le gouuernement eftoit vn office, & non vne Royauté. La malice des hommes rendit les loix neceffaires, & en fit naiftre l'vfage. Ce fut alors que l'âge d'or commença de manquer. Plus l'iniquité s'acrut, plus s'acrut auffi la neceffité des loix. Maintenant & les vnes & les autres font arriuées au comble de leurs excez. Ce qui eft iufte ne demeure pas plus offencé de l'vne, qu'il refte confus des autres. Donnez-moy vn Prince qui entende comme il faut lire le liure de la raifon; & ie vous promets que fous fon re-gne vous verrez l'âge d'or. Celuy qui lit dans ce liure ne s'eftonne iamais dans fon deuoir. Il ne peut rien vouloir qui ne foit iufte : ny rien commander qui foit hors de faifon. Si le Roy veut ce qui eft honnefte, qui eft-ce qui ne le voudra pas

auffi bien que luy ? Qui eft-ce qui peut faire reuffir vn fi beau
defir, fi ce n'eft le fage ? Où peut-il plus glorieufement s'employer qu'à cette honnorable entreprife ? Celuy-là n'eft pas
vray Philofophe, qui ne prend pas plaifir à exercer la Philofophie à fon plus noble vfage : & elle-mefme ne le peut ny defirer
ny efperer dans l'efprit du fouueaain.

Ce fut là la feule confideration qui obligea Platon à faire vn
voyage en Sicile. Il efperoit de ramener à leur deuoir les mœurs
de Denys : & d'imprimer dans fon efprit & fa difcipline, & des
loix qui ne demeurcroient pas oifiues.   Mais il le trouua en la
mefme façon qu'vn liure mal efcrit : où il n'y auoit rien qui ne
meritaft d'eftre effacé.   Cet efprit mal fait ne pouuoit quitter
la teinture qu'il auoit prife de la tyrannie.   Elle auoit ietté
en luy de trop profondes racines.   Difficilement en pouuoit-il
eftre purgé.   Tant que ces efprits font dans le penchant de
leur ruine, ils ont befoing d'eftre affiftez. Il les faut fouftenir,
& les empecher de tomber par le fecours de bonnes & curieufes
raifons.

Il n'appartient qu'aux bons de leur perfuader ce qui eft iufte,
& de les porrter au bien. La plus confiderable partie de la bonté confifte en cet vfage. Le mieux que pourra faire le fage ce
fera d'enflammer de l'amour de tout ce qui eft honnefte, orcs
l'vn, orcs l'autre.   Mais fa plus grande ardeur fe defployera à
en rendre paffioné l'ame des autres ames; c'eft à dire le Prince.
Quel autre fubjet que celuy-là fut capable d'obliger Platon à
faire trois voyages en Sicile ? Toutes les trois fois qu'il y fut, il
crut accoupler le fceptre auec la fageffe. Les mefchans qui
auoient empoifonné l'efprit de Denys rendirent vaine vne fi
glorieufe entreprife. Ils ne cefferent iamais, que par leurs calomnies il n'euffent mis ce grand homme aux mauuaifes graces
de ce tyran. Denys eftoit ieune, & ignorant de tout ce que celuy qui regit vn empire doit fçauoir le mieux. Il eftoit defia
deuenu la proye de fes flatteurs : & obeiffoit en efclaue à ceux
qui luy deuoyent obeïr. Son efprit enforcellé de leurs prefti-
ges n'eftoit plus en eftat d'eftre charmé de la beauté de la fageffe. Il fe moquoit de cet excellent Philofophe, & prenoit plaifir
à fe ioüer de luy auec des demandes de neant. O que l'empire eft
malheureux de qui le ieune Roy eft obfedé par des mefchans!

L'ame de cet infame tyran estoit embarrassée d'abominables passions. Le mal y estoit escrit: le mal y estoit graué. Platon n'y pouuoit mettre aucun precepte de sagesse. Elle n'estoit plus capable de receuoir aucuns nouueaux caracteres. Les premiers qu'elle auoit reçeus n'en pouuoyent estre effacez. Les peruerses affections estoyent profondément grauées dans la table où ce sage pretendoit imprimer l'art de bien gouuerner vn Estat. Les maximes de la tyrannie y estoyent escrittes: & auec elles la ruine de leur tyran, & celle de son empire. A ce que dit Aristote l'esprit est comme vne table raze où selon l'aduis de Platon vne table où il y a des caracteres fort aisez à effacer. En cet estat il est fort ployable & au mal, & au bien. Vn naturel qui n'est point depraué peut aisement estre porté à ce qui est honneste. Il est fort facile de ramener vn esprit à son deuoir, lors qu'on le prend quand il n'y a pas long-temps, qu'il s'en est egaré. Au temps que Platon fut en Sicile, le venin auoit penetré par toutes les venes de Denys. Son cœur estoit infecté: & l'antidote n'estoit plus de saison.

De quelle importance est l'education.

CHAP. XVII.

CHasque chose prend son cours en sa source. Dés son principe elle commence à se renger vers le parti qu'elle doit suiure. La durée, & la cheutte d'vn edifice ont leur raison dans les fondemens. Bien souuent du mois de Mars, & du mois d'Auril, on tire des coniectures pour tout le reste de l'année: & l'on iuge de toute la vie d'vn homme par son bas âge. En leurs commencemens toutes choses donnent des esperances de leurs bons, & de leurs mauuais succez. Quelque peine qu'on prene à l'education de la ieunesse, elle ne laissera pas de pouuoir paroistre d'effectueuse. Les nerfs de toute la discipline humaine concistent au soing que l'on doit prendre des premieres années. Les esprits qui ont reçeu vne bonne education se rendent à la

fin fort vertueux. Les mal diſciplinez demeurent touſiours meſchans. Il y en a qui de leur naiſſance ont de loüables diſpoſitions. Ceux-là ne ſont pas mal-aiſés à eſtre conduits au bien. Il en eſt beaucoup auſſi qui ſont nez au mal.
En ceux-cy le retardement acroiſt la difficulté qu'il y a de
les porter à la vertu. Il faut tout du commencement s'oppoſer à leurs mauuaiſes inclinations. Il faut eſtouffer iuſqu'aux
ſemences du vice, diſoit Hiperidez. La malice qui a ietté de
profondes racines, & qui a vieilli, ne peut que fort difficilement eſtre arrachée. Le mal naiſſant eſt facile à guerir. Qui
veut corriger la malice auant qu'elle ſoit endurcie dans l'eſprit,
le peut ſans beaucoup de peine. D'abord que l'ennemy met le
pied dans le pays, il l'en faut chaſſer. Si l'on ſouffre qu'il prenne
la ville, il ne compoſe plus au gré de ceux qu'il a vaincus. L'eſprit n'eſt pas ſi peu proche de ſes affections qu'il les puiſſe chaſſer loing de luy comme bon luy ſemble. L'appetit & la raiſon
ne ſont pas ſi ſeparez l'vn de l'autre, que l'eſprit en changeant ou
en mieux, ou en pis, deuienne ou raiſon, ou paſſion. Il eſt
vray que tout ſoing obſtiné ſurmonte toute difficulté. Les
cheſnes courbez ſe redreſſent: & la chaleur eſtend les poutres
tortuës. Cela neantmoins ne ſert de rien ou de fort peu de choſe à nous faire eſperer de pouuoir redonner la gueriſon à vne
ame, à qui la malice a donné la cangrene. Plus ceſte peſte l'aſſie-
ge, plus elle s'endurcit dans ſon mal, & plus elle deuient lan-
guiſſante, & ſans pouuoir d'en releuer iamais. Elle n'eſt non plus
capable de receuoir la raiſon que de la garder chez elle ſi elle l'a-
uoit reçeuë. Il peut arriuer que le vice luy viendra à degouſt:
mais non pas qu'elle deuienne iamais amoureuſe de la vertu. Il
ne faut point eſperer de pouuoir iamais oſter la mauuaiſe ſen-
teur d'vn tonneau, dans lequel il y a eu longuement quelque
liqueur infecte. L'habitude du vice par ſucceſſion de temps
corrompt la nature, quelque bonne qu'elle ſoit. Entre les plus
facheuſes entrepriſes de la ſageſſe, il n'y en a pas de plus facheuſe, que de rendre la ſanté à vn eſprit pourri dans le vice. Rarement en ſort on à ſon honneur. On ente les ieunes plantes. La
couſtume des anciens Perſes ne fut & ne ſçauroit iamais eſtre
aſſez loüée. A peine les enfans auoyent-ils quitté le laict qu'ils
eſtoyent enuoyez ſous des maiſtres qui enſeignoyent publi-

quement la vertu. Ils auoyent des escoles publiques, où l'on monstroit ce qui estoit iuste, & ce qui estoit honneste. Là les esprits estoyent exercez en leur plus grande tendresse. L'âge en sa plus belle saison s'acheminoit à la perfection de l'esprit & du corps tout ensemble. Les membres croissoient en vigeur, & l'ame en vertu. Voila quelle estoit cette Perse, qui depuis fut maistresse du luxe, de la fraude, & de toute la malice de l'vniuers. Parmi les Egyptiens il n'estoit permis ny de peindre, ny de chanter. Ces deux qualitez parmi eux estoyent peu honorables. Le bas âge estoit donc sous la conduitte de bons gouuerneurs. Pour moy ie souffrirois volontiers qu'on laissast le soing de tout autre esprit vigoureux, pouruou qu'on mit toute son industrie à bien cultiuer celuy du Prince qui est en la premiere fleur de son âge. C'est luy qui est le premier, & veritable fondement de la vie ciuile. De l'enfance du souuerain se doiuent attendre, & les craintes, & les esperances du gouuernement aduenir. Quelque rigeur qu'on luy tienne, elle paroistra tousiours moindre qu'elle ne deuroit estre. La contagion de la tyrannie s'emparera facilement de l'esprit des ieunes Princes, si on n'y prend garde exactement. Le peu d'experience qu'ils ont les donne en proye aux meschants : & leur peu de finesse ouure les portes à leur propre conqueste. Leur ieune ardeur les precipite assés d'elle-mesme à leurs plaisirs. En ces agreables rencontres, leur esprit s'espanoüit, s'estend, & se fait voir tout tel qu'il est. Les meschans cependant n'ont pas beaucoup de peine à descouurir quelles sont les passions qui resueillent le plus les ferueurs de l'âge. Par là ils s'acheminent à la ruine des imprudens. Qui n'a iamais esté trompé se fie de leger à tout le monde. Dés que ces gens peruers ont acquis vn ascendant sur les esprits, ils les tournent comme ils veulent. Leur premiere estude est de les enflammer de l'amour du vice. Moins il leur est mal-aisé de donner le succez qu'ils desirent à leurs execrables intentions, plus il est mal-aisé aux bons d'y apporter du remede. Les ieunes arbrisseaux seruent de ioüet à tous vents. On les plie comme on veut. Mais quand on les tient longuement contraints d'vn costé, enfin ils s'endurcissent & croissent en la forme qu'on leur a fait prendre. Sont ils grands, il est impossible de les redresser. Quiconque y essaye court fortune

de les rompre, pluſtoſt que de les faire obeïr. Souuent le trop
de ſeuerité auſſi auec laquelle vn pere traitte ſon fils, porte au
m l'impetuoſité de l'âge, & facilite le deſſein que les meſchans
ont de s'emparer de ſon eſprit. Les paſſions ſe debordent à
meſme temps que ce qui les retenoit eſt oſté: & la violence qui
les domptoit eſtant domptée, elles s'eſpendent outre leurs bors
auec vne telle impetuoſité, que rien n'eſt plus capable de les
arreſter. Vn cheual fougeux, qui a eſté long-temps ſans ſortir
de l'eſcurie, dés qu'il eſt eſchappé fait mille ſauts, & mille bóds,
& ſemble qu'il prene plaiſir a eſtre mis en furie. Vne longue ſoif ne ſe contente pas de boire modeſtement. Au partir
d'vn lieu où l'on eſtoit retenu par force, on court fortune d'aller
plus loing qu'on ne voudroit. Que noſtre condition eſt miſerable! Dans nos propres maiſons nous auons ceux qui nous
trahiſſent. Quelquefois le ieune enfant eſt plus retenu moins
on luy tient la bide haute. Quiconque deffend quelque choſe
bien ſouuent en fait naiſtre l'enuie. Le refus la plus part du
temps augmente le deſir, & donne de nouueaux appas à ce que
l'on refuſe: mais iamais tant qu'aux premieres chaleurs de l'â-
ge. La premiere courſe de la ieuneſſe eſt toute aux paſſions.
La raiſon n'en eſt point la maiſtreſſe: Si ce n'eſt celle d'autruy.
Si le ſecours ne vient de dehors on deuiendra facilement Denys. Platon aura beau arriuer: il n'arriuera pas à temps. Le poiſon aura ietté de ſi fermes, & de ſi profondes racines dans l'eſprit pendant ſa ieuneſſe, que ce fameux medecin des ames n'aura point de remede qu'il n'employe en vain. La doctrine de
Platon ne fut point vtile à Denys: elle le fut à tout l'vniuers. Si
ce grand homme prit plaiſir d'eſtre à la Cour, quel d'entre les
ſages ne ſera pas bien aiſe d'y aller? Qui refuſera de ſuiure vne
ſi grande lumiere?

LE
SAGE EN COVR.

LIVRE IV.

Pourquoy on fait la Cour.

CHAP. I.

Outes les fautes que les hommes font pendant leur vie, & toutes les infortunes dont ils font acueillis se doiuent raporter au defaut qui eft en leur entendement comme à leur propre racine, & à l'aliment qui les entretient, & qui le fomente. Le plus grand eblouiffement qui puiffe arriuer à l'efprit, eft celuy qui regarde le but qu'il fe propofe. Quand le iugement eft peruerti, tout ce qui en defpend l'eft de mefme. De la veritable cognoiffance de la fin à laquelle on doit afpirer, & du bon choix qu'on en fait, on difpofe facilement de tout le refte. Ainfi pour bien entendre ce que c'eft que la vie du courtifan, il ne faut que fçauoir pour quel fubjet on fait la Cour.

Toute conionction tend à quelque bien. Les chofes inegales entres elles, à peine font-elles fur le poinct de s'vnir, que la Nature confidere celles qui font les plus nobles, & les plus efclatantes pour la dignité de l'vniuers. Souuent en faueur d'vne

ſeule, elle en deſtruit pluſieurs. En cela il ſemble qu'elle a deſtiné les moins profitables, & les moins parfaites, pour l'auancement de celles qui le ſont le plus. Si elle a aſſemblé celles qui
ſont de l'vn & de l'autre ſexe, ce n'a pas eſté tant afin qu'elles ſe
fuſſent reciproquement vtiles, comme pour faire qu'elles ſer-
uiſſent à la plus digne. En cette ſorte elle a ſoufmis tous les
animaux à l'empire de l'homme. Pour le ſouſtien de la vie qui
eſt plus à eſtimer que pas vne autre choſe du monde, elle fit
naiſtre les plantes : & par la mort de tout ce qui vit, elle a procuré vn appuy à noſtre vie.

La bonne conduite de l'homme eſt vne image de la conduite de la nature : & la vie ciuile n'eſt qu'vne certaine imitation
de la naturelle diſpoſition de chaque choſe. En effect, la fin
de l'homme n'eſt-elle pas de viure conformement a la nature ? Les maximes dont elle ſe ſert, ſont de pures impreſſions de
la raiſon qui eſt en Dieu. D'où s'enſuit que celles de l'homme,
ſi elles ne ſont deprauees, ſeront pareillement de pures impreſſions de la raiſon. Ces deux ſortes de raiſons, à parler ſainement, ne ſont qu'vne meſme choſe : mais en diuers ſuiets.

La Royauté eſt le comble de tout le bon heur qui peut iamais arriuer aux hommes. La fortune n'a rien au delà, où elle
puiſſe eſleuer perſonne. Eſtre au deſſus de la plus grand' part
des choſes humaines pour les auancer à leur bien, eſt vne
des plus glorieuſes marques de l'excellence de celuy qui iouyt
de cet aduantage. Le Prince eſt veritablement le cœur, & l'a-
me de la vie ciuile. Luy ſeul d'entre les hommes, eſt celuy
de qui tous les autres attendent leur bien. Voila comme quoy
le bien du Prince eſt autant au public, comme il eſt à luy. Mais
celuy d'vn particulier ne peut eſtre commun à la Republique,
qu'en ſe communiquant au Prince. Il n'eſt donc point de raiſon, me dira quelqu'vn, qui en pareille occurrance empeſche de
preferer le bien d'vne perſonne particuliere à celuy du Souuerain. A cela ie reſpons que la Cour n'eſt autre choſe qu'vne affluance de monde au tour du Prince. D'où vient que le bien
auquel elle aſpire ne ſera pas celuy de chaque courtiſan en particulier, pluſtoſt que celuy de leur Maiſtre. On ne doit pas
nommer bien du Prince, ce qui l'eſt à Cæzar, ou à Philippe, ny
celuy qui l'eſt au chef du corps ciuil. La veritable fin de chaque
choſe

chofe eſt ce à quoy elle eſt nee, & ce pourquoy elle ſe maintiét.
L'intereſt du Souuerain fut l'origine de la Cour : à preſent c'eſt
ce qui l'entretient. Sans luy on n'en euſt iamais veu. Le but où
naturellement toutes choſes tendent, eſt celuy duquel elles
peuuent receuoir leur plus grande perfeƈtion. Vne lyre n'eſt
parfaite qu'en ce qu'elle raiſonne parfaitemeat. Toute la gloire
d'vn bon courtiſan conſiſte à ſeruir genereuſement ſon Maiſtre.
Que d'ailleurs il aye toutes les loüables qualitez qu'il voudra,
s'il n'a celle-là, il ne ſera iamais bon courtiſan. Toute choſe eſt
bonne & parfaite quand elle eſt arriuee à ſa fin : & les choſes
n'en ont point d'autre qu'en leur propre vſage. Ce qui a la force
d'agir eſt produiƈt par l'aƈtion. La fin de la langue eſt de parler, & celle de l'oreille d'oüir : ſemblablement celle de l'œil eſt
de voir. La iuſte volonté du Prince, eſt la iuſte loy des ſuiets.
La premiere choſe qu'auecque Iuſtice il demande de ſes courtiſans, c'eſt le ſoin & l'amour de ſon propre bien. Ou ſon intention eſt iniuſte, ou il n'eſt pas permis à ſes ſuiets de s'y oppoſer,
n'y d'en auoir d'autre.

Il ne ſe trouuera point d'eſprit, quelque hardy qu'il puiſſe
eſtre, qui auant toutes choſes ne face vne particuliere profeſſion
d'eſtre ſeruiteur de ſon Prince. Il n'eſt rien ſi genereux que
d'en pouuoir faire veritablement gloire. Tout autre deſſein
en pareille condition de vie, ſera incertain, mal-aiſé,
& ſuiet à mille mal-heurs, & à mille diſgraces. Il n'arriue iamais de l'empeſchement, ny du mal, du bon ordre des choſes.
Les voyes de la nature, & celles de la raiſon ſont faciles, & ſeu-
res, aux ames nettes de tout vice. Quiconque quitte le droiƈt
chemin, a ſon crime à ſa teſte, & ſon ſupplice à ſes talons. Par
cette raiſon il faudra que la Cour ſoit vne ſocieté de monde, autour du Prince, deſtinee d'elle-meſme à l'honnorer & ſeruir:
L'vtilité n'eſt pas ſeulemét compriſe ſous cette ſeruitude :
l'honneur y a encore ſa part. Celuy qui veut voir la veritable
idee de la Cour, doit s'imaginer, que les choſes les moins dignes ne ſont que pour ſeruir aux plus dignes, & les plus dignes
à celles qui le ſont encore plus. Ainſi la Cour ſera vn aſſembla-
ge de perſonnes, où les moins conſiderables ſont au deſſous de
celles qui le ſont le plus, autour d'vne ſeule qui les ſurpaſſe
toutes, & de qui elle doit eſtre ſeruie.

Mm

Il eſt vray que noſtre intereſt, ioint à nos inclinations na-
turelles, nos paſſions, & nos mœurs meſmes, s'oppoſent au deſir que nous en pourrions auoir. Tous ces obſtacles ſe promettent de faire voir, que ſi nous teſmoignons de l'auoir, il
n'eſt pas veritable, mais feint : ou que s'il eſt veritable en effet,
ils le rendront vain. Ils ne veulent pas qu'il y ait de l'apparence
que l'amour du bien ne commence pas par le noſtre propre.
Quelques vns d'entre les plus ſçauans ſont de cette opinion. La
defenſe dont ils ſe ſeruent eſt, que les plaiſirs qu'on accepte ſo-
lemnellement ſont veritables, ou tout à fait, ou du moins en
partie. D'ailleurs que les inclinations ſont aſſez capables d'el-
les-meſmes de fomenter les erreurs inueterees: que les fautes
generales reculent bien loing l'amendement : ſinon les autres,
du moins certainement celles qui regardent le bien particulier:
qu'on accourt à la multitude qui s'obſtine à defendre ſon propre mal: qu'ainſi le torrent du plus gtand nombre emporte toute la foule au vice, par vne pente où il eſt impoſſible qu'vn ſeul
l'arreſte : que dans la confuſion des cris que iettent ceux qui ſe
fouruoyent, la raiſon n'a point de parole qui ſe puiſſe faire entendre; qu'elle a beau parler, qu'on ne ſçauroit comprendre ce
qu'elle dit : que l'auarice aſſourdit les oreilles auec le nom d'intereſt: qu'elle le fait ſonner ſi haut, que toute autre choſe pro-
ferée auecque vehemence ne ſçauroit ſe faire entendre: que ſi
quelques-vns y preſtent l'oreille, elle s'en mocque, les baffouë:
les nomme Catons, les nomme Phocions : qu'elle monſtre
comme ce n'eſt pas perſuader par des raiſons de Rhetorique,
que de perſuader par les exemples de ſes propres actions : ſouſtient qu'il ne ſert de rien d'enſeigner de parole, ce qui ne ſe
peut pas mettre en effect, & demande ſi l'on eſt tel que l'on veut
que les autres ſoient.

Ie veux que tout cela ſoit: pour ne pouuoir pas tout à fait
ſurmonter la malice, faut-il la laiſſer là, & ne la perſecuter
plus ? Puis que les mauuais eſprits ſe plaiſent à faillir, certes il
eſt raiſonnable qu'on face voir qu'ils faillent, & qu'autre qu'eux
n'eſt complice de leur folie. S'ils failloient ſans le ſçauoir, nous
ſerions coulpables comme eux. Qui ne s'oppᵖſe point au vice,
luy donne la liberté d'aller plus outre : & qui ne taſche de le
rendre ſterile, le rend fecond. Ce n'eſt pas amoindrir le crime,

que de permettre que la malice soit espaulee de l'ignorance.
Au contraire c'est le redresser, & ioindre le sien à celuy d'autruy. C'est le deuoir de ceux qui font profession d'aimer la sagesse, de resister à l'iniquité. C'est à quoy la pureté de Minerue
les oblige. Ils sont payez pour cela. Elle entend qu'ils portent
les armes contre le vice : & qu'ils defendent tout ce qui est iuste. L'interest que les mauuais esprits pretendent estre le suiet pour lequel on doit faire la Cour, n'est autre chose qu'vn
embarras de plusieurs iniures, & de plusieurs opprobres contre
l'honnesteté. On va à luy par la desloyauté, par la flaterie, &
par mille autres malices lasches & vilaines. Les mœurs du vulgaire, & les escrits de ceux qui sont dans le mesme sentiment
que luy, en font des tesmoignages tres-fideles. De quelle autre preuue a t'on besoin, pour monstrer qu'vne fin est mauuaise, que de faire voir que les moyens par lesquels on va à elle
ne valent rien ? Le bien auquel on ne sçauroit arriuer que par
le moyen du mal, peut-il estre heureux ? ou le malheureux, par
le ministere duquel on paruient au bien ? Le sage fera ce qu'il
doit sans l'aide d'aucun mal. La premiere malice de ces ames
lasches, est de dresser des embusches aux sentimens du Prince,
& faire toute autre profession en effect, qu'ils ne font en apparence. Ils font mestier de monstrer à leur maistre, qu'ils sont
plus passionnez de son bien, que du leur propre : & c'est ce qu'il
demande d'eux. En suitte de cela ils troublent & l'ordre de la
raison, & celuy mesme de la nature. La nature prefere tous-
jours le plus noble bien, au moins noble. Celuy de plusieurs luy
est plus considerable, que celuy d'vn seul. Elle aime mieux celuy de la teste, que celuy des pieds. Le bien du Prince, pour
estre celuy de tous, est plus importāt que pas vn autre. La raison
d'vn autre costé oblige le Prince à postposer le sien à celuy du
public, & chacun en particulier à preferer celuy du Prince au
sien propre : Celuy de la Republique qui est plus grand que
tous les deux ensemble, ne permet pas que cela se passe d'autre
sorte. Le Prince qui s'esloigne de cette maxime n'est plus
Prince : il est Tyran : & lors qu'vn homme priué tombe dans
mesme faute, il est coulpable d'vn crime qui n'a point de nom,
& que pourtant on peut dire estre vne espece d'impieté. Les
Souuerains sont Lieutenans de Dieu sur terre : ou, comme dit

Platon, ce sont des dieux terrestres. Les plus esloignez d'entre
les sujets sont obligez à la conseruation de leur Prince, par la
perte mesme de leur vie: & y sont obligez par la seule consideration qu'il est leur Prince. Mais l'est-il plus luy mesme, du
reste de ses sujets, qu'il l'est de ceux qui sont à sa Cour? ou si
ceux-cy qui sont les premiers à sentir les effets de sa liberalité,
& plus largement que nuls autres, luy ont moins d'obligation
que le reste? L'amour de nostre propre bien precede tout autre,
si ce n'est qu'estant comparé, il se trouue infiniment moindre.
En egale balance le nostre va tousiours le premier. Celuy de
chasque homme particulier marche deuant celuy de tout autre
particulier: mais tousiours apres celuy du Prince: à cause qu'il
est celuy de tous les sujets ensemble. En matiere de biens il
n'y a point de contrarieté. Celuy du souuerain, celuy du public,
& celuy des particuliers sont naturellement enlacez, l'vn dans
l'autre, & s'aident reciproquement. C'est l'interest de chasque
particulier, que la dignité royale abonde en toute sorte de prosperitez: & que le gouuernement public soit dans la meilleure
disposition qu'il puisse estre. C'est encore l'interest du public,
que chasque particulier iouïsse de tout le bon-heur, dont sa
condition est capable. Le bien des personnes priuées qui tient
lieu de mal aux autres, ou qui ne contribuë rien à l'vtilité publique, n'est pas vn vray bien: c'est vn bien qui ne conciste
qu'en l'opinion. La nature est passionée de nostre auancement:
non pour l'amour de nous: mais pour l'amour de l'vniuers. Du
bien qu'elle nous fait à tous en particulier, elle tire celuy qui est
fait à tous en general. Celuy qui nous donna la raison, nous la
donna pour nous seruir d'escorte, & de regle, pour l'employer
contre nos passions. En l'occurrence des biens, elle nous ordonne le soing du plus considerable: qui est le plus important à la
felicité publicque. Ces choses se passant de ceste sorte, quelle
raison reste t'il pour se deffendre, à ceux qui ne font la Cour
que pour leur propre interest? On me dira qu'il s'en trouue
qui soustiennent que chascun doit estre pour soy en tous lieux.
Quelle merueille y a t'il? Fut-il iamais de meschanceté qui ne
trouuast vn aduocat à la deffendre? Il n'y a que trop de monde
qui pratique cela. S'il est question de s'esmerueiller, esmerueil-
lons nous comme la nature permet, qu'il y ait tant d'esprits

aueugles, & mal compoſez. De moy i'eſtime que ce mal henr
eſt plus digne de compaſſion que de merueille : & ne penſe pas
que ſemblable erreur puiſſe eſperer de tirer aucune protection
du commun conſentement du peuple. Où les mœurs dans
leur propre ſejour ont des occaſions de ſe porter au mal, le bien
eſt touſiours le contraire de ce que le vulgaire approuue. En
toutes les rencontres où les paſſions peuuent deſtourner le iugement, l'opinion du peuple eſt fole: & pareillement fol qui s'y
fie. Ie n'vſeray point de ces termes à l'endroit de mon Stoyque, c'eſt la plus grand part : car il me reſpondroit tout auſſi toſt
en cette ſorte, voila pourquoy c'eſt encore pis. Que les animaux priuez de iugement ſuiuent l'exemples : pour ce qui eſt
de l'homme, il eſt obligé de ſuiure touſiours la raiſon. On doit
iuger des opinions, non par le nombre : mais par la qualité,
comme les Iuriſconſultes. Il n'appartient pas à toute ſorte d'eſprits de iuger comme il faut. Le nombre des ſots eſt infini.
Apres cela, eſt il raiſonnable de ſe conformer à l'opinion du
peuple ? Vous me dirés qu'il ne ſert de rien de s'oppoſer à ce
general aueuglement. Ie le veux. Si nous ne le pouuons point
ſurmonter, à tout le moins luy pouuons nous donner de la
peine, & le trauerſer. La malice ne peut-elle pas eſtre vaincuë?
qu'elle ne demeure pas pour cela en repos : & ſans aduerſaire.
Quiconque deteſte les vices, deteſte les ſiens les premiers. L'occurrence nous fera voir auec quel ſuccez nous nous ſommes ef-
forcez de nous desfaire des noſtres. Si celuy qui n'eſt pas innocent n'a point la liberté de reprendre la malice, faudra t'il qu'elle demeure ſans aucune reprimande? Certes on ne doit pas
empeſcher que les meſchans n'ayent du moins cela de bon en
eux, que de hayr la meſchanceté, & de la reprouuer. Ie ne
me ſoucie pas qu'on tienne ces maximes que i'enſeigne pour
des maximes de Caton, pourueu qu'elles ſoyent iuſtes. A quel
comble de meſchanceté faudroit-il eſtre monté, pour me defendre de blaſmer le vice? Et quelle impieté eſt ſi temeraire
de ſouſtenir qu'il eſt impoſſible de viure honneſtement?
Si l'innocence eſtoit vne choſe impoſſible, ou bien mal-aiſée à
acquerir, l'iniquité porteroit quant & ſoy ſa iuſte defence.
Les fautes ne ſeroient plus fautes. Celuy qui feroit mal feroit
excuſable. L'autheur de la nature feroit l'autheur, & le compli-

ce de tout, si le sentier de la vertu estoit ou inaccessible ou trop embarrassé. Mais Dieu a osté tout pretexte à l'iniquité. Il a rendu aisées les voyes de l'honnesteté. Elles n'ont aucune difficulté, aucun obstacle, si la malice n'en y met. Celuy-là a bien menti qui a dit que le chemin de la vertu estoit roide, & facheux : il est fort aisé. Il n'est point de peine egale à celle de faire ce que font les meschans.

Mais il n'est point de bien, qui ne soit capable de reueiller l'appetit, & de se faire desirer. A la Cour il y a beaucoup de gens, engagez au train d'vne mesme vie : beaucoup mesme des plus releuez, de qui les occasions se rencontrent ensemble : & naissent, & meurent tout en mesme temps. La condition en laquelle ils sont, les bonnes graces du Prince, les rencontres des glorieuses occupations, & semblables honneurs, sont veritablement des biens, dignes de la liberalité d'vn grand Monarque. Par leur moyen on reçoit de notables aduantages : par eux on est beaucoup respecté, & par eux on a des satisfactions incroyables. Ils sont feconds en interests tant publics que particuliers. Ce qui approche le plus du principe de la lumiere, est ce qui est esclairé le plus, & qui a le plus de clarté. Ce qui est tout proche la source, du bien doit estre necessairement riche. Par cette raison ceux qui viuent pres des Grands en doiuent auoir beaucoup. Le deuoir du souuerain est de procurer de la felicité generalement à tous ses subjets. Cela estant, comment sera t'il possible qu'il oublie ceux qui sont aupres de sa personne? Les premiers font vne grande republique. Les derniers en font vne petite. La condition du courtisan deuroit estre d'autant plus heureuse que celle de tous les autres, qu'il reside plus pres qu'eux de la source du bien. Il est iuste que tous ceux qui sont à la Cour reçoiuent largement tout autant de bon-heur, que les affaires, & la bienseance permettent au Prince de leur en departir. La mesure du bien deu à chascun doit estre proportionée à la dignité des personnes. Chascun merite d'en auoir autant que sa qualité est digne d'en receuoir. En cela la raison, & non la quantité est à considerer. Le Prince n'en sçauroit estre auare sans blasme: sans en receuoir du dommage, sans blesser son propre interest : & sans noircir sa reputation. Il importe autant au souuerain qu'aux courti-

fans mefmes, que chafcun ait ce que fa condition peut raifonnablement fouhaitter de mieux. La munificence qui s'exerce de cefte forte pour la plus part retourne à celuy qui la pratique: & enrichit en quelque façon fon autheur. La recompence doncques deuë au courtifan, eft de fi grand prix, que
fans l'efperance de quelque autre chofe que ce foit, elle a affez
d'appas pour obliger les hommes à choifir la vie de la Cour.
Prendre le deffein de s'attacher plus à vne maniere de vie, qu'a
vne autre, eft en pretendre vn profit plus efclattant. Lors qu'il
eft queftion de fe procurer du bien, il fe le faut procurer le
plus grand que l'on peut. Toute raifon veut que de toutes les
chofes du monde, on tire le plus profitable vfage que l'on en
puiffe tirer. Entre toutes les conditions de vie, fortables à
noftre courage, qui iuge que celle de la Cour eft la meilleure, &
qui en fait le choix, feconde les bonnes inclinations que la nature luy a données. En matiere de choix, il eft mal-aifé de dire
abfolument ce qui eft le mieux. Caton ne pouuoit mieux faire
que de viure protecteur de la liberté Romaine. Depuis l'eftat
des affaires luy fit trouuer meilleur de mourir libre. La neceffité, l'incertitude, & la difficulté bien fouuent rendent le pire
party, le meilleur.

De tous les biens qui font à la Cour, les bonnes graces du
Prince, font celles qui tiennent le premier rang. Elles font les
premieres, non comme vn fruict : mais poffible comme la tige
dont il eft produit luy-mefme. Il eft vray qu'elles ne font autre
chofe que le puiffant inftrument, par le moyen duquel on vient
à bout de fes defirs & de fes efperances. Elles font comme vn
certain plege & vne infaillible affeurance de la bonne volonté
du fouuerain: & vn affaifonnement à tous les biens qui fe de-
partent à ceux qui font la Cour. Elles font vn moyen neceffaire à ceux que l'on reçoit pour les feruices qu'on a rendus. Plus
ils font grands, & en plus grand nombre, plus les bonnes graces
du Prince dont ils font de purs effects, font à eftimer, & à rechercher. On ne fçauroit eftre aux bonnes graces du Prince,
fans abonder en honneurs, en richeffes, & en grandeurs. Quelle eft la perfonne de fi bas aloy, qui a l'ombre du pouuoir abfolu,
n'acquiere vn prix extraordinaire? & qui a t'il de fi releué qui
ne s'humilie deuant l'authorité Royale? L'oportunité des

actions importantes, & illustres, fleurit aux rayons de la Majesté des Roys. Les Grands peuuent, quand il leur plaist, faire naistre toutes sortes d'occasions à mettre à fin des entreprises, ou pleines de gloire ou de profit, ou de tous les deux ensemble. Toutes les branches, & toutes les fleurs que produit la vertu ne peuuent naistre qu'aupres des Roys. C'est là seulement qu'elle peut estaler toute sa valeur, & produire toute sa pompe. Le plaisir qu'elle prend à s'occuper noblement, & vtilement ne peut esperer d'ailleurs vn plus glorieux, ny plus spacieux cháp, que celuy qu'elle peut esperer de la Cour. Ce qu'vne ame genereuse vit, & ce qu'elle fait, elle le deuroit viure, & le faire le plus profitablement, & le plus glorieusement que sa condition luy pourroit permettre. La Nature exige cela d'elle, & la source de ce qui est le mieux, & à celuy qui agit, & à tout l'vniuers mesme n'est point autre. L'action qui se fait au gré & de la nature, & de la raison, n'est pas plus profitable à celuy qui la fait, qu'elle l'est generalement à toutes choses. Le mouuement des cieux est le salut de ces corps incorruptibles & de tout le reste des choses. La grandeur, & l'importance de l'action ne sont pas seulement la gloire de celuy qui agit: mais encore de la matiere, de l'occasion, & des autres occurrences qui viennent d'ailleurs. L'honneur de Cæsar, d'Alexandre, & d'Epaminondas, pour la plus part est deuë aux temps & aux occasions. La raison doncques referant toutes les matieres d'honneur, & de gloire, au pouuoir souuerain, inuite tacitement à la Cour. C'est là qu'est la source d'où se puisent tous les biens de la societé ciuile. Les passions qu'on a pour le bien sont les resnes auec lesquelles tout l'vniuers est regi. La raison ne le peut defendre sans se destruire elle-mesme. Il n'y a que les circonstances qui peuuent rendre blasmable l'amour du bien. Le pourchasser honnestement est obeïr à l'honnesteté.

Personne n'a plus de subjet de le rechercher, que ceux qui en sçauent, & qui en peuuent le plus vtilement, & le plus honorablement vser. Les biens qui croupissent lachement perdent leur prix. La meilleure retraitte que les richesses, les honneurs, & l'authorité puissent auoir, c'est la volonté du sage. Qui est auare de ses biens au sage, fait vne iniure aux biens mesmes. Qui les peut si honnorablement desirer ou posseder que luy ? &
qui

qui peut pour cét effect s'approcher des Grands auec plus d'honneur, & auec plus de gloire?

Qui dit qu'il est conuenable d'aller à la Cour pour son interest particulier: & qu'il n'est pas conuenable de preferer son propre bien à celuy du Prince, ne dit rien qui se contredise. Ce n'est pas vne chose qui repugne à l'honnesteté, qu'on soit attiré à la Cour par la consideration de son interest particulier. Il est vray que ce n'est pas de l'essence d'vn honneste courtisan de mettre sous les pieds toutes sortes de considerations pour son propre bien. Dans l'Estat, chascun est obligé de songer à ses affaires auant toutes choses: pourueu que celles du public n'y soyent point interessées. Le soing du bien particulier aide assez le bien commun quand il ne l'offence pas. L'aduantage de la chose publicque se trouue dans l'action de chasque homme priué, lors qu'elle est honneste. Les aduantages que les courtisans peuuent attendre auecque iustice de leurs seruices, secondent genereusement ceux de tout l'Estat. Ce n'est donc pas contre les maximes de la raison, de se laisser attirer à la Cour par le bon heur qu'on en peut esperer. La resolution de n'y pas aller quand on n'en attand rien, & celle de la quitter quand on y est auec mesme dégoust, sont conformes à ce qui est iuste. Mais depuis qu'on y est, & qu'on a pris le dessein d'y demeurer, la raison defend de preferer le profit de qui que ce soit à celuy du Prince. Toute nouuelle dignité porte quant & soy nouuelle obligation. Auant que tu fusses courtisan, tu fus attiré à la Cour par la consideration de ton propre bien, plustost que par celuy de ton maistre: a present que tu l'es tu es obligé de preferer le sien au tien propre. Le choix que tu as fait t'a obligé tacitement à cela. Quiconque s'engage au seruice d'vn autre s'engage à postposer ses affaires à celles de celuy qu'il sert. Toute honneste election enferme auecque elle toutes les iustes consequences qu'on en peut tirer. La fin de celuy qui va à la guerre regarde son propre bien. Auant toutes choses le but que le soldat se propose, est la victoire. Pour l'amour d'elle il n'est point de peine qu'il ne supporte: point de dômage qui le refroidisse: il ioüe mesme de la vie. Et ceste derniere fin pour cela ne s'oppose point à la premiere. Encore qu'elle marche deuant, ce n'est pas à dire qu'elle luy defende de venir apres. Elle va la premiere pour luy monſtrer lechemin, pour l'inuiter à la ſuiure : pour luy donner du courage, & non pour l'arreſter. Le ſoldat ne ſçauroit plus heureuſement arriuer à ſa fin, que d'agir le plus genereuſement qu'il ſe pourra pour obtenir la victoire. En la meſme ſorte le courtiſan ne ſçauroit mieux paruenir à ſon deſſein, ny iouir des fruicts, deus à la condition de ſa vie, qu'en mettant tout ſon ſoing & toute ſon eſtude à procurer à ſon maiſtre le plus de bon-heur, qu'il luy ſera poſſible. C'eſt là le ſeul moyen d'aſpirer meſme aux aduantages auſquels il n'oſeroit raiſonnablement ſonger. Et ſans mentir quiconque eſt appelé à la Cour par vne honneſte conſideration de ſon propre bien, ne faut pas qu'il apprehende de ſe voir fruſtré de ſes eſperances. Si le Prince ne manque point à ce qu'il doit, ſes courtiſans auront tout ſubjet d'eſtre contens. Vn iuſte deſir attend la recompence qui luy eſt deuë ; comme vne recompence qui luy eſt deuë. Il met de la difference entre ce que le deuoir rend, & ce que la courtoiſie donne. Le bien, qui eſt vn fruict de la liberalité du ſouuerain, eſt vn bien qui ſe doit raporter au hazard. Ceux qui ſont de ceſte nature ne ſont iamais deſirés par vn eſprit bien reglé, que comme des biens qui ne doiuent pas arriuer. Il n'eſt pas deshonneſte de les ſouhaitter: mais bien de ſe les promettre: comme c'eſt vne folie inſigne de les croïre infaillibles. Hors ceux qui ſont proportionez au rãg que le courtiſan tient à la Cour, tous les autres ne luy ſont pas deus, & ſont biens que le hazard ſeul luy peut donner. Quand ils ne luy arriueront point, il ne faut pas qu'il die qu'il a eſté trompé, ſi ce n'eſt que tout en meſme temps il veüille aduoüer qu'il les a attendus contre tout deuoir. Celuy qui ne reçoit pas vn bien qu'il a attendu comme s'il ne luy deuoit pas arriuer, ne peut pas dire qu'il ait eſté trompé, ou qu'il ait raiſon de ſe plaindre. Ceux qui ſont affligez d'auoir eſperé en vain n'ont point de deſplaiſir eſgal à celuy de s'eſtre fiez a vne choſe incertaine, en la meſme ſorte que ſi elle euſt eſté infaillible. Vn eſprit moderé n'attendra point des ſeruices qu'il rend à la Cour, rien qui ſoit au delà de ce qu'il merite; ou s'il deſire quelque choſe de plus, il le deſirera comme vne choſe digne d'eſtre deſirée: & non comme ſi elle luy deuoit arriuer. Si elle luy vient ils'en reſiouïra: & ſi elle ne luy vient pas, il n'en ſera point

affligé. Qui plus eſt il n'attendra point les biens qui luy ſeront
deus, auant qu'ils luy ſoyent deus. Rien n'eſt deu à quiconque
n'a pas encore parfaitement ſerui : & celuy qui n'ayme pas
mieux le profit de ſon maiſtre que le ſien propre : & qui n'a pas
plus de paſſion pour les intereſts de celuy qui regne, qu'il n'a de
l'aduerſion & de haine pour ſon propre dommage, ne peut pas
dire qu'il ait rendu les ſeruices qu'il doit. La vie de la Cour ne
ſçauroit conduire vn honneſte courtiſan à ſon propre bien,
ſans le faire premierement paſſer par celuy du ſouuerain. S'il
cherche ſon aduantage ce n'eſt pas comme le but de tous ſes deſſeins : mais comme vn moyen à les faire reüſſir. Le bien du
courtiſan nourrit celuy du Prince. Il en eſt le veritable aliment.
Si apres auoir bien ſerui le ſouuerain manque à ce que l'honneſteté requiert de luy, on a iuſte ſubjet de ſe repentir, & raiſon
de tourner ailleurs ſes penſées. Qui vit à la Cour n'eſt pas
ſeulement courtiſan, ou eſclaue du Prince : il eſt encore ou
Iean ou Pierre. La fin de la vie de la Cour eſt le ſeul bien du
ſouuerain : mais cela ne ſuffit pas à qui fait la Cour.

Les limites de ce qui eſt bien, ont des eſpaces aſſez grands
entr'eux. On y va par vn coſté, on y va par vn autre. On y va vi-
ſte on y va lentement. Parmi pluſieurs partis, le ſage choiſit touſiours le plus genereux. En tous ſes deſſeins la premiere
penſée qu'il a, viſe à l'vtilité publique. L'intereſt du Prince
pour eſtre celuy de tous ſes ſujets, eſt l'appas qui l'attire à la
Cour. Il ayme le bien qu'vn bon courtiſan doit aymer, non
comme ſien, mais comme bien commun. Auſſi certes n'en
a-t'il pas qu'il puiſſe croire eſtre plus legitimement à luy, que
celuy où la republique a le plus d'intereſt. Voicy encore vne
raiſon qui le rendra paſſioné des bonnes graces de ſon maiſtre.
Autre que luy n'a ſubjet d'en faire tant d'eſtat. Luy ſeul doit
au Prince les ſeruices les plus importans qu'il eſt capable de luy
rendre. A quoy il ne ſçauroit aſpirer s'il n'eſt appuyé de l'honneur de ſes bonnes graces. Le rendre amoureux de la vertu,
luy inſpirer des loüables ſentimens, & l'enrichir des threſors
de la ſageſſe, ſont des effects qui n'appartiennent qu'au ſage.
Poſſible eſt-ce là le ſubjet qui a obligé Caſtillon de dire que
les bonnes graces du Prince eſtoyent la fin que tous les courtiſans ſe propoſoyent : mais d'auanture celles qui donnent la har-

diesse de parler librement sans courir fortune de le facher : &
qui font naistre les moyens de l'enflamer de l'amour de la vertu.
Cette opinion n'est pas fort esloignée de celle qu'il a , quand il
croit, que le but auquel tendent les esprits les plus releuez, c'est
d'auoir l'aduantage de pouuoir former celuy du souuerain.
Tout le seruice que le sage est obligé de luy rendre , c'est de le
porter à ce qui est honneste , de l'aider à cognoistre ce qui est
nuysible, & ce qui est profitable: ce qui est mal, ce qui est bien:
& ce qui est bon, & ce qui est meilleur. Voila le principal interest qui retient le sage à la Cour. Pour ce qui est des honneurs, des dignitez, & des autres aduantages qui luy peuuent
arriuer, ils les estimera autant qu'ils seront profitables au bien
commun. Cette passion empesche qu'il ne luy puisse aduenir
aucun bien, qui ne soit à tous. Dans le sens de la sagesse il n'est
point de bien qui ne cesse d'estre particulier. La lumiere n'esclaire pas seulement ce qui est desia lumineux: elle esclaire tout
ce quelle frappe. Au sage les biens sont comme vne lumiere.

Ce que c'est que faire la Cour dignement, & d'où la coustume en est venue.

CHAP. II.

IL est iuste que tout ce qu'il y a de plus precieux , & de plus
estimable dans le monde, accompaigne le throsne de l'authorité royale. La nature, & la raison portent l'appetit à la possession du bien. Elles le portent au plaisir: & par elles la necessité
est inuitée à l'abondance. Cela neantmoins n'arriue iamais
sans que la consideration de ce qui est honneste soit de la partie.
On accourt à l'opulence des Roys, non pour la piller : mais pour
en iouïr: & n'en iouïr pourtant qu'apres les auoir bien seruis.
L'vsage de faire la Cour doit son origine au besoin qu'on en eut.
Le Prince fut le premier à qui il fut necessaire : & puis le com-

tifan. Ce fut de la bienfeance, de la condition royale, d'abonder en toutes fortes d'honneurs, de gloire, & de contentemens. Auffi n'eft-il pas raifonnable qu'en elle il y ait rien à defirer de tout ce qui peut releuer l'efclat de fa fplendeur. Il faut que tout ce que la bienfeance, & le miniftere ont de magnifique & de pompeux, brille autour d'elle. Tels paroiftront les appas de la Cour à quiconque aura fes paffions portées à ce qui eft honnefte. Qui s'attache le plus à ce deuoir, & qui va plus auant dans ce chemin, eft plus confiderable au public : & auec plus de iuftice, & plus de feurté attend les recompences deuës à femblable condition de vie: & peut plus raifonnablement efperer de la munificence du Prince. C'eft le deuoir d'vne ame vrayment royale, d'eftre liberale de fes biens à quiconque la fert dignement. Et ce qu'elle fait genereufement en pareille occafion ne pert pas pour cela, ny le nom de grace, ny celuy de faueur. Y manquer eft vne faute, plus contre la bienfeance, que contre le deuoir, ou contre l'equité. Quand la liberalité va plus outre, elle fait vne pure grace, & vne faueur extraordinaire. Vn bon courtifan ne fera pas porté à defirer ces aduantages ny auec inquietude, ny auec trop d'ardeur. Ses vœus s'arrefteront fur ce que fes feruices meritent, & encore auant cela, fur ce qui peut tourner à l'aduantage de fon maiftre. Celuy où l'enuie ne trouueroit rien à dire, croira que fon plus grand bien, eft de bien feruir. Le premier fruit qu'il en tirera, fera l'extreme fatisfaction qu'il aura de s'eftre honnorablement acquité de ce qu'il deuoit. Celuy fera la plus agreable recompence qui luy puiffe arriuer. A tous ceux qui viuent de cette forte, il eft permis d'y eftre dans vne tranquillité defirable, & dans vne feurté la moins fubjete à la difgrace. La vie de la Cour ne promet point d'autre parti qui n'ait quelque meflange d'amertume. Autrement il eft impoffible qu'on y trouue ny de la douceur ny du plaifir. Tout ce qui fe rend conforme à la nature eft agreable. Si l'on ne feconde fes intentions, il eft impoffible de rencontrer aucune pure ioye. A qui renuerfe l'ordre qu'elle tient, toute feurté eft fufpecte; tout ce qui eft doux eft amer, & toute facilité eft malaifée. Veus-tu eftre heureux en quelque condition de vie que tu fois, ayde à la Nature. Parmy tous ces troubles du monde, il n'eft pas moins poffible de trouuer du calme, que de pre-

ferer le feruice du Prince à quelque confideration que ce foit.
Viure de cette forte eft viure felon la nature, & felon la raifon.
Le chemin le plus facile & le plus feur, pour paruenir au but ou
l'auarice court en vain auec tant de fueur, & auec tant de peril :
c'eft de feruir auec cette loüable paffion. La faueur pour laquelle les ignorans fe tourmentent, & s'affligent auec fi peu de
fuccez, eft la recompence infaillible de qui fait la Cour de cette
forte. Si le Prince n'ayme point ceux qui auant toutes chofes
l'ayment, & veillét à fon bien: qu'il ayme ceux qui le hayffent,
& qui aboyent apres fa ruine. Le fage courtifan n'afpirera pas
aux bonnes graces du Prince, comme au principal but qu'il s'eft
propofé, & ne s'en feruira pas comme d'vne clef à ouurir les
portes à fa liberalité. Il les poffedera comme vn affaifonnement du plaifir, qu'il a de bien feruir: ou n'eftimera pas qu'elles
puiffent mieux eftre employées, qu'à luy faire naiftre des occafions fauorables, & des moyens tres-indubitables, de contribuer auec plus de pouuoir à la felicité de fon maiftre. Les vouloir rechercher par vn chemin court & facile, hors de ces maximes, eft les chercher en vain. Par cette route, il n'y a fraude ny
peril qui empechent d'y aller. On n'a que faire d'aucun appuy:
tout y eft ayfé : tout y eft doux: & l'on n'y court point fortune
de fe fouruoyer. Ceux qui vont à elles par des voyes indirectes pour en abufer, rencontrent pluftoft leur ombre, qu'elles
mefmes. Pour ce qui eft des bons, elles ne le fuyent pas : elles
ne fe cachent point d'eux; & ne font point en leur endroit auares d'elles-mefmes. Toutes telles qu'elles font, elles s'offrent librement à eux. A peine voyent-elles les mefchans venir à el-
les, qu'elles leur tournent le dos, & fe dérobent. Elles les laiffent
derriere, dans des fentiers roides & inacceffibles, dont ils ne fe
peuuent tirer: & où ils ne voyent goutte. S'il arriue qu'ils les
attrapent, ce qui aduient bien rarement, ils les perdent prefque
en mefme temps: & les perdre, & fe voir entierement ruinez
eft vn effect de ce qu'ils meritent, & non aucune atteinte de
leur mauuaife fortune. Les bons les aquierent fans inquietude, & les poffedent fans crainte: & aux conditions qu'ils veulent. Qui court au bien indirectement, merite de trouuer le
mal directement. ou du moins vn bien ruyneux, & dommageable. Vous me direz que les courtifans marchent par des mal-

heurs, touſiours à de plus grands malheurs. Qui en eſt
la cauſe? ſont-ce pas ceux à qui en eſt le ſupplice? Ce n'eſt pas
vne infortune attachée à la condition du Courtiſan : c'eſt
vn iuſte chaſtiment deu à celuy qui fait mal ſa Cour. Le heraut
celeſte crie à haute voix, que l'affliction, & la calamité ſont pour
tous ceux qui viuent, & ne viuent pas bien.

Au ſage ſeul, ou à luy plus qu'à pas vn autre, eſt aiſé de
s'accommoder aux loix de la nature: ou pour mieux dire, il
luy eſt plus impoſſible qu'à tout autre, d'auoir des ſentimens contraires à l'honneſteté, & à la raiſon. Malaiſement
les ames mal nées, peuuent-elles reſiſter à la violence de
leurs appetits. Elles ne ſçauroyent diſcerner les bornes de
ce qui eſt honneſte : & ne cognoiſſent pas de quelle eſtime
ſont dignes les bonnes mœurs. Leur aueuglement ne leur
permet pas de voir la difformité du vice, non plus que la
beauté de la vertu. Apres cela qui douttera qu'il ne ſoit
plus ſeant, & plus aiſé au ſage de faire la Cour, qu'à nul
autre? Qui n'aduoüera que cette condition de vie ſera plus
penible, & plus difficile à tout autre qu'à luy? Certes il eſt bien
vray qu'il n'aura point de ſubjet d'en craindre aucun mal-
heur, & que s'il luy en peut arriuer quelqu'vn; ce ne ſera
que celuy que la malice des meſchans ſera capable de luy
forger. Quoy que c'en ſoit autre que luy ne s'en pourra
mieux defendre: autre que luy le ſentir auec moins de deſplaiſir : autre que luy le ſupporter auec plus de conſtance.
Les infortunes ſont touſiours plus legeres à ceux qui ont les
remedes plus prompts. Celuy qui s'en ſçait le mieux garder
en eſt acueilly le plus rarement. Toutes ſortes de conſiderations inuitent donc le ſage à la Cour pluſtoſt que nul autre.
Et il n'eſt point de raiſon qui en diſſuade moins qui que ce ſoit
que luy.

Que l'authorité Royale n'est pas contraire à la liberté.

CHAP. III.

L'Authorité Royale impose aux suiets le nom de seruiteurs comme vne marque de l'Estat où il sont, & non comme vne tache d'aucun mal-heur, ou ruine de leur liberté. Le Prince est le chef de la Republique, comme le principal instrument de son bien : & non comme rauisseur de celuy que la nature donne. Le sceptre n'est point en la main des Rois pour faire aucune violence. Il y est pour proteger les peuples. Le iuste dessein de celuy qui est par-dessus tous les autres, est que les fruicts de sa munificence soient vtiles à ceux dont il tire le titre de maistre absolu. La domination que les bons Princes pretendent sur la volonté de leurs suiets, n'est pas vn nœud qui serre, ou qui contraigne l'eslection : c'est vne conduite à la felicité. Son intention vise à redresser, & non à destruire la liberté. Le pouuoir que les esprits mal-faicts ont d'eslire ce qui est de pis, n'est autre chose qu'vn refus de ce qui est bien : & le plus grand empeschement qui se puisse opposer à l'intention de celuy qui gouuerne. Voila pourquoy entre tous les plus legitimes soins du Prince, celuy de rechercher les moyens d'obliger les meschans à fuir le mal, & suiure le bien, tient le premier lieu. Et cela n'est point forcer la volonté. Estre obeyssant à qui veille à la conseruation de nostre bien, n'est pas chose qui offense la partie, qui est en nous le veritable appuy de nostre liberté. Les peres auec vn soin tres-particulier s'opposent autant qu'il leur est possible à cette partie de la volonté, par le moyen de laquelle leurs enfans peuuent estre portez au mal. Est-ce à dire pour cela qu'ils dressent des embusches à leur liberté ? Quiconque le voudroit soustenir le soustiendroit iniustement. Ils ne veulent pas qu'ils soient es-claues.

claues. Ils veulent qu'ils foient hors de tout danger. Fait-on
d'iniure à vn enfant ou à vn fol, quád on les empefche de fe faire du mal? Ce n'eft pas renuerfer la liberté, c'eft l'aider à demeurer fur pieds. Les Royaumes ne font iamais appuyez fur les
volontez qui font aux fers: ils le font fur celles qui font & libres, & promptes à obeïr. Les auoir fubjettes de cette forte,
n'eft pas vne chofe malaifée à qui commande à des efprits bien
nez. L'efperance, & la crainte font les refnes qui conduifent
les ames, qui donnent à leurs paffions la place de la raifon. Les
careffes, les menaces, & les chaftimens deuroyent eftre neceffaires à gouuerner les beftes feules, & non les hommes. Les
courages ployables fous la raifon, fe laiffent conduire à l'honnefteté. Eftre prompt, & obeïr fans retardement à fon maiftre, eft
le plus remarquable effect de la liberté des bons. Eflire le deuoir que la bienfeance impofe, n'eft-ce pas la vraye marque d'v-
ne bonne ame? L'obeïffance que l'on rend à celuy qui eft plus
que tous, eft le plus puiffant appuy de ce qui eft bienfeant dans
la focieté ciuile. Il n'eft point de puiffance eftrangere, capable
de forcer la volonté à vouloir ce qu'elle veut d'elle-mefme. Les
mefchans feuls peuuent eftre contrains à vouloir le bien. A la
veuë de leur Prince, les bons fe fentent picquez de ic ne fçay
quel impatient defir de luy tefmoigner leur obeïffance: & hors
de fa prefence ils ne fçauent ce que c'eft que d'auoir aucune penfée à violer le refpect qui luy eft deu. Il ne faut pas craindre
qu'aucune licence leur permette rien contre leur deuoir. Ceux
qui font proches de l'authorité royale ne luy doiuent pas plus
d'obeïffance, & de veneration, que ceux qui en font les plus ef-
loignez. Si ceux qui en font les plus reculez ont des occafions
à fe monftrer difficiles, & reuefches; c'eft pluftoft vne fatalité
attachée à leur mauuaife condition, qu'aucune marque de leur
liberté. Cette partie de la franchife naturelle par le moyen de
laquelle les mefchans font deftournez du bien, eft tres-perni-
cieufe. Quiconque la leur pourroit entierement ofter, les rendroit heureux. C'eft elle feule de toutes les facultez de l'ame
qui trauerfe les meilleures intentions du fouuerain. Quelle
qu'elle foit, elle n'eft pas vne veritable liberté. Elle eft pluftoft
vn efloignement de la liberté mefme: & le plus fignalé malheur
qui puiffe eftre en la volonté des hommes. C'eft elle que les

Oo

bons Princes doiuent tafcher d'eftouffer. Auffi y fŏnt ils ce
qu'ils peuuent: & lors qu'en ces rencontres leurs genereux deffeins font fans effect, il s'en faut prendre à la diftance des lieux.
Où ils font prefens ils n'y doiuent iamais manquer. En vn mot
c'eft vn efpece de honte à celuy qui a le pouuoir en main qu'à
fa Cour on voye aucun veftige de ce mŏftrueux auorton de liberté. Le pouuoir que les bons ont de faire du mal eft oifif en
eux: & pleuft il à Dieu qu'ils pûffent ne le pas auoir : ou s'en
desfaire. Celuy qui s'efforce de l'efteindre, ou de l'arrefter, ne
s'oppofe à rien qui foit à eux. Au contraire il feconde leurs
propres intentions. Vne iufte domination n'eft donc point ennemie de la liberté des bons: mais bien de celle des mefchans.
Le courtifan pour eftre plus pres de l'authorité royale ne doit
point apprehender de plus eftroitte contrainte en fa volonté,
que celle de ne pas manquer à fon deuoir. La mefme neceffité
eft impofée à tous ceux qui font dans l'Eftat ny plus ny moins
qu'à luy. La raifon ciuile, & la raifon naturelle le veulent ainfi. Puis que cela va de cefte forte, la raifon fera t'elle contraire
à la liberté? Il eft moins permis aux courtifans de manquer à
ce qu'ils doiuent qu'au refte des fuiets. Ce n'eft pas que l'honneur leur impofe cefte rigueur. La feule condition de leur vie
les y oblige inuiolablement. Et voila ce que l'authorité royale
a de tout particulier fur eux, plus que fur les autres. Porter
honneur au Prince & luy obeïr, font obligations communes à
tous les fujets, tant en general, qu'en particulier. Chafcun comme membre du corps ciuil, eft encore tenu d'y fatisfaire de toute l'eftenduë de fon pouuoir, felon le rang qu'il tient dans l'E-
ftat. La vie du courtifan feule, eft attachée à l'vne & à l'autre
neceffité. Tous ceux qui font à la Cour font egalement obligez
d'honnorer leur maiftre, & de luy obeïr : outre cela chacun
d'entre eux doit refpondre à ce que le rang qu'il y tient exige
de luy. La raifon le veut, la raifon le commande. Les deuoirs
qu'elle impofe ne font point contraires à la liberté. Si tout ce
que la raifon ordonne offençoit noftre franchife, nous ne fçau-
rions confulter de rien fans luy dreffer des pieges : & pourtant
tout le monde eft d'accord que c'eft luy prefter la main & la fecourir. Ce qui fe fait infciemment, ou fans y penfer, n'eft point
reputé libre : la volonté n'y a pas confenti. Il n'y va rien du

sien. La liberté pure & véritable consiste à suiure la raison. Vn de ses principaux preceptes, c'est de porter honneur aux Roys, de leur obeïr, & de les honnorer ainsi qu'il appartient. Ce sera donc vne action libre à qui le fera de bon cœur : & quiconque obeïra à la raison le fera sans aucune contrainte. D'où s'ensuit qu'en ce que l'on est obligé de rendre aux bons Princes, il n'y aura que les meschans dont la volonté sera offencée : & qui trouueront de la rigueur à ployer sous leurs commandemens. En cé-la neantmoins leur volonté n'est pas choquée comme volonté simple : mais comme volonté peruerse. De sa nature la volonté est disposée à suiure le bien. La nature la faicte pour cela. Ainsi on n'a point subjet de craindre de la violence de quiconque inuite à ce qui est honneste. Les passions seules ensorcel-lées des apparences des faux biens, peuuent souffrir de la contrainte, lors qu'on s'efforce de les ramener au bon chemin : & de les porter aux vrays biens. Mais le souuenir de la condi-tion humaine me represente vn Prince, dont les inclinations pencheront du costé de tout ce qui est deshonneste. En ce mal-heur comment se pourra t'il faire que la liberté des gens de bien ne soit point offencée ? C'est là certes la derniere de tou-tes les infortunes qui puissent iamais arriuer aux hommes. Quelle calamité ne doit on pas attendre d'vn Prince meschant de son naturel ? d'vne malice absoluë ? Sans mentir quand ceux qui sont aupres de luy ne perdroyent rien que la liberté, leur perte seroit encore assez consolable. De tous ceux qui s'en peuuent defendre, le sage est le seul, à qui sa generosité reussira le mieux. Quoy qu'il arriue on ne le verra iamais complaisant aux actions deprauées du souuerain. Il pourra bien le ramener luy-mesme à la raison, & sans tomber dans son indignation se defendre de tous les commandemens iniustes qu'il en sçauroit receuoir. Il n'est point d'ame si furieuse à qui la raison ne soit capable de mettre le frein. Comme elle le peut elle l'ose. Vn esprit à beau estre farouche, la douceur de la prudence l'apriuoi-se, & à la fin en vient à bout.

A peine est il de bien à qui rien puisse faire la guerre : si la malice ne la luy fait. S'il est arresté que la liberté, qui est le plus noble de tous les biens de l'homme, demeurera esteinte à la Cour, la meschanceté est la seule qui l'estouffera. Elle y receura

le dernier coup, ou par la main du Prince, ou par celle des courtifans. Les Roys iuftes ne veulent aucune marque de feruitude en leurs fujets. Ils defirent qu'ils luy portent de l'honneur,
& qu'ils leur rendent l'obeiffance qu'ils leur doiuent fans aucune contrainte. Ils font bien aifes d'auoir leurs courtifans, en
quelque forte comme leurs amis: & non comme leurs efclaues.
Il n'y a que les tyrans qui perfécutent la liberté de leurs peuples,
& qui la hayffent à toute extremité. La franchife n'eft ennemie d'aucune franchife, que de celle d'vne domination iniufte.
Approcher des Denys & des Ariftodemes auec quelque femence d'efprit libre, eft attirer fur foy du malheur : mais non
pas approcher de Cecrops, ou des Agamemnons.

Il eft vray que la Cour eft le berceau, & la nourrice de la
feruitude: mais c'eft la Cour des tyrans. Vn bon Prince croit
que fa plus grande gloire concifte à pratiquer fi bien l'art de
commander, que fes fujets prennent plaifir d'en eftre comman-
dez, à qui perfonne n'obeit à regret: de qui les feruiteurs portent le nom qu el'ordre de l'eftat leur impofé: & non celuy que
la calamité fait porter aux malheureux. Sous vn bon Roy la liberté n'eft iamais affoiblie: ny celle des courtifans, ny celle des
autres: fi ce n'eft par leur faute. Celle des mefchans eft oppref-
fée & par leur propre violence, & par celle d'autruy. Vn iufte
commandement, eft vn faiz intolerable à vne paffion emportée
par des defirs iniuftes. Plus elle eft tyrannifée d'impatiences
deshonneftes, plus elle offence la liberté: en ce qu'elle la fait pen-
cher contre ce qui eft iniufte, au mefme temps que celuy qui eft
par deffus tous fe fert de fon pouuoir pour la redreffer. Bref elle l'amoindrit & la ruine, pendant que pour auoir ce qu'elle fouhaitte fans raifon, elle la force à vouloir ce qu'elle ne veut pas.
Et voila la plus forte de toutes les chefnes qui peuuent tenir à
la Cour les volontez prifonnieres. L'outrage qui eft fait à la
liberté concifte à vouloir & à faire ce qu'on ne voudroit pas.
Cefte contrainte arriue bien moins de tout autre fubjet que du
vice qui eft aux paffions. Les ignorans fe perfuadent peut-eftre
que le feul moyen de fe rendre dignes de la munificence du
Prince, c'eft de n'auoir aucune volonté que la fienne: & de n'en
retenir que l'vfage qui luy plaift. L'enragé defir d'auoir ce
qu'ils n'ont point, les difpofe à perdre le meilleur de tout ce

qu'ils ont. Voila comme les miserables qu'ils font, se resoluent librement à perdre leur liberté. Ainsi vous voyez comme rien ne peut plus puissamment lier la liberté, que la liberté mesme. Toute la faute en est à la maudite ignorance, qui ne leur permet pas de recognoistre la difference qu'il y a entre la bien-veuillance, l'obeïssance, la veneration deuë au souuerain, & la seruitude. Possible est-ce plustost vne facheuse necessité, attachée à la côdition des courtisans, qui les force d'appuyer leurs esperances sur les pretentions de leur interest particulier. Il se peut faire encore que la nature leur apprend, que l'entrée d'vn chemin qui mene à vn des contraires se doit chercher par l'autre contraire. Il est vray que la fin de la descente est le commencement de la montée. La violence du saut vient de l'espace que l'on recule pour sauter. Comme ces ames basses n'ont visée qu'à leur propre bien, il faut necessairement qu'elles commencent de marcher tellement par celuy d'autruy qu'il ne paroisse aucun vestige du leur. Voila quelle est la quintessence de l'esclauage, qu'elle la societé de personnes de condition inegale, où le bien de la moindre est de nulle consideration. Pour estre trop attaché au soing du bien qu'on pretend, on est contraint de renoncer tout à fait à celuy qu'on a. Pour deuenir grand on se fait le plus petit que l'on peut. Eu egard à la raison ciuile, & à la raison naturelle, on ne sçauroit estre moins, que l'on est quand on renonce à sa propre volonté. Les esclaues sont comme s'ils n'estoyent point. La seruitude est vn des fruicts de l'ignorance, qui seule nie directement que l'homme soit homme. Ie ne sçay à quoy cette stupidité inuite le plus souuent le Prince, ou a se fouruoyer luy-mesme de ce qui est honneste, ou a chastier en autruy ce qui ne l'est pas. Les gens de bien sont tousiours prompts à bien seruir leur maistre. Ils sont soigneux de ce qui le regarde : & ne negligent pas pour cela ce qui les touche eux-mesmes. De quelque costé que se monstre la bienseance & l'honnesteté, leur diligence y accourt. Encor qu'ils facent les affaires de leur Seigneur, ils ne laissent pas de faire les leurs : & tousiours neantmoins dans les termes de leur deuoir. En seruant leur Prince comme ils doiuent, sans aucun preiudice de leur liberté, ils sçauent trouuer leur compte. Les seruices & les soings que l'honnesteté est obligée de rendre au souuerain, font ordonnez par la raifon, comment pourront-ils donc offencer la liberté? Ce qu'il y a de plus eft vne pure malice des hommes, & non aucune neceffité attachée au feruice deu aux fouuerains. Ce traiftre, & infigne voleur du meilleur de tous les biens, le mauuais vfage dy-ie l'a mis en vogue. Le blafme que la couftume de faire la Cour en peut tirer, n'eft pas vn crime de la Cour: il l'eft pluftoft de la fottife, & de la malice de celuy qui la fuit. L'auarice, & l'intereft qui n'ont ny fons ny riue, deuoüerent la Cour à la captiuité. Des maiftres que Dieu à donnez aux hommes, pour eftre les architectes de leur felicité, la ftolidité humaine à tiré les occafions de fon extreme calamité. Où il faudroit voir les plus fignalez exemples d'vne vie heureufe, & vn veritable paradis: c'eft là que la mefchanceté a mis les plus remarquables exéples du malheur, & vn enfer vifible. Ce font là des mesfaits des efprits peruers. Dieu vueille que tout en mefme temps ce foyent leurs fupplices, & non d'aucuns autres. Le fage n'a aucune occafion de pareille mefchanceté: il pourra encore eftre efloigné des effects. Toutes fes actions font conformes à l'honnefteté. Ainfi il ne fçauroit rien faire que par election: & la liberté ne fçauroit eftre choquée aux actions qui font faites volontairement. En feruant fon Prince, il employe tout fon pouuoir. Ce n'eft pas que fon auarice l'y force, ny la demefurée paffion de fon intereft. Ce qu'il en fait, ce n'eft que par ce que la raifon le luy commande. D'où s'enfuit que ny fa volonté, ny fa franchife ne fouffrent aucune violence.

Que c'eft le propre du fage d'eftre libre.

CHAP. IV.

TOut ce que nous fommes, nous fommes nés fous le ioug. Toute condition de vie eft vne efpece d'efclauage. Il n'y a que Dieu qui foit parfaictement libre. Apres luy ce qui l'eft le plus, eft l'intelligence. Celuy qui commande à foy-mefme

n'eſt qu'à ſoy. Il n'appartient de commander qu'à celuy qui eſt
intelligent. Celuy qui eſt capable de rendre ſes paſſions o-
beïſſantes à la raiſon, ſe peut commander luy-meſme. Celuy
qui n'eſt pas maiſtre de leur violence, eſt eſclaue. Celuy-là
eſt veritablement libre de qui l'eſprit n'eſt point eſclaue des vices: ny des paſſions. Il n'y a donc que le ſage qui ſe peut vanter
d'auoir ce bon-heur. Il n'y a que luy qui peut n'eſtre pas eſclaue. Si ceux que le vulgaire appelle eſclaues ſont gens de bien,
il ſe pourra faire que ceux qui les commanderont ſeront eux-
meſmes plus eſclaues qu'eux. Que Denys chante tant qu'il
voudra auec Sophocle.

Accoſte toy des Grands tu deuiendras eſclaue.

Ariſtippe luy repliquera hardiment: que celuy qui ſera libre
en approchant ne deuiendra pas eſclaue. La liberté conciſte
telle en autre choſe qu'à pouuoir faire ce qui plaiſt le plus? Le
vice fait ce que la paſſion veut. Bien ſouuét on voudra ce qu'on
ne voudroit point, & vous pourrez dire qu'on eſt libre? L'ignorant ſouhaitteroit bien de faire ce qui ſeroit le mieux, mais ſon
ignorance l'en empeſche. En ce contraſte comment eſt-il poſſible qu'il face ce qu'il veut? L'innocence en la volonté, & la
clarté en l'entendement ſont les deux appuys de la liberté: &
les deux veritables caracteres du ſage. Voila comme luy ſeul
eſt capable de toute la liberté qui eſt conuenable à l'homme.
Les autres n'en ont qu'vne obſcure, eſclaue ou de l'ignorance,
ou des paſſions. Ceux qui obeïſſent à leurs deſirs deshonne-
ſtes, à leur auarice, ou à leur ambition ſont tous eſclaues de la
crainte. Le ſage eſt exempt de toutes ces eſpeces de ſeruitude,
Quand toutes les choſes du monde ſeroient permiſes aux meſchans: & qu'il n'y auroit que le ſage, embaraſſé dans de chefnes d'acier, Zenon crieroit encore plus fort: que le ſage ſeul
eſt libre: & que tous les meſchans, & tous les ignorans ſont eſclaues. Vn autre Stoy que criera encore plus: que qui a l'eſprit
libre ne peut iamais eſtre eſclaue. Diogene eſt au milieu du
marché, & ſur le point d'eſtre vendu: auec cela voicy de quoy
il ſe glorifie: La profeſſion que ie fay eſt de commander aux
hommes. Vends-moy à ce Corinthien qui a beſoing de quelqu'vn qui le commande. En ceſte ſorte Diogene ne ſera donc
pas eſclaue de celuy qui l'acheptera? Au contraire il ſera ſon

maistre. Aussi certes est-il bien vray que la sagesse est la seule liberté : veus-tu commander à toutes choses, rends toy toy-mesme subjet à la raison.

Mais comment est-il possible que Calistène soit libre, s'il est contraint de manger aux heures d'Alexandre, & non aux siennes? A la Cour le sage ne fera point ce qu'il plaist au sage : mais ce qu'il plaira au Prince, & vous direz qu'il est libre? Cela ne fait aucunement contre sa liberté. Pour ce qui est des choses qui viennent de dehors, le sage veut tousiours ce que les occurrences demandent. Les choses pourront bien arriuer autrement qu'il ne desire : mais elles ne pourront pas arriuer en sorte, qu'il ne vueille pas qu'elles arriuent, comme elles arriuent. Il sçait surmonter la necessité, qui ne se peut euiter. La rigueur de la fatalité quelque inexpugnable qu'elle soit, ne luy sçauroit apporter aucun dommage. Obeïr à la necessité est la vaincre. Il n'y a que la violence qui fait outrage à la liberté. S'en defendre, est estre prompt à vouloir ce qu'elle veut. Il n'est rien de si aisé que de conseruer sa liberté. Auec cela les sots aupres des couronnes, & des sceptres, sont plus esclaues, que les gens de bien ne le sont dans les chesnes. La liberté ne consiste point à ne pas souffrir aucune violence : elle consiste à luy opposer vn courage qui ne sçait point ceder, & qui ne cherche ny plaisir, ny complaisance qu'en luy-mesme. L'esprit qui tire tous ses contentemens de luy-mesme, ne sçauroit estre violenté. Ce qui arriue contre la volonté, est ce qui peut forcer la liberté; & non autre chose. A cause que nous nous plaisons plus à cecy qu'à cela, nous voulons plustost l'vn que l'autre. Quiconque peut regarder d'vn mesme œil toutes sortes d'accidens, est à l'abry des coups de la violence. Le sage seul le peut sans contredit. A luy seul vouloir plustost vne chose qu'vne autre en faueur de quelqu'vn, n'est pas vne occasion ou sa liberté puisse estre aucunement embarassée.

Lors qu'il voüe son seruice au Prince, il se resoud de vouloir tout ce que le Prince voudra raisonnablement. Contenter son enuie de tout ce qui plaist iustement à celuy qui gouuerne, est vn des preceptes de la raison. Toutes les fois qu'il s'accommodera aux commandemens de son Prince que fera t'il qu'obeïr à ce qui est iuste; & à ce qu'il s'est luy-mesme proposé de faire?

Quand

Quand nous agiſſons ſelon que nous auons reſolu d'agir, faiſons
nous quelque violence à noſtre volonté ? n'agiſſons-nous pas
librement ? S'il eſt mieux d'obeïr à Dieu, que de regner, fera-
ce vn mal-heur d'obeïr à vn bon Prince ? Quiconque obeit à
qui donne des commandemens honnorables ne ſçauroit receuoir aucun dommage, ny aucun regret. Il n'y a que les meſchans qui en peuuent eſtre affligez. Il n'eſt pas en leur pouuoir
d'accōmoder leur humeurs à ce qui plaiſt à autruy ſans vn deſplaiſir extreme : & ſans vne ſecrette douleur qui les ronge &
qui les mine inſenſiblement. Ceux là ſont les ſeuls qui en ces
rencontres eſprouuent le cruel repentir qu'on a d'auoir conſen-
ti à ſa captiuité.

Se rendre complaiſant à autruy, ou luy obeïr, & eſtre ſon
eſclaue ne ſont pas meſme choſe. Vn vray amy ploye ſous les
iuſtes intentions de ſon amy. Il ne luy refuſe rien. Voudriez-
vous inferer de là que l'amitié fut vne eſpece de ſeruitude ?
Sans tourner le dos à l'amitié, il n'eſt pas permis à vn amy de
deſplaire à ſon amy. Il n'eſt pas permis pareillement au courtiſan de ne pas complaire à ſon maiſtre, quand il deſire des choſes honneſtes. S'il luy deſplaiſt il n'eſt pas ſage courtiſan. L'o-
bligation qu'on a de plaire à ſon amy n'offence point la liberté.
Pourquoy ne pourra t'elle pas de meſme demeurer entiere auec
le deuoir qu'on à de s'accommoder à ce que le Prince veut ?
Mais me dira quelqu'vn, comment pourra le ſage garder ſa liberté, ſi ce que le ſouuerain veut eſt iniuſte ? Le ſouuerain ne
ſçauroit rien vouloir, qui choque l'honneſteté ou la raiſon. La
conſideration de ceſte objection fait par fois voir à la Cour la
liberté des meſchans plus effrenee. Beaucoup de choſes contraires à l'honneſteté, pour certaines conſiderations qui les y
obligent, prennent & l'apparence & la nature meſme de celles
qui ſont honneſtes. Par exemple, c'eſt contre tout deuoir d'offencer quelqu'vn : pourtant lors qu'il eſt queſtion de ſe defendre la raiſon veut qu'il ſoit iuſte. Poſé le cas que le ſouuerain
vueille ce qu'aucun pretexte d'honneſteté ne ſçauroit defendre, il veut ce que les ſeuls Caligules, & Heliogabales, & ſemblables monſtres de la nature peuuent vouloir. Le ſage ſe gardera d'approcher de pareils tyrans. Il s'eſloignera de ceux à
qui la malice a oſté toute eſperance d'amandement. D'ailleurs

il peut arriuer que beaucoup de gens peuuent vouloir beaucoup
de chofes, qu'ils ne veulent plus quand ils ont efté aduertis de
leurs erreurs. Il n'eft point de volonté fi mal ordonnee qui fe
puiffe porter au mal quand il n'a aucune apparence de bien.
Quelque habit que la malice defrobe à la bonté, pour s'en parer,
le fage eft capable de le luy ofter, & de la mettre à nud. Luy feul
peut defcouurir fes faux appas. Les commandemens peu honnorables qu'on luy fera, luy feront vn congé honnorable.

Que le fage ne perd point fon temps à fai-
re la Cour.

CHAP. V.

A La Cour le fage eft le protecteur de la liberté. Il difpofe
de fon temps comme il luy plaift: qui eft la principale gloire d'vne volonté libre. Nul accident n'a du pouuoir fur fon
loifir. La vertu guerriere, hors des combats eft oifiue. La fageffe eft toufiours dans les occafions : & en plain champ de bataille. Soit que le fage foit feul: ou qu'il foit en compagnie:
dans le repos, ou dans l'action, rien ne le peut empefcher de faire
fes affaires. A tout autre meftier qu'au fien, les propres inftrumens font neceffaires. La fageffe eft vn art dont les machines
ne couftent rien à porter. Les affaires eftrangeres n'empechent
point la Philofophie : elles luy feruent de matiere à s'exercer.
Les occupations, & les foins des gens de bien font vne vifible
Philofophie. Ce font des rayons: ce font des fruicts de la fageffe. Toute affaire fert de digne employ au fage. Toute occurrence fert à exercer la vertu : & tout cela à l'aduantage de
tout ce qui eft honnefte. Les occupations qui viennent d'ailleurs font les feules qui donnent le moyen au fage de monftrer
plus viuement aux autres comment il faut diftinguer ce qui eft
honnefte, d'auec ce qui ne l'eft pas. A luy feul appartient de
s'employer aux chofes les plus importantes. C'eft encore vne

grande gloire aux ames heroïques, d'agir heroïquement aux
occurrences mesmes les moins sublimes. En vain le sage seroit
parfaictement disposé à toute sorte de bonnes actions, s'il y al-
loit du sien de s'abaisser aux moins dignes. Les choses les plus
importantes ont de plus frequents subjets d'estre bien faites:
à cause que le plus souuent le soing de les conduire à bout, est
laissé aux esprits les plus releuez. Pour ce qui est de celles qui
sont de peu de consideration la plus part du temps elles sont re-
mises à la discretion du vulgaire : & sont maniées le plus mal-
heureusement qu'il se peut. Ce n'est point blesser la bienseance que de commettre la conduitte des moindres affaires, du
moins quelquesfois aux iugemens les plus solides, si ce n'est
qu'il soit malseant, que pour n'estre pas de grande importance,
elles ne meritent pas d'arriuer à leur plus grande perfection.
Qui veut que le sage ne se mesle point des petites affaires, veut
tout en mesme temps, qu'elles ne reussissent iamais à bien.
Si tout ce qu'il y a d'hômes au monde estoyent sages, deuroyent
elles n'estre iamais faictes ? Il n'y a que les Princes dont l'esprit
sera plus malfait que celuy du vulgaire, qui acuserôt le sage d'in-
discretion lors qu'il songera à ses propres affaires. Tout Roy
doit estre curieux de rendre son Royaume le mieux composé
qu'il se pourra. Rien ne sçauroit estre plus profitable à vn estat
bien policé, que de faire en sorte que chacun s'occupe à l'vsage
auquel la nature, ou son estude l'ont destiné. Si tout le monde
suiuoit sa naturelle inclination, l'vniuers en seroit plus heureux.
Le plus signalé malheur dont la republique humaine demeure
renuersée sans dessus dessous, luy vient de ce que la plus part
des hommes s'attachent à ce, à quoy ils sont le moins propres.
Vn balay seieroit mieux entre les mains de Meuius, qu'vne
plume : & Sardanapale auroit meilleure grace auec vne que-
noüille qu'auec vn sceptre. Il n'est point au pouuoir d'vn Roy,
de donner par toute l'estenduë de son Royaume, à chacun l'office qui luy appartient. Il le peut bien à sa Cour, qui est comme son royaume domestique. C'est pourquoy le Prince est là
pierre de touche des gens de bien. C'est luy le premier qui en
fait l'essay : qui dispence à chacun de ses courtisans l'employ auquel il les recognoist plus propre, & qui sçait egaler les dignitez
au merite. Pour ce qui est du sage il prendra genereusement

le parti auquel il aura esté destiné par son maistre. Ce qui luy restera de son temps, il le sçaura aussi iudicieusement dispencer, qu'il sera necessaire pour ne pas manquer aux occurrences. Pour estre tousiours prest d'obeïr, il ne sera point diuerti de ses estudes, ny de son repos. Il sçait le moyen de se donner à ses amis, & d'estre tout en mesme temps à luy-mesme, & n'ignore pas celuy de se desrober bien à propos à ses importuns. Il ne fuit personne: & ne s'arreste pas auec tout le monde. Il cherche tousiours les meilleurs. Autre que luy ne peut dire: En quelque lieu que ie sois ie suis à moy. Il choisit pour ses familiers amis, non ceux qui ont de beaux habits: mais ceux qui ont l'esprit bon. Il demeure plus volontiers à demy nud auec Demetrius, & auec nostre excellét Catalde, plus curieux des ornemés de l'ame, que de ceux du corps, qu'auec ces visages moribuns, & fardez. Et quand le malheur voudroit pour luy qu'il eust à viure auec eux, il n'auroit pas à craindre de mal employer ou de perdre son temps.

Que le sage n'aura pas subjet de forcer ses inclinations.

CHAP. VI.

R Ien ne force tant les inclinations à s'accoustumer à celles d'autruy, que la violence de l'interest. Les esprits qui ne sont pas embarrassez à ceste glu viuent aisement au gré de leurs affections. Et voila comme les sages, & tout courage genereux viuent comme il leur plaist; & non comme il plaist aux autres: sans que pour cela ils attirent sur eux aucune sorte ny de haine, ny d'indifference. Ils n'ont pas besoing de mendier aucuns appas pour se faire aymer. Apres tout qu'est-ce que les gens de bien ont en eux qui ne soit pas aymable? & qui n'attire mesme les affections des meschans à soy? Ce n'est ny la complaisance, ny la feinte ressemblance des mœurs: c'est la

raiſon ſeule, dit Epicure, qui ſert de rempart au ſage, & qui le
met à couuert de la haine, du meſpris, & de l'enuie. Tant s'en
faut que la raiſon puiſſe eſtre haye, qu'elle ne ſçauroit n'eſtre
pas aymée. Au meſme temps que le ſage eſt contraire au meſchant, il ne laiſſe pas de luy plaire. La malice auec toute la violance de ſon venin, dans les eſprits meſmes où elle regne, ne
ſçauroit eſteindre toutes les ſemences de l'amour que chacun a
pour ce qui eſt honneſte. Encor qu'vn homme de bien ne ſoit
pas ſemblable à vn meſchant, ce n'eſt pas à dire que pour cela il
luy mette ſa meſchanceté deuant les yeux: & qu'il luy face voir
la difference qu'il y a entre eux deux. Il ne tirera point vanité
de ſes bonnes inclinations, & ne prendra point plaiſir d'entrer
en comparaiſon à la veuë de tout le monde. Aux choſes indiferentes il ſera affable, & complaiſant autant qu'il ſe pourra.
Pour ce qui eſt de celles qui ſont attachées par vne contrainte
inuiolable ou de malice ou de bonté, il fuira de ſe rencontrer
auec les meſchans. Il ſe gardera d'eſtre iniuſte auec ceux qui
ſont iniuſtes. Encore en ces occaſions ne fera t'il pas pompe ny
gloire de ſon innocence. Cela luy ſeroit dommageable, & ne
ſeruiroit de rien à perſonne. Il ne fera ny l'Alcibiade ny le
Diogene.

Que l'apprehenſion des peines qu'il y a à la
Cour n'empeſchera pas le ſage d'y aller,
ny d'y viure.

CHAP. VII.

C'Eſt le deuoir d'vn bon eſprit, & d'vne bonne ame, de ſe
porter auec ardeur au bien de ſon Prince. Il n'appartient
qu'aux courages peu genereux de ſe precipiter dans les incom-
moditez pour aller plus facilement où leur propre intereſt les
porte. Les gens de bien attendent auec plaiſir les commandemens de leur maiſtre, & les executent auecque promptitude.

Ils supportent auec vne constance nompareille les courvées honorables. Il n'en est point qu'ils n'acceptent auecque ioye. Quelque peine qu'ils prennent pour le souuerain, ils ne la sentent
non plus que s'ils la prenoyent pour eux-mesmes. Ils croyent
que son interest, est le leur. Ce que souffre le pied par le fardeau
que la teste porte, ne luy est pas dur à supporter, pource qu'il y
va du sien à le soustenir. Voila la veritable marque du parfait
amour qu'on doit auoir pour son Roy. C'est en vain qu'on
l'espere de trouuer dans les ames infectées du sale poison d'a-
uarice. C'est pour cela qu'auant toutes choses cette sorte de
gens, veulent estre creus auoir cette mesme affection. Ils ont
appris que souffrir pour l'amour de quelqu'vn, est vne veritable
marque de l'affection qu'on a pour luy: & que c'est meriter tout
ce que l'on peut esperer de luy. A parler sainement plus la
dent de la cupidité qui les ronge est cruelle, plus les efforts
qu'ils font à faire passer cette feinte affection pour veritable,
font plus grands & plus violens. Mais aupres des sages Princes
la mesme estude auec laquelle ils s'efforcent de donner de la
creance à leur perfidie, sera celle-là mesme qui les descouurira.
L'ardeur que les meschans tesmoignent à se trauailler pour
leur maistre ne le trompera point. Elle trompera bien plustost
la mauuaise intention qui la soustient. Vn bon courtisan n'a
que faire de semblable plege pour estre crû. Il ne craindra
point la peine. Elle est l'aliment des ames genereuses : les bons
ne l'apprehendent point. Les commandemens de la sagesse
veulent qu'on trauaille mesme en meurant. Qui plus est dans
la satisfaction qu'il aura en ses peines, il ne se tourmentera point
à iustifier son affectiõ. Il se côtentera de satisfaire à son deuoir.
D'ailleurs si le Prince n'approche de la stupidité des bestes, le
sage ne craindra point qu'il luy enjoigne rien qui soit contraire à l'honnesteté. Quel maistre est-il si indiscret que d'employer le sage à arroser des myrrhes. Les occupations dignes
du sage sont celles de l'esprit. Ce n'est pas qu'il refuse les autres
quand elles se presentent. Sa coustume est de ne desirer pas
moins ce qui est de mieux, que de s'accommoder librement à
ce qui arriue. Le Prince n'a que faire de se seruir de moyens
extraordinaires, pour auoir des preuues de la fidelité du sage.
Il n'a point de mœurs, ny d'inclinations en luy où elle n'esclat-

te affez. Il ne fait point d'action, qui ne foit la viuante image
de fon amour enuers le Prince. Il ne luy laiffe aucune occafion
de s'en feruir contre la bienfeance. Il femble à la verité que la
gloire des Grands confifte à fouler au pied ce qui eft eftimé le
plus des autres: mais fouuent neantmoins ce n'eft qu'vne temerité & vne fureur.

Que le fage pourra viure à la Cour dans le repos & dans la fincerité.

CHAP. VIII.

Rien n'afflige tant les mefchans que leur propre mefchanceté. La mefchanceté auoit accouftumé de dire, Attalus boit
la plus grande partie de fon venin. Ceux-là font feuls miferà-
bles qui choififfent miferablement, dit fort bien mon Manzin,

Dans la captiuité les fuperbes Empires.

Autres qu'eux ne font plus expofez aux inquietudes de la
Cour. Oftez l'intereft, vous oftez les occafions à toutes fortes
de foings. Arrachez les cupiditez, vous arracherez & à la crainte, & à l'efperance toute femance d'iniquité. Qui ne fouhaitte rien craint peu, & efpere ou peu ou rien du tout. Qui defire
raifonnablement, peut defirer en vain fans eftre affligé. Celuy-
là defire raifonnablement, dont l'efprit eft difpofé à fe paffer
s'il en eft befoing de ce qu'il defire. O que le foit des pretentions qui n'ont pas reuffi, eft cruel ! Quelque cruel neantmoins
qu'il puiffe eftre, le mal qu'il fait n'eft pas malaifé à guerir. Il
eft vray que les miferables font fi ftupides, qu'ils n'en fçauent
pas trouuer le remede. La fieure des cupiditez, & la faim de
l'intereft font les furies qui tourmentent les efprits, & qui les ac-
cablent de coups. Manquer de bien leur eft vn fleau infupor-
table: & encore plus de voir que les autres n'en manquent
point. Quiconque maiftrife l'auarice, ne foufpire point apres
le bien qu'il n'a point: & peut regarder auec vn œil riant la prof-

perité des autres. Le tourbillon des paſſions effrenées eſt for-
mé d'vn vent qui ne laiſſe pas à l'eſprit vn moment de beau
temps. L'impatience d'acquerir des richeſſes, d'auoir des honneurs, & de s'eſleuer en puiſſance, eſt celle qui rend les ſollici-
tudes, & les peines de la Cour eternelles. Le dommage afflige ceux qui demeurent derriere: & la crainte ceux qui
marchent deuant. Quiconque poſſede moins, s'eſleue plus
promptement à la ruine de celuy qui poſſede plus. Celuy qui
a le plus, eſt le plus vertement aſſailli. Il n'y a que les ames de-
uelopées de tout intereſt, & portées à ce qui eſt honneſte, qui
peuuent viure dans la tranquillité. Elles n'ont aucune occaſion ny de tendre des embuſches, ny d'en apprehender. Les
yeux ſerains, ils peuuent regarder les noiſes de ce grand tumulte
du monde. Les dons qui autresfois ont eſté expoſez aux rapi-
nes publiques peuuent confirmer mon dire. On s'y eſt foulé
aux pieds: on s'y eſt batu. Celuy qui en a eu le moins eſt deuenu cruel: & celuy qui en a eu le plus s'eſt veu accablé de tous
les coſtez. Qui n'y a point eu d'intereſt n'y a point couru de
danger: le plaiſir ſeul luy en eſt demeuré. Boloigne en peut
donner de fidelles teſmoignages, par le ſouuenir des Lamberz-
zes eſgorgés au milieu des feſtins. Le courtiſan ſans intereſt
regardera dans le repos les folies des autres. Il n'aura point de
ſoing plus imperieux que de s'aquiter glorieuſement de ce qu'il
deura à ſon maiſtre. La loüable obſtination qu'il a à ne rien
eſperer, & à ne pretendre rien que cela, luy ſera vne iuſte occaſion d'obtenir beaucoup: ou ceux qui eſperent, & pretendent
beaucoup contre leur deuoir, s'oſtent eux-meſmes toutes occaſion de rien obtenir. Les inſatiables, auides, & ambitieux
qu'ils ſont, auec leurs infames paſſions, ils deshonnorent leur
Prince, & le font paſſer, ou pour impertinent, ou pour iniuſte.
Ils ſe desfient, ou de ſon iugement, ou de ſon affection. Qui
plus eſt ils ſe publient indignes des biens qu'il diſpence. Où le
merite parle aſſez de luy-meſme, il ne ſert de rien de prouoquer
d'aucuns appas la munificence des bons. La paſſion extreme
qu'ils font paroiſtre pour cet effect les en rend incapables.
Celuy-là ſeul merite de ſentir des effects de la liberalité de
ſon Prince qui l'ayme & qui le ſert comme il faut. En l'aymant
& en le ſeruant bien, on s'ayme & on ſe ſert ſoy-meſme.

Fai-re

Faire la Cour sans interest, est donc viure en repos, & en
seurté. C'est marcher par vn chemin tres-aisé : où les meschans trouuent vn nombre infini d'afflictions, de tourmens,
& de peines perduës. Vn bon courtisan n'a que faire ny de dif-
simuler, ny de tromper. A quel propos faut il de la difsimulation où la sincerité des affections regne? Les mauuaises
intentions ont beau se deguiser & se pallier, les desseins qui
sont nets de tout vice vont hardiment tous nudz. Tout ce que
les meschans monstrent de feint à l'exterieur, paroist en sa naturelle pureté sur le visage du sage. La moüelle de la tromperie n'est iamais ailleurs si profitable aux meschans, que lors
qu'elle est cachée sous l'escorce de la fidelité. Ce que la malice
peut faire de pis, c'est de mettre au dehors la ressemblance de ce
qui est le mieux. Le sage qui de son naturel, est tel que les
meschans veulent paroistre, n'a besoing d'aucune fraude. Tout
le monde se peut fier à luy. Pour ce qui le regarde, il sçaura
bien s'empecher de se fier à aucun d'entre les meschans. Le sage n'est pas plus obligé à ne point mentir, qu'il l'est à descouurir ceux qui mentent. Ah! qu'il est malaisé de tromper vn
esprit prudent! A peine la tromperie est-elle descouuerte qu'elle perd toute sa force. Personne ne peut viure en seurté auecque
moins de peine parmy les trompeurs, que le sage. Il viura auec
moins de peril parmy les meschans que les meschans mesmes.

Si la dißimulation est bien seante au sage.

CHAP. IX.

IL n'est point de vertu dont il semble qu'il reste moins de vestige à la Cour, que de la sincerité. On diroit qu'il y a vne
certaine fatalité qui oblige tout le monde à y viure d'vne mesme sorte. Quoy que c'en soit il n'est point de pretexte honneste qui puisse defendre ceste coustume iniuste. Se trouuera t'il
de dissimulation qui puisse n'estre pas honteuse au sage? Il
semble à Menandre, que la menterie qui profite, est meilleure
que la verité qui nuit. Sophocle aduouë,

Que la verité nuit & le menſonge excuſé.

Pour moy ie croy tout au contraire qu'on ne ſçauroit attendre
aucun bien de la tromperie. Le meſme Sophocle m'apprend
que le menſonge en fin ne rapporte aucun fruict.

Ie ſçay qu'il eſt abominable & aux hommes & aux dieux.
Ie ſçay, qu'il n'appartient qu'aux ames laches de mentir: &
qu'il n'eſt pas meſme pardonnable aux eſclaues. Ie ſçay qu'il
n'eſt pas permis de diſſimuler la verité aux hommes bien nez.
Les ames nobles ſont ennemies du menſonge, comme de la
mort. Le ſage reſſemble cet Achille qui parle genereuſement
en ces termes,

Ie hay plus que l'enfer vne bouche qui ment.

Nous auons tout ſubjet de croire Socrate quand il dit, que
la vertu & la verité ſont vne meſme choſe. Poſé le cas que
le ſage ſoit capable de toute malice, il ne le ſera pas de mentir.

Cela eſtant, par quelle raiſon eſt-ce que Platon veut qu'il y
ait des occaſions où la menterie n'eſt pas à blaſmer? A ſon dire.
il y a trois circonſtances où elle n'eſt pas deshonneſte. L'vne
où il s'agit d'en faire acroire aux ennemis. L'autre où il eſt
queſtion de remedier à la foibleſſe d'autruy; & le troiſieſme
dans les diſcours familiers. Lors que le ſiege eſt deuant vne
ville à qui toutes choſes manquent, il eſt permis de faire entendre à l'ennemy qu'on ne manque de rien, du moins ſelon
l'opinion de ce grand Philoſophe: & veut-on que pourueu
qu'on garde la foy partagée entre deux partis, pour ce qui eſt
du reſte, il y a lieu de ſe ſeruir legitimement de toutes ſortes de
ſtratagemes. Quant à ce qui eſt du medecin que tout ce qui
peut tromper le malade pour le guerir, eſt licite, & iuſte, voire
meſme neceſſaire. Qu'on luy preſente des choſes ameres dans
des vazes dont les bords ſont oints de liqueurs douces, & agreables: que cependant celuy qui le traitte luy aſſeure que ce qu'il
luy donne à boire eſt doux. Et voila comme il le trompe pour
le remettre ſur pieds.

Et l'vne & l'autre ſorte de menſonge, ſont pluſtoſt menſonges apparans qu'effectifs. Que peut on attendre de l'ennemy
ſinon du dommage. Quiconque ſe declare ennemy, declare
tout en meſme temps qu'on n'attende de luy que du mal. Tout
ce qu'il fait à noſtre dommage eſt vn effect de cette declara-

tion : & vn tefmoignage de la verité de fes paroles. Tout le
pis que ie trouue en la tromperie, c'eft de tromper ceux qui
auoyét fubjet de fe fier en nous. Le droit de l'inimitié rend toute fraude legitime: non comme fraude : mais comme vne maniere d'arme à desfaire noftre ennemy.

Pour ce qui eft du Medecin nous ne pouuons pas dire qu'il
eft abfolument menteur à l'endroit de fon malade. Il luy promet vne boiffon falutaire: & le malade l'attend telle de luy. Celuy qui reçoit ce qui luy eft promis eft-il trompé? & celuy qui
donne ce qu'on luy demande trompe t'il? Vne confideration
pareille oblige quelquesfois les Princes à defguifer beaucoup
de chofes pour le falut des efprits ftupides qui ne les pourroient
digerer autrement. Auffi font-ils les Medecins du corps ciuil.
Cette accortife ne merite point le nom de fraude. C'eft pluftoft vne medecine, dont la compofition doit eftre telle qu'elle
eft. Vn mefme pretexte iuftifie la conuerfation qu'on a auec
les mefchans, & la complaifance qu'on a pour eux en certaines
chofes pour voir fi on les pourroit remettre dans le bon chemin. Il n'eft pas poffible de trouuer vn moyen plus que fuffi-
fant pour amener les hommes à la bonne voye. Le docte Comte
Virgilio Maluezzi s'eft aduifé prudamment de cela. S. Paul luy-
mefme aduouë s'eftre ferui de femblable remede. S'accorder
auec les mefchans aux chofes indiferentes, les oblige par fois à
s'accommoder eux-mefme à celles qui font iuftes. Le fage fe
pourra feruir de mefme moyen fans eftre n'y peu ny prou foub-
çonné d'aucune diffimulation. En matiere de contes faits à
plaifir, il peut ny auoir ny tromperie, ny deffein aucun de tromper. C'eft pourquoy les menfonges, bien qu'ils ayent quelque
apparence de verité, & qu'ils foyent agreables, ne meritent pas
pour cela aucun blafme.

La fraude n'eft neceffaire qu'aux mefchans. Sans elle il eft
impoffible qu'ils plaifent. Ou il faut qu'ils cachent la verité de
leurs affections, ou ils feront hays. Voila d'où vient la contrainte qu'ils ont de mentir, & de pallier ce qui autrement feroit
voir la faleté de leurs intentions. Quand le fage ne fera point
paroiftre dans fes mœurs ce qu'il a dans l'ame, & qu'il le tiendra le plus couuert qu'il pourra, il ne courra fortune d'eftre foub-
çonné d'autre chofe que d'auoir des appas à fe faire aymer. Il

n'a que faire de se monſtrer autre qu'il n'eſt en effect: ny de rendre viſible ce qu'il medite en ſon ame. Ce n'eſt pas meſme
choſe de chercher de la creance pour ce qui eſt faux : & cacher
ce qui eſt vray. Bien ſouuent il y a du danger à deſcouurir ſes
ſentimens. La malice d'autruy les tourne la pluſpart du temps
au dommage de celuy qui les deſcouure. Le ſage a cela de loüable en luy par deſſus celuy qui ne l'eſt pas: qu'il ne dit que ce
qu'il faut: au lieu que l'autre dit meſme ce qu'il n'a pas dans l'a-
me. Le ſage ſacré nous le monſtre en ces termes; Ne ſay point
voir à tout le monde toutes tes penſées. La langue qui deſcouure tout ce que l'eſprit conçoit : & l'action qui execute tout ce
que l'appetit veut, ouure la porte à quiconque veille à noſtre
ruine. C'eſt vn effect de la ſageſſe humaine de taire tout ce qui
n'eſt bon à dire ny pour nous ny pour autruy. Quand il n'y
va point de noſtre reputation, nous ne ſommes point obligez
d'eſtaler noſtre conſcience. Il n'eſt point de raiſon qui exige
ſemblable deuoir de nous. Le ſage eſt bien tenu d'aymer le
bien de tout le monde; mais de rendre compte de ceux qui luy
plaiſent ou deſplaiſent le plus, ou qui luy plaiſent ou deplaiſent
le moins: c'eſt à quoy nulle raiſon ne l'oblige; du moins comme
ſage qu'il eſt, n'y eſt-il pas obligé touſiours. Ce n'eſt pas touſiours contre noſtre deuoir de ne pas faire paroiſtre combien
peu quelqu'vn nous eſt agreable : & cela-meſme ne nuit en
rien à celuy qui ne nous plaiſt pas. Il y a du danger à s'ouurir
en ces rencontres. Celuy qui teſmoigne ſon dégouſt, court riſque d'en receuoir du dommage: & celuy qui ſe ſent peu eſtimé
en conçoit vne douleur inſuportable. En vn mot, cela ne vaut
rien ny pour l'vn ny pour l'autre. Le ſage n'a point de la haine
pour les meſchans: il n'en a que pour leur meſchanceté. Voila
pourquoy il n'a pas beſoing de diſſimuler, pour paroiſtre affectioné en leur endroit. Faire profeſſion d'eſtre amy de ceux de
qui nous ne le ſommes pas, en ces occaſions n'eſt point vne eſpece d'iniuſtice : c'eſt pluſtoſt vouloir acquerir de la creance
parmi eux. Et en ceſte ſorte ie ſuis d'accord auec Anaxandri-
dez, que la flatterie eſt vne eſpece de ciuilité : vne ſorte de
deuoir; & non flatterie. L'vſage la fait paſſer pour cela. Ne la
pratiquer pas eſt vne ruſticité: & bien ſouuent reputé pour vn
effect d'vn eſprit, & malin & arroguant. Ceſte maniere d'agir

n'eſt pas reçeuë comme vn teſmoignage d'affection: mais
comme vne honneſte complaiſance. Elle n'a en ſoy ny fraude
ny menterie. Si l'on en vſe comme il faut, elle tient de l'honneſte homme: d'autant que la raiſon deteſte la haine, & tout ce
qui en reuſſit. Où l'on refuſe de donner des preuues de bien-
vueillance, là ſe croit facilement qu'on a de la mauuaiſe volonté. En matiere de douttes, on panche touſiours plus volontiers
du party le moins fauorable. Il faut donc aduoüer que c'eſt vne
choſe ou loüable: ou du moins ſupportable que d'en vſer de
ceſte ſorte. Là il n'y a ny menterie ny fraude quelconque. C'eſt
vne des neceſſitez de la vie ciuile: qui eſt encore plus grande
dans la famille des Roys. De quelque biays que l'on la regarde,
on ne la ſçauroit condamner, que lors qu'on la veut faire paſſer
pour vne marque de veritable affection: & non comme vne
paſſion d'acquerir de la creance. La curieuſe dexterité de la
confondre auec les marques de l'amitié, eſt deshonneſte, & vicieuſe. C'eſt eſpandre du poiſon dans la ſocieté humaine. Secourir quelqu'vn de qui l'on n'eſt pas amy, en la meſme façon
que ſi on l'eſtoit, n'eſt pas vne action que le deuoir defende. La
ſageſſe voudroit que tout ce qu'il y a d'hommes au monde s'en-
traimaſſent: & qu'ils ſe fuſſent ſecourables les vns les autres.
Pour ce qui eſt des biens, on en doit touſiours retenir le plus
que l'on peut: comme des maux le moins qu'il eſt poſſible. L'a-
mitié eſt à deſirer, d'autant qu'elle meſme eſt le fruict de ceux
qui s'entr'ayment. Si l'vne manque, à tout le moins que l'autre
ne manque point. Le ſecours eſt le premier de tous les fruicts
que l'amitié produit. Il peut eſtre ſans aucune tache de fraude,
où la tige qui le porte n'eſt point. Il eſt vray que le plaiſir que
l'on prend à ſe conformer aux inclinations d'autruy: comme
tous les autres effects qui en refultent, ne ſçauroit eſtre veritable,
ble, ſeparé de ſa propre racine. Comme la raiſon veut qu'on
ſe ſerue du premier: elle defend abſolument le dernier. Le
ſage fera plaiſir aux meſchans non, pour aucune affection
qu'il leur porte: mais parce que ſa bonté l'exige de luy: & que
la bienſeãce meſme le veut: & qu'il ſe porte luy-meſme à tout
ce qui eſt honneſte. Quand il leur fait du bien, il ne feint point
qu'il les ayme. En cela il ne fait qu'obeïr à la ſageſſe. Il regarde auec vn viſage riant, ceux de qui les vices ne permet-

tent pas qu'on les ayme: auec tout cela l'on ne peut pas dire qu'il soit flatteur. On peut bien dire qu'il ploye sous ce
qui est iuste. Et c'est là vne des plus grandes loüanges
du sage, que de trouuer le moyen de faire auec honneur,
ce que les meschans ne sçauroyent faire qu'auecque infamie. C'est luy qui vse honnorablement de toutes les choses
qui seruent d'appuy à la societé ciuile. Pour ce qui est du
vulgaire, faute d'en sçauoir bien vser, il en abuse malicieuse-
ment. La Sagesse se plaist auec les bons, & n'ignore pas comme on doit viure auec les meschans, sans s'esloigner de son
repos. S'il n'est pas en son pouuoir de les renger à ce qu'elle desire, elle trouue le moyen de se les rendre supportables & de
n'estre pas mal auec eux. Comme le nombre en est infiny, la
rencontre des bons est fort rare. En cette sorte la condition du
Sage seroit bien rigoureuse, s'il luy estoit interdit de ne pra-
ctiquer que les gens de bien. Il n'appartient qu'à luy d'auoir
de prompts remedes pour toutes sortes de sinistres euenemens.
Les occurrences particulieres ne nous permettent pas aysemét
de monstrer l'art qu'il practique pour s'en bien demesler. Il
n'est pas possible d'en rendre compte par le menu. La varieté
en est infinie: & quand on en pourroit establir vne science, sa
longueur la rédroit importune. Il suffit qu'il sçait comme il s'y
faut comporter. Au puis aller, il ne se seruira point de l'art
de mentir. La dissimulation, ny la flaterie ne seront point
de son fait. Il les laissera aux ames foibles, basses, & timides. En
vn mot à celles à qui le peu d'experience qu'elles ont à se seruir
de la sincerité, rend le mensonge considerable. La verité est
le flambeau qui conduit au bien. Les ignorans la croyent pernicieuse pour le mesme effect. Ce n'est pas pourtant elle qui
leur est nuisible: c'est plustost la stupidité qu'ils ont à n'en pouuoir pas vtilement vser. Vn enfant prend le rasoir par le tran-
chant, s'il se couppe à qui en est la faute? Qui ne sçait qu'il
faut tenir l'espec par la garde, & non par la pointe. La verité est
capable de nous defendre de tout mal, & de nous combler de
tout bié. Elle ouure la porte aux bonnes intentions. En vn mot
la perfection de la sagesse consiste en la dexterité de son vsage.

Apres cela qu'on me die que la haine du mal, & l'amour du

bien donnent du credit au menfonge, & que l'efperance & la crainte en font les veritables fources. Qui n'offenfe perfonne pofe les fondemens de fa feurté : & qui eft prompt à obliger tout le monde, s'ofte tout fubjet de crainte. Qui oblige à prendre garde à luy, iette les femences de la haine qu'on luy porte. Si tu n'es point craint, ce fera merueille fi tu as à craindre. La plus part du temps la crainte retourne fur le fujet qui la fait naiftre, & retombe fur fon principe. En quelque condition que l'on foit, l'innocence eft le plus inexpugnable rempart de la vie. Elle peut fans peine, ce que la malice tente fans aucun effect. L'vfage de la diffimulation n'eft donc pas permis au fage. Et à dire le vray, il n'en a que faire.

Qu'il eft plus aifé au fage qu'à pas vn autre de paruenir à la faueur

CHAP. X

Out autre que le fage aura de grandes difficultés pour paruenir à la faueur. Tout autre que luy aura de la peine à s'y maintenir. Si nous ne fommes illuftres de nous mefmes : en vain nos peres l'auront efté pour nous. Quiconque afpire aux refcompenfes deües à la vertu de fes anceftres, afpire iniuftement à ce qui ne luy eft pas deu. Et fans mentir fe feroit vne confequence bien dangereufe de permettre que la malice peut auec equité pretendre ou du loyer, ou de l'impunité du merite d'autruy. Le Prince eft difpensé d'y auoir efgard. Pareille confideration le tiendra donc quitte de ce qui l'obligeoit à autruy auãt qu'il fut paruenu à la Courõne. En quelque façon il femblera qu'il luy foit permis de n'auoir pas tous les fentimens qu'on pourroit defirer de luy, pour les feruices qu'on luy a rendus auant qu'il fuft monté au trofne. Ses amis ne pourront plus attendre la mefme priuauté qu'ils auoiẽt auec luy. Et comment le pourront ils, puifque fa nouuelle dignité

le contraindra de la dénier à ſes propres parens? La grauité que
les Roys teſmoignēt pour ceſt effeĉt, n'eſt point vne arrogance de leur nouuelle humeur, c'eſt pluſtoſt vne neceſſité de leur
condition. Bien ſouuuent cette conſideration les obligera
à paroiſtre moins auſteres qu'ils ne voudroient à l'endroit meſme de ceux qu'ils aymeront le plus. Les bons
Princes ne perdent iamais la memoire des bons ſeruices
qu'ils ont receus de leurs amis. Ils les regardent, auſſi fauorablement que leur nouuelle authorité leur permet. Y a t'il de l'apparence qu'ils vueillent perdre ceux qui les affeĉtionnent, lors
qu'ils en ont le plus de beſoin. Puiſque ceux-là ſont bien rares
qui poſtpoſent leur propre intereſt à celuy de ceux qu'ils ayment, ſera-t'il iuſte qu'vn nouueau Prince ne connoiſſe plus
pas vn, ou bien peu de ceux qui faiſoient profeſſion de l'aymer
lors qu'il eſtoit dans vne fortune priuée? Il n'y a que les meſchans qui par leur propre malice ſont exclus de ce que l'on doit
eſperer de la proſperité de ſes amis. Pour ce qui eſt de ceux
dont les aĉtions ont fait voir la ſincerité de leur amour, ils y
participeront inuiolablement.

Le Prince arriué nouuellement à l'Empire aura encore ſujet de
craindre que ces vieux amis ne luy rendent pas tout le reſpeĉt
deu à ſa dignité recente; & n'y aura que le ſage de qui il n'aura pas cette apprehenſion. En effeĉt il n'eſt que les eſprits
ſolides qui eſtiment les choſes, non comme familieres ou eſtrā-
geres: mais comme la qualité de leur eſtre le requiert. Regarder les nouuelles grandeurs auec de l'enuie en ceux qui nous
eſtoient familiers, eſt vne marque d'vne ame ambitieuſe outre meſure. Pour retenir ſes bons amis, vn Prince n'embaraſſe
point ſon euthorité. S'il ne deſire point qu'on luy obeyſſe contre tout deuoir, il n'a que faire de craindre de commander qui
que ce ſoit. Qui plus eſt il n'a pas beſoin de paroiſtre auſtere
enuers les gens de bien. Vn Souuerain n'a accouſtumé de l'eſtre
que pour empeſcher qu'on abuſe trop licentieuſement de ſes
bonnes graces.

Le ſage n'apprehendera donc pas que ſon amy laiſſant derriere luy ſa fortune priuée, y laiſſe auſſi l'amitié qu'il luy a portée. Il n'y a que ceux qui ne valent pas grand choſe qui n'auront aucune occaſion de ſe preualoir de la gloire de leurs anceſ-
ſtres

ftres; à qui les bien-faicts d'autruy ne profiteront de rien , &
qui ne tireront aucun aduantage du bon-heur de leurs amis.
Le moyen de gaigner les bonnes graces du Prince par la conformité des mœurs, & par la dexterité de feconder fon genie ,
fera bien fouuent infructueux ; & toufiours difficile à tenir à
ceux qui n'ont pas plus de fens qu'il leur en faut. Le foin trop
curieux qu'on met à vouloir paroiftre de mefme humeur que
le Prince, paffe bien toft pour diffimulation : & eftre defcouuert diffimulé, eft faire faire nauffrage à la difsimulation mefme.   Il n'eft point d'ame fi deprauee qui ne s'efloigne quelquefois de fon imperfection. Quelquefois la confcience s'accufe
elle-mefme, & fe reprend. Cela eftant, comment luy pourront
plaire ceux qui luy applaudiffent dans fon vice? D'ailleurs les
mauuais efprits font tyrannifez par leurs propres affections.
C'eft auec vn extreme regret qu'ils s'accommodent à ce qui eft
contraire à leur humeur. De dire que les autres preuiendront
leurs inclinations & auront mefme volonté qu'eux, c'eft ce qui
arriue bien rarement. Pour ce qui eft du fage, il eft maiftre de
fes pafsions, & arbitre de fa complaifance. Il n'a point de peine
à fe plaire à ce qui plaift aux autres, quand l'honnefteté n'y eft
point offencee. Où l'impertinent ne fçauroit s'empefcher d'eftre
complaifant fans offefer, ny cóplaire fans deplaire, le fage agree
en fe rendant complaifant, & ne defplait point, en ne l'eftant pas
Voyla comme il a de la dexterité a eftre de contraire aduis auec
les mefchans fans les fafcher, & mefme en leur agreant.
La mefme maniere d'agir rend l'obeyffance du fage plus auan-
tageufe que celle de pas vn autre qui foit à la Cour. En matiere de feruices la promptitude & la diligence des courages les
moins genereux , fe referent à l'intereft , & font par confe-
quent peu confiderees.   Le Prince ayme les promptes feruitudes, & les recompenfe. Que peut-il aufsi attendre de mieux
de fes courtifans ? Mais s'il donne des recompenfes aux fimples
feruices, que donnera-il à l'affection? Certes où elle n'a merité
rien, vne vulgaire reconnoiffance fuffit. Où le prix fatisfait
plainement à ce qu'il doit , la grace eft iniuftement attenduë,
Si elle eft deuë à l'obeyffáce, qui eft ce qui fera en meilleure po-
fture que le fage? Il n'a aucune peine à feruir dignement. Il ne
fert iamais qu'auec plaifir. A qui fert auec plaifir, ce qui man-

R r

que à la perfection de son œuure, tient lieu de peine.
Ceux qui seruent par interest, ne seruent point auec plaisir, ils
seruent comme des esclaues qui ont le foüet sur le dos. Ce
qu'ils espargnent, ou de leur temps, ou de leur peine ils le reputent à gain, pouruen que leurs desseins n'en demeurent pas reculez.

Personne n'a encore occasion de seruir le Prince auec tant
de gloire côme le sage. Les seruices que les autres rendent ne
le regardent point. Ils regardent les choses qui les touchent. A
sainement parler ce que l'on voit de luy n'est pas luy mesme.
Pour le voir, il faut voir son esprit, qui est ce qu'il a de plus
diuin en luy, & qui le fait estre ce qu'il est. C'est ce qui veritablement gouuerne; c'est ce qui commande : & c'est à quoy
les seruices du sage sont inuiolablement attachez. Il en est le se-
cretaire. Ayant cet aduantage comme il l'a, se trouuera t'il
quelqu'vn, qui auec raison s'ose promettre aussi bien que luy
les bonnes graces du souuerain? Personne les luy peut-il disputer? personne en peut-il estre asseuré comme luy ? Seront-ce
ceux qui contribuent à ses plaisirs ? qui sont les deshonnestes
ministres de ses passions. Cela seroit bon si ce qui s'obtient
sans raison ne se perdoit point auec raison. Il y a aussi loin
d'Athenes à Thebes, que de Thebes à Athenes. Quand vne
montee n'est ny haute, ny difficile, la descente n'est ny basse ny
difficile. Il est vray que ceux qui apportent des occasions de
plaisir au Prince, non point de peine à se faire voir de bon œil:
mais il est vray aussi que la mesme volonté qui l'a soudainement
precipité à bas, venant à changer, ou à se degouster, bien souuent le fait tout d'vn coup remonter au mesme lieu d'où elle l'a-
uoit arraché. Son ardeur deuient languissante, & la grace des
plaisirs se pert aux plaisirs mesmes. Il en vient d'autres plus
grands : & cela fait qu'il ne tient plus compte des premiers. Les
passions contraires à l'honnesteté changent fort aysement, &
les contentemens irresonnables n'ont aucune fermeté: & moins
chez les grands, qu'ailleurs. De leur naturel les princes sont
inconstans : & bien souuent dissemblables à eux mesmes. Ces
ministres de plaisirs secrets la pluspart du temps, sont temeraires & insolens: & faciles à faire naistre d'eux mesmes des occasions à les chastier dignement. Quiconque se rend esclaue de

ſes plaiſirs, par ſucceſsion de temps, s'immole à leur meſpris : & voyla d'où vient leur perte. Poſſible eſt il vray que la pluſpart des Princes n'ayment point cette racaille : mais ſeulement les contentemens qu'ils en retirent. Si ces infames n'ayment point le ſouuerain, mais ſeulement le binfaict, n'eſt-il pas raiſonnable que le ſouuerain ayme le plaiſir dont ils ſont les miniſtres, ſans qu'il les ayme eux meſmes ? Quiconque d'entre les grands croit d'en tirer des ſeruices plus importans que ceux qu'Archelaus tira de Crateua, eſt bien eſloigné de ſon compte. Il n'eſt point de perfidie qu'on ait ſujet d'en appréhender. Aupres des Princes vertueux leur art ne leur ſeruira de rié. Si ceux qui commendent à tous les autres ſont ſi paſſionnez apres le plaiſir, d'où eſt-ce qu'ils en peuuent eſperer, s'ils n'en eſperent de la ſageſſe ? C'eſt elle à ne point mentir qui eſt capable de leur en fournir le plus. Les plaiſirs veritables, purs, & ſolides au dire de Platon, ſont des fruicts de la philoſophie.

Ie veux que le Prince ſoit ſoigneux de tout ce qui peut enrichir ſon eſpargne, comme de ce qui contribue à l'heureux gouuernement de ſon Eſtat, d'où eſt-ce qu'il peut eſperer des richeſſes plus grandes, & plus vtiles pour la felicité de ſon Empire, que de la prudente conduite du ſage ? Mais vous me direz qu'il a beſoin de beaucoup d'argent pour l'heureux ſuccez de ſes deſſeins. Que les bons conſeils ne ſeruent de rien, lors qu'on n'a pas les moyés de les faire reuſsir : & que les ſeuls inſtrumens, par le moyen deſquels on peut venir facilement à bout de toutes choſes conciſtent en la poſſeſsion des grands threſors. Cette conſideration n'affermit pas encore ſi puiſſamment les miniſtres de l'intereſt dans les bonnes graces du Prince, comme le ſage y peut eſtre affermy. Cette ſorte de gens en empliſſant les coffres de leur maiſtre par des voyes iniuſtes, ſont pluſtoſt le proffit d'autruy, que le leur propre, & nul que le ſage n'entend ſi bien les honneſtes manieres de ſubuenir aux neceſſitetez d'vn Eſtat.

La conformité des mœurs eſt bien vn puiſſant moyen pour donner les bonnes graces du ſouuerain : mais elle ne laiſſe pas d'auoir ſes defauts auſsi bien que les autres. Quelques vns en rapportét les cauſes à la rencontre des aſtres qui dominent au poinct de la naiſſance. D'autres le referent à l'amitié qui ſe trou-

uc entre deux genies, & d'autres à la conformité des humeurs?
Pour ce qui est de ce que peuuent les estoiles & les genies, c'est
chose, dont on est encore en doute. Quant à ce qui est du tem-
peremment des humeurs, il est incertain, & l'on n'en sçauroit
tirer aucune certitude. Ces choses se passant de cette sorte,
quelle fermeté peut-on attendre de ce qui est appuyé sur des
fondemens qui n'en ont du tout point? L'âge & le changement
des lieux changent en sorte les hommes, qu'ils deuiennent tous
dissemblables d'eux mesmes. On me dira que ceux dont les
humeurs sont conformes changeront egalement, & qu'en l'alteration qu'ils receuront, ils pourront demeurer en pareil estat.
Quoy que c'en soit, encor que la sympatie demeure toute telle
qu'elle estoit, l'experience neantmoins nous apprend que les
complexions peuuent changer, & receuoir de la contrarieté
entre-elles. De moy i'ay souuent crû auec Aristote que les
mesmes differences qu'on voyoit aux corps, se voyent de mesme aux esprits. La ressemblance des esprits à mon aduis est la
vraye tige, d'où naist la sympathie. Mais de quelque façon qu'on
le vueille prendre, il est indubitable que rarement il arriue de
conformité d'humeurs qui n'ait en elle plus de choses qui ne
s'accordent pas auec d'autres, que de celles qui s'y accordent.
En cette partie du môde toute ressêblance est disséblable, toute
egalité inegale. Outre cela il n'est rien dont on ne se saoule aysement. Le sommeil & la musique apportent quelquefois du degoust. Si ceux qui se targuent de la conformité de leurs humeurs manquent de prudence, ne seront-ils pas bien tost eux
mesmes artisans de leur propre ruïne? C'est vne folie cômune
à tous les fauoris qui n'ont point de sens, de ne sçauoir pas vser
discrettement de leur pouuoir. Leur vanité les porte à faire
voir qu'ils sont au dessus des volontez de leurs maistres, &
qu'au mespris de leur authorité, il est en leur main de leur faire trouuer bon tout ce qu'ils veulent. Voyla iusqu'à quel poinct
leur ambition les enyure. Semblable fureur a plus de force en
ceux que l'inclination fait aymer. Les passions en sont aussi
plus puissantes. C'est de là que les souuerains reçoiuent de
plus sensibles desplaisirs. S'il estoit possible que l'esprit pust
deuenir ennemy de luy mesme, il le deuiendroit infallible-
ment de se voir au supreme degré d'honneur où il est, & obligé

de ne pas deſtruire qui le choque. Nyl'amour, ny le troſne ne
veulent point de compagnon.

Ceſte ſorte de fauoris ſont pernicieux aux ſouuerains. Qui
ſe rend formidable à autruy, ne fait rien pour ſa ſeurté. Ceux
qui s'eſleuent ſi fort dans la faueur du Prince, qu'enfin ils luy
donnent ſubjet de s'en deffier, n'ont autre moyen pour ſe deffendre de leur ruine, que d'vſer de modeſtie: de ſe porter à tout
ce qui eſt honneſte, & à ce que la prudence requiert d'eux. Les
ſtupides la recherchent auec beaucoup de peine: & n'y arriuent
iamais qu'auec du danger. Bien ſouuent il leur ſeroit plus vtile
de l'auoir pourchaſſée en vain, & d'auoir perdu tous leurs
ſoings, & toutes leurs ſueurs: que de l'auoir facilement obtenuë. Mais poſé le cas que ces derniers ayent beaucoup d'appas
pour cet effect: poſé le cas que la fortune ſoit entierement à
eux: quel aduantage auront ils qui les puiſſe faire entrer en
comparaiſon auec le ſage? Quelques allechemens, que les meſchans ayent à ſe faire aymer; ils en ont encore de plus puiſſans
à ſe faire haïr, & en plus grand nombre. Ils n'ont point de
beauté en eux qui ne puiſſe donner mille dégouts. Chacun de
leurs appas à ſa difformité. La beauté de l'honneſteté, & celle
de la ſageſſe ſont ſans tache. Elles ſont ſans fard, & ſans imperfection. Ie veux qu'on donne tout credit à ce qui rend les meſchans aymables: en tout cas ils ne le ſçauroient eſperer qu'à
toute extremité. Et voilà bien dequoy nourrir leurs mauuaiſes inclinations, & leur ambition. Certes il n'eſt pas au pouuoir de la ſympatie, ny des plaiſirs ſenſuels, ou autres pareils allechemens d'amour, de violenter la raiſon. Où elle n'eſt pas de
la partie, il n'eſt point de fermeté. qui ne ſoit foible contre toute ſorte d'accidens. La raiſon demeure immobile en elle-meſme. Elle eſt inuincible, & ſouſtient tout ce qui eſt puiſſamment ſouſtenu. C'eſt la ſeule fermeté de toutes les fermetez. Il
ne faut point eſperer de la conſtance où elle n'eſt pas. Où elle ſe
deſploye, l'inſtabilité n'a point de lieu. La bonté, l'excellence, &
la beauté de l'eſprit du ſage, eſclattent en ſes actions, & en ſes
mœurs. Elles enchainent doucement les affections, & lient la
raiſon dans des nœuds auſſi amoureux, qu'ils ſont inuiolables.

Pour ne pas craindre de deſchoir des bonnes graces du Prince, & en iouïr longuement en repos, il ne faut que ſe comporter

en bon subjet. Le sage est le seul qui sçait aymer, le seul qui
sçait seruir genereusement. Ceux qui manquent d'intelligence, manquent encore de conduitte & en leurs actions, & en
leurs mœurs. Quiconque n'a point de lumiere à s'esclairer, est
forcé de marcher à l'aduanture. Qui est ignorant fait toutes
choses à tastons. L'entendement est l'œil de la vie. S'il est a-
ueugle, ou s'il n'y void que fort peu, la vie ne se passera t'elle pas
à la merci du fort? Les sots n'ont point de moyen asseuré pour
paruenir à aucun bien. S'ils y paruiennent ils n'en ont pas longuement la possession.

Que la vertu est un moyen tres-puissant pour paruenir à la faueur.

CHAP. XI.

LA vertu promet au sage toutes sortes de moyens pour toute sorte de justes desseins. Ce qu'il tente en vain n'est pas
vn defaut de sa sagesse: c'est vne fatalité de la matiere à ne luy
pas obeir. Les Princes qui ont de l'amour pour les choses
honnestes ne sçauoyent s'empescher de l'aymer. Les bons
cherissent tout ce qui est bon. Il n'importe pas beaucoup que
les vertueux ne soyent point ensemble. La vertu n'a que faire
de compagnon. Elle seule suffit a elle-mesme. La sagesse est à
couuert de toute sorte de mespris, s'il ne luy en vient du costé
de la puissance souueraine, infectée du sale poison de la malice.
Il n'y a que les tyrans qui soyent ennemis de la raison, & de la
discipline. Eux seuls les apprehendent comme des choses qui
s'en peuuent faire obeir. Autres qu'eux n'ayment leur aueuglement. Ils ont horreur de voir l'enormité de leurs vices: ou du
moins seroyent ils bien aises que personne ne le vit qu'eux. C'est
le propre de l'iniquité de hair la lumiere, & d'aymer les tenebres. En elles seules les Tyrans mettent tout leur refuge. Eux
seuls trouuent de l'aduantage en la stupidité de leurs subjets,

C'eft fur elle qu'il fondent leurs plus belles efperances, & leurs
plus grandes feurtez. Il eft vray que ne commander defraifon-
nablement qu'à de gens qui ne cognoiffent pas la raifon, eft vne
chofe tres-aifée, & fans aucun danger. Le gouuernement d'vn
mauuais Prince fe rendra fupportable à ceux qui ne cognoi-
ftront point fa mefchanceté. De ce cofté là il peut eftre en affeurance. Pour ce qui eft des efprits, doüez d'vne fageffe non
commune, il n'eft point de mauuais Prince qui ne les apprehende. En quelque eftat qu'ils fe rencontrent il fait tout
ce qu'il peut pour les exterminer. Mais en ce temps-cy
graces à Dieu la fageffe n'a que faire de craindre de pareilles
calamitez. Les Royaumes font fans aucune ombre de tyrannie. Ie m'en remets volontiers au iugement de cet illuftre politique, le Comte Virgilio Maluezzi. Vn bon Prince aura feulement à fe donner de garde des efprits de fes fubjets qu'il re-
cognoiftra pernicieux. Vn ame dont les affections font deprauées, eft la pefte de toutes les autres ames : & c'eft auec iufte
fubjet qu'elle eft en horreur à vn bon Roy.

Ce n'eft pas vne chofe qui foit contraire à l'ignorance, que
d'auoir des affections dociles, & efloignées de toute malice.
Les ames de cette trempe ne font pas fatales à la fageffe. Elle
peut eftre en eftime dans vn efprit mal difcipliné, fi ce n'eft
qu'il ait des inclinations tout à fait deprauées. Il n'y a que la
reputation, qui foit capable de rendre amoureux vn aueugle
d'vne beauté qu'il n'a iamais veuë : & la bonne opinion qu'vn
ignorant peut auoir conçeuë de la fageffe, eft fuffifante elle feule de l'en rendre paffioné, & de la luy faire defirer. Eft-ce donc
vn aduantage, qui ne foit pas tout particulier au bien, & à la verité, d'attirer à foy toutes les affections ? Quel efprit y a t'il en
la nature, fi reuefche & fi brutal, qui n'en foit charmé ? Il n'eft
point d'ame au monde qui ne puiffe eftre portée à l'amour de ce
qui eft honnefte, pourueu que celuy qui luy voudra porter, ne
manque point d'induftrie à luy en faire voir les beautez. Il ne
faut qu'expofer en veuë le vifage de la vertu, pour en rendre
paffionné tout le monde. Perfonne ne fçauroit refifter à fes appas. Il y en a beaucoup qui s'oppofent à leur deuoir, mais ce n'eft
pas tant leur faute, comme celle de ceux qui ne le leur fçauent
pas bien faire comprendre. Quel efprit fçauroit on trouuer fi

stupide & brutal ſoit-il, qui ne puiſſe eſtre diſpoſé à cognoiſtre
la force de l'honneſteté, quand on prend le ſoing qu'il faut à la
luy faire cognoiſtre? La bonne opinion que les plus ſots ont
de leur iugement, ſert beaucoup en ces rencontres. La prudence du ſage y peut neantmoins plus que tout cela. C'eſt vn grand
deſplaiſir que d'eſtre ignorant : & encore plus d'eſtre recognu
pour tel. Ainſi plus il eſt honteux de ne rien ſçauoir : plus le
deſir de ne rien ignorer, eſt honnorable. Vn eſprit bien fait,
pour auoir l'vn en ſoy, n'encourra point le blaſme de l'autre. On
ne ſçauroit nommer ignorant, celuy qui tache de couurir ſon
ignorance : on le pourra nommer fol à meilleur tiltre. Le plus
grand aduantage que puiſſe auoir l'homme, c'eſt de poſſeder v-
ne parfaicte intelligence : & puis d'auoir le ſoing de l'acquerir
quand il ne l'a pas. A quoy eſt touſiours attaché le reſpect que
l'on doit rendre au ſage. C'eſt le propre d'vn rare & excellent
Prince de donner à ſa prudence la ſouueraine authorité ſur l'authorité meſme. Chacun à la verité n'eſt pas capable d'vne
raiſon ſi heroïque que celle-là. Il eſt bien aiſé d'auoir de l'a-
mour pour l'eſtude de la ſageſſe. Quelque mediocre que ſoit
vn eſprit il fait vanité de cela. Le Prince qui a faute de quelqu'vne des choſes que l'on eſtime le plus, manque de ce qu'il ne
ſçauroit manquer ſans blaſme : & que la ſageſſe ne ſoit la choſe
du monde qui eſt eſtimée le plus : & qu'elle ne ſoit le comble
de toüs les prix, il n'eſt point de ſottiſe qui ne l'aduoüe : point
de malice qui ſoit capable de le diſſimuler, ny de temerité qui
l'oſo nier. Apres cela quel Prince ſera ſi mal-heureux, & ſi perdu, qui ne face eſtat, qui n'ayme, & qui n'ait en grande conſideration le ſage? Il n'y a que les eſprits faits en deſpit de la
nature, qui peuuent eſtre ennemis & de la ſageſſe & du
ſage

Si le malheur veut qu'on aye affaire à vn ſouuerain, à l'eſprit duquel il y ait à redire, peut-il iamais arriuer de pis, que
de rencôtrer en luy ou de la folie, ou de la meſchanceté, conſiſte
dans vne fineſſe extraordinaire? Là ſa propre malice & celle
d'autruy ſont egalement à craindre. Là celle d'vn ſeul : là celle de pluſieurs. Iamais vn parfait ſot ne fut parfaittement meſchant. Pour bien eſtre le dernier, il ne faut rien tenir du premier. Les meſchácettez illuſtres, ſont effects d'illuſtres eſprits.

Ceux

Ceux qui font peruers, & volages de leur naturel, fe laiffent
manier comme on veut. Les mefchans en font tout ce qui leur
plaift. D'où il femble que le pire parti que le fage pourra
prendre, fera de viure auec vn Prince qui n'aura point de
fens, & que fa condition ne feroit pas fi mal-heureufe s'il auoit
à faire à vn qui euft de la malice, pourueu qu'il euft tres bien
de l'intelligence. En effect vn efprit qui n'a point hors de foy
l'occafion d'eftre mefchant, n'eft pas tout à fait incapable d'a-
mendement. Il n'eft pas mal-aifé de le regir en quelque façon.
La nature ne fçauroit eftre fi abattuë, qu'elle ne fe puiffe toufiours vigoureufement releuer. Quelque deprauée que puiffe
eftre vne ame elle peut reuenir à fon eftat plus parfait. Pourueu quelle ne demeure pas toufiours obfedée par les appas
qui fomentent fa malice, & qui luy viennent d'ailleurs que d'elle mefme, vne prudence opportune, pleine de douceur &
de fincerité, n'aura pas beaucoup de peine à la renger à ce qu'elle defirera. Mais vous me direz, eft-il poffible de rencontrer vn
Prince qui ait l'efprit bon & depraué tout enfemble, qui manque de gens à l'entretenir dans fes mauuaifes inclinations? A
la mefchanceté qui a le fouuerain pouuoir en main, courent
toutes les mefchancetez, les plus execrables : & n'y accourent
iamais qu'à la foule. Vne nature pleine de vigueur peut bien
eftre plus qu'elle n'eft enflamée de l'amour du vice : mais non
pas y eftre côtrainte par quelque autre mefchanceté que ce foit.
D'où s'enfuit que quand le fage fera de pareilles rencontres, fa
prudence ne perdra point l'efpoir de reuffir à quelque bien.
Quand vn Prince ftupide de fon naturel eft deuenu la proye des
mefchans, il n'en faut plus attendre rien de bon. Platon & Senecque confeilleroient volontiers le fage de s'efloigner de luy.
Mais s'il n'y a point efperance qu'il en puiffe iamais eftre fauori :
du moins poffible ne faudra t'il pas qu'il defefpere d'y pouuoir
eftre en feurté. Il n'eft point de force fi forte, ny de puiffance
fi puiffante que la vertu. La fageffe peut raifonnablement
afpirer à tout ce qui ne paffe pas les bornes de la poffibi-
lité.

La rencontre d'vn efprit mediocre ne fera point mauuaife à
ceux qui font profeffion de l'eftude de la fageffe. On trouue ce
bon-heur en la plus part des Roys. Vn iugement reduit à ce

Sf

degré de qualité, n'a pas beaucoup de peine à comprendre l'excellence de la fageſſe : & encore moins à s'en rendre paſſiōné.
Tous ceux qui ſont marquez à ce coin s'imaginent de ſçauoir
beaucoup, iuſqu'à ce qu'auec vne induſtrieuſe douceur on les
a tirez des tenebres de l'ignorance. Ils peuuent bien eſtre
aduertis de leur peu d'intelligence : non toutesfois par aucun
autre que par la ſeule modeſtie, & par la ſeule prudence du
ſage. Luy ſeul le pourra ſans les offencer. Luy ſeul le pourra, en leur faiſant plaiſir & leur apportant du profit tout enſemble.

Ce que le ſage neantmoins peut eſperer de mieux, c'eſt de
rencontrer vn Prince qui de ſon naturel ſoit amoureux de la
ſageſſe. Ce ſera alors qu'il n'aura aucun ſubjet de craindre qu'il
ſoit altier, ou malfaiſant en ſon endroit. Vne ame eſpriſe de
l'amour de la Philoſophie, ne peut rien produire qui ne ſoit
honneſte. L'importun & hayſſable faſte, eſt vn germe d'vn
eſprit fol. Ny les Heros, ny les grands courages ne ſçauent ce
que c'eſt d'eſtre arrogans. Il n'y a que ceux qui iugent iniuſtement & de leur valeur & de celle d'autruy, qui ſont ſuperbes.
Auoir trop bonne opinion de ſoy, & moins bonne qu'on ne
deuroit des autres, ſont les veritables racines de l'orgueil. Les
ſages iugent modeſtement d'eux, & fauorablement des autres.
Si la nature a donné de la force à l'homme, ou de la puiſſante, ils
ſçauent que ce n'eſt pas pour fouler au pied les autres hommes :
mais pour les ayder. Meſeſtimer autruy eſt vne des premieres marques de la ſottiſe.

La Philoſophie impoſe encore le frein aux aiguillons de l'enuie. De toutes les plus illuſtres qualitez d'vn eſprit illuſtre, il
n'en eſt point de plus conſiderables, que celles de ſe cognoiſtre
ſoy-meſme : de croire qu'il y en a beaucoup qui ſont autant que
luy : beaucoup qui ſont plus : & d'auoir du reſpect pour les autres. Eſtre querelleux : & s'eſtimer plus que les autres eſt la
folie de ceux qui valent le moins. Perſonne n'a ſubjet de diſ-
puter de la bonté de ſon eſprit, où celuy qui peut paroiſtre en
auoir le plus n'en reſte pas plus ſuffiſant, ny plus capricieux : &
hors de venir ouuertement en comparaiſon, ce n'eſt pas vn grãd
deſplaiſir d'eſtre ſurmonté en intelligence. Si le ſage eſt contraire à l'aduis de quelqu'vn, il l'eſt auec modeſtie. Il met en

auant ses sentimens, comme vn homme qui a recherché ce qu'il
a pû trouuer de mieux: & non comme celuy qui pense auoir le
plus de iugement. Il fuit tout ce qui peut faire croire, qu'il veut
faire comparaison de son esprit auec celuy d'autruy. Le sage
ne fait que ce que la sagesse luy permet. D'ailleurs, soit que le
Prince soit estimé beaucoup, soit qu'il soit estimé peu, l'authorité souueraine l'esleue si fort par dessus tous, qu'il ne peut entrer en parallelle auec personne.

Outre cela les conseils douteux sont infiniment loüables &
dignes de la prudence du sage : mais seulement quand il s'agit
de ce qui n'est aucunement euident. Lors qu'il est question de
deliberer de l'aduenir, qui tousiours traisne quant & soy de
grandes difficultez, on doit estre fort retenu : & deferer beaucoup au iugement d'autruy. La promptitude, & l'opiniastreté
en ces rencontres sont pleines de peril. Le sage ne donne point
alors ces aduis comme de maximes infaillibles : mais comme
des propositions qu'il laisse au iugement d'autruy. Quand il
arriue que les opinions sont contraires, il se garde bien de vouloir faire passer les siennes pour les meilleures. S'il les allegue,
ce n'est que pour resueiller les plus solides. Il n'est rien de plus
esloigné de la bienseance du sage, que de respõdre trop promptement, & de bailler ses sentimens pour asseurez & infaillibles.
Il laisse tousiours lieu aux meilleures deliberations.

Mais il y a certains esprits mal nez, qui demandent conseil,
plus par coustume, que pour aucune enuie qu'ils ayent d'estre
conseillez. Tous resolus qu'ils sont de suiure leurs sentimens,
ils ne laissent pas de demander ceux d'autruy : & possible est-ce
plustost pour auoir de l'approbation, que pour aucun secours
qu'ils en attendent. Pour oster toute occasion d'ouïr le contraire
de ce qu'ils desirent, ils font marcher leurs opinions les premieres. En ces rencontres quel parti reste t'il auquel le sage se puisse
renger ? Quiconque donne les mains aux mauuaises deliberations se rend complice de tous les maux qui en arriuent. Les
condamner est vn crime qui ne sert de rien, qu'à perdre son
autheur. La dissimulation que les politiques conseillent de pratiquer en ces occasions, n'est pas vn choix qui profite de rien
au sage. Au contraire c'est vouloir perdre la bonne opinion
qu'on a de luy ; & atirer tout en mesme temps sur soy quelque

notable malheur. Le plus ferme appuy qu'il ait pour tous ses
desseins consiste en sa reputation. Tout ce qu'il peut, il le peut
par ce qu'il est estimé sage. Si le Prince le croit peu iudicieux,
quel moyen aura t'il d'aspirer à ses bonnes graces? S'il luy arriue
de mauuais succez, son desplaisir ne luy fera t'il pas desirer qu'il
l'eust sçeu bien conseiller? & qu'il luy eust dit mesme ce qu'il
n'eust pas voulu entendre? S'il s'imagine qu'il luy a celé ce qui
luy estoit profitable, ne le considerera t'il pas côme celuy qui est
côplice de tout son malheur? & s'il a opinion qu'il ne l'a pas preueu, ne l'estimera t'il pas comme vn homme de neant? Et posé
le cas qu'il n'y ait rien de tout cela, n'est-ce pas faire contre le
precepte sacré de dissimuler ce que l'on sçait? Ne sois point
trop humble en ce que tu sçais, de peur que tu ne sois reputé
indigne de sçauoir, mesme par ceux qui ne sçauent rien. Il ne
faut point alleguer que la sagesse n'est pas tousiours en estat de
pouuoir disposer comme elle veut de sa sincerité. Ceste excuse n'a esté que trop souuent refutée : & l'on ne s'en peut iamais
seruir qu'à son dommage. Quoy qu'il en puisse arriuer, quand
on a affaire à des esprits entiers en leurs opinions, il n'est point
de plus grande seurté, que de dire ses sentimens auec toute la
modestie qu'il est possible. Il ne faut point blasmer vn mauuais conseil, quand cela ne sert de rien. Tout ce qu'on peut
faire, c'est d'en proposer vn meilleur, & l'appuyer accortement
de toutes les raisons, qui le peuuent faire passer pour tel. Quand
on y procede de ceste sorte, on n'a point subjet d'apprehender
aucune mauuaise rencontre.

Pour ce qui est des esprits bien faits, le sage ne fera point
difficulté de leur dire franchement tout ce qu'il trouuera à propos: & laissera le reste à l'incertitude des euenemens, & l'instabilité des affaires. Quand il a donné des aduis tels que la raison les luy a dictez, il est plus en estat de receuoir du contentement des bons succez qui en peuuent reussir, qu'en danger de
se voir affligé des malheurs qui en pourroient arriuer s'il y
auoit procedé autrement. Il ayme mieux auoir bien conseillé
auec de peu fauorables euenemens : que mal, auec des succez
tres-heureux.

Qui plus est il trouuera moyen de contredire aux mauuaises
opinions du souuerain, sans reueiller son indignation, ny pro-

uoquer fa colere. Toute l'aigreur qui est en la contradiction
vient de la personne qui contredit à celle qui est contredicte.
Qui met en comparaison les raisons qui procedent d'opinions
côtraires, & tasche d'en faire voir & les defauts & les asseurances, fauorise le commun dessein de tous. Le but de plusieurs
personnes qui deliberent sur quelque affaire, n'est pas d'acquerir de la creance à leurs sentimens, c'est plustost celuy de trouuer & choisir ce qui est le plus expedient. On est en doute à
quel auis on ira, & non à quel esprit. En ces occasions le dessein du sage n'est pas de condamner les pensees d'autruy : mais
bien d'en faire voir le prix & l'vtilité. Il n'est pas si prompt à
monstrer comme ses opinions sont bonnes, qu'il l'est à suiure
celle des autres. Qui plus est, il n'est pas plus passionné de
trouuer ce qui est le mieux, que d'en iuger & de l'approuuer
lors que d'autres l'ont trouué. Les moins sublimes esprits peuuent quelque fois plustost frapper au but que les plus releuez.
Voyla pourquoy le sage escoute tout & l'examine, de quelque
part qu'il vienne. Il n'appartient qu'à ceux qui n'ont du tout
point de modestie:qu'à des temeraires, & à des gens qui croiët
estre les seuls qui ont du iugement, de n'auoir aucun esgard à ce
que disent les autres.

Nous sçauons tous : les vns plus que les autres.
Croire estre le seul qui sçait n'est pas vne des plus desagreables
marques de folie. La veritable sagesse n'est point orgueilleuse,
& ne rend pas les esprits orgueilleux. Elle les rend genereux,
heroïques & modestes. Voyla pourquoy le sage escoutte tousiours les raisons de celuy qui est de contraire aduis au sien : &
fera luy mesme si accord à contredire, que ceux qu'il choque-
ra prendront plaisir à l'escouter. Autre que luy n'aura tant de
facilité à desabuser les ames, trompees par la fausse apparence
de la verité. Vn esprit attaché à la ressemblance, sera deslié
aussi tost qu'on luy fera voir le corps, pour lequel il prenoit
l'ombre. L'opinion n'a point de nuage si espais soit il que les
rayôs d'vne raison euidente ne soient capables de dissiper. Toute force cede à celle de la vertu. Pourueu qu'elle n'ait point de
masque, & qu'elle se monstre toute telle qu'elle est, personne
ne luy pourra resister, personne s'empescher de l'honorer; &
personne s'empescher de la seruir de bon cœur. Le sage est le

seul capable de mettre en veuë tous les plus esclattans appas de
son visage. Ainsi à luy seul sera aisé d'oster tout esprit des
enchantemens des fausses opinions.

Les ames nourries dans les combats, & toutes chargees de
glorieux lauriers n'auront pas meilleur marché de la faueur que
les autres. Vn sage & l'excellent capitaine ne doit pas estre
moins cher à son Prince, que tout son royaume. N'est il pas
raisonnable, qu'vn bon Roy cherisse à l'esgal de son Estat, celuy
qui l'y maintient & qui l'en fait iouyr? Ce n'est pas le sceptre
qui est la garde d'vn Empire, c'est l'espee en la main d'vn grand
guerrier. Mais cette matiere a besoin d'estre deduitte plus au
long en vn autre endroict plus conuenable que cettuy-cy Qu'il
suffise pour ce coup qu'il est tres clair que la vertu est la voye la
plus asseuree pour obtenir l'amitié des grands : qu'elle est la
seureté de toutes les seuretez, auec lesquelles on peut tousiours
estre aggreable au souuerain.

Que la flaterie est vn moyen peu conuenable
pour arriuer à la
faueur.

CHAP.   XII.

LA flatterie est bien plus capable de produire la haine, que
de faire naistre l'amour. Qui prend plaisir à estre flatté,
prend tout en mesme téps plaisir à estre trōpé & receuoir des
outrages. En effect est il de plus cruelle iniure que d'estre pris
pour sot? Il n'est pas iusques à la raillerie mesme où tout ce qui
surprend vise à cela, qui n'afflige extraordinairement l'esprit.
Qui tasche à tromper croit que celuy qu'il trompe n'a pas assez
de iugement pour s'en deffendre. La fraude ne s'addresse point
où elle croit que le iugement & l'accortise abondent. Les trompeurs fuyét les vieilles gens, & ne s'attaquét qu'à ceux qui pour
estre encor ieunes n'ont pas assez d'experience. Il n'est donc

point d'affront égal à celuy d'eſtre eſtimé auoir peu de ſens.
C'eſt là le ſeul blaſme qui bleſſe puiſſamment l'homme. Vne
choſe ne ſçauroit eſtre eſtimee plus vile que d'eſtre iugee incapable de l'operation à laquelle elle eſt deſtinee de ſa nature. Le
propre de l'homme eſt d'entendre. Quiconque luy oſte cet
auantage le reduit à la plus miſerable condition qui luy puiſſe
iamais arriuer.

La flatterie eſt vne pure fraude. Qui flatte traitte de ſot &
de ſtupide. Le premier tribut que l'on doit au Prince, c'eſt
l'honneur. Cela eſtant, les flatteurs ne ſont ils pas les premiers
qui offenſent le plus cruellement la majeſté des Roys? Certes la flatterie deuroit bien eſtre en execration à tout le monde:
mais encore aux grands plus qu'à pas vn autre. Il eſt vray, qu'elle ſe fie de n'eſtre pas reconneuë. Mais, ô vaine confiance ! elle
a la mouëlle toute pourrie. Elle cache la ladrerie ſous de beaux
habits. Il ne faut que la deſpouiller pour le voir. C'eſt vn Pro-
cle auec les armes d'Achille: vn faux Hercule auec les ornemens
d'vn Comedien. Mets à l'vn Hector deuant les yeux: & oppoſe Anthee à l'autre, tu verras que ce ne ſont que des coquins de
theatre. La condition humaine ſeroit bien mal-heureuſe ſi la
tromperie pouuoit paſſer pour ſincerité. Il eſt bien mal-aiſé de
mentir en ſorte, que pas vne des circonſtances de la verité n'y
ſoit oubliee. Le Cameleon qui ſe change en toutes ſortes de couleurs, ne ſçauroit iamais contrefaire le blanc. La prompte facilité qu'on a de s'accommoder aux humeurs d'autruy: & le
peu de fermeté qu'on fait paroiſtre en ſes inclinatiōs, eſt ce qui
deſcouure la flatterie. Si l'ō ne ſe plaiſt à quelque choſe deſhon-
neſte, les flatteurs ſont tous preſts de l'exalter auec mille louanges. Quand la vertu meſme ne plairoit pas, ils ſont auſſi prōpts
à la deteſter, & luy donner mille blaſmes. Qui aime cordialement, n'eſt pas plus complaiſant à ſon amy, que luy eſt complai-
ſante ſa propre innocence. S'il n'y a point de peine à diſſimuler, il n'y en aura pas à deſcouurir la diſſimulation. L'artifice
eſt ſurmōté par l'artifice: & ſe moque luy meſme de luy meſme.
La matiere de la Teriaque ſe trouue en la vipere: & la diſſimulation ne ſe recōnoiſt iamais mieux qu'auec la diſſimulation. Si
l'vne eſt plus forte que l'autre, l'incertitude des inclinatiōs en ſera la marque infaillible. La miſere eſt vn argument qui ne trōpe

Iamais. Iamais vn flateur ne s'accoste d'vn miserable. Iamais il
ne fait amitié auec vn homme que la pauureté afflige. Nos aduertissemens sont escrits dans les calamitez d'autruy. Celuy
qui en fait son proffit est à bon droit estimé sage. Outre cela, quand celuy qui fait profession de dissimuler, fait quelque
chose à nostre auantage, il donne ordre que cela se voye. Il
veut qu'on le connoisse. Vn vray amy, tel qu'estoient ou Laci-
das ou Archesilas, veut que son amy iouysse des fruicts de son
seruice, sans qu'il se soucie qu'il sçache d'où lui viét ce bon heur.
Au pis aller quand il n'y auroit rien qui peut descouurir la dissimulation, le temps la descouure indubitablement. L'enuie n'a
que faire de s'en mesler. Le flatteur au dire d'Alexis est vne
fleur qui dure peu. Il ne peut subsister longuement. Il ne tarde
gueres à estre descouuert. Le temps le rend manifeste.

Mais ceux qui deffendent cette lasche coustume de flatter ne
se rendent pas. Ils sont bien d'accord que la sincerité est vn
moyen plus asseuré pour arriuer aux bonnes graces d'vn Prince
sage & auisé. Mais ils asseurent aussi que sans cette lasche qualité, il n'est pas possible de viure auec ceux de qui l'esprit est
mediocre & vulgaire. Ils soustiennent qu'ils prennent plaisir à
estre flattez : qu'ils referent la sincerité à la suffisance ; & veulent que ceux qui sont aupres d'eux ayent vne ame, basse
& souple à toutes choses. De moy ie croy qu'il n'y a rien de
plus abiet que de flatter. C'est pourquoy aux ames genereuses c'est vn mauuais presage que de songer seulement qu'ils flattent. On me dira que les grands ayment la flatterie comme vn
tribut des courages les plus raualez. Ce n'est pas moy qui suis
l'occasion de ma flatterie, c'est Denys, disoit Aristippe ; Ce
Prince a les aureilles aux genoux. Pour acquerir les bonnes
graces du souuerain, il faut qu'il s'imagine qu'on l'ayme. Ou il
ne sera pas aimable : ou il sera mal aisé de l'aimer : en vn mot soit
qu'il vaille peu, ou que le courtisan vaille encor moins, la flatterie est vne chose necessaire. Il se trouue la moitié moins de
gens de bien parmy les grands, que parmy les gens de basse
condition. On tient outre cela que la flatterie grossiere n'apartient qu'à des esprits stupides. Mais qu'il y a vne maniere de
flatter si accorte, & si industrieuse, qu'il est mal-aisé de la descouurir ; qu'il est vray que celle qui est sans art est plus perilleuse

ſe que profitable:mais que celle qui a de l'accortiſé ſert à faire
reüſſir les deſſeins, que le flateur ſe propoſe : & que celle du
ſage doit eſtre de cette ſorte. O execrable Philoſophie! Le lar-
ron n'eſt donc pas d'autant plus pernicieux qu'il ſçait deſrober
finement? Eſt-il pas vray que le traiſtre qui oſte tout moyen
de deſcouurir ſa trahiſon eſt tres meſchant? Plus vn vice eſt
artificieux, plus il eſt abominable, & eſloigné de la vertu. De
tous les menſonges, le plus induſtrieux eſt le plus deteſtable.
Apres cela, dira-t'on que la flatterie eſt propre au ſage? Il con-
damnera les moindres vices, & practiquera les plus grands?
Qu'on ne loue donc pas le ſage de ſe ſçauoir ſeruir accortement
de la flatterie : mais qu'on le loüe de ſe ſçauoir accortement
ſeruir de la ſincerité, en toutes les rencontres où les ſtupides
employent ſon contraire. Si les meſchans ſçauoient bien vſer
de la loyauté, poſſible ne tiendroient ils aucun conte de la menterie. De plus le ſage n'a pas beſoin de diſſimuler ſa bienueuillã-
ce, Il veut du bien à tout le monde. Encor qu'il n'ayme point
le vice, il ne laiſſe pas d'aimer le bien de ceux qui ſont vicieux:&
prend plaiſir à leur en faire. Il ne laiſſe paſſer aucune occaſion en
vain, Cette louable franchiſe lui ſert autãt qu'elle ſert au Prince,
& aux courtiſans meſmes. Les ignorans pretendēt à pareil auantage auec leur diſſimulation. L'vſage de la ſincerité au reſte empeſche que les eſprits vulgaires ne ſoient tyranniſez par leurs
propres paſsions. Il arriue bien ſouuent qu'ils n'ayment ny le
Prince ny ſon bien : mais ſeulement le leur propre. Voyla pourquoy ils n'ont aucun moyen de faire la cour ſans diſſimulation.
La ſageſſe du Prince pourra ſeule s'oppoſer à ce mal-heur. C'eſt
à elle à le preuenir. Le ſeul expedient d'en venir à bout, c'eſt
d'auoir touſiours de gens de bien au pres de ſoy. Cela luy importe plus qu'à perſonne. La meſchanceté rend aux meſchans
toutes choſes licites. Il n'y a rien qui puiſſe donner lieu à la
diſſimulation que le Prince meſme, lors qu'il eſt ou ſtupide,
ou meſchant. Ce n'eſt pas qu'il l'inuite à ſoy. Elle y va aſſez d'elle meſme. Qu'il ſoit ſi ſtupide ou meſchant que tu voudras, ſi tu
luy parles, ou à quelque autre que ce ſoit en cette ſorte auec
Euripide.

Veux-tu que l'on te flatte en mentant doucement,
Ou bien que l'on t'inſtruiſe en parlant franchement.

Ne le croirois tu pas enragé, s'il n'aymoit mieux qu'on luy dît
la verité, que si on luy mentoit ? Qui ne seroit plus aise de viure auec des ennemis ouuerts, qu'auec ceux qui auroient l'apparence d'amis, & qui en effect seroient tout le contraire ? Vn
Prince auroit il plus de satisfaction à viure seul qu'à se voir au
milieu d'vn bon nombre de gens de bien, affectionnez à son seruice ? Ceux qui passent leur vie au milieu des flatteurs, peuuent dire qu'ils n'ont personne aupres d'eux. Et pleust à Dieu
que cela fust. Mais, ô malheur, si nous en croyons Cratez ce sont
des veaux au milieu d'vne trouppe de loups. Et sans mentir cet
infame mestier de flatter, ne pouuoit tirer son vsage, ny sa
vogue d'ailleurs que de la sottise, ou de la malice de ceux qui se
plaisent à estre flattez. Qu'il demeure doncques constant, que
la flatterie, comme honteuse & inutile qu'elle est, sert plus à se
faire hayr qu'à se faire aimer.

Que le sage plus que nul autre peut estre asseuré de la faueur.

CHAP. XIII.

LEs Princes sont comme les peres de leurs sujets. Tous generalement leur doiuent tenir lieu d'enfans, & pas vn lieu
d'amy ny d'ennemy. Comme ce n'est pas vne chose inconue-
niente qu'vn pere ait plus d'amour pour celuy de tous les siens,
qui le merite le mieux : ainsi ne sera-t'il pas hors de raison que
le Prince departe plus liberalement ses bonnes graces à quiconque en sera le plus digne. Celuy là l'est à mon aduis d'auantage,
dont les actions sont les plus vtiles & au gouuernemét de l'Estat,
& au bien public. S'il est vray que le sage est celuy qui tient la clef
de l'interest commun, les Roys ont tout sujet de le cherir. Aussi certes la sagesse ne leur doit elle pas estre moins considerable
que leurs sceptres & leurs trosnes.

Soit que le Prince luy face paroistre son affection, soit qu'il ne

la luy mõſtre pas, le ſage ne ſera pour cela ny moins ny plus aſſeuré de luy eſtre aggreable. La candeur de ſes ſeruices luy eſt
vn infaillible plege de ſon amour. Mais il ne faut pas croire que
le Prince ſe puiſſe retenir de luy teſmoigner l'eſtime qu'il fait
de ſon merite. Ce qui empeſche les grands de monſtrer la bonne
volonté qu'ils ont pour quelques vns des leurs, c'eſt l'apprehenſion qu'ils ont de bleſſer la bien-ſeance, & de receuoir de l'ingratitude. En effet les eſprits à qui la cõfiance de la faueur ne fait
point paſſer les bornes de leur deuoir, ſont bien rares. Ceux
qui ſont eſclaues des paſſions des grands en peuuent eſtre aymez, & ne pas reſſentir le plaſir qu'il y a d'en eſtre aſſeuré. Il n'y
a que le ſage qui ſoit plainement capable de la faueur. Luy
ſeul peut eſtre admis dans les threſors de la grace. Tout autre
que luy peut abuſer de la bonne volonté du ſouuerain: & le ſouuerain a ſujet de l'apprehender de tout autre que de luy. La
crainte ſeule retient la plus part du monde en ſon deuoir. L'aſſeurance de la faueur oſte tout à fait, ou du moins adoucit ce
frain. Les gens de bien ont du reſpect pour ce qui eſt honneſte, pour la ſeule conſideration de l'honneſteté. Soit que le ſage ſoit aſſeuré de la bonne volonté de ſon Roy, ſoit qu'il ne
le ſoit pas, il ne fera ny mieux ny pis, qu'il a accouſtumé de
faire.

C'eſt vne marque d'vn grand amour & d'vne grande confiance enuers quelqu'vn de le faire participant de ſes plus importans ſecrets : comme ce ſeroit le traicter en valet de ſe cacher de luy en certaines occurrences. Les eſprits couuerts, &
qui parlent peu, d'ordinaire n'ont de l'amour pour perſonne.
Deſcouurir ſes ſentimens aux occaſions eſt agir en vray amy.
La Verité increéc nous l'apprẽd par ces termes, Ie vous ay nom-
més mes amis, pource que ie vous ay monſtré ce que i'ay appris
de mon Pere. Porcia les larmes aux yeux a reproché à ſon ma-
ry qu'il luy à celé ſon deſſein comme à vn eſclaue. Ceux qui ont
des ſignes de la bienueillance de leur Prince pour ſçauoir ſi leurs
coniectures ne les trompent point, doiuent regarder leur conſcience. C'eſt elle qui les peut rendre certains. Si elle n'eſt pas
nette, ils n'ont pas ſubiet de viure en ſeurté.

Que la faueur du sage sera stable,

CHAP. XIV.

IL n'est rien qui ne soit sujet au changement : rien qui se puisse dire grand, s'il n'a sujet de craindre vne grande ruine. Les fonteines ne sont point exposees aux grandes tempestes. Il n'y a que la vaste estenduë des mers qui en est le iouët. Dans ce spacieux theatre du monde, la raison & l'esprit humain sont immuables. Ces deux choses seules demeurent tousiours semblables à elles mesmes. Ce qui approche le plus de leur nature, est ce qui souffre le moins d'alteration. La vie du sage est vn portrait animé de la raison. Sa fortune est appuyee sur la baze de la mesme intelligence. Que tout ce qui a le plus d'apparence de fermeté se renuerse : que tout l'Vniuers mesmes se tourne sans dessus dessous, le sage restera tousiours luy mesme. Il est le seul qui sans aucune crainte peut regarder la violence de la fortune. Si la condition des choses humaines l'empesche de pouuoir estre asseuré de la siene, à tout le moins peut il estre à l'abry de toute autre occasion d'apprehender aucun malheur. L'amour de tout ce qui est honneste, le tient à couuert du courroux des cieux. Il luy est vn bouclier contre toutes les aduersitez, qui le peuuent assaillir. Tout autre fauory que luy est capable de prouoquer l'instabilité de la faueur. Tout autre que luy peut deuenir l'instrument de sa ruine. Luy seul peut donner de la fermeté aux bonnes graces du Prince : luy seul ne sçauroit iamais estre l'occasion de son mal-heur. Il n'y a que ceux qui n'ont point de sens, dont l'arrogance renuerse l'esprit. La felicité oste aysement le iugement à ceux qui l'ont peu solide. Dés que le sage s'est rendu absolu maistre de ses passions, & qu'il a estouffé en luy tout ce qu'elles peuuent auoir de vicieux en vn autre, il est arriué au comble des bonnes mœurs. C'est alors qu'il prend vn extreme plaisir à estaler toutes ses forces. Il n'en peut laisser pas vne oysiue sans vn regret extraordinaire : principalement s'il eſt en eſtat de s'en ſeruir pour le bien public. Enfin il eſt certain que s'il poſſede la faueur , elle luy ſera moins deſauantageuſe que tout autre. Son pouuoir ne ſera pas ſon pouuoir:ce ſera l'intereſt commun de tous les hommes.

Que le ſage plus que nul autre ſe peut mettre à couuert de l'enuie

CHAP. XV.

LEs richeſſes , quand elles ſont diſpenſees , pluſtoſt que poſſedees , ne laiſſent gueres d'occaſions à l'enuie. On ne voit point qu'on regarde de trauers vne proſperité qui profite plus à tout autre, qu'à celuy qui la poſſede. Ceux qui n'ont rien,ou qui poſſedent ce qu'ils ont, comme s'ils ne l'auoient pas ne ſont pas ſujets a eſtre enuiez.Qui poſſede de grands biens auec le meſme eſprit que s'il ne les poſſedoit point , a vn rempart inexpugnable contre les aſſaux des enuieux. Mais poſé le cas que ceux qui ſont eſleuez au comble d'vn extraordinaire bonheur, ne ſe puiſſent pas empeſcher d'eſtre enuiez : à tout le moins ſera-t'il en leur pouuoir d'adoucir la rage de ceux qui les regarderont auec deſeſpoir. La modeſtie appriuoiſe,ce que la ſuperbe ne fait qu'aigrir. On ne ſçauroit faire le vain , ny eſpendre les aiſles de ſa fortune, ſans teſmoigner du meſpris pour celle d'autruy. Ceux qui ſont en pire condition que nous, s'accouſtument à leur mal-heur , en voyant de la modeſtie en noſtre bonheur. Ceux qui ont eu plus de regret à monter pour arriuer à leur fortune ſont les plus obligez d'en vſer modeſtement. Tous ceux qu'ils ont laiſſez derriere eux : qui eſtoient autant ou plus qu'eux ſont autant de meſcontens qui les regardent auec des yeux pleins d'enuie. Ces heureux ont des aguetz de tous coſtez ; & de tous coſtez ils ont beſoin d'oppoſer vne vigilante defenſe. Deux choſes d'ordinaire ont accouſtumé d'irriter les enuieux :

l'vne est la faute qu'ils ont des choses dont les autres abondent. L'autre, la seule prosperité dont les autres iouyssent. Bien souuent ils ne souhaittent ny le bien d'autruy, ny ne s'affligent de leur dommage. Leur seul desespoir est de voir les autres heureux. Et c'est là la plus pernicieuse espece d'enuie. Quiconque a l'industrie d'appaiser ces deux furies, a sujet de se croire à couuert des coups de cette execrable peste. La modestie & la munificence, si ie ne me trompe, sont les deux remedes dont il se faut seruir pour en venir à bout. En chercher d'autres à mon auis, est chercher ce qui n'est point. De tous ceux qui les peuuent pratiquer, il n'y en a pas vn qui s'en puisse si vtilement seruir que le sage. Luy seul se comporte egalement en l'vne & & l'autre fortune. La prosperité ne l'esleue point, & l'aduersité n'a pas le pouuoir de l'abaisser. L'vne & l'autre dependent absolument de la prudence. Elle les regit comme bon luy semble. S'il ayme les richesses, ce n'est pas tant pour s'en enrichir, comme pour en secourir les autres. Les fols en pareille occurrence, & pareille action ne font qu'attirer les feus de l'enuie. Celuy qui donne de mauuaise grace n'adoucit point le courroux de cette vicieuse passion: il le rend plus cruel, & plus furieux. Pour ce qui est du Sage, les biens qu'il possede, il les possede sans crime, & s'en sert honorablement. Aux meschans la mesme prosperité est occasion de leur ruine. Que le fauory soit si cher qu'il voudra à son maistre: que son pouuoir n'ait point des bornes, autant de taches de vices qu'il aura, autant aura t'il chez soy de portes ouuertes aux aguetz de la haine & de l'enuie. Ses deffauts sont les chemins par où ces passions vont à sa destruction. Vne vie innocente, à quelque comble de pouuoir qu'elle soit esleuee, n'est point subiette aux coups de la malice.

Mais posé le cas que personne ne soit si fort exposé aux rigueurs de l'enuie cõme le sage, s'il en est offensé, il le sera moins que tout autre. Ie veux qu'il n'ait aucun moyen de s'en deffendre, & que sa modestie, & sa munificence ne luy seruent de rien, il aura assez de pouuoir pour s'empescher d'en estre acablé. Les meschans persecutent tousiours les bons, & tousiours les plus foibles dressent des ambusches aux plus forts. Mais dés que les rayons de la vertu viennent à reueiller l'enuie, ils la font mourir. Ses traits se decochent sur les plus gens de bien : mais souuent ils sont rebouchez ; & retombent auec effect sur ceux qui les iettent. Bien souuent elle affronte les bons; mais elle en triomphe rarement. En les voulãt perdre, elle se perd bien sou-elle mesme. La fermeté de ceux que le Prince ayme à cause de leur merite, inuite les enuieux à desployer les derniers efforts de leur malice, mais elle leur oste aussi tout en mesme temps l'esperance de pouuoir rien auancer. Les peruers en cherchant la ruine des iustes, rencontrent souuent le supplice deu à leur meschanceté. Au combat qu'ils liurent à la vertu, il faut ou qu'ils vainquent, ou qu'ils demeurent vaincus. L'eau qui n'est pas capable d'esteindre vn feu s'esteint elle mesme en le voulant esteindre. Et quelquefois en l'esteignant elle s'esteint aussi tout ensemble. Si les meschans taschent d'opprimer le sage ce ne sera iamais qu'auec esgal, ou auec plus grand domage. Au pis aller adioustós foy à celuy qui ne peut iamais mentir: Voicy comme il parle. La sagesse ne succombera iamais sous la malice.

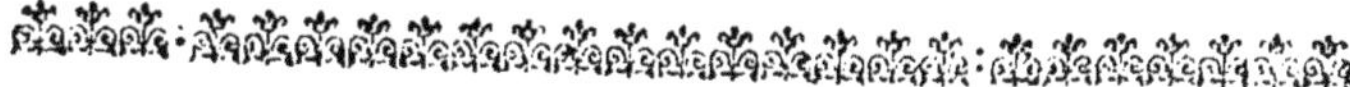

Que le sage en faueur, n'aura subjet de rien crain-dre de la consideration du gouuernement.

CHAP. XVI.

POur viure en toute seurté, il est necessaire de fuyr toutes les occasions, où l'on court fortune d'estre hay. L'estre de beaucoup de monde, & n'estre offencé de personne, sont deux choses qui ne vont iamais ensemble. La bien-vueillance du peuple ne sçauroit nuyre au fauori aupres d'vn Prince qui est as-seuré de sa vertu. Les moyens par lesquels on gaigne l'amitié des peuples, ne sont pas contraires à ceux qui nous acquierent les bonnes graces des souuerains, ou ils sont inutiles. Qui sert genereusement son Prince & fait du bien à tout le monde, & auec cela vse de modestie en toutes rencontres, se peut asseurer d'estre bien voulu & de l'vn, & de l'autre.

Le fauori ne doit point tenir sa grandeur pour suspecte, si elle ne l'est à son Prince. Le Prince pareillement n'aura aucun subjet de rien craindre de l'excez de ses bienfaits, s'il n'en a de s'accuser de les auoir conferez à des personnes qui en estoyent indignes. Pour se repentir d'auoir esté trop liberal de ses bonnes graces, il faut qu'il se repête de les auoir iniustement departies. Toutes les fois que le Prince admet à la faueur des esprits malfaisans, & pleins d'auarice, ou d'ambition, il court fortune de s'en repentir, & d'en receuoir du dommage. Vn sage Roy, ne leur tesmoignera iamais tant d'affection qu'il ne leur laisse tousiours occasion de l'apprehender. Aussi faut-il les tenir incessamment entre l'esperance & la crainte : en sorte que pour estre aymez ils n'ayent pas subjet de se persuader que le Prince ne desire pas qu'on le craigne. Ou la raison ne veut pas que ces esprits soyent reçeus à la faueur ou elle veut qu'ils en soyent bannis, lors qu'on a subjet de s'en deffier. Sur tout il n'est rien de si dangereux que de la leur donner toute entiere. Auec elle, il arriue aisément qu'ils se rendent, ou formidables, ou peu respectueux enuers l'authorité Royale. Qui plus est toute faueur obtenuë contre tout deuoir, est de peu de duree. Si non autre chose à tout le moins le degoust la destruit.

Pour ce qui est des bons, ils peuuent bien croistre en pouuoir : mais iamais en licence. Le Prince a beau les auancer dans l'honneur de ses bonnes graces : ils ne perdent iamais rien pour cela de leur modestie ordinaire, ny du respect qu'ils doiuent à son authorité. Ce sont les premiers à ne pas ignorer, qu'entre l'honneur que les grands & les petits luy doiuent, il n'y a point de difference, & eux-mesmes sont les premiers à iustifier cette verité par leur exemple. Quand le Prince aura donné au sage tous les biens qui se peuuent donner à vn grand fauori : & que le sage aura receu de luy tout ce qu'on peut esperer d'vn grand Prince, il ne faut pas apprehender que l'vn ny l'autre viennent à se lasser. Les affections qui marchent sous la conduite de la raison ne rencontrent iamais aucun repentir. Les degousts qui viennent apres le plaisir, sont des reproches contre les passions desreglees.

Outre cela la bien-veuillance du Prince enuers les bons ne fera naistre aucun mescontentement dans l'ame de ceux
qui

qui luy appartiennent. Il n'y à que les fauoris, dont l'orgueil s'esleue au dessus des parens du Roy, & dont l'aueuglement & l'arrogance ne voyent pas, que la splendeur de la puissance souueraine rejaillit sur ceux qui sont du sang Royal, qui s'immolent eux mesmes à la haine de ces grands, qui tiennent le second lieu dans l'Estat.

Les changemens pareillement qui arriuent aux throsnes sont espouuentables, plus aux mauuais fauoris, qu'aux autres. Vn Prince nouuellement arriué à la Couronne n'a pas peu de besoin de celuy de tous les courtisans de son predecesseur, qui a esté le plus affectionné au bien de l'Estat. Les honneurs rendus au fauory sous le regne de celuy qui n'est plus, sont tout autant de crimes à quiconque les y a rendus contre sa conscience, & contre son deuoir. Quiconque s'apuye de la seule authorité du souuerain tombe auec luy. Il n'en est pas de mesme du sage. Il s'affermit sur son propre merite. Ceux qui n'ont rien du leur, & qui ne subsistent que par la seule faueur, sont soustenus par vne frauduleuse baze. De necessité il faut qu'ils tombent. C'est auec raison que leur cheutte fait ietter des applaudissemens à tout le monde. Personne sans doute n'eust esté bien ayse de voir leur puissance continuée sous vn nouueau regne. Aussi certes leur authorité ne produit que de la crainte, du dommage, & de la haine. Pour ce qui est des bons, comme ils sont l'amour du souuerain, ils sont aussi celuy de tout le peuple. L'vsage de la moderation est mal-aisé à vne grande faueur. Elle s'en sert si rarement, que lors qu'on en voit quelque effect, on l'aime, & on l'admire comme vne chose plus qu'humaine.

Qu'il n'est pas mal-aysé au sage de se maintenir au comble de la faueur.

CHAP. XVII.

Vr ce vaste theatre des choses du monde, le sage est l'arbitre du mouuement, & de la fermeté. A luy seul appar-

Vu

tient de regir immuablement tout ce qui se meut. On est d'accord, que la constance des mouuemens celestes est gouuernée par vne intelligence, qui leur prescrit l'ordre qu'ils tiennent. L'esprit humain entretient dãs leur fermeté toutes les choses qui sont au dessous de luy; où les fait mouuoir reglement vers leur mieux. C'est luy qui les conduit à leur perfection. C'est luy qui les y conserue. S'il manque à les esleuer au comble, c'est vne fatalité attachée au deffaut de leur nature, & nõ aucune foiblesse de l'intelligẽce qui les gouuerne. En l'estat de la vie humaine on ne voit point arriuer de pareil inconuenient. Les tournoyemens de teste, y sont de purs effects de la sottise, ou de la fortune, qui les fait naistre en abondance. L'entendement encline premierement à la fermeté, & puis au mouuement reglé. Il abhorre tout desordre : & tout ce qui est incertain en sa reuolution; qui est ce que les hommes ont appellé sort, ou fortune, ne luy sçauroit plaire. Il est vray que ces deux vaines puissances regnent bien plus absolument sur les choses humaines, que sur celles de la nature. Merueilleuse, à ne point mentir, auanture! Ceux à qui l'entendement a esté donné primatiuement à tout autre, sont ceux qui en sont le moins gouuernez. Possible est-ce de là qu'on a nommé hazard, la diuersité des accidens qui se rencontrent en la vie humaine. Mais cela à plus de lieu en celle des esprits foibles, ou bien seulement en elle. Celuy qui se sçait le moins preualoir de l'vsage de l'entendement, est le plus tyranisé de la fortune. Tout ce que l'intelligence perd, le hazard le gaigne: & la pauureté du sçauoir, est l'abondance de l'imprudence. A ceux qui n'ont point d'esprit, la bassesse de leur estat tient lieu d'oppression, & la grandeur, lieu de precipice. Pour ce qui est des ames sages elles sont absoluës maistresses & de leur condition, & de leur vie. Le hazard ne trouue rien en elles qui ne soit préoccupé par la prudence. Elles ne luy laissent que ce qu'elles ne luy peuuent pas oster : & qui neantmoins est si peu de chose, qu'elle ne vaut pas le parler. Si la fortune leur est fauorable, elles se tiennent à elles mesmes: arrestent l'inconstance de cette inconstante à la fermeté de leur bon sens: & tirent de la stabilité de son instabilité mesme. Apres cela que toute vaine qu'elle est des despoüilles du bon sens des fols, elle se mocque & se rictant qu'elle voudra, les esprits sublimes se mocquent de ses mocqueries. Ils gardent ses prosperitez auec vn soin tres particulier: & en iouyssent par consequent auec plus grande seureté.

C'est auec iustice que le comble de la faueur, comme toute autre grandeur est funeste, & aux meschans & aux sots. Ce qui est fort esleué sur de mauuais fondemens ne tarde gueres à tomber. Aux fols, & à ceux qui voyent peu ou point du tout, les hauteurs sans beaucoup de l'argeur sont fatales & mortelles. Pour ce qui est des grandes masses, elles ont beau estre esleuées, leur hauteur ne leur sçauroit nuire quand elles sont bien fondées. Si en cela mesme elles sont plus exposées aux outrages qui peuuent arriuer de dehors, en cela mesme elles ont tout sujet de s'en mocquer. Vne grande pleine n'est pas plus seure à qui voit clair, qu'vn sentier fort estroit, & fort haut.

Le supreme degré de la faueur est perilleux à qui ne s'appuye que sur sa propre fortune: à qui n'a rien pour soustenir son credit que son credit mesme: & à qui pauure defens ne sçait pas comme il se doit comporter pour se maintenir. Le sage seul iouyra sans crainte & sans peril de tout ce qu'il y a de plus sublime en la faueur. Son innocence & sa vertu sont les fondemens sur lesquels il est assis. Son merite esclairé de son intelligence le conduit par tout. Il preuoit les perils: il preuoit les obstacles, & preuoit encore les moyens ou de les euiter, ou de les surmonter.

Que la perte de la faueur est moins fatale au sage, qu'aux autres.

CHAP. XVIII.

LE sage triomphera de mille malheurs, dont vn sot demeureroit accablé. Il n'est point d'infortune dont il ne puisse reuenir, ou se deffendre. La sagesse peut tout ce qui est possible. Elle esleue l'homme au supreme degré de la condition humaine : mais iamais en telle sorte qu'il n'ait tousiours suiet de se croire homme : & par consequant suiet à tous les accidens qui peuuent arriuer à tout autre qui l'est comme luy. Quelquesfois il naist des rencontres où tout l'esprit demeure interdit. Alors si la vertu ne sert de rien, ce n'est pas sa faute. L'impossibilité de la matiere ne fait pas l'impuissance de cette belle Reyne. Si les rayons ne penetrent pas vne muraille, ils n'en sont pas moins foibles : le deffaut est à la muraille qui n'en peut pas estre penetrée. Hercule n'est pas capable de soustenir la ruine d'vne montagne, en est-il pour pour cela, moins fort? Encor que le sage se trouue forcé de ceder à quelque violence estrangere, est-il raisonnable que la sagesse perde le titre d'inuincible? S'il ne peut repousser l'aduersité : à tout le moins la pourra-t'il supporter auec moins de dommage. S'il est question de tomber du feste de la faueur, il en tombera auec moins d'estonnement que tout autre. N'en point descendre insensiblement, & par les degrez que les gens de bien y montent, est le supplice de ceux qui s'y sont esleuez par des voyes deshonnestes. Il est raisonnable que ceux qui y sont paruenus sans aucuns moyens tombent en la mesme sorte qu'ils y sont montez. Il n'est pas iuste qu'ils ayent le loisir de descendre, il faut qu'ils soient iettez à bas. C'est encor la raison, que ceux qui par des voyes illegitimes se sont tirez d'vne basse fortune, & esleuez à vne supreme, en tombant ne s'arrestent pas au mesme poinct d'où ils estoient partis. Qu'elle peine auroit la malice, si lors que les meschans tombent du feste de la faueur, ils estoient recueillis par leur premiere fortune? Le sage ne fait aucun effort pour s'insinuer aux bonnes graces du Prince. Il n'employe aucun artifice. Il y va insensiblement. Voila pourquoy il en pourra estre aussi insensiblement retiré. La violence que les meschans font pour s'y guinder, est la mesme qui les renuerse à leur ruine. Le trop grand effort que l'on fait en la carriere, empesche qu'on ne se puisse arrester au but. Bien souuent en y abordant on le rencontre. L'impetuosité qui anime la course, est celle mesme qui la porte plus loin qu'on ne veut.

Les grandes masses ne se briseroient pas en tombant si à la contrainte qu'elles ont à tomber, il ne manquoit l'industrie

de les fait descendre paisiblement d'elles-mesmes. Les faueu-
ris qui manquent de prudence sont de grosses masses sans
ame. Sont ils contrains de quitter le lieu esleué où ils sont, ils
ne sçauent point descendre, force leur est de se laisser tomber,
& de se brizer tout ensemble. Pour ce qui est du sage, comme
en pareille occasion il est appuyé de sa prudence, il descend
sans se blesser aucunement. Au reste, à proprement parler, on
ne peut pas nommer cheutte le changement de sa fortune. La
cheutte est le malheur de celuy qui estoit hors de son centre, &
de sa place. Le sage est toufiours en son lieu. C'est ce cercle
moral qui a son poinct & sa circonference en tous les degrez
de la condition humaine. Il est toufiours au milieu, & n'approche iamais des extremitez. De quelque façon qu'il se meuue,
il ne tombe iamais, mais poursuit son chemin. Il n'est point
d'endroit en toute la vie humaine où les imprudens se puissent
vanter d'auoir vn lieu qui soit à eux. A peine peuuent ils faire vn pas sans estre en danger & de choir, & de se rompre
le col.

Les oyseaux montent auec promptitude, & descendent
doucement. La seule violence a le pouuoir de faire monter vne
pierre: aussi se destruit elle elle mesme en tombant. Pour ce qui
est du sage, les aisles de la sagesse le soustiennent & le portent
comme il veut. Quand son intelligence reçoit quelque eschec,
où elle ne peut remedier, s'il se trouue du secours d'ailleurs,
il ne faut pas qu'vn autre en espere vn semblable malheur. Nul
plus que luy n'est à couuert des assaux des enuieux. Quand
quelqu'vn possede la faueur sans crime, il n'y a personne qui
souhaitte sa ruine. Celuy que sa prosperité obligeoit tout le
monde, a raison d'esperer d'estre obligé, quand il est en aduersité, ou du moins, donc pas craindre qu'on applaudisse à son
malheur. Les bien-faits dispencez pendant qu'on a le vent en
pouppe, sont comme vn espece de port quand on l'a contraire. Il
ne se trouuera point d'esprit si denaturé, où s'il s'en trouue, ce
sera bien rarement, qui se pouuant deffendre de secourir celuy dont il a esté autrefois secouru, puisse du moins se plaire
à l'offenser. Le plaisir que l'on prend à fouler aux pieds celuy
qui est par terre, est le fruict du crime qui l'a fait tomber.
On n'a point accoustumé d'adiouster l'iniure au malheur de

quiconque a esté modeste en son bon-heur. Si quelqu'vn nous appreste à rire en tombãs, c'est celuy qui nous a donné sujet de pleurer en s'esleuant. La ruine d'Ermeas & celle de Seian n'auroient pas eu de si grands applaudissemens, s'ils eussent vsé de leur pouuoir auec moderation. Ceux qui se seruent de leur faueur à l'oppression de beaucoup de gens, en leur cheutte sont foulez au pied de tout le monde. Nous ne nous resiouyssons point de la tristesse de ceux, de qui la ioye n'a point esté la mort de la nostre. Si ta grandeur n'a causé ny le regret, ny le dommage d'autruy, personne ne prendra plaisir à ta perte. Tant que le fauory aura la Cour pour le theatre de ses honestes deportemens, il n'aura pas suiet de craindre qu'elle deuienne la Scene de ses miseres.

Au reste le sage n'aura aucun suiet d'apprehender sa ruine que de la malice des ennieux, ou de celle du Prince. Et neantmoins de quelque costé qu'elle luy vienne, elle ne luy sera pas si cruelle qu'elle l'est lors qu'elle arriue aux meschans. Quiconque estend son inhumanité iusqu'à l'entiere destruction de celuy qui est par terre, cherche plus souuent de la seureté en son action qu'il ne pretend y trouuer de la satisfaction & du plaisir. Il n'en est pas de mesme aux outrages que l'on fait aux bons. De l'iniure que l'on fait à vn meschant naist le danger, & la seureté de sa mort. Il y a du peril à l'offencer si l'on ne le tuë. Vn homme de bien ne repare iamais vn mal par vne autre mal: principalement quand le dernier est plus grand que le premier. C'est vne marque d'vn courage bien egaré de vouloir venger vne offence par vne autre offence. En cette matiere, la pareille ne vaut rien. Rien ne porte à mettre le pied sur la gorge à celuy qui est à bas, que l'enormité de son crime, ou la seureté de celuy qui l'a abbatu. Voila pourquoy lors qu'vn homme de bien est par terre, la cruauté des meschans n'a point de peine à se retenir, & s'empescher de rien adiouster au malheur de sa cheute. Aussi certes semble-t'il qu'ils ne font pas tant profession de la hayr, comme de luy oster le bien apres lequel leur auarice brusloit. S'ils le hayssent, leur haine ne vient d'autre occasion, que de ce qu'il est arriué au but où leur impatience aspiroit. Dés qu'il est despouillé, tout suiet de haine, & d'enuie cesse. D'auantage il semble que la passion que les

meſchans exercent contre les bons à cauſe de leur felicité, eſt
pure enuie, & non haine. L'enuie qui n'eſt point enuenimée
d'aucun meslange de haine, trouue vne entiere ſatisfaction à
deſpouïller autruy, & s'approprier le bien qu'elle luy vouloit
oſter.

De dire que l'infortune d'vn bon Courtiſan vienne du ſeul
caprice du Prince, c'eſt choſe bien mal-ayſée à croire. Comment vn homme de bien peut-il offencer ſon maiſtre? ou comme eſt-il poſſible que celuy qui n'a en ſoy la moindre apparence de mal, puiſſe deſplaire à quelqu'vn? Il n'eſt pas au pouuoir
meſme des meſchans de hayr les bons: Si ce n'eſt qu'ils leur
tiennent lieu de dommage ou de honte. On ne ſçauroit paſſer
de l'amitié à la haine, ſans qu'il y ait quelque nouuelle apparence de mal en celuy qu'on aimoit. Il eſt vray que la crainte,
l'outrage, & le degouſt, ſont des occaſions capables d'empeſcher la bien-veuillance. Mais rien de tout cela ne peut arriuer
au ſouuerain de la part du fauory. Il n'eſt point d'amy, point
de maiſtre ſi peu iudicieux qui ſe deffacent ou d'vn amy, ou
d'vn ſeruiteur qu'ils ont de longue main, ſans auoir dequoy les
accuſer. Mais prenons le cas que le Prince puiſſe eſtre diſpoſé
de luy meſme à chaſſer le ſage loin de l'honneur de ſes bonnes
graces, cela arriuera lors que le Ciel ſera eſtrangement cour-
rouſſé, & contre les Roys, & contre les Empires. Ceux qui
tombent dans ces fautes, y tombent par leur propre ſottiſe.
Le bien leur ſemble quelquesfois vn mal tres-euident: & leur
iugement prend le contre-pied de toutes choſes. Tous obiets
paroiſſent iaunes à ceux qui ont la iauniſſe. Outre cela de qu'elle malice les meſchans ne ſont ils pas capables? A tous autres
qu'au ſage telles rencontres ſeront infiniement plus cruelles.
Quel eſprit y a-t'il au monde ſi peruers & ſi brutal de pouuoir
ſouffrir de voir punir vn homme iuſqu'à la rage, encor qu'il
ſoit tres-euident qu'il s'eſt touſiours eſtudié à s'empeſcher des
maux meſmes les plus legers, & des fautes meſmes les moins
conſiderables. Vn Prince imprudent pourra à la verité chercher des pretextes pour aſſouuir ſa mauuaiſe volonté contre
les bons, auec de fauſſes apparences de iuſtice: mais neantmoins quoy qu'il face il aura bien de la peine d'en trouuer. Vne
conſcience pure & nette paſſe au trauers des mauuaiſes occa-

ſions ſans courir fortune d'y paroiſtre coupable : du moins aux
yeux des clairvoyans. Celles qui n'ont point de ſuccez. ou
l'honeſteté n'eſt pas offencée, ſeront pernicieuſes aux ſtupides,
& aux mauuais eſprits , & non aux autres.

De la retraite de la Cour.

CHAP. XIX.

LE ſage bien plus facilement que nul autre peut viure en
toute ſeureté à la Cour : & s'en retirer quand bon luy ſemble. Il n'y a du tout point de peine à deſlier le nœu d'vn deuoir, dont le fruit eſt vne eſpece de courtoiſie. Mille honeſtes
conſiderations peuuent faire naiſtre l'occaſion à vn homme, de
ſe retirer du ſeruice d'vn autre. Beaucoup de Princes à la verité s'offenceroient qu'on quittaſt leur Cour pour aller à celle
d'vn autre. Il n'eſt point de refus qui ne porte vne iniure auec
ſoy, & qui ne ſoit par conſequent blaſmable. Quoy que c'en
ſoit neantmoins, quand il eſt ſuiuy d'vne election qui ſemble
n'eſtre ſouhaittée que de celuy qui la fait, on n'y prend pas
garde. Pour cét effect il faut que l'inegalité qui eſt entre celuy
qu'on laiſſe, & celuy qu'on choiſit, ou quelque autre raiſon
non moins conſiderable en facent l'excuſe. Sans cela il ne ſera
pas poſſible de quitter le ſeruice d'vn maiſtre pour en aller ſeruir vn autre, & ne pas tomber dans ſon indignation. Il y en a
beaucoup qui penſent qu'vn ſage Courtiſan qui s'eſloigne de
la Cour d'vn Prince, pour bien faire ne ſe doit point renger à
celle d'vn autre. Celuy qui fait ſa retraite pour viure chez ſoy
dans le repos, oſte tout ſuiet de meſcontentement à ſon
maiſtre.

En effect eſt-il de Prince qui prenne plaiſir à eſtre ſeruy s'il
n'eſt ſeruy de bon cœur ? Il n'en eſt point qui n'aime mieux
n'auoir perſonne, que de n'auoir que des meſcontens aupres de
ſoy. Les ſeruices qui ſe rendent à regret ne ſçauroient eſtre
agreables. Il n'appartient qu'aux tyrans de tenir les hommes en

qualité

qualité d'esclaues, & de s'en faire seruir par force. Vn bon
Prince veut ou n'auoir personne, ou estre seruy de bon cœur.
Voila comme quoy il n'est pas mal-aysé de quitter la Cour sans
mescontenter le souuerain : Si ce n'est que le souuerain luy
mesme soit ou stupide, ou meschant, ou que celuy qui se retire se retire de mauuaise grace. Il n'importe que la crainte, ou
le mescontentement causent l'esloignement, le sage ne prendra iamais ce party. Il est indigné & de sa prudence, & de son
courage. Tout homme qui n'a point de iugement n'y de generosité tourne facilement le dos aux difficultez. Pour ce qui est
du sage, il fait gloire de ne s'arrester pas aux rencontres les
plus mal-aisées. Il les affronte, & quelques grandes qu'elles
soient il en vient à bout. Qu'elle preuue aussi aurions nous des
choses grandes, si elles estoient interdites à la sagesse? Les
grandes entreprises ne peuuent estre menées à fin sans beaucoup de difficulté, & de dãger. Le sage triomphera sans aucun
dommage de mille occurrences, qui seroient impossibles &
mortelles aux imprudens. Il pourra ou demeurer, ou se retirer de la Cour sans qu'il luy arriue aucun mal : & cela en mille
occasions ou l'vn & l'autre seroient l'entiere ruine de tous
ceux qui manqueroient de iugement.

Mais au pis aller ie veux qu'il n'y ait aucune esperence de salut n'y à demeurer aupres des grands, n'y à s'en retirer, le sage
fera-til de pire condition que les autres? Il n'est point d'infortune, soit quelle arriue du Ciel, soit quelle arriue de la terre,
qui ne perde ce qu'elle a de plus cruel en sa rigueur, lors qu'elle affronte la sagesse. Elle sçait euiter ce qui est euitable :
rend supportable ce qui ne se peut euiter; & donne du reconfort où tout autre n'en sçauroit trouuer. Seneque ne peut se
deffendre de mourir, il attend la mort de pied ferme auec tranquilité d'esprit.

Que les bons peuuent honorablement aspirer aux bien-faits du Prince.

CHAP. XX.

LA plufpart des chofes que le vulgaire fouhaitte auec blafme feruent de matiere aux bonnes inclinations du fage.
L'abeille & l'araignée fuccent mefmes fleurs. L'vne en tire
du miel & l'autre du venin. La gloire, la puiffance, & les richeffes, aux mefchans font fuiets de mefchanceté: & aux bons
vn champ à exercer leur vertu. Quelque habit qu'ils puiffent
auoir, foit riche ou pauure, ils tiennent toufiours du grand:
& font grands en offect. L'honneur & la gloire font vrays ali-
mens de l'ambition, la plus pernicieufe de toutes les paffions.
Et l'vn & l'autre encore feruent à la magnanimité, la plus
genereufe de toutes les vertus. L'auarice rend infames les richeffes; & la liberalité & la magnificence les rendent recom-
mandables. L'orgueil fleurit fur le pouuoir & fur le credit. Sur
eux mefmes croift la munificence, vertu qu'on ne fçauroit iamais affez loüer. L'amour de la gloire, du pouuoir, & des richeffes n'eft donc point à blafmer: Si ce n'eft en ceux qui l'ont
contre les loix de l'honnefteté.

Pour agir parfaictement felon les maximes de la vertu, l'opportunité de la matiere, n'y les inclinations ne font pas plus
neceffaires, que la parfaicte intelligence. Il y en a beaucoup
qui abondent en richeffes, en pouuoir, & en gloire; & qui ne
manquent point de bonne volonté, qui pourtant ne fe fçauent feruir de pas vn de ces auantages. La faute en eft à leur
peu de fçauoir. Les biens ne font iamais au comble de leur perfection que lors qu'ils font chez le fage. Hors de la demeure de
la fageffe, il n'eft point de lieu, quel qu'il foit, ou l'or, la gloire & l'authorité ne demeurent fteriles, ou ne produifent quelque dangereux fruict. Que refte-t'il de bien, au bien mefme
lors qu'il tombe entre les mains d'vn homme qui ne s'en fçait

pas feruir? Ce fera donc yne chofe tres-loüable, mefme au fage d'approcher le Prince auec yne honnefte paffion des biens,
dont abonde l'authorité fouueraine. Pour eftre content de foy-
mefme, il ne laiffe pas de rechercher les occafions d'eftre vtile
à autruy. S'il aime la gloire, la puiffance, & les richeffes, il ne
les aime point comme des ornemens à releuer fa vertu, à
faire efclatter fa fplendeur, & en acroiftre l'eftonnement. Il
ne cherche point à tirer de pareilles fatisfactiõs, ny de pareille felicité de fes biens. Ce qu'il aimera, il l'aimera pour s'en feruir au foulagement de la focieté humaine. Sa gloire luy feruira
à gaigner les efprits, & fe les rédre & obeifsãs, & meilleurs tout
enfemble. Les biens font le pain iournalier de la fageffe : & la
matiere à faire plaifir à tous. Pour ce qui eft de la puiffance, elle eft la fource & des offences, & des obligations. Elle ne fert
iamais à l'vn : & luy eft toufiours neceffaire à l'autre. C'eft
au dernier auffi que tous fes plus nobles deffeins tendent. La
perfection d'vn art, n'a aucun degré en elle qui la difpence du
befoin qu'elle a de fes inftrumens. La main eft l'outil de la tefte, & la puiffance celuy de la fageffe.

Que la fageffe & la puiffance ne font point contraires entre elles.

CHAP. XXI.

QVe le Prince foit en partie occafion de toutes les mefchancetez publiques, il femble qu'Amos le confirme en
ces termes. Il ne fe commet point de mal dans la ville dont celuy qui la regit ne foit coulpable. Celuy-là ne s'efloigne pas
auffi beaucoup de la verité qui croit que les Cours des Roys
font les publics feminaires des mœurs. Nous ne doutons nul-
lement que les Courtifans ne foient la plufpart du temps tels,
que font les Maiftres aupres defquels ils paffent leur vie. Il y a
d'autres occafions des vices plus preffantes, & plus rigoureu-
fes que celles-là : & d'autres raifons pour lefquelles on ne voit.

preſque point aucune ſemence de vertu qu'aux paroles ſeulement de peu de gens. Quiconque penetrera bien auant dans
les ſecrets de la ſageſſe humaine en apprendra facilement la
verité. Quoy que c'en ſoit, il eſt indubitable que le Royauté,
eſt vn las de puiſſance, d'honeſteté, & de deuoir: & que les
degrez par leſquels on doit monter au throſne de l'authorité
ſouueraine, ſont l'intelligence, & la iuſtice. Apres cela que la
perfidie des flatteurs diſe, que toutes choſes ſont permiſes aux
Roys: le bon Antigonus luy repliquera tout auſſi-toſt: que
cela eſt bon aux Roys barbares: mais non pas à luy: mais pluſtoſt aux tyrans. Si toutes choſes ſont permiſes à la malice, ce
n'eſt pas à dire qu'elles le ſoient aux Seigneurs legitimes.
Quelle autre difference y a-t'il entre vn Roy, & vn tyran? La
loy du tyran conſiſte en ce qui luy plaiſt: & celle du Roy conſiſte en ce qui eſt honneſte. Le Roy donne bien la loy aux autres: mais il la reçoit de la raiſon. La volonté des Roys n'eſt
pas moins ſuiete à la raiſon, que celle de leurs ſuiets l'eſt aux
loix incomparablement plus. Eſtre homme, & n'auoir pas la
volonté obligée à tout ce qui eſt iuſte, ſont deux choſes qui
ne vont iamais enſemble. La conſideration de la dignité Royale oblige le Prince à cela d'autant plus eſtroitement que nul autre, qu'il eſt vray que les mœurs de tout vn peuple en general
importent plus que celles d'vn ſeul. Il n'eſt point d'arme ſi
forte ſoit-elle à proteger la malice qui ne cede à cette verité ſi
cognuë. Apres tout, voicy en quels termes parle Caracalle,
Que ie le voudrois bien s'il m'eſtoit permis? Les langages qui
aigriſſent le pouuoir abſolu contre la iuſtice, n'oſeront pretendre aucune impunité que dans la Cour des tyrans. Quiconque
n'eſtime point que le conſeil de Fotin eſt la principale maxime
de la tyrannie, eſt autant plus meſchant que luy. Celuy qui
donne au Prince des Conſeils contraires à l'honneſteté, luy
fait voir qu'il a recognu en luy quelque inclination à la
tyrannie. Vne ſemblable audace feroit courir riſque
de la vie aupres d'vn bon Prince. Ceux qui ſe meſleront
de conſeiller les Roys ne doiuent auoir rien ſi fermement attaché à leur penſée que ces vers de l'eſclaue tragique.

Où les Dieux sont sans culte, & la foy sans credit,
Des loix & de l'honneur le pouuoir interdit
Sur quelque vanité qu'vn Empire se fonde,
Il est moins affermi qu'vn vaisseau dessus l'onde.

Si au dire de Seneque les premiers Cesars furent iniustes, ce ne fut pas vne necessité de leur regne : ce fut leur propre faute: ce fut vne infortune commune : ou plustost vn commun supplice. Rome la Maistresse de tout l'vniuers : celle qui auoit foulé au pied toutes les autres puissances de la terre deuoit estre domptée & foulée aux pieds elle mesme par les siens. La domination ne rendit point meschant Tibere, ny Caligula, ny les autres. Elle les rencontra tels qu'ils estoient. Vespasian, Theodose, & quelques autres furent bons : & elles les receut tels, & les garda au mesme estat qu'elle les auoit receus. Voila comme quoy le regne, & la sagesse ne sont point contraires de leur nature. Au contraire il n'est rien qui soit plus amy l'vn de l'autre : & Platon asseure que leur amour est reciproque & qu'ils se cherchent l'vn l'autre.

Qu'il n'est pas mal-aysé au sage de viure auec les meschans.

CHAP. XXII.

L'Apprehension d'estre blasmé, ou hay, ou de deuenir pire, peut destourner le sage de la familiarité des meschans. Quelles sont les mœurs qui regnent à la Cour, l'experience en doit faire foy. Encor qu'il arriue au sage d'auoir à viure auec des gens deprauez, & qui ont des inclinations toutes contraires aux siennes, sans courir fortune d'en estre hay, il ne laissera pas de trouuer les moyens de demeurer tousiours dans les bornes de son deuoir : & ne craindra pas qu'aucune chose le puisse faire fouruoyer du sentier de la vertu. Les esprits esleuez dans le giron de la sagesse n'ont point de peine à viure auec les plus vicieux. Il est vray que la frequentation de cette forte de gens est contagieuse à ceux à qui la vertu n'est pas encore assez familiere.

Ce ne sera pas vne infamie de viure auec les meschans à ceux de qui les mœurs ne sçauroient estre soubçonnées auoir aucune conformité auec les leurs. Les actions de ceux qui ont vne veritable amour pour la vertu rendent leur autheur esclattant d'vne telle candeur, qu'ils ne peuuent receuoir l'impression d'aucune tache. Qui plus est comme nous auons desia dit le sage pourra fort aisement viure auec les meschans sans s'en faire hayr. La rencontre des bons ne les aigrit pas : puis qu'ils ont mesme de l'interest à les voir. Vous me direz que la loüange de sa vie est le deshonneur de la leur : & que la gloire de la vertu fait l'infamie du vice. Qu'il n'est point d'affront qui penetre plus auant dans l'ame, que celuy qui se fait par l'action : que la laideur d'vn more n'est iamais si effroyable, que lors qu'elle est comparée auec le teint d'vn blanc : que l'enormité de la malice ne paroist iamais tant, que lors qu'elle entre en comparaison auec la vertu. D'ailleurs que ceux qui ont leur conscience chargée de vices ne sont iamais bien asseurez de n'estre pas dans la haine des bons ; & qu'en vn mot la vie des meschans est le plus puissant allechement à l'inimitié que les gens de bien peuuent auoir contre ceux qui ne leur ressemblent point.

L'innocence est cét imperieux obiet où à toute heure, & à tout moment on voit esclatter de nouuelles especes de beauté, & de nouuelles matieres d'amour. Quiconque peut trouuer des suiets de haine en la beauté de la vertu, peut aussi trouuer dãs l'onde dequoy nourrir la flame. Ce n'est pas la vertu qui offence les vicieux, ce sont les mauuais moyens dont on s'en sert qui les offencent. Toutes les fois qu'on n'en vse pas auec la moderation requise, elle demeure imparfaicte. La vanité que plusieurs ont faicte de leur bonté a esté la seule cause qu'ils n'ont point esté bons. Au reste le sage ne manque point de preuues à rendre asseurez les meschans qu'il les aime. Le soin qu'il a de les obliger en tout ce qu'il peut, est luy seul capable de leur en donner vne creance indubitable. En vn mot ses actions rendent sa bonne volonté certaine, & esloignée de tout soubçon. En effect vne pure magnificence n'est elle pas vn exemplaire d'amour qui ne laisse aucun suiet de doute? Où les œuures seruent de resmoin ne faut-il pas que tout soupçon & que tout scrupule cessent?

La forte inclination que les ames genereuses ont à bien faire à tout le monde, est cette puissance indomptable qui triomphe de la malignité la plus cruelle, & la plus farouche qui soit en toute la nature. C'est elle qui a le pouuoir d'obliger les meschans à hayr leur propre haine : & à aimer les choses mesmes pour lesquelles ils voudroient auoir de l'auersion. Le sage ne les imitera point : mais il ne les offencera pas aussi. En ses mœurs on ne remarquera aucune apparence n'y de rigueur, n'y d'austerité. Toutes ses manieres d'agir seront assaisonnées d'agrément, & de complaisance.

Mais d'autre costé la sagesse me dira, que la vertu ne peut iamais auoir la paix auec le vice, que celuy qui conniue auec les mauuaises actions en est luy mesme coupable : & que celuy qui ne les reprend point, & qui ne leur fait point la guerre les approuue. En vn mot que celuy qui a la paix auec elles ne l'a pas auec son innocence. Au contraire que du temps de Diogene reprendre le vice estoit profiter à tout le monde. Il est vray : mais en ce temps cy cela ne sert de rien qu'à faire des ennemis. Qui est blasmé s'offence : & qui blasme se met en danger de receuoir du mal. Peu d'estomacs se trouuent à present si bien composez, qu'ils puissent digerer les reprimendes. Ou sont les ames si genereuses qui le visage seraine escoutêt le tort que l'on donne à leurs fautes? Ce procedé n'est pas seur, mesme parmy les amis les plus particuliers. Celuy qui se dispose à souffrir patiemment d'estre repris, doit auparauant estre asseuré que celuy qui le reprend l'aime sans aucune dissimulation. De quelque costé que l'on considere la reprimande on la trouue poignante. Elle est aiguë de toutes parts, & par quelque endroit qu'elle attaque, elle blesse. Plusieurs faux amis sous pretexte de zele se plaisent à nous aduertir de nos fautes. Cela à bien souuent forcé les veritables de passer ingratement sous silence les deffaux de ceux qu'ils aimoient. Voila quelle est la force & quelle est l'yssue dont la malice tire sa deffence. En cette sorte il semble donc qu'on ne peut viure innocent parmy les meschans sans en estre mal voulu.

Mais la mesme necessité qui rend odieux le sage en taxant les meschans, est la mesme qui le dispence de ce deuoir. Vn homme prudent n'est pas obligé de s'exposer à vn mal certain pour vn bien incertain. Il y a de la vanité à tacher de corriger le vice: où il n'y a point d'esperence de pouuoir reüssir. Ce ne sera donc pas vne chose si difficile ny si perilleuse de viure en homme de bien parmy les meschans. La modestie & la complaisance mettent à l'abry de toute haine, & de toute offence. Ce sont desarmes à receuoir & preuenir les coups des ennemis sans aucun danger.

Que le sage peut garder la bien-seance & l'integrité à la Cour quel que soit le Prince.

CHAP. XXIII.

LEs dangers qui peuuent arriuer à l'innocence & à la dignité du sage du mauuais naturel des Courtisans sont bien moindres que ceux qui luy peuuent venir de celuy du Prince. La malice se renforce dans l'authorité: & est plus fatale aux bons, plus elle est puissante. Mais auec tout cela elle ne regne pas si frequemment dans l'esprit des maistres; comme elle regne dans leurs maisons. Rarement, ou iamais, il n'arriue que le Prince estant meschant les Courtisans puissent estre bons. Mais il peut bien arriuer que les Courtisans soient meschans encor que le prince soit bon. Dieu qui est le Prince de la lumiere a des ministres couuers de tenebres & d'horreur: mais Lucifer le Prince des tenebres, n'en peut auoir pas vn qui porte de la clarté quant & soy.

Vn sage Roy ne prendra pas plustost garde à son interest, qu'au deuoir de ses Courtisans. Les rayons de la grandeur n'offusquent point les esprits bien-faits, ils les eschauffent, & les enflamment de l'amour de tout ce qui est honeste. Ils les esleuent à la veritable grandeur de courage. Aussi certes est-il impossible de voir de la generosité où la discretion manque.

Negliger

Negliger le foin de voir ce qui eſt conuenable à chaque Courtiſan en particulier eſt vne pure faute, vne pure erreur volontaire: & non aucune fatalité ou aucun fruit du pouuoir abſolu. S'obſtiner à n'auertir perſonne de ſon deuoir, eſt vne infaillible marque d'vn eſprit malin.

Lors que le Prince eſt de cette humeur, quel party prendra le ſage? Il ſemble à pluſieurs que le mieux qu'il pourra faire ce ſera de ſe retirer. Se pouuoir deſmeſler des mauuaiſes rencontres, & s'en ſauuer ſans danger, eſt vne de ſes plus grandes loüanges. Mais celuy en eſt bien encor vne plus grande de s'arreſter, de leur oppoſer ſa conſtance, & d'en rapporter en fin de glorieux ſuccez. A ſainement parler le veritable honneur du ſage ne conſiſte pas à s'eſloigner de la Cour lors qu'elle eſt pernicieuſe. Il conſiſte à reſiſter à toutes ſortes d'infortunes, & repouſſer genereuſement tous les coups que le hazard y liure.

Où eſt ce que la ſageſſe peut plus vtilement, & plus genereuſement employer ſes ſueurs, qu'à gouuerner l'eſprit febricitant du Prince qui eſt dans le vice? Peut-elle eſperer de plus digne, & plus importante matiere: de plus fertile, & plus ſpacieux champ à exercer ſa vertu? Vn grand medecin n'a point accouſtumé d'abandonner les malades aux grandes maladies. Plus elles ſemblent deſeſperées, c'eſt alors qu'il fait le plus d'effort. S'il le peut il rend la guariſon: ſinon il s'efforce d'empeſcher qu'il ne luy arriue pis. Bref, quoy qu'il arriue il ſe rend ſecourable iuſqu'à la fin.

L'infirmité de l'eſprit du Prince eſt l'occaſion où la ſageſſe eſt obligée de bander tous ſes nerfs. Il n'y a pas moins de difficulté à trouuer le remede, qu'il y en a à l'appliquer vtilement. En cette rencontre la modeſtie, la dexterité, & la complaiſance n'ont aucune partie en elles qui doiue demeurer oyſiue. Il eſt neceſſaire d'aiouſter beaucoup de douceur à cette medecine. La main qui ſe meſle de traicter cette playe doit eſtre fort legere: & le malade eſtre conduit à ſa ſanté inſenſiblement. Quand on le penſera il ne faut pas qu'il ſente aucune douleur: s'il ſent quelque choſe, ce doit eſtre le ſoulagement qu'on luy donne: & à la fin ſa guariſon. Le mal du corps ne ſe guarit qu'auec le mal. Celuy de l'ame ne ſe fait pas fentir. Il afflige infenfiblement : & fe doit auffi guarir infenfiblement. Ce fut bien fouuent vn fouuerain remede à beaucoup de malades deles auertir de l'eftat de leurs maladies : & de la rifque qu'ils couroient de leur vie. Mais la meilleure induftrie dont onfe puiffe feruir à traicter les efprits, c'eft de leur appliquer les remedes auec vne telle accortife, qu'ils s'apperçoiuent pluftoft, de leur amandemēt que de leur mal. Ceux qui leur ont voulu faire entendre l'eftat de leur infirmité, bien fouuent n'ont fait autre chofe que mettre le feu à la playe, & adioufter du venin à l'apoftume. L'art de rendre la fanté aux efprits indifpofez a cela par deffus ce-luy qui eft occupé à guarir les corps, qu'il ne rencontre iamais de maladies defefperées. Le malade n'en peut mourir : & quoy que face le mal, il ne fçauroit tout à fait eftouffer la racine interieure d'où la fanté s'entretient. Le vice offufque bien la raifon : mais il ne l'efteint pas. Elle laiffe toufiours au fage l'efperance de pouuoir reüffir en ce qu'il tente. Encor que la malice ne fe corrige point, ce n'eft pas à dire pour cela qu'elle foit incorrigible. Quand on y effaye & qu'on n'auance rien, ou il manque quelque chofe à la perfection de l'œu-ure; ou l'on l'effaye à contretemps. Si la fageffe s'en mefle, & qu'elle n'en rapporte point vn bon fuccez, la faute en fera à la fortune, & non à la foibleffe de l'induftrie.

Mais ie veux que le fage n'auance rien à vouloir remettre en bōne affiette l'efprit du Prince : à tout le moins pourra-t'il vi-ure en feureté aupres deluy, ne rien perdre de fa iuftice : luy eftre agreable, ou pour le moins n'en eftre pas hay. Il n'ap-plaudira pas à ce qui fera contre la bien feance : & n'approu-uera pas fes folies. Elles luy defplairont, fans que pour cela il face paroiftre fon defplaifir. Il verra le vice qui fera fans re-mede, & fera femblant de ne le pas voir.

Au pis aller de tous les perilleux efcueils que fa prudence pourra rencontrer, il n'y en aura pas vn fi funefte que l'ap-prehenfion des commandemens iniuftes. Mais encore en ces mauuaifes rencontres n'aura-t'il pas tant dequoy s'allar-mer. L'enragée promptitude de plaire au fouuerain eft la feule occafion des deshoneftes couruées qui s'impofent aux Courtifans. L'aueugle obeyffance de cette forte de gens en-

fie la liberté que le Prince prend de commander tout ce que
bon luy femble. D'ailleurs, il n'eft point de malice fi effrenée,
qui fans rougir prenne plaifir à fe defcouurir, mefme aux
mefchans. Vne mauuaife confcience bien fouuent feroit
bien aife de fe pouuoir cacher à elle mefme. Vn criminel, s'il
eftoit poffible, voudroit ne pas fçauoir luy mefme le mal qu'il
a fait. Vne pareille confideration eft capable de refrener l'audace du fouuerain, & le retenir dans la licence qu'il prend
d'abufer de l'obeyffance des gens de bien contre les Loix &
de l'honneur & du deuoir.

Quand cela n'arriueroit pas, le fage trouuera moyen de
s'en deffendre fans prouoquer fa colere. Lors que le refus ne
vient point d'vne pure defobeyffance, il n'eft point refus, ou
s'il l'eft, il n'offence point. Si le malheur veut qu'on ne puiffe
pas obeyr au commandement du fouuerain, il faut prendre
garde que le refus en puiffe eftre referé à toute autre confideration, pluftoft qu'à la mauuaife humeur de celuy qui defo-
beyt. Le fage ne refufera aucune chofe à fon maiftre : mais
beaucoup de chofes luy refuferont le moyen de ne luy rien
refufer. Son inclination ne l'empefchera point de luy plaire:
mais bien la nature de ce qu'il luy conuiendra faire pour cet
effect. Mais que la paffion d'obeyr d'vn cofté, & la repugnance de la chofe qu'on defire de l'autre, foient mifes en
egale balance : & qu'apres cela l'on ne fe foucie pas beaucoup
quelle fera l'humeur de celuy qui commande. Quand il arriuera qu'vn homme de bien ne fatisfera pas à l'intention de
celuy qui à le fouuerain pouuoir en main, la fincerité & la
promptitude qu'en toutes occafions il luy aura fait paroiftre
à luy obeyr, iuftifieront affez la candeur de fon affection, &
luy ofteront tout fuiet de rien apprehender. Celuy de qui la
parfaicte obeyffance eft affez cognuë peut aifément s'excufer d'vn commandement iniufte. Qui plus eft, le fage à voir
le Prince deuine bien fouuent ce qu'il veut : & l'effectuë
auec plaifir : mais toufiours dans les bornes de l'honneftcté.

S'il ne peut luy rien refufer fans l'irriter, il pourra ne s'en
pas foucier, & n'en apprehender pas neantmoins du mal.
Demandons à Bias ce qu'il y a en la vie humaine exempt de

toute crainte, il nous dira, que c'est la conscience quand elle
est nette de tout vice. Personne ne se mettra iamais en cho-
lere contre vn homme de bien: ou si quelqu'vn s'y met, il n'y
sera pas long temps. Il ne faut qu'vne bonté obstinée pour
venir à bout des plus meschans. Il n'est point d'esprit si mal
conditionné, ny si indigné contre les choses dignes d'estre
aimées, qui par force ne soit attiré à l'amour des gens de
bien.

Vous me direz qu'il peut arriuer des occasions où il faut
necessairement obeyr contre tout deuoir, ou mourir opi-
niastre. Quelle infamie demeure à l'homme de bien d'vn
malheur si cruel? C'est le propre de la sagesse de se pouuoir
renger au bon party aux rencontres les plus perilleuses. Rarement arriue t'il d'accident qui ne laisse lieu au conseil. Ou
l'on n'est pas dans les termes de ce qui se peut, ou la sagesse a
sa retraicte en toutes sortes d'infortunes. Il n'est point de
misere qu'elle ne puisse euiter, ou rendre douce : du moins
autant que la condition humaine le peut permettre. D'ailleurs, il y a beaucoup de choses iniustes que certaines considerations sont capables de rendre iustes. Quelle raison est si
iniuste qui ne deuienne iuste lors qu'elle contribuë à la conseruation du sage?

✿✿✿✿✿✿✿✿✿✿✿✿✿✿✿✿ ✿✿✿✿✿✿✿✿✿✿✿✿✿✿✿

Que le sage n'a subiet de craindre aucune iniure des inclinations du Prince.

CHAP. XXIV.

IL n'est que trop veritable que l'arrogance & le pouuoir
rarement vont separez l'vn de l'autre. Mais pour tout celà il n'est pas moins vray que l'arrogance est vn faux rejeton
du pouuoir, ou plustost vn vray fruit de la sottise. Que vous
estez fols, ô mortels, s'escrie Sosiphanez, de vous enorgueil-
lir pour vne grandeur que bien souuent vn mesme iour donne & oste. De toutes les vanitez dont s'enflent les passions

humaines, il n'en est point de plus vaine, ny de plus malheureuse que l'arrogance. Il n'est point d'occasion quelque legere qu'elle puisse estre, qui ne soit capable de deffaire l'homme; & auec cela il sera si temeraire que de s'oser promettre de grandes choses de soy-mesme? Les sceptres ny les diademes n'empeschent pas que l'homme ne soit vne image de foiblesse: ou plustost vne ombre animée. L'orgueil odieux à tout le monde, est la peste des esprits enseuelis & dans la sottise & dans le vice. Auant que la prosperité inspire l'arrogance dans les cœurs, il faut qu'elle aueugle l'esprit. Celuy qui n'a point le iugement peu solide:

Plus à luy la fortune accourt belle & pompeuse,
Plus sans doute il la croit infidele & trompeuse.

De toutes les grandes loüanges ausquelles les grands peuuent aspirer il n'en est point qui ne doiue ceder à l'affabilité. Quand Adrian n'en auroit eu d'autre pour se faire cognoistre de tous les siecles, il n'eut pas laissé de viure à iamais dans la memoire des hommes. Les ornemens Royaux ne se font pas regarder auec tant d'admiration aux Princes comme leur naturelle douceur. Elle ne leur importe pas moins, que pour regner heureusement il leur importe d'estre aymez de leurs suiets. Il n'est rien qui donne de si fermes fondemens à la grandeur, comme d'estre affable & courtois à tout le monde.

Quoy que ç'en soit quand le malheur voudra que la sagesse rencontre des esprits orgueilleux, elle ne perdra pas l'esperance de s'en pouuoir deffendre à son honneur. Vne humeur altiere en fait naistre vn autre: outre qu'il n'est point de superbe que la modestie ne soit capable d'emousser: ou d'humilier. Les arrogans ne se plaisent à fouler au pied que la dignité de ceux qui peuuent entrer en comparaison auec eux, & disputer de leur gloire. Ce n'est pas la grandeur de courage, qui resueille l'arrogance, mais plustost l'arrogance ellemesme. Le sage n'a point de peine à ioindre la modestie à la generosité. Luy seul est humblement genereux, & genereusement humble. D'ailleurs vne ame orgueilleuse n'est pas plus satisfaite quand elle a mesprisé celles qui sont montées à vn supreme degré d'excellence, qu'elle l'est lors qu'elle s'en voit honorée. Les esprits hautains se repaissent de l'opinion qu'on a de leur grandeur. Ils ont plus de satisfaction à estre estimez de ceux qui sont dignes d'estime, qu'ils n'en ont à les estimer peu. L'honneur qu'ils reçoiuent leur est vne certitude de leur excellence. A la verité il semble que le mespris qu'ils font d'autruy soit vn certain argument de leur merite : mais en ef-fect ce n'est qu'vne indubitable demonstration de leur folie. Les moins considerables de la Cour pourront apprendre du sage l'art d'honorer son Prince comme il faut. Personne ne l'aime à l'egal de luy. Personne ne l'honore si bien que luy.

La sagesse deffend vn homme de bien des outrages qu'on peut receuoir de l'orgueil. Elle le deffend encor du mespris qui nait de la familiarité. La familiarité pourtant ne deuroit estre dommageable qu'aux choses dont le prix ne consiste qu'en l'opinion. Ce qui est noble de sa nature ne peut pren-dre son estime par aucune consideration qui luy vienne de dehors. La gloire de la sagesse & celle de l'authorité Royalle, ne cherchent point d'appuy en l'opinion. Elles se soustien-nent assez d'elles mesmes. Quand elles sont ensemble, il n'est point de iugement qui en puisse diminuer le prix. Qui pour-roit ioindre au Soleil vn autre Soleil, ne rendroit en rien moins digne d'estre regardé celuy qui nous luit. Les rencon-tres ne sont point fatales aux astres. S'ils se trouuent en mes-me lieu c'est vne necessité d'estre veus en cette sorte de ceux qui les considerent d'icy-bas. Au iugement de ceux qui n'en ont point, la familiarité auilit en effect l'estime des choses les plus releuées. Quoy qu'il en soit il n'y a que le peu de sens qui peut donner occasion au Prince d'offencer, & de ne pas estimer la dignité de la sagesse.

Mais quand cela seroit, le sage ne s'empeschera pas d'estre à la Cour. Quiconque à fait tant soit peu de progrez dans l'es-chole d'Epicure sçait, que les iniures sont suportables au sa-ge. Encor qu'on frappe sur vn diamant tant que l'on peut, autant vaut-il comme si l'on ne le frappoit pas. Le sage est si haut esleué par sa propre dignité que les coups des iniures ne peuuent pas aller iusqu'à luy. Xerxez peut bien obscurcir le Ciel à coups de flesches : mais il ne le peut pas frapper. La

ſageſſe n'a pas plus de moyens à ſe deffendre de l'iniure,
qu'elle en a, à la preuenir: & à en empeſcher le deſſein.

Que la grandeur des meſchans n'eſt ny l'opprobre du ſage, ny ſon malheur.

CHAP. XXV.

A Ne point mentir c'eſt vn party bien miſerable que
d'auoir à viure auec des gens qui iugent de toutes choſes ſelon leur intereſt particulier. Quelque miſerable neantmoins qu'il ſoit, le ſage ne le refuſe pas. Que l'auarice veille
tant qu'elle voudra apres ſon bien, qu'elle occaſion aura t'elle
d'eſtre iniurieuſe à l'endroit de la ſageſſe? Quel moyen auront les enuieux de faire aucun outrage aux gens de bien, s'il
eſt vray qu'ils ne laiſſent paſſer aucune occaſion de les obliger eux meſmes? C'eſt bien à la verité vne auanture tres-fu-
neſte de voir l'eſprit du Prince obſedé par des meſchans;
mais ce n'eſt pas à dire pour cela qu'il en puiſſe arriuer de
l'infamie, ou du dommage au ſage.

La toile ou Guido Reni auoit reſolu d'employer les derniers efforts de ſon art pour tirer le viſage d'vn homme de
probité exemplaire, peut bien deuenir la matiere ſur laquelle s'exercera quelque autre meſtier moins honorable. Mais
pour cela Guido Reni ne laiſſera pas d'eſtre l'Appelles & le
Roy des bons peintres. On ne peut rien oſter à la gloire du
ſage: encor qu'on luy oſte l'eſprit du Prince; & que les ames
peruerſes l'empeſchent d'y grauer les loix d'vn heureux gouuernement. Ce qui n'arriuera point tant que le Prince n'aura pas ſeulement la condition de Prince: mais encor l'eſprit.

La promptitude que les meſchans feront paroiſtre en ſeruant pour cacher la difformité de leur peu de merite, ne leur
ſera pas fort auantageuſe aupres d'vn Prince auiſé, Les
grands à la verité ne ſe peuuent point empeſcher d'aimer la
diligence aux ſeruices que les meſchans leur rendent: mais

ils n'ont point de peine à s'empefcher de les aimer eux-mefmes. Apres les auoir payez de leurs peines quel fuict leur
refte t'il de pretendre à leurs boñnes graces ? Sera-ce vne
chofe qui importe au gouuernement de l'Eftat ? Tout ira-t'il
fans deffous deffus s'ils font interdits de la faueur ? Certes
quand il arriueroit qu'on leur en donnaft autant qu'ils en
meritent, ils n'en auroient au pis aller que l'ombre.

Quand le malheur voudroit que la faueur deuint la proye
des mefchans, les bons n'en feroient pas plus malheureux
que le refte des Courtifans. Ce fera bien vne infortune vni-
uerfelle ; mais toufiours plus cruelle aux ames chargées de
crimes, qu'aux gens de bien. Ce fera d'elles que le fauory
aura plus de fuiet de craindre : ou pluftoft d'elles feules. Le
bon & le mefchant tout enfemble ont raifon d'apprehender
le mefchant : & le bon & le mefchant n'ont aucun fuiet de
rien apprehender du bon. La malice a vne plus cruelle guerre auec elle mefme qu'auec l'innocence. Les pointes du dommage fe font plus puiffamment fentir, que celles de la mauuaife volonté. Tout au contraire la mauuaife volonté des
Courtifans offencera bien plus vn genereux fauory que le
dommage mefme. Pour ce qui eft du mefchant il ne craint
rien à l'egal du dommage. Il fçait bien que ceux qui luy reffemblent font enuieux de la bonne fortune d'autruy : & comme leur principal eftude s'occuppe à trouuer les moyens de
debufquer vn homme de la faueur. Il ne craindra point
qu'vne perfonne de probité luy dreffe de pareilles embuches : c'eft pourquoy il aura moins d'occafion de luy eftre ri-
goureux & moins de fuiet d'exercer fon infolence en fon endroit.

Mais que la malice efpande fon venin outre fes bornes :
qu'elle aille iufqu'aux derniers efforts de fa rage, elle n'e-
fteindra iamais dans les ames l'amour de la bonté. Parmy les
poiffons, nulle iuftice & nulle amitié ne regnent, tout refpect d'honneftcté en eft banny. Tous font mortels ennemis
les vns des autres : Il n'y a que les Cephales, qui eft vne efpece de mulets, qui viuent fans eftre offencez de pas vn autre.
La raifon eft qu'ils font innocens & ne font aucun mal. En
tous lieux les recompences font referuées pour la iuftice. Par

tout

tout elle reçoit les honneurs qu'elle mérite. Elle est l'impenetrable bouclier qui deffend le sage de toutes les iniures qui
luy peuuent arriuer, ou du costé du Prince, ou de celuy du
fauory, des Courtisans, de la fortune, & du Ciel. C'est elle
qui luy promet non seulement à la Cour, mais encore en
tous lieux, vne vie, sinon tout à fait heureuse: du moins la
moins malheureuse, & la moins exposée à la haine, à l'enuie, & au mespris. En quelque estat que ce puisse estre,
toufiours la condition du sage est meilleure que celle de
l'imprudent. Le dernier, lors que la fortune luy est contraire est affligé non seulement par sa propre misere: mais d'a-
bondant par son auarice: & lors qu'elle luy est fauorable, il
l'est par la crainte, & par son insaciabilité. Les meschans ou
souhaittent de la prosperité en vain, ou s'il leur en arriue,
elle leur est funeste. La roue de la fortune n'a point d'endroit, propre à ceux qui n'ont point de iugement: &
n'en a point aussi ou le sage ne puisse estre à son aise. Quand
il est question de faire la Cour, il s'attache à ces sentimens
politiques: Que le Prince est le Iuge du merite d'vn chacun:
Qu'il se peut seruir sans contredit de ceux qu'il croit le plus
vtiles à son estat. Qui s'engage à la Cour, de son propre mouuement, se donne à son Prince: & le rend arbitre de la valeur
de chacun en particulier. Vn bon Courtisan ne doit pas tant
souhaitter l'employ auquel il est propre, comme de reccuoir
auec vn esprit tranquille celuy qui luy est assigné, & s'en acquiter le plus honorablement qu'il luy est possible. Le sage
iuge differemment de soy, & de toute autre chose: & c'est
en quoy consiste principalement la plus haute sagesse. Pour
ce qui est des fols, ils iugent & d'eux & de toutes choses aueuglement. Ils aspirent non à ce qui leur est propre mais à ce
qui leur semble le plus estimable & le plus digne d'estre regardé. Tidée souhaittera les armes de Sarpedon, à cause qu'il
est plus beau que luy: Les ames peu discretes pensent que
l'honneur d'autruy est leur deshonneur: & ne sçauroient
voir la felicité des autres sans vn secret desplaisir qui les ronge. La sagesse ne s'estime pas moins d'estre digne des premiers honneurs, que de n'en estre pas passionnée. Le sage les
merite plus que nul autre, & ne laisse pas pourtant de se

cõntenter des mediocres. Il ne refuſe pas meſme les derniers. Il les accepte auec vn viſage ſerain, ſans affecter les autres. Au reſte il n'eſt pas poſſible qu'il luy puiſſe arriuer de
dignité quelque releuée qu'elle ſoit, que la ſienne n'honore:
point d'infamie, capable de ternir tant ſoit peu ſon
honneur : & point d'honneur qui puiſſe adiouſter de l'eſclat
à celuy qu'il a. Le beau ny le mauuais temps n'augmentent
ny ne diminuent la clarté du Soleil. La pureté de l'air ſert à
la terre : mais elle ne ſert pas au Ciel. La gloire exterieure ne
profite de rien au ſage : elle profite à la condition humaine;
comme vne occaſion à faire du bien aux hommes.

Que la Cour n'eſt point contraire à l'eſtude de la ſageſſe.

CHAP. XXVI.

IL eſt bien plus aiſé de viure paiſiblement dans vne baſſe
condition, que dans vne haute fortune. La proſperité eſt
plaine d'inquietude. Elle ſe tourmente elle meſme : & ſe-
couë l'eſprit de pluſieurs agitations. Mais les ſages ont cela
de particulier pardeſſus les autres, qu'ils viuent auec la meſme moderation dans vn eſtat releué que dans vn eſtat mediocre. La tranquillité d'eſprit dont eux ſeuls iouyſſent ne peut
receuoir de dehors aucun empeſchement. Comme elle eſt
fille de la vertu, elle n'eſt point ſuiette à pas vn des accidens
que la fortune enuoye à ceux, à qui elle veut que la teſte
tourne.

Lors qu'Epicure commande de viure incognu, il parle à
ceux, à qui eſtre cognu eſt vne Croix, & ne ſert de rien aux
autres. La ſageſſe à la verité fleurit dans le repos : mais elle
ne produit aucun fruit que dans les genereuſes occupations.
Le repos eſt contraire à la nature des choſes. Les eaux qui
dorment deuiennent puantes : celles qui courent conſeruent
leur naturelle bonté. L'or en eſtant manié acquiert de l'eſ-

clat : & la vertu deuient plus brillante quand elle est exercée aux occupations honorables. Ceux de qui l'action n'est
pas plus vtile que le repos ont quelque suiet d'aimer la vie feneante. Il est permis de ne rien faire à ceux qui ne sçauroient mieux faire, que de ne faire rien. La nature à fait
l'homme afin qu'il fut cognu en trauaillant. Il n'est pas encore fort mal-aisé à vn esprit bien né de faire de notables
progres dans l'estude de la sagesse, mesme au milieu des tumultes. Ie puis mourir, disoit le Stoyque, Si le silence est si
necessaire comme il semble aux amateurs de la sagesse. Qu'il
ne demeure aucun trouble en nous : que tout sorte, & se face
entendre audehors. A quoy bon vn silence par toute la con-
trée si au dedans les affaires font du bruit!
　Mais à n'en point mentir il est raisonnable de considerer le
naturel de chacun en particulier : & voir si l'on est plustost
né à agir qu'à viure dans le repos. Il faut ployer du costé que
l'impetuosité de la nature porte. Les esprits forcez ne rendent iamais des fruicts de la peine qu'on leur fait prendre.
En vain on se tourmente aux choses qui font contraires aux
inclinations qu'on a. Il y en a qui naturellement font dispo-
fez à viure loin des affaires. La sagesse leur commande de feconder les intentions de la nature. A ceux qui font de ce genre ces langages font conuenables.

Possede qui voudra la faueur des grands Roys,
Son pouuoir soit fans borne & fon vouloir fans loix,
Pour moy dont la candeur puissamment asseruie
Se renge aux doux appas des douceurs de la vie
Vn toit couuert de ionc loin des esprits peruers :
M'est le plus digne lieu qui soit en l'vniuers.

　Pour ce qui est du sage dont l'ame est ardente apres le trauail, il sera dans l'action iusqu'aux derniers soupirs de sa vie.
Iamais il ne cessera de songer au bien de tous les hommes. Il
reputera à vn extreme bon-heur d'auoir occasion de pouuoir
tesmoigner aux grands la bonne volonté qu'il a pour leur feruice. Sa prudence leur en donnera des preuues indubitables :
& tesmoignera en viuant auec eux comme leur familiarité
n'est pas funeste : si elle ne l'est à ceux qui manquent de iugement. Il monstrera comme les inclinations & les mœurs de la

fageffe mefme font conformes aux intentions de ceux qui
gouuernent, & qu'vne vertu eminente eft les delices & l'a-
mour d'vn bon Prince. Le pouuoir exceffif qui fit naiftre
l'occafió de l'oftracifme n'eftoit pas vne veritable vertu. L'o-
ftracifme enuoyoit en exil ceux de qui la gloire furpaffoit
outre mefure celle de ceux qui eftoient extraordinairement
puiffans ou en nobleffe, ou en eloquence. Ce n'eftoit
point vn chaftiment ordonné à aucun crime: mais vn certain
frain & vne certaine peine pour vne demefurée puiffance.
La iuftice de ce procedé eftoit fondée fur la crainte que l'on
auoit que le pouuoir exceffif ne portaft les efprits à la tyrannie. Ce ne fut pas la grandeur de fa vertu qui chaffa Ariftide
defon pays, ce furent les calomnies de fes ennemis qui l'en
efloignerent. La vertu toute pure & nette comme elle eft ne
caufe point des reuolutions ny au bien public, ny au bien particulier. Ce qui peut donner de la crainte au bien n'eft pas
bien. La vertu n'a iamais plus nuy aux autres, qu'elle à quelquesfois nuy aux vertueux. Ce qui n'eft arriué iamais que
lors que la malice eft montée au comble de fa rage. La deplo-
rable mort de Seneque en fait foy.

L'amour qu'vn homme de bien à pour tous, luy fera vne
tres-puiffante raifon pour le diuertir defaire amitié auec aucun autre Prince qu'auec le fien. En la mefme forte la forte
inclination que les autres Courtifans auront de plaire à leur
Maiftre, les empefchera d'auoir de l'affection pour aucun autre fouuerain que pour luy.

Apres Dieu le fage l'aimera, & l'honorera: & cela en telle
forte que le Prince n'aura point fuict d'en douter. Les preuues qu'il luy donnera de fa candeur luy feruiront comme d'i-
nexpugnable rempart pour conferuer & fa generofité, & fon
innocence. La grandeur de courage ne fut pas ce qui fit mourir Callifthene. Son aufterité, importune à tout le monde ref-
ueilla la malice de fes enuieux: & les porta à fa ruine. Si le
Prince croit que le Courtifan l'aime plus que toutes les chofes du monde, le Courtifan n'aura que faire de craindre que
fa generofité, ny la ferme refolution qu'il aura de ne paffer
iamais les bornes de l'honneur, l'offencent.

Si les malheurs ont quelquesfois triomphé des gens de

bien, ce n'eſt pas à dire que les genereuſes entrepriſes doiuent eſtre abandonnées. On ne laiſſe pas de trafiquer ſur
mer, encor que bien ſouuent la tempeſte y ait ſubmergé
beaucoup de marchandiſe. Les ames les plus vulgaires en-
treprenent facilement les choſes dont on n'a pas ſuiet d'apprehender de mauuais ſuccez. Si ce n'eſt pas au ſage à s'employer dans les occaſions & douteuſes & perilleuſes quelle
matiere d'honneur reſtera telle à la ſageſſe ? Si le ſage tourne
le dos aux occurrences, ou les euenemens ſont incertains &
dangereux en doit on laiſſer la conduite aux ignorans?

Pluſieurs d'entre les ſages ſe ſont eſloignez de la Cour: d'autres y ſont allez auec de mauuais ſuccez : mais pas vn d'entre
eux n'en à blaſmé l'amour comme peu conuenable à la ſageſſe. Les vns ont eu ſuiet de la fuyr, & ſi les autres y ont
trouué de la diſgrace, la faute n'en eſt pas à leur choix : mais
à la mauuaiſe humeur de la fortune. Le nombre pourtant de
ceux qui l'ont aimée eſt plus grand, & plus grand encore celuy de ceux qui ont eſté heureuſement agreables aux Princes.
Atenodore, Plutarque, Sextus, Demetrius, Pline, & mille
autres y ont trouué leur compte. A la verité Heraclite, &
Socrate ne s'en ſont point ſouciez : mais ils ne l'ont pas blaſ-
mée. Ny l'vn ny l'autre n'ont pas dit que faire la Cour fut
vne choſe indigne du ſage. Ils ſe ſont contentez de croire
que leurs veilles pouuoient eſtre plus vtilement employées
au ſalut de tout l'vniuers. Voila pourquoy ils ont mieux aimé
philoſopher dans les villes, que dans les Palais des grands : &
ont laiſſé le ſeruice des Roys & des Royaumes pour auoir
plus de moyen d'eſtre vtiles à toute la republique humaine.

F I N.